郑州轨道交通环线盾构施工关键技术

何况 严文荣 郭春 著

西南交通大学出版社
·成都·

图书在版编目（CIP）数据

郑州轨道交通环线盾构施工关键技术 / 何况，严文荣，郭春著. —成都：西南交通大学出版社，2022.1
ISBN 978-7-5643-8343-5

Ⅰ. ①郑… Ⅱ. ①何… ②严… ③郭… Ⅲ. ①城市铁路 – 轨道交通 – 铁路环线 – 隧道施工 – 盾构法 – 研究 – 郑州 Ⅳ. ①U239.5②U455.43

中国版本图书馆 CIP 数据核字（2021）第 220070 号

Zhengzhou Guidao Jiaotong Huanxian Dungou Shigong Guanjian Jishu

郑州轨道交通环线盾构施工关键技术

何 况 严文荣 郭 春 著

责任编辑	杨 勇
封面设计	何东琳设计工作室
出版发行	西南交通大学出版社 （四川省成都市金牛区二环路北一段 111 号 西南交通大学创新大厦 21 楼）
发行部电话	028-87600564　028-87600533
邮政编码	610031
网　　址	http://www.xnjdcbs.com
印　　刷	四川煤田地质制图印刷厂
成品尺寸	185 mm × 260 mm
印　　张	17.5
字　　数	374 千
版　　次	2022 年 1 月第 1 版
印　　次	2022 年 1 月第 1 次
书　　号	ISBN 978-7-5643-8343-5
定　　价	115.00 元

图书如有印装质量问题　本社负责退换
版权所有　盗版必究　举报电话：028-87600562

前 言
PREFACE

首尾闭合的独立轨道交通环线具有可以便利环线周边近远郊生活起居区域之间与城市各大副中心的换乘客流等功能，中国已经全线投入商业（试）运营的首尾闭合的独立轨道交通环线有北京地铁 2 号线、上海地铁 4 号线、北京地铁 10 号线、成都地铁 7 号线、郑州地铁 5 号线等，另有多条环线已批复、在建或纳入规划。

郑州地铁 5 号线为中原地区首个轨道交通环线，工程线路全长 40.433 km，均为地下线。全线设站 32 座，其中换乘站 18 座，与线网中的 1、2、3、4、6、7、8、9、10、11、12 号线衔接换乘，起止于西站街站。线路沿黄河路、黄河东路、商务外环路、龙湖外环路、盛和街、心怡路、经开第十大街、航海路、桐柏路和西站路布置，属于城市核心区外围边缘的环形线路，覆盖城市东北半环客流走廊和西南半环客流走廊，联系新客站片区、郑东片区、金水中原片区、西北片区、西部服务片区、中原二七片区、管城片区、经开片区，为核心区外围各功能片区间提供联系。全线设中州大道车辆段和五龙口停车场各 1 座。平均站间距约 1.26 km，采用 A 型车 6 辆编组，最高运行速度为 80 km/h。

城市轨道交通环线通常具有工程地质复杂、建筑结构多样、周边影响显著等特点。郑州市的地质条件与北京、上海、广州等城市的地质条件不同，在采用盾构法施工时存在很多的工程技术问题需要进行专门探索。

本书结合国家重点研发计划——城市地下空间开发建造理论和方法（2019YFC0605104）开展研究，从盾构下穿河流、下穿复杂建筑物、穿越既有建筑物基坑锚索区域、下穿铁路既有线、桩基托换技术、钙质胶结软硬相间地段盾构掘进技术、长距离穿越粉砂层盾构掘进技术、富水砂层盾构掘进技术等多方面进行研究，结合数值模拟方法和现场试验，获得的技术成果在实际工程中得到成功应用，解决了地层、临近建筑物在复杂盾构施工环境中的沉降控制和建筑保护的技术难题，形成了一套完整的施工技术体系，取得了良好的经济效益和社会效益，可为今后轨道交通行业的发展提供技术参考。

本项研究主要参与单位包括郑州地铁集团有限公司、西南交通大学、中铁一局、中铁三局、中铁四局、中铁六局、中铁七局、中铁十一局、中铁十二局、中铁十四局、中铁十五局、中铁十八局、中铁隧道局、郑州一建集团有限公司、中铁装备集团、成都西南交通大学设计研究院有限公司、四川势通土木工程有限公司等，主要研究人员有孙立光、申继鹏、周凤印、路耀平、赵世永、杨培仕、李明、路建民、陈文、赵建胜、刘俊洋、李红福、龙程、姚智慧、孙立军、王正莉、于伟光、王瑜、冯林峰、付魁、田班虎、毕永涛、王鹏、韩延波、刘海飞、马云鹏、汪先国、赵英群、张永泉、武坤朋、胡莘、王学沛、张金光、周熠、赵俊良、王西俭、左春辉、许晓光、康延铭、郭波前、张凯、张科、陈政、谌桂舟、高宾、王宇航、陈光、杨丹诚、钟祥林等，特此表示感谢。

著　者

2021 年 5 月

目 录

第1章 项目概况 ·· 001
  1.1 线网规划 ··· 001
  1.2 轨道交通5号线工程概况及走向 ·· 001
  1.3 地质水文情况 ·· 002

第2章 项目重难点 ·· 006
  2.1 典型风险源 ··· 006
  2.2 工程风险源详表 ··· 009

第3章 盾构下穿河流技术 ·· 014
  3.1 工程背景 ··· 014
  3.2 下穿河流对盾构施工的影响研究 ·· 015
  3.3 渣土改良方案及试验研究 ·· 017
  3.4 下穿河流盾构掘进安全控制技术研究 ······································ 021
  3.5 技术成果及应用 ··· 032

第4章 盾构下穿复杂建筑物技术 ·· 033
  4.1 工程背景 ··· 033
  4.2 盾构施工对下穿建筑物的影响研究 ··· 037
  4.3 盾构下穿复杂建筑物监控量测技术研究 ··································· 046
  4.4 盾构下穿复杂建筑物时沉降控制技术研究 ································ 053
  4.5 盾构下穿复杂建筑物掘进参数研究 ··· 059
  4.6 盾构下穿复杂建筑物整体安全性分析 ······································ 065
  4.7 技术成果及应用 ··· 067

第5章 盾构穿越既有建筑物基坑锚索区域技术 ··································· 069
  5.1 工程背景 ··· 069
  5.2 锚索拔除施工方法及工艺要求 ·· 072
  5.3 盾构穿越既有建筑物基坑锚索区域安全性分析 ·························· 081
  5.4 技术成果及应用 ··· 111

第6章 盾构下穿铁路既有线技术 ·· 114
  6.1 工程背景 ··· 114
  6.2 盾构下穿对铁路既有线的影响研究 ··· 116
  6.3 盾构下穿铁路既有线监控量测技术 ··· 123
  6.4 盾构下穿铁路既有线整体安全性保证措施 ································ 132
  6.5 技术成果及应用 ··· 136

第7章 盾构下穿桥梁技术 ··· 137
7.1 工程背景 ··· 137
7.2 桥梁桩基对盾构掘进的影响分析 ··· 139
7.3 桩基托换方法及步骤 ··· 139
7.4 桩基托换控制参数计算与分析 ·· 168
7.5 技术成果及应用 ·· 176

第8章 钙质胶结软硬相间地段盾构掘进技术 ·· 177
8.1 工程背景 ··· 177
8.2 钙质胶结软硬相间地段对盾构掘进影响机理分析 ························· 178
8.3 钙质胶结软硬相间地段盾构掘进模式及参数研究 ························· 185
8.4 渣土改良方案及试验研究 ··· 190
8.5 钙质胶结软硬相间地段盾构掘进对环境影响的数值模拟分析 ······· 192
8.6 钙质胶结软硬相间地段盾构掘进安全控制技术研究 ······················ 198
8.7 技术成果及应用 ·· 200

第9章 长距离穿越粉砂层盾构掘进技术 ·· 202
9.1 工程背景 ··· 202
9.2 粉砂地层长距离盾构掘进风险分析 ··· 206
9.3 长距离穿越粉砂层盾构掘进对环境影响的数值模拟分析 ·············· 208
9.4 长距离穿越粉砂层盾构掘进模式及参数研究 ································ 213
9.5 长距离穿越粉砂层盾构掘进安全控制技术研究 ····························· 219
9.6 技术成果及应用 ·· 220

第10章 富水砂层盾构掘进技术 ·· 227
10.1 工程背景 ··· 227
10.2 富水砂层对盾构掘进影响机理分析 ·· 230
10.3 富水砂层盾构进出洞施工技术 ·· 231
10.4 富水砂层盾构端头降水技术 ·· 247
10.5 富水砂层盾构掘进注浆加固方法及控制参数研究 ······················· 249
10.6 富水砂层盾构掘进安全控制方法及优化措施研究 ······················· 254
10.7 技术成果及应用 ··· 263

第11章 环线盾构施工技术展望 ·· 264

参考文献 ·· 268

第 1 章 项目概况

1.1 线网规划

郑州市轨道交通远景年线网方案由 21 条线路组成,总长 970.9 km,其中地铁线 13 条共 505 km,市域快线 8 条共 466 km。国家发改委于 2019 年 3 月批复《郑州市城市轨道交通第三期建设规划(2019—2024 年)》(发改基础〔2019〕599 号文),此建设规划包含 3 号线二期、6 号线一期、7 号线一期、8 号线一期、10 号线一期、12 号线一期、14 号线一期共 7 个项目,总长 159.6 km。项目建成后,郑州市将形成总长约 326.54 km 的轨道交通网络。如图 1.1.1 所示。

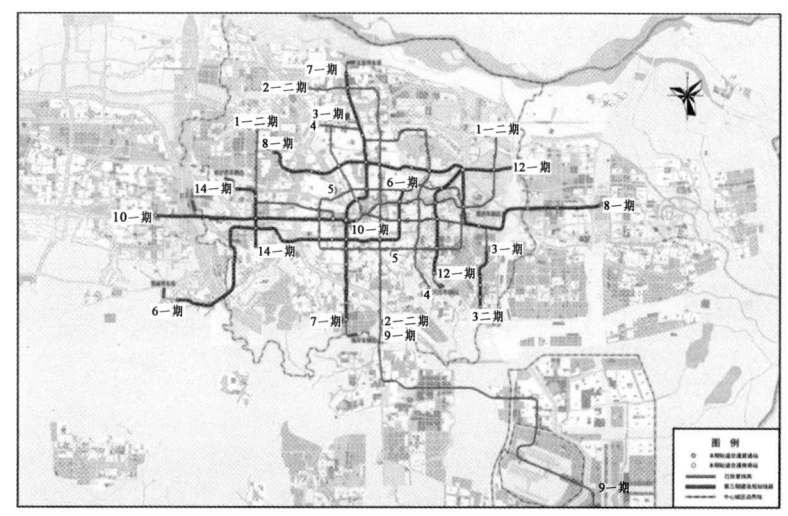

图 1.1.1 郑州市城市轨道交通线网规划图

1.2 轨道交通 5 号线工程概况及走向

1.2.1 线路概况

郑州市轨道交通 5 号线工程线路全长 40.433 km,均为地下线。全线设站 32 座,其中换乘站 18 座,与线网中的 1、2、3、4、6、7、8、9、10、11、12 号线衔接换乘。全线设中州大道车辆段和五龙口停车场各 1 座。平均站间距约 1.26 km。初步设计概算约

321.39 亿元。采用 A 型车 6 辆编组,初期配属电客车 39 列/234 辆。系统最大能力 30 对/h,最高运行速度 80 km/h,线路旅行速度 35.9 km/h,最小间隔 120 s。如图 1.2.1。

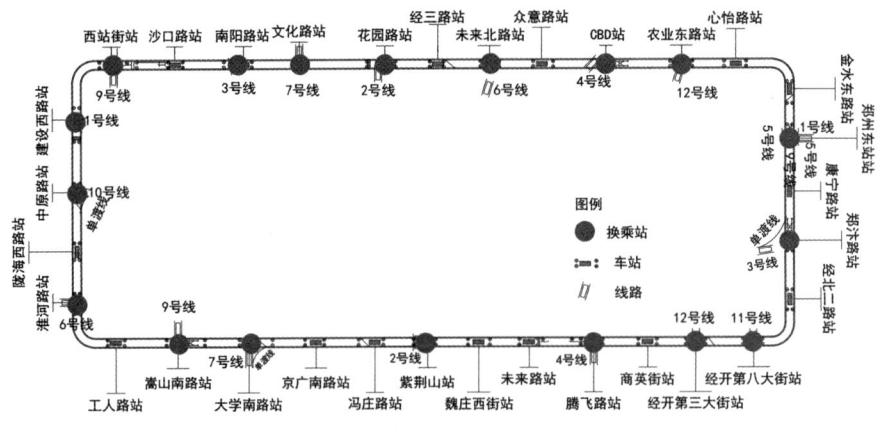

图 1.2.1　工程线路走向示意图

1.2.2　工程走向

郑州市轨道交通 5 号线工程为环线,起止于西站街站,线路沿黄河路、黄河东路、商务外环路、龙湖外环路、盛和街、心怡路、经开第十大街、航海路、桐柏路和西站路布置,属于城市核心区外围边缘的环形线路,覆盖城市东北半环客流走廊和西南半环客流走廊,联系新客站片区、郑东片区、金水中原片区、西北片区、西部服务片区、中原二七片区、管城片区、经开片区,为核心区外围各功能片区间提供联系。

1.3　地质水文情况

1.3.1　地质情况

1. 地形地貌

郑州位于东经 112°42′~114°13′,北纬 34°16′~34°58′,总面积约 7 446.2 km^2,北临黄河,西依嵩山,东南为广阔的黄淮平原。郑州市横跨中国二、三级地貌台阶,西南部嵩山属第二级地貌台阶前缘,东部平原为第三级地貌台阶的组成部分。郑州地区位于丘陵岗地与泛滥平原相交接地带,为华北平原的一部分,地势比较平坦,地势由西南向东北倾斜。

本工程大致以京广铁路为界分为东部堆积地貌和西部侵蚀堆积地貌,东部堆积地貌由黄河冲击平原和风积沙丘、沙地组成,西部侵蚀堆积地貌由黄土台塬塬前冲积岗地和山前冲积缓倾平原组成。郑州市区出露地层全部为第四系地层,据区域地质资料报告,各地质分区的地层岩性分布地质主要以粉土、粉质黏土、细砂、粉砂、中砂组成。

2. 地层岩性

郑州市区均为第四系地层覆盖，自下更新统至全新统均有沉积，地层总厚度 50～200 m，自西南向东北由薄变厚，粉砂、细砂，17～35 m 主要地层为中密—密实粉砂和细砂。

场地 35～50 m 主要为第四系上更新统（Q_3）粉质黏土（可塑—硬塑）、粉细砂（密实），以黄色、黄褐色为主，含少量钙核、铁质锈斑。

场地 50 m 以下揭露的地层主要为第四系中更新统（Q_2）粉质黏土（硬塑—坚硬），颜色以棕红色、褐黄色为主，含少量钙核、铁锰质结合体等。

3. 地层概况

根据岩土的时代成因、地层岩性及工程特性，本场地勘探揭露深度范围内地层岩性主要为人工填土、粉土、粉质黏土、粉砂、细砂等，在场地内及其附近亦未发现对工程安全有影响的诸如岩溶、滑坡、崩塌、塌陷、采空区、地裂等不良地质作用。

4. 地层物理力学参数

地层物理力学参数如表 1.3.1 所示。

表 1.3.1 郑州市轨道交通 5 号线工程盾构下穿地层物理力学参数表

岩土编号	岩土名称	天然重度/(kN/m³)	含水率/%	孔隙比	黏聚力/kPa	内摩擦角/(°)	压缩模量/MPa	侧压力系数
②$_{35}$	黏质粉土	19.6～20.2	14.2～22.3	0.54～0.65	18.5～25.0	6.0～10.0	9.5～20.0	0.40～0.43
②$_{36}$	砂质粉土	19.8～20.7	18.3～19.3	0.58～0.64	24.0～26.0	12.0～13.5	12.0～18.0	0.41～0.42
②$_{36C}$	粉砂	20.0～21.0			25.0～28.0	15.0～18.0		0.36～0.41
②$_{51}$	细砂	19.0～20.0			26.0～28.0	18.1～22.0		0.36～0.38
②$_{52}$	细砂	19.4～20.0			28.0～30.0	22.0～32.0		0.34～0.38
②$_{52A}$	黏质粉土	20.0～21.9	17.7～22.5	0.52～0.64	16.7～25.5	9.0～22.5	8.4～25.0	0.40～0.42
③$_{22}$	粉质黏土	19.2～19.7	14.3～25.7	0.62～0.63	26.6～41.0	10.0～7.6	7.8～11.5	0.40～0.43
③$_{23}$	黏质粉土	19.1～19.6	20.4～24.5	0.60～0.74	23.6～38.8	10.9～17.0	9.2～12.5	0.40～0.43
③$_{34A}$	黏质粉土	17.4～18.4	15.4～17.4	0.61～0.71	13.8～18.5	18.5～22.5	9.0～11.0	0.43～0.45
③$_{34}$	黏质粉土	18.0～19.2	16.4～17.8	0.60～0.63	12.5～20.5	20.3～24.0	12.8～15.5	0.38～0.41
③$_{35}$	黏质粉土	18.7～19.4	19.6～22.1	0.67～0.70	11.5～18.0	21.0～26.0	11.5～16.0	0.36～0.43

1.3.2 水文地质

1. 气 象

郑州市轨道交通 5 号线工程沿线属北温带大陆性季风气候区，具有半干旱、半湿润特征，春季干旱多风沙，夏季炎热多雨，秋季凉爽，冬季干冷多风，雨雪稀少，四季分明，干湿明显。郑州市的干燥度指数 k 值小于 1.5，属湿润区。

据 1957 年—2005 年的气象资料，历年平均气温为 14.4 ℃，平均月最高气温为 20 ℃，平均月最低气温为 9 ℃，绝对最高气温为 43.0 ℃（1966 年 7 月 19 日），绝对最低气温 –17.9 ℃（1955 年 1 月 2 日和 1971 年 12 月 27 日）。年最大降水量 1 041.3 mm（1964 年），年最小降水量 349.3 mm；日最大降水量 150 mm，部分地区达 200 mm；降水多集中在 7—9 月，降水量 353.9 mm，占全年降水量的 55%，1 月、2 月、12 月三个月降水量仅 30.2 mm，占全年降水量不足 5%。多年平均蒸发量为 1 853.2 mm；多年平均相对湿度 66%。具体见表 1.3.2。

表 1.3.2　近 50 年累计年月平均总降水量

月份	1	2	3	4	5	6	7	8	9	10	11	12
平均降水量/mm	8.8	12.0	28.5	39.6	58.0	62.8	155.5	112.5	77.4	45.1	22.3	9.8

郑州市为多风地区，多年平均风速为 2.8 ~ 3.2 m/s，最大平均风速为 22.0 m/s。冬季主导风向为东北风和西北风，夏秋多东南风、南风。霜期为 10 月至次年 4 月，有霜期为 110 ~ 174 d。年平均降雪 11 cm，最大厚度达 20 cm。历年最大冻土深度 27 cm。

2. 区域地下水

根据地下水介质特征和埋藏赋存条件，郑州地区地下水类型主要为松散岩类孔隙水。按含水层埋深情况，可分为浅水含水层组和深水含水层组，浅层含水层组是指含水层底板埋深小于 60 m 的地下水，中深层含水层组是指顶板埋深 50 ~ 100 m、底板埋深 220 ~ 280 m 的地下水。

郑州市中心城区中深层地下水降落漏斗的形成和发展，主要受开采量的控制，中深层地下水开采形成的降落漏斗，分布在郑州市中心城区范围，西起四环路、东到 107 国道，北到连霍高速公路，南至南三环。漏斗中心区位于陇海东路汽车制造厂，漏斗区内最低水位标高 17.5 m，漏斗面积约 72 km^2。中深层地下水接受浅层地下水的越流补给及侧向径流补给。排泄以开采、径流为主，排泄方向由非降落漏斗区向降落漏斗区。

3. 场地地下水

本线路沿线所在场地地下水主要为孔隙潜水，第一层地下水呈局部分布，高程为

77.70~90.00 m，主要赋存于②$_{34}$黏质粉土中，预计水量不大；第二层地下水为微承压水，高程为 69~71.11 m，主要赋存于②$_{36C}$层粉砂与②$_{51}$层细砂和②$_{52}$层细砂层中。

4. 地下水的补给、径流、排泄条件、水位及其动态特征

（1）地下水的补给：本段沿线地下水的补给源主要为大气降水、河流下渗补给。

（2）地下水的径流：本段沿线内地下水的径流主要受城区浅层地下水降落漏斗的影响，浅层地下水的天然流向是由西南向东北。但由于受开采的影响，径流方向可发生局部改变。

（3）地下水的排泄：本段场地地下水排泄方式主要是以开采、地下径流为主。工程地质分段评价如表 1.3.3 所示。

表 1.3.3 工程地质分段评价

序号	里程段	区间	工程地质水文评价
1	K38+902.0~K13+848.6	建设西路站—西站街站区间、西站街站—沙口路站区间、沙口路站—南阳路站区间、南阳路站—文化路站区间、文化路站—花园路站区间、花园路站—经三路站区间、经三路站—未来北路站区间、未来北路站—众意路站区间、众意路站—CBD 站区间、CBD 站—农业东路站区间、农业东路站—心怡路站区间	水文地质简单，本段线路所在场地地下水主要为孔隙潜水，隧道位于地下水水位以上。沿线地下水的补给源主要为大气降水补给。隧道围岩基本分级为 V 级，盾构隧道主要穿越在黏质粉土、细砂层中，易产生流土现象，从而降低土层结构强度，土体自稳能力较差，内部应力重分布发生的土体变形反应较为迅速，但地层天然地基承载力较高
2	K14~K27+730.799	心怡路站—金水东路站区间、金水东路站—郑州东站区间、郑州东站—康宁路站区间、康宁路站—郑汴路站区间、郑汴路站—经北二路站区间、经北二路站—经开第八大街站区间、经开第八大街站—经开第三大街站区间、经开第三大街站—商英街站区间、商英街站—腾飞路站区间、腾飞路站—未来路站区间、未来路站—魏庄西街站区间	水文地质简单，地下水主要为孔隙潜水，隧道段水量小。本段沿线地下水的补给源主要为大气降水、河流下渗补给。隧道围岩基本分级为 VI 级，自北向南分别位于粉砂、细砂和黏质粉土中，预计可满足基础的承载力和变形要求，以上地层可作为隧道结构基础的天然地基持力层
3	K27+730.799~K38+902	魏庄西街站—紫荆山路站区间、紫荆山路站—冯庄路站区间、冯庄路站—京广南路站区间、京广南路站—大学南路站区间、大学南路站—嵩山南路站区间、嵩山南路站—工人路站区间、工人路站—淮河路站区间、淮河路站—陇海西路站区间、陇海西路站—中原路站区间、中原路站—建设西路站区间	水文地质简单，本场地地下水类型为第四纪松散岩类孔隙潜水，地下水补给主要有降水入渗、地表水下渗、地下水侧向径流等补给，隧道围岩基本分级为 VI 级。隧道穿越地层为黏质粉土、粉砂、粉质黏土。其地基承载力满足上部结构荷载要求，工程性质良好，可作为区间隧道基础的天然地基持力层

第 2 章 项目重难点

郑州市轨道交通 5 号线工程自 2014 年 12 月 29 日开工建设以来克服工程施工难度大、站点周边施工环境复杂、安全风险高等不利因素，全力破解了征地拆迁、管线迁改、苗木移植、市政设施迁移、交通疏解等障碍性因素，顺利完成下穿铁路 11 次、河流 10 次、房屋 27 座，大断面暗挖 2 处。其中：出入段线破解了国内少见的小曲线半径（最小 230 m）盾构下穿房屋、350 m 半径曲线浅埋下穿陇海铁路正线（共 18 股道）等技术难点和重大风险；未来北路站在既有立交桥下成功完成大断面双洞暗挖施工；西站街站至沙口路站区间连续穿越郑北编组站股道及箱涵等多个铁路既有设施；郑汴路站至经北二路站区间穿越陇海铁路和京广高铁特大桥；商英街站至腾飞路站区间下穿十七里河；花园路站—经三路站区间长距离穿越老旧危房等。这些技术难题和重大风险的攻克，有力地保证了 5 号线工程具备初期开通条件。

2.1 典型风险源

2.1.1 下穿铁路

郑州轨道 5 号线下穿圃田西站 18 股路基段、陇海铁路、石武客专等重点铁路设施，存在线路较多且地下各种电缆线、管线较多的风险源：

（1）盾构隧道的施工会引起地层的扰动而造成地表的差异沉降，再加之铁路行车的振动，不利于开挖面的稳定。为保障铁路的安全及平稳运行，将盾构施工对其影响降低到最小是必须遵循的施工准则。

（2）盾构下穿段隧道开挖断面下部为粉细砂层，粉细砂层自稳性差，盾构开挖过程中的上部粉细砂层可能造成地面沉降加大。

（3）如果盾构姿态控制不好，容易产生超挖从而导致地表沉降过大。

（4）通信发射塔及接触网塔是铁路运输信号发射的中枢，起纽带作用。盾构隧道沉降直接影响铁路整个的运营。

（5）盾构隧道下穿期间地面沉降允许值为≤30 mm，在采取措施的条件下可以控制到 10 mm 左右，但盾构下穿运行中的既有线路来往列车产生的动荷载对地表沉降影响较大，普通措施无法控制到 10 mm。

在郑州轨道 5 号线出入段下穿圃田西站时，需对铁路路基进行上线加固，工程施工具有特殊性：

（1）一般施工单位缺少类似营业线施工的经验，在铁路封锁、慢行方面协调困难，缺乏与铁路各站段的配合经验，相关手续办理困难。

（2）一般施工单位没有铁路架空所需的专用便梁、专用轨道运输平板车和吊装设备，且此类设施市场租赁来源少。

（3）每年7—9月为汛期，按照铁路局要求，"路外单位"不能在汛期进行涉及营业线路基方面的施工。

2.1.2 下穿河流

盾构穿越河流，极易引起河堤及河底沉降、喷涌、盾尾漏水、漏砂等问题。本工程中，多个区间穿越河流，以上问题尤为明显，包括嵩山南路站—工人路站区间盾构下穿金水河、CBD站—农业东路站区间盾构下穿昆丽河、农业东路站—心怡路站区间盾构下穿熊耳河、商英街站—腾飞路站区间盾构下穿七里河等。

1. 河堤及河底沉降

隧道开挖地层为全断面粉细砂层，隧顶覆有淤泥层，且河堤大多采用回填土，地层较松散，在盾构推力及刀盘扭矩作用下土体易发生扰动。如果掘进参数控制不合理，土仓与螺机进排土量不平衡，将会导致地层及地下水损失，致使地面产生沉降现象。

2. 喷涌

盾构下穿河道时，地层含水量很大，在掘进过程中如果土压控制不当，对土体扰动过大，会造成河底隆起或沉降，从而形成水流通道。砂层在水流作用下成流体状进入土仓，随着仓内压力的增大，形成喷涌现象。

3. 盾构铰接缝漏水、漏砂

盾构穿越河流时，如盾构姿态控制不当，盾构机易出现蛇形摆动现象，导致铰接油缸和推进油缸行程差过大，盾构铰接缝出现漏水、漏砂现象。

4. 盾尾漏水、漏砂

盾尾密封主要是为了防止地下水和同步注浆浆液渗入盾构机，确保开挖面的稳定和盾构的正常掘进。管片拼装不居中、密封油脂注入量小、同步注浆压力过大等原因，容易造成盾尾漏水、漏砂。

2.1.3 下穿重点建筑物

郑州市轨道交通5号线工程共穿越房屋27座，隧道施工对建筑房屋的地基土有扰动，造成地基土的失稳引起地表隆沉，给房屋造成破坏；地表建筑物的存在，给隧道施工造成了较大的影响,增加了施工难度。

河南省供销合作社家属院 23#、10#、11#住宅楼和综合楼,位于郑州市政六街—政七街间黄河路南邻,建造于 20 世纪 80 年代初,均为条形浅基础。由于综合楼拆改较为严重,影响到建筑的整体性,不能满足安全使用要求,房屋处于整体危险状态。23#和 11#一楼办公区进行改移,10#综合楼一楼、二楼拆改严重,施工前对一楼下进行加固。同时,11#楼南立面纵墙有 3 处较大面积渗水碱化,南立面纵墙二层竖向温度裂缝密集发育;23#楼南立面纵墙一层窗台以下位置竖向温度裂缝密集发育。建筑整体刚度劣化,均不符合《建筑抗震鉴定标准》要求。根据建筑基础探查结果,地基为粉土类土,地基土遭遇有压水头时存在流土流砂和振动液化的可能性。

深航商务办公楼,地上 25 层框架结构,地下 2 层采用筏板与桩基础结合的复杂基础,目前大楼已建成,原基坑深 10.7 m,围护结构采用钻孔灌注桩+锚索(锚杆)体系。郑州轨道交通 5 号线心怡路站—金水东路站区间穿越时,侧穿区段隧道埋深 9.4~12 m,与深航商务办公楼地下室结构最小水平净距为 4.79 m。大楼西侧自上至下两道锚杆、两道锚索,2 层锚索侵入区间隧道内,盾构机遇到锚索,锚索有很强的韧性,在刀盘旋转过程中,极容易绞入刀盘及土仓,将刀盘和螺旋机卡死,导致盾构机瘫痪。深航商务办公楼处于市区主干道路周边商业楼密集,地面埋设有天然气、给水管等管线,工期紧,需在较短时间拔除百余束锚索。

农业东路站—心怡路站区间位于郑东新区,在穿越爱东居项目时遇到 CFG 素桩群,CFG 桩为 C25 砼灌注桩,桩径 400 mm,桩间距 1 200 mm,有效桩长不小于 13 m,桩端进入持力层不小于 800 mm,桩基侵入盾构区间约 5.3 m 上部为空桩,CFG 素桩强度为 25~35 MPa,总桩数超过 600 根,受影响 CFG 桩超过 300 根。同时,此段为上软下硬地层,盾构机姿态难控制,容易产生抬头向下纠偏难。而且上部为空桩,极易塌方,出渣量不好控制。受爱东居项目影响,导致掘进缓慢,加剧对地层的扰动。

2.1.4 小曲率半径施工、近接施工风险

盾构在小曲率半径施工过程中姿态难控制,容易引起土方超挖产生过量沉降,引起地面塌陷、管线破坏等事故。两台盾构机近接施工或与其他工程近接施工时,因结构间土层受强烈扰动,引起过量沉降带来结构或环境对象破坏。

郑州地铁 5 号线车辆段出入线(简称:出入段线)区间左线从腾飞路站引出,右线从未来路站引出,双线沿航海东路相向而行,线路至国香茶城西侧道路转向北,经石化路后下穿陇海铁路圃田西站,过铁路后线路继续向东转入中州大道车辆段。在中州大道车辆段出入线,受腾飞路站及未来路站的站位影响,出入线左右线均采用小半径曲线,由腾飞路站始发的左线盾构最小转弯半径为 230 m,由未来路站始发的右线盾构最小转弯半径为 250 m。由于普通的土压平衡盾构机在曲线隧道掘进时,管片与盾构机盾壳形成夹角,受夹角限制,隧道曲线半径不能过小,否则易造成管片安装困

难的问题。另外在曲线掘进时，普通盾构机依靠推进千斤顶分配不同的压力完成盾构机转弯，容易造成管片碎裂，盾壳与管片的间隙过小会影响盾构转弯姿态。

五龙口停车场出入线（简称：出入场线）右线长 2 844.678 m，最大纵坡为 34.5‰，平面最小曲线半径为 250 m，下穿郑州北站编组站。由于下坡掘进，物料运输耗时增加，停机风险加大，溜车风险增加，同时长距离掘进对施工通风要求进一步提高。加之小半径掘进和上方铁路的影响，掘进通过时盾构参数的控制、盾构姿态的调整难度增大。

2.2 工程风险源详表

2.2.1 区间自身风险源

郑州市轨道交通 5 号线区间共计 468 处自身风险源，其中Ⅰ级风险源 0 个，Ⅱ级风险源 131 个，Ⅲ、Ⅳ级风险源合计 337 处。

表 2.2.1 为郑州市轨道交通 5 号线盾构区间自身重点风险源统计表。

表 2.2.1　5 号线区间自身重点风险源统计表

编号	风险源名称	风险源概况	风险等级	风险控制措施
01	盾构始发区段和到达区段	盾构始发或到达时，由于洞口附近土体的不稳定，易造成洞口外侧地面大量沉降。若此时端头加固的强度不达标，会造成大量的水土流失或土体坍塌	Ⅱ级	对洞口端头一定长度范围内的土体进行加固，加固措施采用旋喷桩。必要时，采用疏干井降水措施
02	矿山法施工的联络通道	矿山法联络通道在施工的过程中，由于外围土体加固未达标或一次开挖步距过大等因素，会引起土体的塌落等事故	Ⅱ级	联络通道的设置尽量选择良好的地质及周边环境；施工时采用合理的开挖步距；开挖面及时支护并加强检测
03	风井	最深接收井为月季公园站出入场线，深度为 33 m。基坑在开挖的过程中，由于一次开挖深度过大或者支撑未及时支护，引起基坑坍塌等风险	Ⅱ级	加强基坑围护结构和内支撑体系，确保施工质量，加强监控量测，根据监测结果及时调整施工参数
04	区间矿山段	由于外围土体加固未达标或一次开挖步距过大等因素，会引起土体的塌落等事故	Ⅱ级	施工时采用合理的开挖步距；开挖面及时支护并加强检测

2.2.2 区间环境风险源

郑州市轨道交通 5 号线区间共计 415 处环境风险源，其中Ⅰ级风险源 17 个，Ⅱ级风险源 75 个，Ⅲ、Ⅳ级风险源合计 323 处。

表 2.2.2 为郑州市轨道交通 5 号线盾构区间环境重点风险源统计表。

表 2.2.2　5 号线区间环境重点风险源统计表

编号	区间	风险源名称	风险源概况	风险等级	风险控制措施
01	文化路站—花园路站区间	省事务管理局 109 号院在建工地	此处为一栋建成后约 30 层的大厦在建工地，区间左右线均穿越工地北侧的锚索。盾构在侧穿该建筑的过程中，会切割建筑物基坑锚索，会扰动在建建筑物与区间隧道，且区间右线结构外缘与北侧围护桩间的净距只有 0.7 m。盾构拱顶覆土深度约 10.4 m。临近基坑深 7.90 m。盾构本身和该在建建筑工地的相互影响很大	Ⅱ级	加强沟通，提前拔出或切断锚索，跟踪注浆，隔断保护，基底加固等措施
		省塑料公司家属楼	家属楼距左线区间外轮廓以北约 3.3 m，砖混结构扩大基础，无地下室，无锚索，条形基础，盾构拱顶覆土深度约 10.3 m。盾构在侧穿该建筑的过程中，会扰动建筑物与结构间土体，对盾构本身和该建筑的安全均会产生不利影响	Ⅱ级	调整盾构掘进参数、加强同步注浆和二次注浆等措施
		中孚大厦	大厦距左线区间外轮廓以北约 3.04 m。13 层钢筋混凝土结构筏板基础。地下室为 1 层，标高为负 3.6 m，经走访，基坑采用放坡锚喷支护。盾构拱顶覆土深度约 10.5 m。盾构在侧穿该建筑的过程中产生的震动、对土层的扰动和对基坑外侧锚索可能产生切割等因素，会诱发该建筑产生裂缝和不均匀沉降等风险	Ⅱ级	1. 盾构施工姿态控制。 2. 地面注浆加固。 3. 预埋袖阀管跟踪注浆加固。 4. 盾构管片增加预埋注浆孔，加强二次注浆。 5. 建立完善的监控量测体系，并做好应急预案
		通讯设计院家属楼	盾构区间下穿该家属楼，拱顶距离地面的距离约为 11.61 m，家属楼混凝土结构 5 层，扩大基础，无地下室，无锚索。盾构拱顶覆土深度约 11.6 m。盾构在下穿该建筑的过程中产生的震动和对土层的扰动，会诱发该建筑产生裂缝和不均匀沉降等风险	Ⅱ级	调整盾构掘进参数、加强同步注浆和二次注浆等措施

续表

编号	区间	风险源名称	风险源概况	风险等级	风险控制措施
02	花园路站—经三路站区间	河南省供销社家属楼	盾构区间下穿该家属楼，其一楼拆改严重，构成C级危房，拱顶距离地面的距离约为8.52 m，家属楼为5层砖混结构，条形基础，无锚索。盾构在下穿该建筑的过程中产生的震动和对土层的扰动，会诱发该建筑产生裂缝和不均匀沉降等风险	Ⅰ级	采用克泥效工法、隔断保护、基底加固等措施
03	经三路站—未来北路站区间	未来大道立交桥黄河路匝道的桥台和桥桩	区间右线结构外缘与北侧桩基间最近的距离为1.91 m。盾构在侧穿该桥台和桥桩的过程中，会对其沉降和裂缝产生不利影响	Ⅱ级	调整盾构掘进参数、加强同步注浆和二次注浆等措施
		瀚海璞丽在建工地	此处为瀚海璞丽大厦在建工地，区间左右线均穿越工地南侧的锚索。盾构在侧穿该建筑的过程中，会切割建筑物基坑锚索，会扰动在建建筑物与区间隧道，且区间左线结构外缘与北侧围护桩间的净距现有资料不能准确反映，盾构拱顶覆土深度约10.9 m。盾构在侧穿该建筑的过程中，会切割建筑物基坑锚索，会扰动建筑物与结构间土体，对盾构本身和该建筑均会产生不利影响	Ⅱ级	加强沟通，提前拔出或切断锚索，跟踪注浆，隔断保护，基底加固等措施
		河南胸科医院北门东侧高层建筑	此处为一栋大厦在建工地，区间右线结构外缘与北侧围护桩间的净距现有资料不能准确反映。盾构拱顶覆土深度约15.0 m。盾构在侧穿该建筑的过程中，会扰动建筑物与结构间土体，对盾构本身和该建筑的安全均会产生不利影响	Ⅱ级	调整盾构掘进参数、加强同步注浆和二次注浆等措施
		新航快捷酒店	酒店位于区间南侧，距右线区间外轮廓约2.6 m，混凝土结构19层，一层地下室，无锚索。盾构拱顶覆土深度约11.1 m。盾构在侧穿该建筑的过程中，会扰动建筑物与结构间土体，对盾构本身和该建筑的安全均会产生不利影响	Ⅱ级	调整盾构掘进参数、加强同步注浆和二次注浆等措施

续表

编号	区间	风险源名称	风险源概况	风险等级	风险控制措施
04	未来北路站—众意路站区间	聂庄公寓	盾构在侧穿该建筑的过程中，会扰动建筑物与结构间土体，对盾构本身和该建筑的安全均会产生不利影响	Ⅱ级	加强沟通，提前拔出或切断锚索，跟踪注浆，隔断保护等措施
		未来大道立交桥中州大道西侧匝道的桥台和桥桩	盾构区间顶部覆土厚度11 m，盾构区间与桩承台的净距为9.1 m。左线区间下穿桥桩承台，承台长度为9.0 m，宽度为2.7 m，高度为4.6 m。左线区间正穿一桥桩，紧贴侧穿另一桥桩，桥桩的桩径1.5 m的桩孔灌注桩，桩长为34.6 m，穿越时需对桥桩进行桥桩托换续梁结构	Ⅰ级	盾构施工前需对黄河路匝道的桥桩进行托换，托换时需考虑区间穿过时对新基础的影响。盾构推进时需调整掘进参数、加强同步注浆和二次注浆等措施
		中州大道金水河桥的桥台和桥桩	盾构拱顶覆土深度约13.3 m，桥台和桥桩的系资料缺乏，盾构在侧穿该桥台和桥桩的过程中，会对该桥台和桥桩的沉降与裂缝产生不利影响	Ⅱ级	跟踪注浆、隔断保护等措施
		金水河	区间拱顶距河底净距7.76 m，盾构在下穿该条河的过程中，水压的变化会对盾构及区间隧道产生不利影响	Ⅱ级	加强盾构的同步注浆和二次注浆，隔断保护等措施
05	众意路—CBD站区间	下穿如意湖	盾构与河底距离约9.13 m，下穿该条河的过程中，由于水压的变化，会对盾构及区间隧道产生不利影响	Ⅱ级	1. 盾构施工前，如有必要应先对河底以及河堤进行预加固。2. 穿越过程中加强监控量测。3. 为了防止盾构机下穿昆丽河时发生喷涌，需采取以下措施：a. 在水量较大的地段掘进时采用螺旋输送机。b. 经常检查盾尾密封刷密封效果，经常填加油脂，确保密封刷状态良好
06	CBD站—农业东路站区间	下穿昆丽河	昆丽河河底宽约100 m，穿越昆丽河段区间结构距离河底最小净距为10.02～14.52 m，穿越地层主要为粉质黏土及细砂层，昆丽河底铺设有膨润土防渗毯	Ⅱ级	
		下穿熊耳河	盾构与河底距离约14.3 m，下穿该条河的过程中，由于水压的变化，会对盾构及区间隧道产生不利影响	Ⅱ级	
07	农业东路—心怡路站区间	下穿郑河小区	盾构区间埋深约12 m，郑和小区1#楼为深层搅拌桩基础，搅拌桩底在地面下约16 m。区间在下穿该建筑的过程中会切搅拌桩，同时产生震动和土层扰动，会诱发该建筑产生裂缝和不均匀沉降等风险	Ⅰ级	采用克泥效工法，跟踪注浆，隔断保护，基底加固等措施

2.2.3 车站风险源

郑州市轨道交通 5 号线车站共计 628 处自身风险源，其中Ⅰ级风险源 0 个，Ⅱ级风险源 173 个，Ⅲ、Ⅳ级风险源合计 455 处。郑州市轨道交通 5 号线车站共计 408 处环境风险源，其中Ⅰ级风险源 11 个，Ⅱ级风险源 76 个，Ⅲ、Ⅳ级风险源合计 321 处。车站基坑周边相邻主要市政道路，周边环境复杂，加强监测，必要时采取注浆或其他加固措施。

第 3 章　盾构下穿河流技术

3.1　工程背景

3.1.1　农业东路—心怡路站

农业东路站至心怡路站区间位于郑东新区，区间起于拟建农业东路站，先后下穿祭城路及其绿化带、熊耳河，往东下穿东风东路、熊耳河路、郑和小区、东至盛和街拟建心怡路站。区间左线为左 DK12+634.225～左 DK13+852.009，长度为 1 214.457 单线延米，右线为右 DK12+634.224～右 DK13+853.479，长度为 1 219.255 单线延米。

盾构隧道斜交下穿南北走向的熊耳河，熊耳河宽约为 101.50 m，河底标高 82.32 m，河面标高约 84.80 m，水深约 2.50 m。隧道右 DK12+898.452～右 DK13+000.953，穿越熊耳河段区间结构顶板覆土埋深为 13.7～15.1 m，盾构主要穿越细砂层，上覆黏质粉土和粉质黏土。如图 3.1.1。

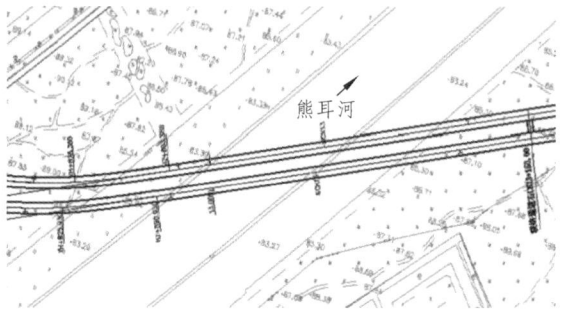

图 3.1.1　熊耳河

3.1.2　CBD 站—农业东路站

CBD 站—农业东路站区间自 CBD 站东端头井始发，沿黄河东路向东北敷设，至农业东路站西端头井处接收。其里程范围为：区间左线为左 DK11+064.701～左 DK12+465.825，长度为 1 399.729 单线延米（含短链 1.395 m）；右线为右 DK11+064.701～右 DK12+465.825，长度为 1 401.124 单线延米。

区间左 DK11+322.723～左 DK11+543.180 段下穿昆丽河，最深水位达 3.5 m，昆丽河河床已做防渗处理。其余地形总体较为平坦。下穿河流段落盾构埋深约 22 m，上覆围岩主要为黏质粉土和粉质黏土，区间主要穿越细砂层。如图 3.1.2。

图 3.1.2　昆丽河

3.2　下穿河流对盾构施工的影响研究

3.2.1　下穿熊耳河风险

1. 河堤及河底沉降

隧道开挖地层为全断面粉细砂层，隧顶覆有淤泥层，且河堤大多采用回填土，地层较松散，在盾构推力及刀盘扭矩作用下土体易发生扰动。如果掘进参数控制不合理，土仓与螺机进排土量不平衡，将会导致地层及地下水损失，致使地面产生沉降现象。

2. 喷　涌

盾构下穿河道时，地层含水量很大，在掘进过程中如果土压控制不当，对土体扰动过大，会造成河底隆起或沉降，从而形成水流通道。砂层在水流作用下成流体状进入土仓，随着仓内压力的增大，形成喷涌现象。因此，盾构机穿越河道时，设定合理的土仓压力，尽量减少对隧道围岩的扰动，降低渣土中水的比例，向土体中加入足量的膨润土泥浆、泡沫、高分子聚合物等改善渣土的和易性，同时加强设备的维修保养工作，保证盾构机平稳、快速地通过。

3. 盾尾漏水、漏砂

盾尾密封主要是为了防止地下水和同步注浆浆液渗入盾构机，确保开挖面的稳定和盾构的正常掘进。管片拼装不居中、密封油脂注入量小、同步注浆压力过大等原因，容易造成盾尾漏水、漏砂。如果盾尾出现涌水、涌砂，首先减少或停止同步注浆，降低盾尾外部的压力，并及时在泄露位置加注优质油脂。调整盾构机和管片姿态，减小泄露处的盾尾间隙。改变同步浆液配液配合比，加大水泥用量，缩短浆液的凝固时间，尽早降低盾尾处的浆液压力。

盾构穿越河流时，如盾构姿态控制不当，盾构机易出现蛇形摆动现象，导致铰接油缸和推进油缸行程差过大，盾构铰接缝出现漏水、漏砂现象。此时，先缩小各油缸行程差，改善铰接状态，继续推进直到流砂减少，或停止为止。如果流砂不止且有增大趋势，打开铰接处聚氨酯注入孔，向铰接外部注入聚氨酯，及时封水，并对铰接密封进行维修。

3.2.2 下穿昆丽河风险

盾构下穿河流段由于水压力大，可能发生喷涌、冒顶、管片上浮、盾构机铰接漏水、盾尾密封油脂被击穿等情况，从而影响盾构机正常掘进；同时由于工程水文地质条件复杂，有可能发生结泥饼、造成盾构机刀具大量磨损，导致盾构机无法继续掘进。

1. 盾构螺旋输送机喷涌

喷涌的原因主要有：富水砂层开挖面充水裂隙发育、盾构不能连续掘进（时间）、已成盾构隧道同步注浆液没有完全充实衬背空隙以致留下流水通道等。喷涌—停机—喷涌……如此恶性循环，盾构掘进缓慢，直接加剧对地层的扰动。

2. 盾尾密封泄漏

盾尾密封主要是防止地下水、泥水和壁后注浆浆液通过管片和盾壳间喷涌到隧道作业面；此外，管片破损、止水条损坏等也会导致地下水等由盾构尾部涌入，特别是在河中段掘进过程中，盾构推力大，水压大，此时对盾尾密封要求更为严格。盾尾密封出现问题将会直接影响盾构正常掘进，严重的可能导致隧道和盾构被淹。

3. 管片上浮

管片上浮是指管片脱离盾尾后，在受到集中应力后产生向上运动的现象。规范规定盾构掘进中线平面位置和高程允许偏差为 ± 50 mm。管片拼装偏差控制为 ± 50 mm。隧道建成后，中线允许偏差为高程和平面为 ± 100 mm，且衬砌结构不得侵入建筑限界。管片上浮造成盾构隧道的"侵限"，在管片的端面产生剪切应力，造成管片的错台、开裂、破损和漏水，降低管片结构的抗压强度和抗渗压力。

3.3 渣土改良方案及试验研究

土压平衡盾构施工中,在土仓内形成良好塑流性土体,是盾构顺利施工的重要前提。盾构施工过程中通过不同地质情况,在盾构隧道掘进中加泡沫、膨润土、泥浆及聚合物改良不良土体的功效。渣土改良可以保持开挖面的稳定,减小细砂、砂质土对刀盘的磨损,防止渣土黏附在刀盈及螺旋输送机内,避免闭塞现象,减轻机械负荷,降低刀盘扭矩,同时也提高掘进速度。

3.3.1 渣土改良原理

渣土改良就是通过盾构配置的专用装置向刀盘面,土仓内或螺旋输送机内注入水、泡沫、膨润土、高分子聚合物等添加剂,利用刀盘的旋转搅拌、土仓搅拌装置搅拌或者螺旋输送机旋转搅拌使添加剂与土渣混合,使盾构切削下来的渣土具有好的流塑性、合适的稠度、较低的透水性和较小的摩阻力。如表 3.3.1 所示。

表 3.3.1 盾构施工中常用的渣土改良剂的种类

种类	黏土、膨润土	泡沫剂	高吸水性树脂（聚合物）	增黏剂
特性	pH 值 7.5～10.0 黏度：2～10 Pa·s	pH 值 7.3～8.0 黏度：0.003～0.2 Pa·s	pH 值 7.5～10.0 黏度：0.7～2.0 Pa·s	pH 值 7.5～10.0 黏度：0.5～15 Pa·s
概要	利用添加的胶质减磨效果,使开挖土塑性流动。将黏土、膨润土稀浆和开挖土拌和,以减少渗透系数,达到止水效果	利用微细泡沫的润滑效果使开挖土塑性流动。通过将泡沫均匀混合来止水	将球状高吸水性树脂的水溶液与开挖土混合,使开挖土流动。利用高吸水性树脂和供水产生的膨胀压力间隙,达到止水目的	注入黏稠、保水性好的增黏材料使开挖土流动
适用范围	砂—砂（卵）砾石地层	黏土—砂（卵）砾石地层	固结黏土—砂砾地层	粗土—粗砂地层
特征	使用最普通的添加剂,经济实惠,应用实例较广,但制浆和输送设备需较大的空间	输送和使用便捷,消泡后渣土能恢复原来状态（但在砂砾层大多同时使用黏土和膨润土）	在黏性软土层有时会因黏土变硬而出现堵塞,若地下水中有大量阳离子,吸水性可能发生变化	停止开挖时,有时会因增黏剂的黏性降低而发生堵塞

1. 膨润土

膨润土主要成分是蒙脱石,具有层状结构,易吸水膨胀,具有润滑性,可以在工作面形成低渗透性的泥膜,也可以改变土的和易性,提高砂土的流塑性。其改良机理如图 3.3.1 所示。

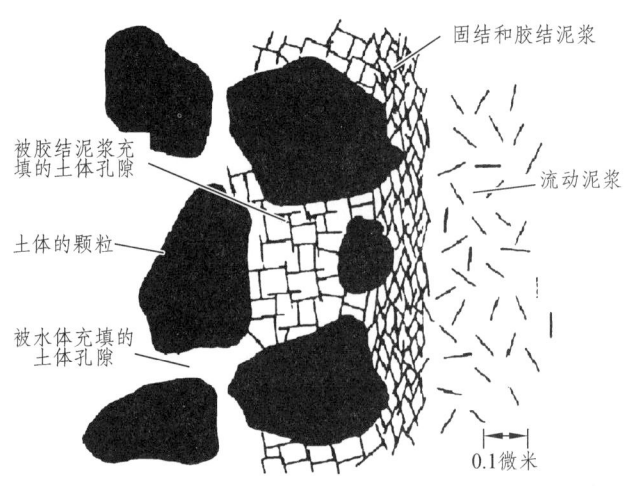

图 3.3.1 膨润土改良机理

2. 泡沫剂

在土压平衡式盾构施工中，泡沫改良技术利用特殊方法配置的发泡剂，按一定比例与水混合得到发泡剂溶液。该发泡剂溶液中 90%～99%为水，其余为发泡剂，其在盾构刀盘、压力舱和排土器的发泡装置内，经压缩空气的作用，生成大量直径为 30～400 txm 的气泡。这种泡沫是典型的气-液二相体系，其中 90%以上是空气，不足 10%为发泡剂溶液。这种泡沫注入土压平衡式盾构机的压力舱、刀盘和螺旋排土器内，与开挖土体混合，细小的气泡进入土体后，充满在土体颗粒的间隙中，将土体颗粒包围，从而对开挖土体进行改良。

泡沫作用机理如图 3.3.2，注入效果如图 3.3.3。

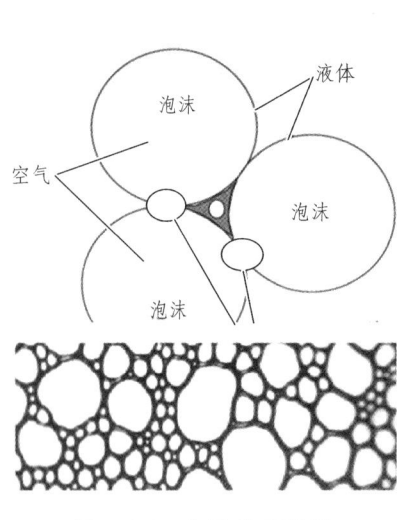

图 3.3.2 泡沫作用机理

图 3.3.3 刀盘泡沫注入效果

泡沫剂改善土体的流动性，保持开挖面的稳定，降低刀盘扭矩，减少刀具的磨损，降低渣土的透水性，提高排土效率。泡沫材料可以自行分解，对环境无污染。泡沫适用各种土体主要按土体的颗粒等级来，从黏土一直到卵石，颗粒越大，泡沫建议发泡倍率越高。

3. 聚合物

聚合物是一种长链分子有机物，可以单独使用，也可以和膨润土、泡沫混合使用。当聚合物与渣土混合时，聚合物分子会附着在土颗粒表面，将土颗粒粘结在一起，使渣土的黏聚力得以提高，便于在螺旋输送机内形成"土塞"效应以进行土仓保压。作用机理如图 3.3.4。

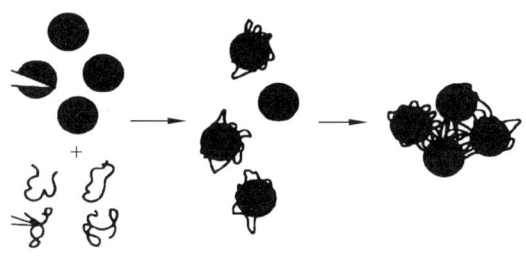

图 3.3.4　聚合物作用机理

3.3.2　渣土改良系统

1. 加泥系统（膨润土）

该系统通过添加塑流化改性材料，改善盾构机密封舱内切削土体的塑流性，既可实现平衡开挖面水、土压力又能向外顺畅排土，拓宽了盾构机的适应范围。如图 3.3.5。

图 3.3.5　加泥系统

2. 泡沫系统

泡沫注入系统可以改善粉质黏土及粉细砂层的和易性；在粉质黏土及细砂地层中，添加泡沫可以起到支撑作用而且可以改善土的流动性，可以防止渣土附着刀盘和土仓室内壁，同时有止水效果。如图 3.3.6。

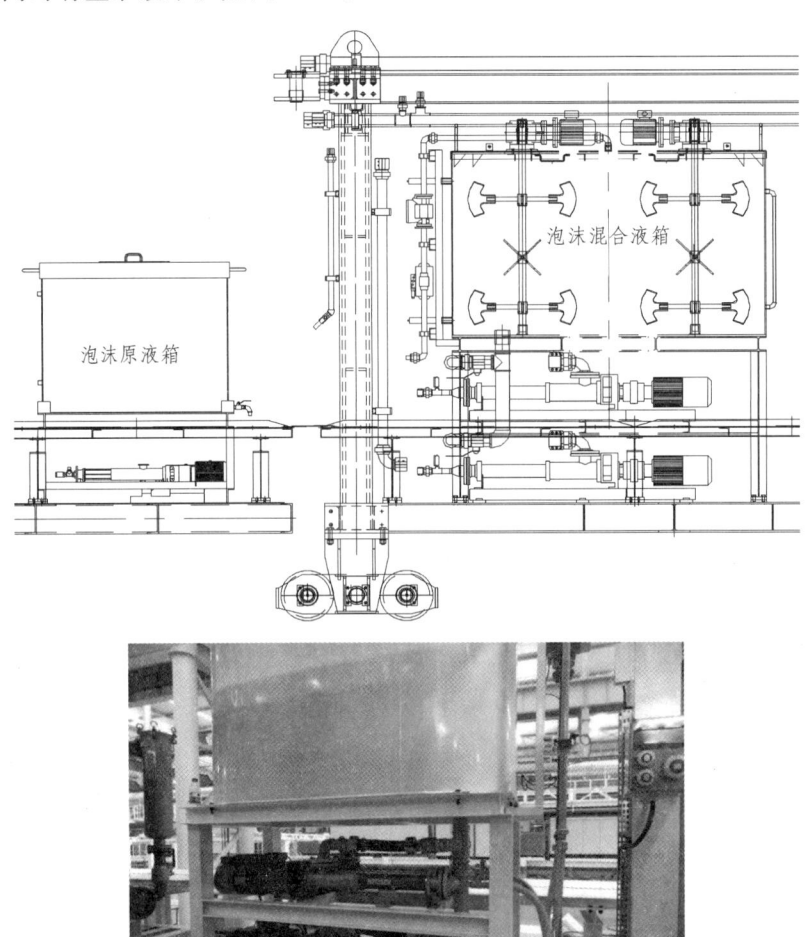

图 3.3.6　泡沫注入系统

根据本工程地质条件及结合的相应地层施工经验，在细砂、黏土层采用泡沫剂、膨润土进行渣土改良效果良好，盾构机宜配置泡沫及膨润土注入系统。

3.3.3　渣土改良方案

采用钠基膨润土+钙基膨润土浆液和泡沫剂作为渣土改良剂，同时配合使用膨润土浆液。钠基膨润土在水介质中能分散呈胶体悬浮液，这种悬浮液具有一定的黏滞性、触变性和润滑性，它和水、泥、砂等细琐屑物质的掺合物有可塑性和黏结性。钠基膨润土在水化时，钠离子连接各层薄片，同时挤占与之接触的土颗粒之间的间隙，积聚于土壤与泥水的接触表面，形成不透水的可塑性胶体，从而形成泥膜。钙基膨润土与钠基膨润土共同使用,可有效增加膨润土浆液中的悬浮颗粒,在富水砂层盾构掘进中,可提高砂土的含泥量,使砂泥土化,补充土体的微细颗粒组分,使土体的内摩擦角变小,增加开挖土体的流动性和不透水性。膨润土浆液降低盾构掘进时喷涌风险。

下穿熊耳河区段渣土改良以膨润土浆液为主,泡沫剂为辅,以掘进速度和出渣稠度为主要依据,适时调节膨润土掺入量和膨润土浆液注入量;以刀盘扭矩和螺旋机出渣情况为依据,适时调整泡沫剂掺量和注入量。

下穿昆丽河区段对于始发段粉细、中粗砂地层,暂定使用浓度10%的泡沫原液,发泡体积膨胀率为10倍;同时加入膨润土浆液,浆液中添加适量的纯碱、CMC等添加剂,对于始发地层,掺入量为10%。

3.4 下穿河流盾构掘进安全控制技术研究

3.4.1 流固耦合理论

地铁隧道施工过程中,无论采用何种方法,地层中的地下水总是会有或多或少的损失。地下水的损失使得地下水位下降,孔隙水压力随之下降。根据有效应力原理可知,一方面,下降了的孔隙水压力值,转化为有效应力增量,有效应力的增量导致土层发生压密,土层发生压密后,土体的孔隙比发生改变,使土体各部位的渗透系数发生变化,影响其渗流状态。另一方面,土体中的渗流对土体体积的改变产生反作用,表现为孔压的变化。因此,饱和强渗透性地层盾构隧道施工引起地层沉降是一个三维空间流固耦合问题,只有采用有效应力法分析,才能真实地反映隧道施工过程中的水土间的相互作用机理,预测隧道施工引起的地面沉降变形。

其数值模拟计算流程如图3.4.1。

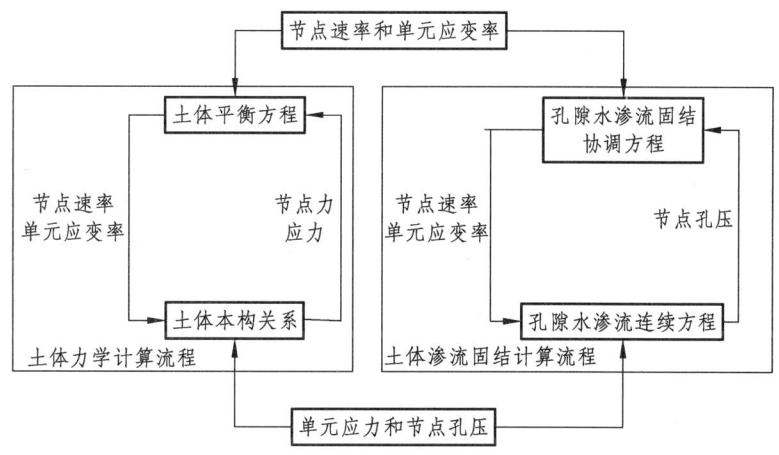

图3.4.1 土体流—固耦合数值模拟计算流程示意图

流固耦合土体力学计算控制方程包含平衡方程、几何方程和本构方程，渗流固结计算包含渗流平衡方程和渗流本构方程，这些方程涉及固体和流体的基本参量，这些参量相互作用又相互关联。

单元体上，单元的平衡方程表述如下：

$$\left.\begin{array}{l}\dfrac{\partial \sigma_{xx}}{\partial x}+\dfrac{\partial \tau_{xy}}{\partial y}+\dfrac{\partial \tau_{xz}}{\partial z}=\rho\dfrac{\mathrm{d}\dot{u}}{\mathrm{d}t}\\[2mm] \dfrac{\partial \tau_{yx}}{\partial x}+\dfrac{\partial \sigma_{yy}}{\partial y}+\dfrac{\partial \tau_{yz}}{\partial z}=\rho\dfrac{\mathrm{d}\dot{v}}{\mathrm{d}t}\\[2mm] \dfrac{\partial \tau_{zx}}{\partial x}+\dfrac{\partial \tau_{zy}}{\partial y}+\dfrac{\partial \sigma_{zz}}{\partial z}+\rho g=\rho\dfrac{\mathrm{d}\dot{w}}{\mathrm{d}t}\end{array}\right\} \quad (3.4.1)$$

式中：$\rho=(1-n)\rho_\mathrm{d}+ns\rho_\mathrm{w}$ 是饱和度为 s 时的土体密度；ρ_w 是孔隙水密度；ρ_d 是土体干密度；n 是孔隙率；s 是饱和度；u、v、w 是单元位移函数；$\dot{u}$、$\dot{v}$、$\dot{w}$ 是单元位移速率函数。根据有效应力原理，公式（3.4.1）主应力可以表示为：

$$\left.\begin{array}{l}\sigma_{xx}=\sigma'_{xx}+p\\ \sigma_{yy}=\sigma'_{yy}+p\\ \sigma_{zz}=\sigma'_{zz}+p\end{array}\right\} \quad (3.4.2)$$

式中：σ_{xx}、σ_{yy}、σ_{zz} 分别为土体单元三个主应力；σ'_{xx}、σ'_{yy}、σ'_{zz} 分别为土体单元有效应力的三个主应力；p 为孔隙水压力。

几何方程如下：

$$\left.\begin{array}{l}\dot{\varepsilon}_{xx}=\dfrac{\partial \dot{u}}{\partial x},\ \dot{\gamma}_{xy}=\dfrac{\partial \dot{u}}{\partial y}+\dfrac{\partial \dot{v}}{\partial x}\\[2mm] \dot{\varepsilon}_{yy}=\dfrac{\partial \dot{v}}{\partial y},\ \dot{\gamma}_{xz}=\dfrac{\partial \dot{u}}{\partial z}+\dfrac{\partial \dot{w}}{\partial x}\\[2mm] \dot{\varepsilon}_{zz}=\dfrac{\partial \dot{w}}{\partial z},\ \dot{\gamma}_{yz}=\dfrac{\partial \dot{w}}{\partial y}+\dfrac{\partial \dot{v}}{\partial z}\end{array}\right\} \quad (3.4.3)$$

式中：$\dot{\varepsilon}_{xx}$、$\dot{\varepsilon}_{yy}$、$\dot{\varepsilon}_{zz}$ 代表三个方向的应变率；$\dot{\gamma}_{xy}$、$\dot{\gamma}_{xz}$、$\dot{\gamma}_{yz}$ 分别代表三个主轴方向的剪切应变率。

假设土为均质弹性体，应力分量与应变分量之间应满足胡克定律：

$$\left.\begin{array}{l}\varepsilon_x=\dfrac{1}{E}[\sigma'_x-v(\sigma'_y+\sigma'_z)]\\[2mm] \varepsilon_y=\dfrac{1}{E}[\sigma'_y-v(\sigma'_x+\sigma'_z)]\\[2mm] \varepsilon_z=\dfrac{1}{E}[\sigma'_z-v(\sigma'_y+\sigma'_x)]\end{array}\right\} \quad (3.4.4)$$

结合以上方程可以推到位移和孔压表示的渗流固结协调方程：

$$\left.\begin{aligned}&-\frac{G}{1-2v}\left(\frac{\partial^2 u}{\partial x^2}+\frac{\partial^2 v}{\partial x\partial y}+\frac{\partial^2 w}{\partial z\partial y}\right)-G\nabla^2 u+\frac{\partial p}{\partial x}=\rho\frac{\mathrm{d}\dot{u}}{\mathrm{d}t}\\ &-\frac{G}{1-2v}\left(\frac{\partial^2 u}{\partial x\partial y}+\frac{\partial^2 v}{\partial y^2}+\frac{\partial^2 w}{\partial z\partial y}\right)-G\nabla^2 v+\frac{\partial p}{\partial y}=\rho\frac{\mathrm{d}\dot{v}}{\mathrm{d}t}\\ &-\frac{G}{1-2v}\left(\frac{\partial^2 u}{\partial x\partial y}+\frac{\partial^2 v}{\partial z\partial y}+\frac{\partial^2 w}{\partial z^2}\right)-G\nabla^2 w+\frac{\partial p}{\partial z}+\rho g=\rho\frac{\mathrm{d}\dot{w}}{\mathrm{d}t}\end{aligned}\right\} \quad (3.4.5)$$

渗流固结过程孔隙水需要满足渗流连续条件，假定土体完全饱和，土颗粒和孔隙水均不可压缩，如图 3.4.2 所示，在 dt 时间内流出单元体的水量应等于单元体的体积变化。

$$\frac{\partial \varepsilon_v}{\partial t}=\frac{\partial v_x}{\partial x}+\frac{\partial v_y}{\partial y}+\frac{\partial v_z}{\partial z} \quad (3.4.6)$$

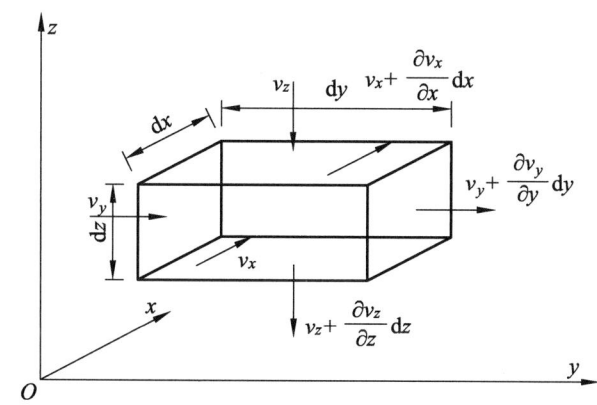

图 3.4.2 渗流示意图

式中：ε_v 为单元体应变；v 为单位时间内流经单位截面积的水量。

假定土体渗流符合达西（Darcy）定律：

$$\left.\begin{aligned}v_x&=-k_x i_x=-\frac{k_x}{\gamma_\mathrm{w}}\frac{\partial p}{\partial x}\\ v_y&=-k_y i_y=-\frac{k_y}{\gamma_\mathrm{w}}\frac{\partial p}{\partial y}\\ v_z&=-k_z i_z=-\frac{k_z}{\gamma_\mathrm{w}}\frac{\partial p}{\partial z}\end{aligned}\right\} \quad (3.4.7)$$

式中：k 为土的渗透系数；i 为水力梯度；γ_w 为水的容重；p 为孔隙水压力。假定土体各向渗透系数相同 $k=k_x=k_y=k_z$，另外单元体应变 $\varepsilon_v=\varepsilon_x+\varepsilon_y+\varepsilon_z$，将式（3.4.7）代入式（3.4.6），并利用上述假定写成：

$$\frac{\partial}{\partial t}\left(\frac{\partial u}{\partial x}+\frac{\partial v}{\partial y}+\frac{\partial w}{\partial z}\right)=\frac{k}{\gamma_w}\nabla^2 p \qquad (3.4.8)$$

3.4.2 数值模型

根据地勘及隧道设计资料,建立如图 3.4.3(a)下穿熊耳河模型,模型整体尺寸为 240 m × 100 m × 80 m,模型中顶部蓝色区域为河流区域;如图 3.4.3(b)下穿昆丽河模型,模型整体尺寸为 489 m × 250 m × 80 m,模型中顶部蓝色区域为河流区域。下穿熊耳河盾构隧道埋深 15 m,盾构中心间距 13 m,下穿昆丽河盾构隧道埋深 22 m,盾构中心间距平均 13 m,盾构机头采用厚度 0.14 m 的壳单元模拟,选用两循环长度作为盾构机头荷载分布位置,机头总重 371t;盾构推力采用面荷载模拟,在掌子面施加 333 712.9 Pa;壁后注浆和盾构管片均采用实体单元模拟,壁后注浆采用 0.14 m 等代层模拟,将盾构机前三循环的长度等代层设置为盾构机与围岩之间的壁后空隙;数值模拟开挖中,将掌子面前方 1 m 范围围岩进行渣土改良。如图 3.4.4 所示。

施工顺序为左线隧道先开挖,待左线隧道开挖贯通后再开挖右线隧道。其中盾构机、隧道管片、等代层均采用弹性模型,围岩采用弹塑性模型,本用莫尔-库仑本构。

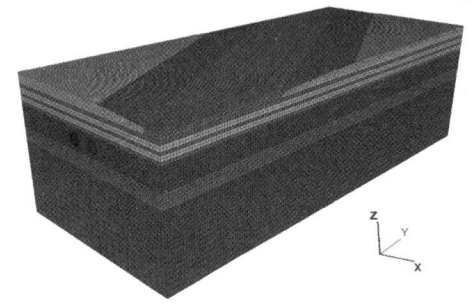 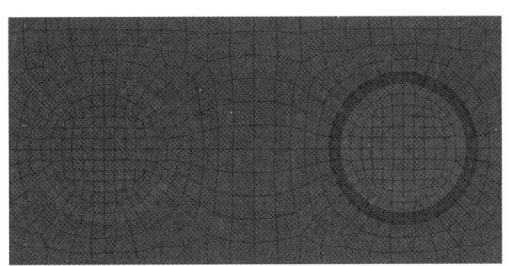

(a)下穿熊耳河模型

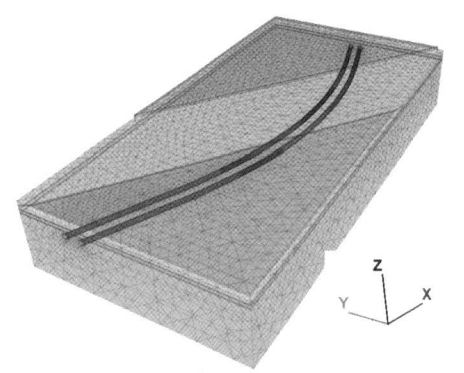 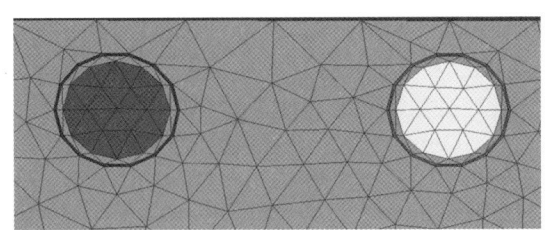

(b)下穿昆丽河模型

图 3.4.3 模型整体及局部图

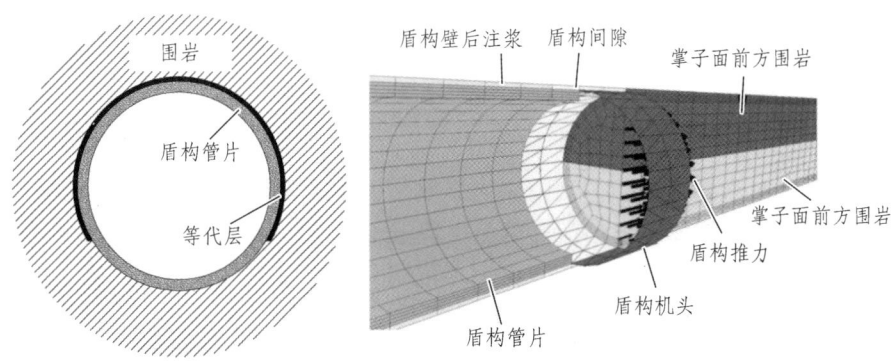

图 3.4.4 盾构管片及掌子面推力模拟

结合渣土改良方案,对掌子面一定范围内围岩进行渣土改良,以减小盾构前方土体渗透系数,增加土体开挖流动性以及不透水性,通过数值模拟对比分析渣土改良后盾构施工掘进安全性。

3.4.3 材料参数

根据现场勘查资料,选用相关参数见表3.4.1。

表 3.4.1 材料参数

材料	密度/(kg/m³)	含水率/%	黏聚力/kPa	泊松比	内摩擦角/(°)	弹性模量/MPa	孔隙率	渗透系数/(m/d)
粉质黏土	1 980	17.1	18	0.29	20	6.1	0.38	0.1
黏质粉土	1 910	15.9	11.5	0.29	25.5	5	0.38	0.5
细砂	2 000	20	26	0.37	20	28	0.38	12
壁后注浆	1 500	—	—	0.2	—	—	0.22	8.64e-4
盾构间隙	1 000	—	—	0.4	—	0.01	—	12
渣土改良	1 500	—	260	0.2	15	28	0.22	8.64e-3

熊耳河水深 2.5 m,在河床底部施加 25 kPa 孔隙水压;昆丽河水深 3 m,在河床底部施加 30 kPa 孔隙水压,上部施加密度 1 000 kg/m³ 的实体单元模拟河流水体重量。

3.4.4　计算结果分析

1. 围岩变形受力分析

1）竖向位移分析

图 3.4.5～图 3.4.10 给出了盾构隧道开挖完成后围岩竖向位移云图，图中红色表示向上位移，蓝色表示向下位移。从图中可以看出：隧道附近围岩位移向上，在河流下方位移变化较大，下穿熊耳河河床底部最大隆起达到 22 mm，下穿昆丽河河床底部最大隆起达到 14 mm；在隧道两侧的河岸出现沉降，下穿熊耳河最大沉降约 19 mm，下穿昆丽河最大沉降约 5 mm。

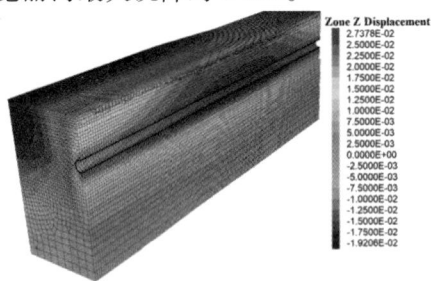

图 3.4.5　下穿熊耳河左线隧道围岩竖向位移纵剖面图（单位：m）　　图 3.4.6　下穿昆丽河左线隧道围岩竖向位移纵剖面图（单位：m）

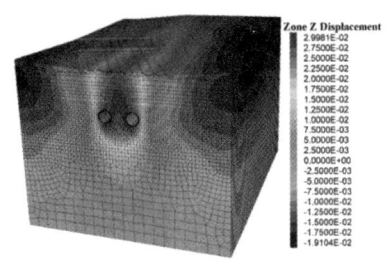 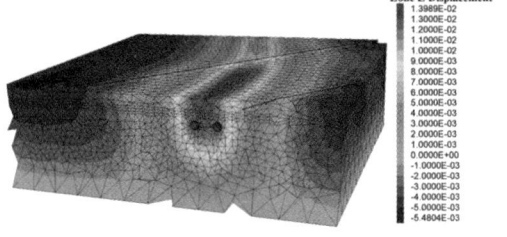

图 3.4.7　下穿熊耳河隧道围岩竖向位移横剖面图（单位：m）　　图 3.4.8　下穿昆丽河隧道围岩竖向位移横剖面图（单位：m）

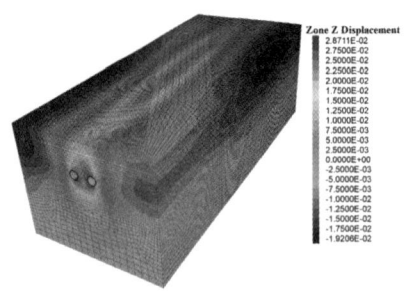 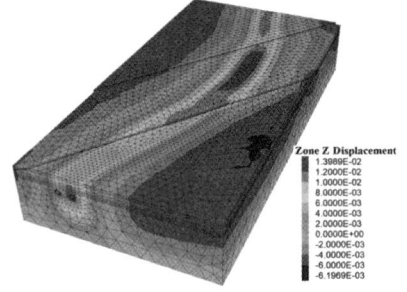

图 3.4.9　下穿熊耳河围岩整体竖向位移（单位：m）　　图 3.4.10　下穿昆丽河围岩整体竖向位移（单位：m）

2）水平位移分析

图 3.4.11~图 3.4.16 给出了围岩整体水平位移，最大水平位移位于外侧下方一定范围，下穿熊耳河最大水平位移 21 mm，方向指向两隧道中心位置，在隧道上方水平位移指向两侧边界，在地表达到最大，约 12 mm；下穿昆丽河最大水平位移约 8 mm，在隧道下方一定围岩范围，在河岸附近地表有 6 mm 左右的水平位移。

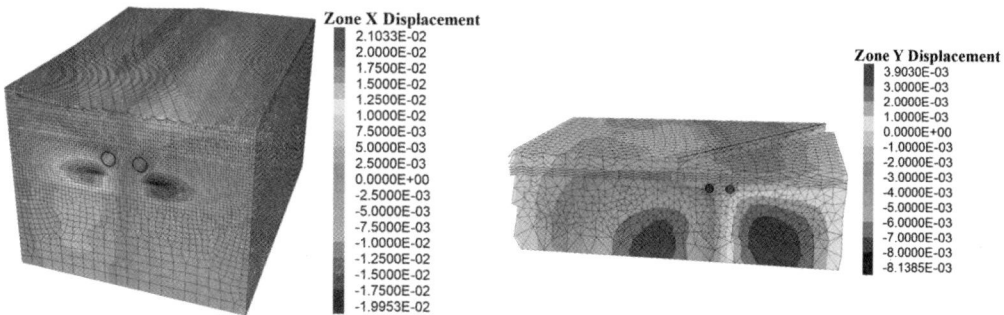

图 3.4.11　下穿熊耳河左线隧道围岩水平位移纵剖面图（单位：m）

图 3.4.12　下穿昆丽河左线隧道围岩水平位移纵剖面图（单位：m）

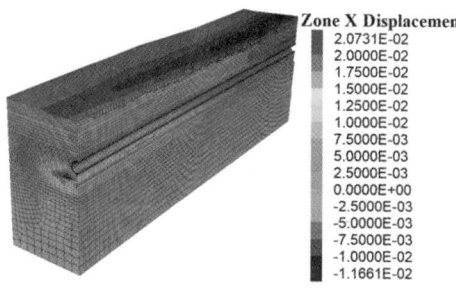
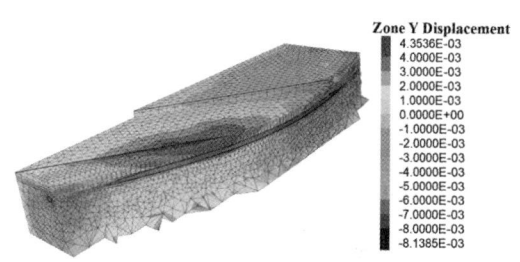

图 3.4.13　下穿熊耳河隧道围岩水平位移纵剖面图（单位：m）

图 3.4.14　下穿昆丽河隧道围岩水平位移纵剖面图（单位：m）

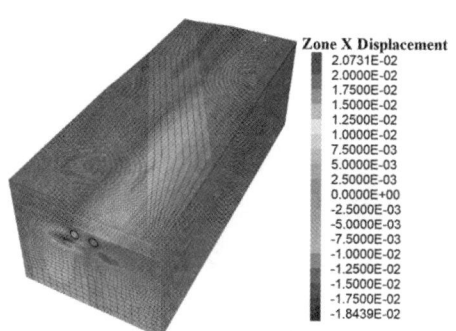
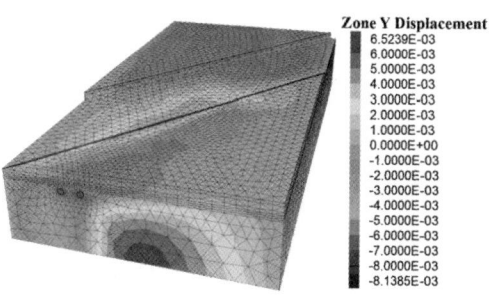

图 3.4.15　下穿熊耳河围岩整体水平位移纵剖面图（单位：m）

图 3.4.16　下穿昆丽河围岩整体水平位移纵剖面图（单位：m）

3）塑性区分析

图 3.4.17～图 3.4.22 给出了围岩塑性区分布，从图中可以看出在河流影响下，围岩整体出现受拉破坏，在隧道底部及水平范围分布较为广泛下穿昆丽河塑性区要小于下穿熊耳河产生的围岩塑性区。

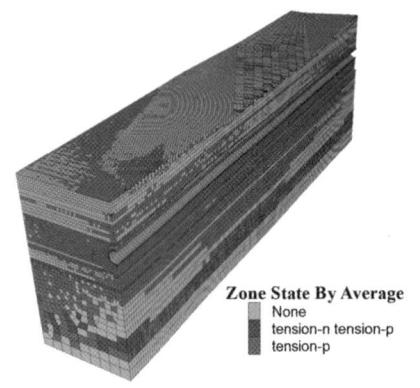

图 3.4.17　下穿熊耳河左线隧道围岩塑性区纵剖面图　　图 3.4.18　下穿昆丽河左线隧道围岩塑性区纵剖面图

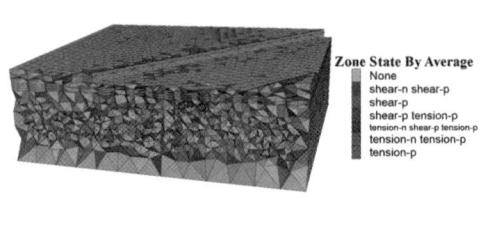

图 3.4.19　下穿熊耳河隧道围岩塑性区横剖面图　　图 3.4.20　下穿昆丽河隧道围岩塑性区横剖面图

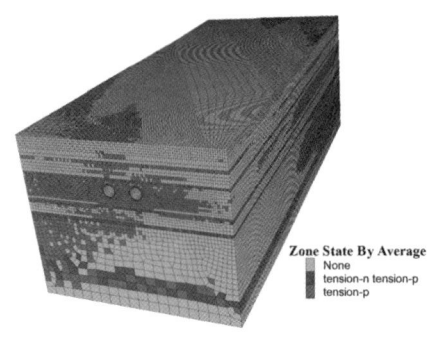
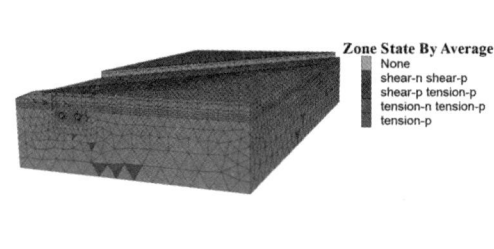

图 3.4.21　下穿熊耳河围岩整体塑性区　　图 3.4.22　下穿昆丽河围岩整体塑性区

4）孔隙水压分析

图 3.4.23～图 3.4.28 给出了围岩孔隙水压云图，从图中可以看出开挖后，周围围岩孔隙水压向隧道内流动，同时由于地下水的充裕，导致隧道受到地下水浮力作用而产生较大的向上位移变形。

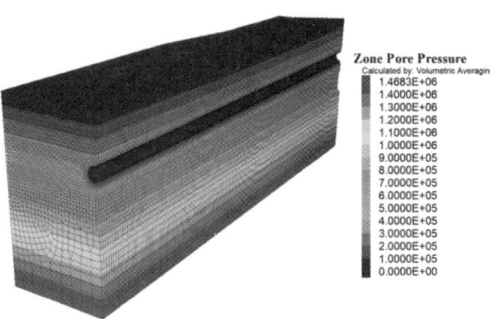

图 3.4.23 下穿熊耳河左线隧道围岩孔隙水压纵剖面图（单位：m）

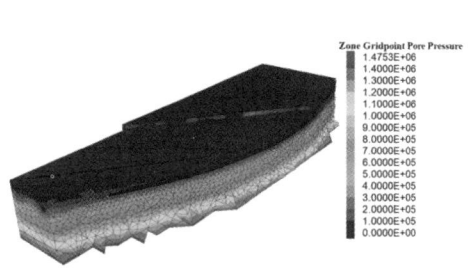

图 3.4.24 下穿昆丽河左线隧道围岩孔隙水压纵剖面图（单位：m）

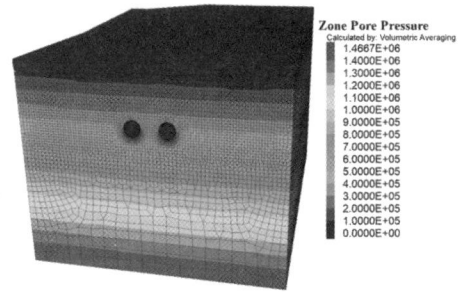

图 3.4.25 下穿熊耳河隧道围岩孔隙水压横剖面图（单位：m）

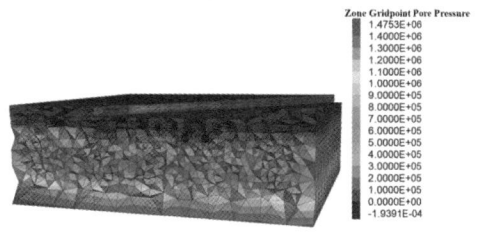

图 3.4.26 下穿昆丽河隧道围岩孔隙水压横剖面图（单位：m）

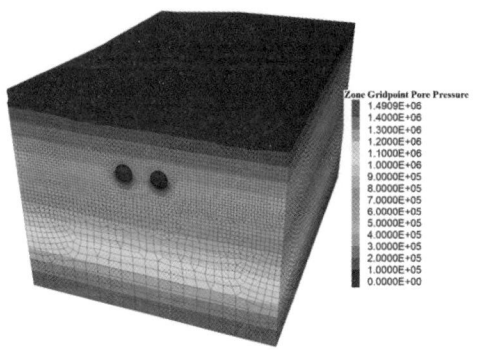

图 3.4.27 下穿熊耳河围岩整体孔隙水压（单位：m）

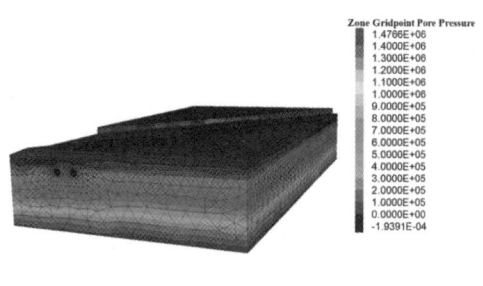

图 3.4.28 下穿昆丽河围岩整体孔隙水压（单位：m）

2. 盾构管片变形受力分析

1）位移分析

图 3.4.29~图 3.4.32 给出了管片水平和竖向位移云图，从图中可以看出：下穿熊耳河管片最大竖向位移约 30 mm，极值出现在河床下方的管片，管片最大水平位移约 12 mm，在河岸下方的管片底部；下穿昆丽河最大水平位移出现在隧道与河岸接近一侧，最大变形约 4 mm，最大竖向变形位于河床底部，隆起最大值约 14 mm。

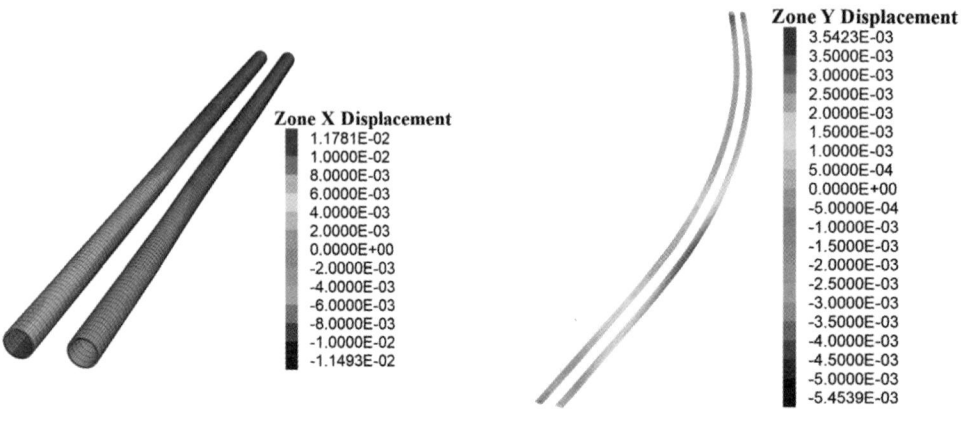

图 3.4.29　下穿熊耳河管片水平位移（单位：m）　　图 3.4.30　下穿昆丽河管片水平位移（单位：m）

 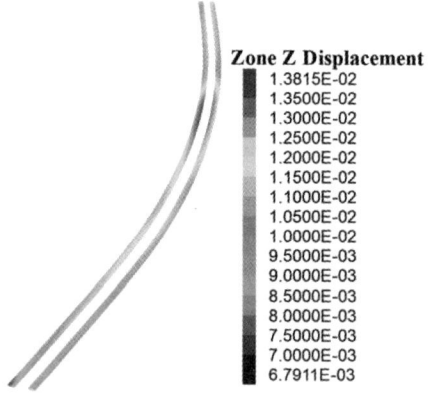

图 3.4.31　下穿熊耳河管片竖向位移（单位：m）　　图 3.4.32　下穿昆丽河管片竖向位移（单位：m）

2）盾构管片主应力分析

图 3.4.33 ~ 图 3.4.36 给出了管片主应力分布云图，下穿熊耳河管片最大主应力极值出现在管片内部边墙，极值约 0.5 MPa，管片最小主应力极值出现在管片内测拱脚位置，极值约 – 5.7 MPa。下穿昆丽河管片最大主应力极值约 1.2 MPa，管片最小主应力极值约 – 4.3 MPa。管片主应力极值均在管片强度设计范围内，说明管片受力安全。

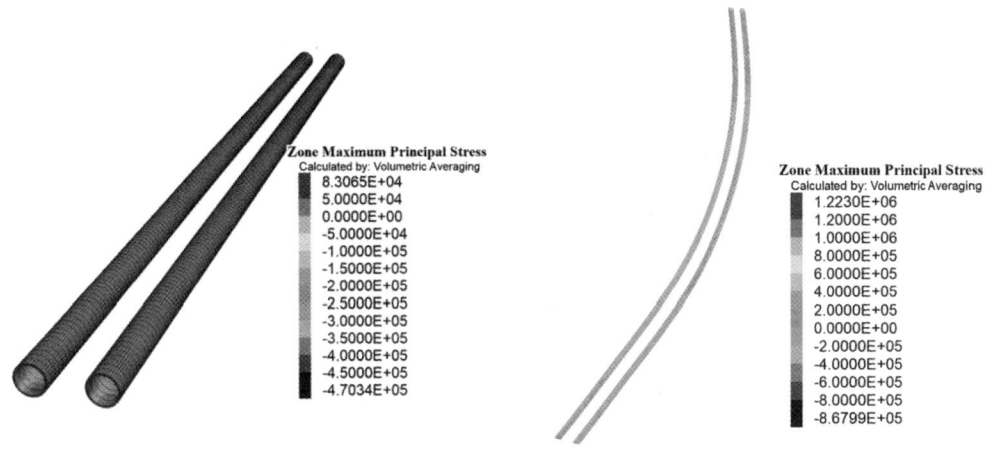

图 3.4.33　下穿熊耳河管片最大主应力云图（单位：Pa）　　图 3.4.34　下穿昆丽河管片最大主应力云图（单位：Pa）

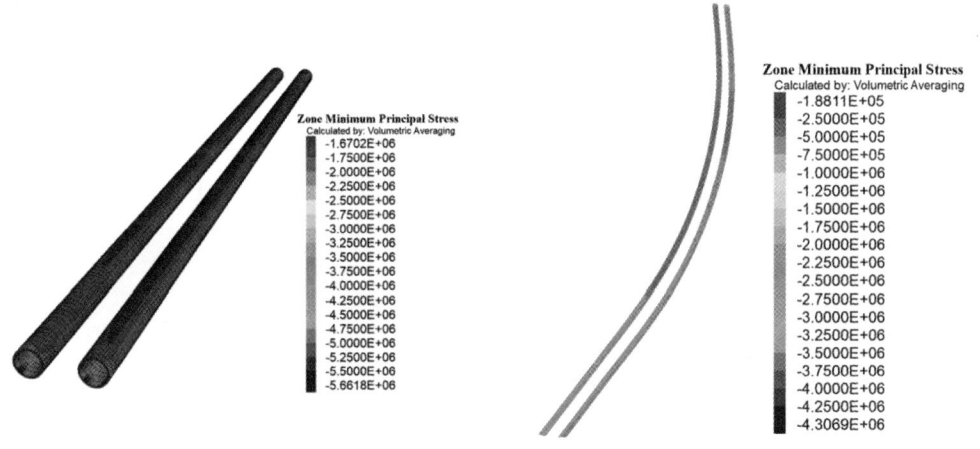

图 3.4.35　下穿熊耳河管片最小主应力云图（单位：Pa）　　图 3.4.36　下穿昆丽河管片最小主应力云图（单位：Pa）

3.5 技术成果及应用

本章对郑州市盾构下穿河流施工技术重难点进行了分析，探讨了下穿河流盾构渣土改良方案设计，并通过数值模拟研究了下穿河流盾构施工对河流区段影响，得到以下结论：

（1）在盾构隧道掘进中加泡沫、膨润土、泥浆及聚合物等添加剂改良不良土体，减少盾构掌子面喷涌、盾尾漏水漏砂；其中以掘进速度和出渣稠度为主要依据，适时调节膨润土掺入量和膨润土浆液注入量；以刀盘扭矩和螺旋机出渣情况为依据，适时调整泡沫剂掺量和注入量。

（2）根据现场盾构地质条件设置的渣土改良系统，有效促进了盾构渣土改良效率，同时为废液处理回收利用提供了保障，该渣土改良系统可为类似工程提供设备设计经验。

（3）通过数值分析，盾构隧道在下穿河流过程中会因为地下水产生较大浮力，引起盾构周围土体有向上的位移，在河流下方围岩向上隆起位移较大，其中埋深只有15 m 的熊耳河隧道受浮力后产生的整体上浮位移较埋深 22 m 的昆丽河隧道上浮位移大；两者对周边围岩影响范围大致相同，在洞周两侧 1 倍洞径范围和隧道底部 2 倍范围内围岩上浮较为明显；盾构隧道和河岸交接位置水平位移较大，昆丽河下方隧道与河道交角约 15°，熊耳河下方隧道与河道的交角 30°，昆丽河下方隧道水平位移大于熊耳河下方隧道水平位移；昆丽河下方隧道紧贴河道下穿，在与河道交界处水平位移最大，盾构在最终渗流平衡后对河岸影响最大，说明盾构下穿河流与河道交角越小对河岸影响越大。

（4）结合数值计算结果得到，在开挖过程中区间盾构管片受力均处于安全范围值内，施工过程盾构管片受力均处于安全状态，因此区间盾构隧道开挖掘进过程是该区间施工主要安全风险控制过程，结合掌子面渣土改良方案以及防排水处理措施，保证开挖过程围岩稳定，避免出现漏水漏砂现象。

本章在施工过程中采用的渣土改良配料及其系统可用于埋深 15～22 m 下穿河流盾构施工，该区间地下水丰富，且有河流渗流补给，施工中重点监测河流区段盾构隧道变形，同时控制好开挖过程盾构掘进参数，做好渣土改良。该区段盾构在开挖完成后受力均处于安全状态，重点把控施工过程中的掘进参数和渣土改良材料的添加，本区段材料的选用可为类似埋深 20 m 左右下穿河流盾构施工提供经验参考。

第4章　盾构下穿复杂建筑物技术

4.1　工程背景

4.1.1　工程概况

花园路站—经三站区间右 CK6+158.543~右 CK6+805.253（左 CK6+158.543~左 CK6+805.253），左线短链 0.208 m，左线长度为 646.502 m 单线延米，右线长度为 646.710 m 单线延米，全长 1 293.212 单线延米。区间平面位置如图 4.1.1 所示。

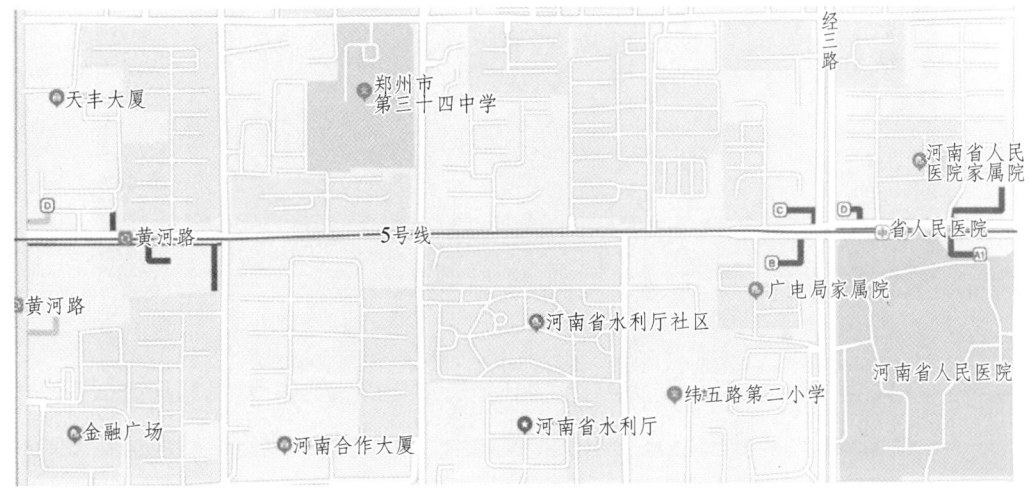

图 4.1.1　区间平面位置示意图

花—经区间左线侧穿河南省供销社家属院 23 号楼，最近距离为 0.36 m，11 号楼最近距离 2.11 m。右线隧道在右 DK6+173.566~DK6+381.456 下穿河南省供销社家属院 23 号楼、11 号楼、综合楼，穿越长度 207.890 m，侧穿河南省供销社家属院 22 号楼最近距离 1.73 m。花—经区间隧道与河南省供销合作社平面位置关系如图 4.1.2 所示，河南省供销合作社现状如图 4.1.3 所示。

区间右线下穿 23 号楼 5 层居民楼、侧穿一层社区医院，区间隧道顶距离居民楼竖向距离为 8.52~9.14 m，23 号楼和社区医院与盾构隧道空间交叉关系如图 4.1.4。

区间右线下穿 11 号楼 5 层居民楼、左线侧穿 11 号楼 5 层居民楼，区间隧道顶距离居民楼竖向距离为 9.18~10.32 m，11 号楼与盾构隧道空间交叉关系如图 4.1.5。

区间右线下穿综合楼 4 层居民楼,区间隧道顶距离居民楼竖向最大距离为 10.36～10.88 m,综合楼与盾构隧道空间交叉关系如图 4.1.6。

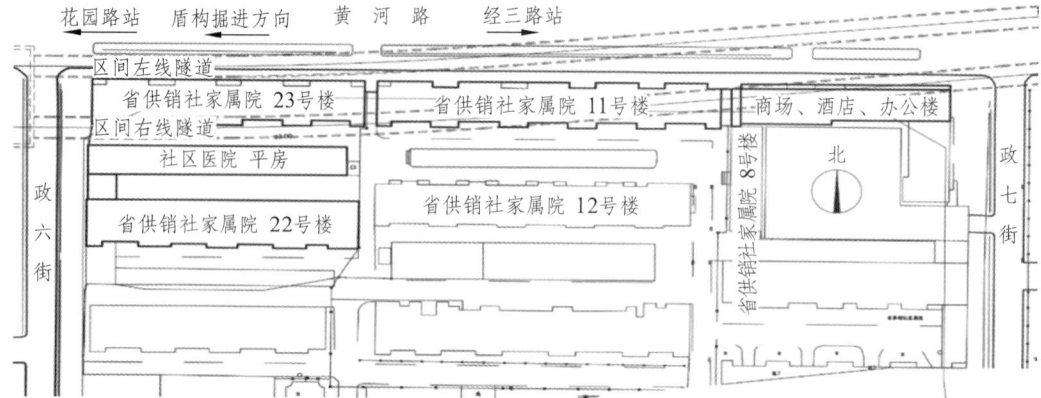

图 4.1.2　花园路站—经三路站区间隧道与河南省供销合作社平面位置关系图

图 4.1.3　河南省供销合作社现状图

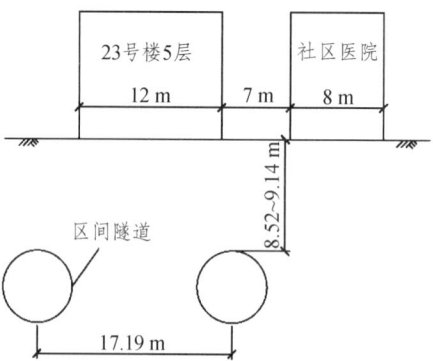

图 4.1.4　23 号楼和社区医院与盾构隧道空间交叉关系图

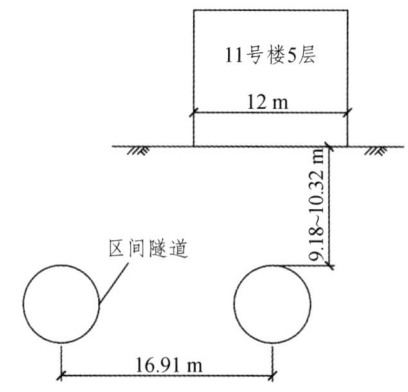

图 4.1.5　11 号楼与盾构隧道空间交叉关系图

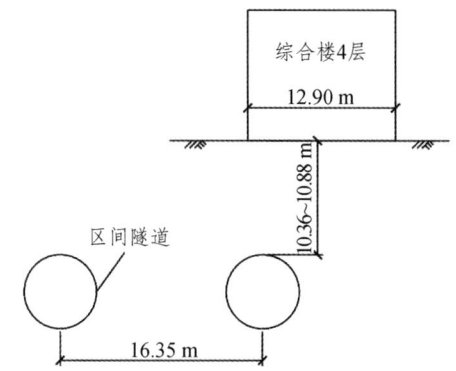

图 4.1.6　综合楼与盾构隧道空间交叉关系图

4.1.2　工程地质

房屋的基础底至隧道顶部的地层从上向下依次为杂填土、砂质粉土$②_{31}$、黏质粉土$②_{32}$、黏质粉土$②_{33}$ 和粉质黏土$②_{22}$。

1. 杂填土

第$①_1$层杂填土属于第四系全新统人工堆积层（Q_{4-3}^{ml}）。

灰黑色，上部 30～50 cm 为沥青路面，下部主要为三七灰土、水泥稳定层、碎石子等，含建筑垃圾，局部含素填土。层底标高 85.22～95.20 m，层底埋深 0.70～3.20 m，层厚 0.70～3.20 m，平均厚度 1.31 m。

2. 砂质粉土

第$②_{31}$层属于第四系全新统冲积层（Q_{4-3}^{al}）。

砂质粉土：褐黄色为主，稍湿，稍密，摇振反应迅速、无光泽、干强度低、韧性低，含有少量钙质条纹、见孔隙。层底标高 81.92～90.45 m，层底埋深 4.90～8.00 m，层厚 2.7～7.10 m，平均厚度 4.76 m。标准贯入试验经杆长修正后平均值为 8.8。

3. 黏质粉土

第②$_{32}$层、第②$_{33}$层属于第四系全新统冲积层（Q_{4-3}^{al}）。

第②$_{32}$层黏质粉土：黄褐色为主夹褐黄、灰黄色，稍湿，稍密，摇振反应中等、无光泽、干强度低、韧性低，夹少量砂质粉土，含有钙质条纹、偶见钙质结核，含少量铁锰质斑点。层底标高 77.01～91.60 m，层底埋深 4.80～14.80 m，层厚 1.60～7.60 m，平均厚度 4.11 m。标准贯入试验经杆长修正后平均值为 10.9。

第②$_{33}$层黏质粉土：浅灰色夹灰褐色、灰黑色，湿—很湿，稍密，摇振反应中等、无光泽、干强度低、韧性低，可见钙质条纹、铁锰质斑点，局部含粉质黏土薄层。层底标高 71.44～82.68 m，层底埋深 10.60～21.20 m，层厚 1.10～6.70 m，平均厚度 3.58 m。标准贯入试验经杆长修正后平均值为 12.4。

4. 粉质黏土

第②$_{22}$层粉质黏土属于第四系全新统湖积层（Q_{4-2}^{l}）。

粉质黏土：浅灰色夹灰褐色、灰黑色，可塑夹软塑，切面光滑、有光泽、干强度中等、韧性中等，可见钙质条纹、铁锰质斑点，局部含粉土薄层。层底标高 67.45～78.50 m，层底埋深 14.50～21.40 m，层厚 0.90～7.00 m，平均厚度 3.40 m。标准贯入试验经杆长修正后平均值为 8.4。

4.1.3 水文地质

根据区域水文地质资料和现场钻探，该区间段的地下水类型主要为第四系松散层孔隙潜水。

第四系松散层孔隙潜水含水层岩性以黏质粉土、粉砂、细砂为主，勘察期间地下水位埋深在 8.50 m 左右。该含水层属弱—强透水层。其地下水径流方向与郑州地形总体坡度一致，由西、西南向东及东北径流。由于气候变化及在一年中所处时期的不同，与设计和施工期间的地下水水位会存在一定的差别，设计、施工中应予以注意。

地下水的补给、径流、排泄条件、水位及其动态特征：

（1）地下水的补给：本段沿线地下水的补给源主要为大气降水、河流下渗补给。

（2）地下水的径流：本段沿线内地下水的径流主要受城区浅层地下水降落漏斗的影响，浅层地下水的天然流向是由西南向东北。但由于受开采的影响，径流方向可发生局部改变。

（3）地下水的排泄：本段场地地下水排泄方式主要是以开采、地下径流为主。

（4）地下水水位及其动态特征：根据区域地质资料，地下水径流方向为西、西南向东及东北的径流。地下水位受季节影响相对较小。根据郑州市市气象资料，每年 7 月至 9 月份为补给期（丰水期），12 月份至次年 3 月份处于低水位期（枯水期）。本次勘察时间为 2013 年 11 月 17 至 12 月 9 日，属枯水期。沿线地下水年变幅 1.0～1.5 m，最近 3～5 年最高水位埋深为 5.00 m。

4.1.4 下穿段周边管线情况

下穿段周边管线φ89燃气、D100给水、D700污水和弱电管线。盾构下穿段主要管线情况如表4.1.1所示。

表4.1.1 盾构下穿段主要管线统计表

序号	管线名称	管线位置	规格	埋深/m	材质	与隧道位置关系	备注
1	污水	黄河路南侧辅道	Φ700	2.3	砼	左线隧道正上方	DK6+395~DK6+160
2	天然气	黄河路南侧辅道	Φ89	1.7	铁管	左线隧道正上方	DK6+395~DK6+160
3	弱电管线	黄河路南侧辅道		1.8	光纤	左线隧道正上方	DK6+395~DK6+160
4	给水	黄河路南侧辅道	D100	1.5	铸铁	左线隧道正上方	DK6+286~DK6+172

4.2 盾构施工对下穿建筑物的影响研究

4.2.1 建筑变形机理分析

盾构推进会引起一定范围内的土体变形，当该范围内存在建筑物时，这种变形直接传递给基础，从而改变建筑物原有的支撑状态和外力条件，从而引发建筑物沉降。一般外力条件变化主要分为以下几种类型：

（1）超挖、盾尾空隙和衬砌变形等会导致地层应力释放，从而引发土体的弹塑性变形，改变建筑物地基反力大小和分布情况。

（2）水位下降会改变有效覆土压力，导致土体压密出现沉降，增大建筑物地基垂直压力。

（3）盾构机身摩擦周围土体、掘进压力过大及壁后注浆等会使土体负载产生变形，导致建筑物地基土压力的增大。

（4）土体的扰动会改变土体原有的受力性质，导致土体出现蠕变沉降和弹塑性沉降，改变地基反力分布情况。

土体的变形程度直接关系到建筑物的损坏程度，但建筑物本身抵抗变形的能力也起到了关键的作用。比如建筑物上部结构刚度、结构形式等都是影响建筑物抵抗变形能力的主要因素。

4.2.2 既有建筑与盾构施工的相互影响

对隧道下穿既有建筑进行变形分析研究时，务必将建筑、隧道、土体三者间相互作用进行综合考虑，忽略建筑物荷载将低估施工引起的地层变形，极大地增加工程风险。盾构掘进施工时要穿过既有建筑物下方土层，引起周围土体不同程度的沉降或隆起，进而不同程度地影响着既有建筑物的安全使用性能等，而上部建筑物的存在会对下方土层产生附加应力，改变土体的受力特性，将增大盾构开挖造成的地面沉降以及管片的受力情况。因此，盾构下穿既有建筑是一个隧道施工和既有建筑相互作用与影响的持续过程。施工不当将引起建筑物的使用性能受损，而既有建筑的存在限制盾构施工措施的采用，增加施工难度和施工成本，同时增大了施工的风险性，延长施工周期。

1. 建筑物自重的影响

地面建筑物的附加荷载会引起盾构施工荷载的变化，使盾构推进时工作面压力增加，加大土体变形控制难度。而地下构筑物会使盾构工作面前方土压力突变，必要时需提前采取措施对构筑物进行加固，以保持地基稳定性。同时，由于土层性质差异，在盾构推进时形成的相互作用力也不一样，因此在施工过程中要不断调节盾构压力，适应荷载波动。同时，保证合理的开挖速度与出土量，控制地面及建筑物沉降。

2. 相对位置的影响

盾构施工引起的地层变形主要分布在一个符合规律的范围之内，根据横断面沉降图可以看出，当建筑物和隧道的相对位置不同时，既有建筑物所受到的力的形式也有所不同。建筑物位于沉降槽不同位置的破坏形式如图4.2.1所示。

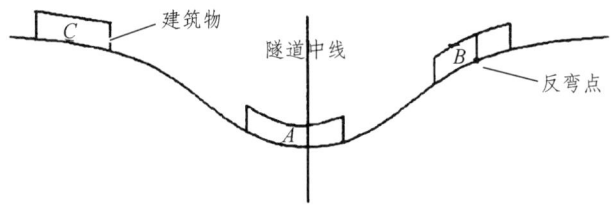

图 4.2.1　不同位置的建筑物破坏形式

建筑物位于 A 点时，上部受压而下部受拉；建筑物位于 B 点时，与位于 A 点恰好相反；当建筑物距离隧道中线较远，如 C 点时，建筑物表现为倾斜状态，且距离轴线越远，所受影响越小。

当隧道轴线距离既有建筑物中线不足两倍隧道半径时，隧道开挖施工对建筑物造成的影响较大，尤其距离 1.5 倍隧道直径时更为明显，此时易产生开裂，需特别注意甚至采取加固措施。

3. 建筑物本身刚度的影响

地层的变形直接引起地上建筑的变形，而建筑物与隧道的相对位置直接影响既有建筑的整体受力形态，而建筑物本身的受力性能是否能够抵御地层变形带来的相应外力，也在极大程度上取决于建筑物本身的刚度。刚度越大，则变形越小。

4. 建筑物基础形式的影响

同样的地层变形对于不同形式的基础影响不同，如筏板基础、箱型基础等整体性较好，刚度较大，独立基础与条形基础则不同，因此同样的地层变形，筏板基础和箱型基础的建筑物抗变形能力优于独立基础和条形基础的建筑物。

5. 隧道埋深的影响

开挖造成周围的土体变形，然后经过力的传递，将变形传至地面，当此距离足够大时，随着力的消散，变形也随之递减，因此隧道开挖引起的地层变形应局限在一定的范围内，且随着距离的增加而递减。但沉降槽的宽度系数随埋深的增加而增加，隧道较深时沉降槽浅而宽，曲率较小而范围较大，隧道较浅时沉降槽深而窄，曲率大而范围小。

4.2.3 有限元数值模型

1. 模型假设与简化

采用地下工程通用有限元软件 Midas GTS 来建立用于研究盾构开挖施工过程对上部建筑物沉降影响的模型，地下土层采用三维弹塑性实体单元，隧道结构以及建筑桩基均采用三维弹性实体单元，地下土层节点与隧道结构节点共用。假定建筑基础与地下土层接触面之间没有滑动，因此地下土层节点与建筑桩基节点共用。地下土层及岩体本具有复杂性以及不均匀性，想要完全模拟出地下真实情况目前技术还无法达到，因此就要进行合理的假设以及必要的简化，使得模型在考虑时间成本和经济成本的情况下尽可能地模拟出实际情况。

由于岩土材料物理力学特性较为复杂，且隧道周围环境较为复杂，楼房、道路等既有建筑较多，因此实际建模过程中将模型在合理范围内进行假设和简化处理。

（1）假定土体及注浆材料内部均匀，为理想弹塑性体，采用莫尔-库仑屈服准则以三维实体单元进行模拟。

（2）假定土体中不存在构造应力或假定构造应力可忽略不计，因此在模型建立中只考虑土体自重。

（3）隧道管片、等代层采用实体单元进行模拟，盾壳采用 2D 板单元进行模拟，按照线弹性计算，不考虑非线性。

（4）由于既有建筑为 20 世纪 80 年代修建，缺少详细图纸资料，在进行数值模拟时采用等效近似进行计算，上部结构取重度为 5 kN/m³ 的实体单元进行计算。

（5）由于隧道在下穿既有建筑时弧度较小，因此在模型建立时假设为直隧道。

2. 计算参数的选取

本模型采用的材料单元本构模型主要有两种线弹性模型和莫尔-库仑模型，详见表 4.2.1。

表 4.2.1　材料本构模型

单　元	本构模型	单　元	本构模型
土　体	莫尔-库仑模型	管　片	线弹性模型
基　础	线弹性模型	盾　壳	线弹性模型
注浆体	线弹性模型		

线弹性模型应力与应变之间成线性关系，只需弹性模量和泊松比两个条件。莫尔-库仑模型是经典的土体本构模型，莫尔-库仑模型属于弹塑性模型，在未达到屈服状态条件之前应力与应变成线性关系，当达到屈服阶段之后便会产生不可恢复性变形即塑性变形，需要知道弹性模量、泊松比、黏聚力和摩擦角四个基本条件。从地勘报告以及郑州具体的施工经验可以得到岩土、隧道支护以及建筑结构材料的物理力学参数，如表 4.2.2 所示。

表 4.2.2　岩土、隧道支护及建筑结构材料物理力学参数表

类　别	弹性模量/MPa	泊松比	容重/(kN/m³)	黏聚力/kPa	内摩擦角/(°)
杂填土	12.0	0.30	18.0	10.0	15.0
砂质粉土②$_{31}$	36.0	0.26	20.3	18.0	25.0
黏质粉土②$_{32}$	28.5	0.31	18.7	10.0	22.0
黏质粉土②$_{33}$	25.5	0.31	19.7	11.0	27.5
粉质黏土②$_{22}$	15.0	0.32	19.3	20.5	9.0
黏质粉土②$_{34}$	25.5	0.31	19.7	11.0	27.5
细砂②$_{51}$	54.0	0.26	20.0	0	28.0
细砂②$_{52}$	66.0	0.25	20.0	0	30.0
盾壳	210 000	0.30	78.0	—	—
管片	34 500	0.20	25.0	—	—
注浆体	12 000	0.28	22.0	—	—
基础	30 000	0.25	25.0	—	—
房屋（等效成实体）	30 000	0.25	5.0	—	—

3. 模型尺寸与网格划分

计算模型边界尺寸沿隧道掘进方向取 300 m（长度），宽 200 m，深 40 m，侧面约束水平位移，底面约束水平和垂直位移，上表面为自由边界。模型中单元共用节点，不设接触。掘进压力取值 0.1 MPa，注浆压力取值 0.28 MPa。隧道与建筑物相对位置及各部分网格划分情况如图 4.2.2 ~ 4.2.4 所示。

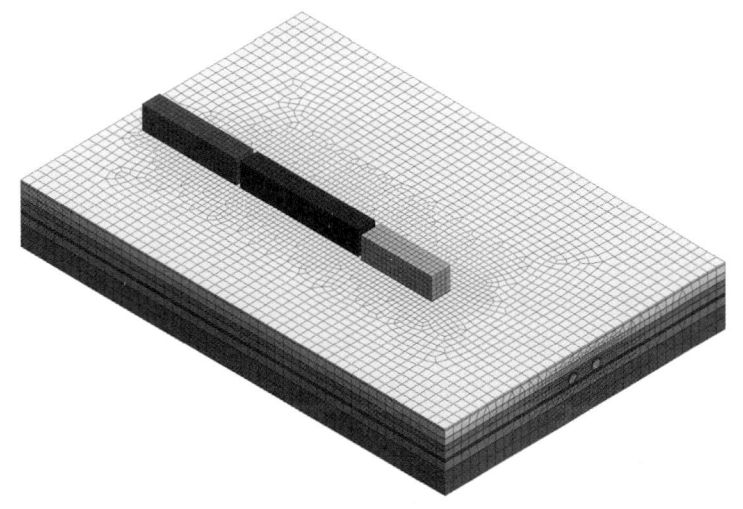

图 4.2.2　隧道与建筑物数值分析模型（一）

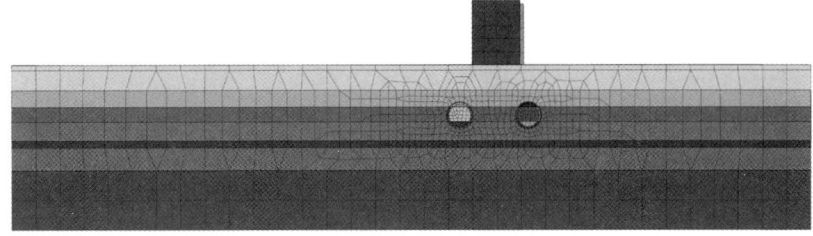

图 4.2.3　隧道与建筑物数值分析模型（二）

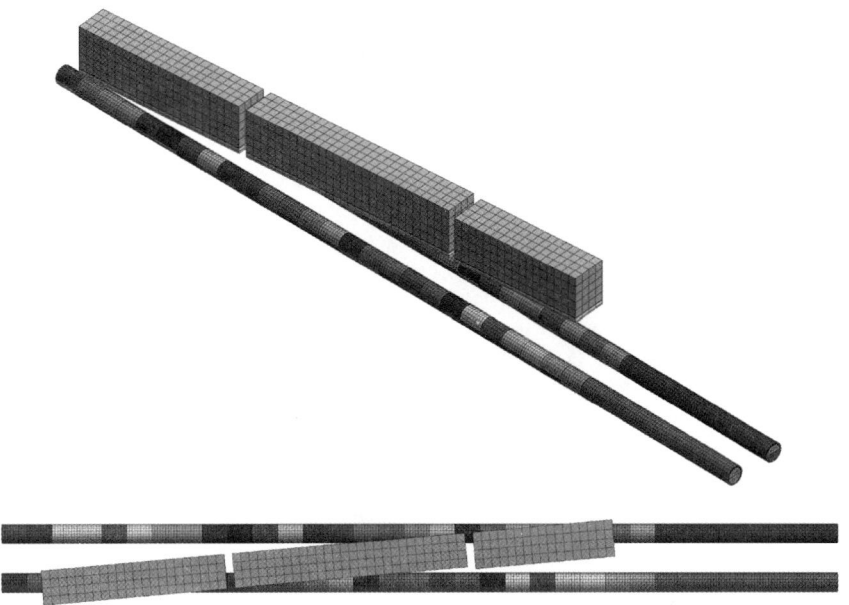

图 4.2.4　隧道与房屋侧穿关系

4. 定义施工阶段

由于下穿段盾构掘进需要试验段提供相应参数支持,故施工掘进先后顺序为:先行始发花园路站—经三路站左线区间,左线区间掘进 100 m 后右线可以进行始发,两台盾构机推荐要求不小于 100 m。

该段隧道分为左右两条线路,模型中左右两条隧道长度均为 300 m,每节管片长 1.5 m,本模型主要分析盾构施工引起的地层变形,左线先于右线开挖 111 m,其后取 9 m 为一个开挖段。施工阶段组划分如下:

初始阶段:激活模型自重和位移边界,位移清零。

隧道开挖:采用钝化的方法模拟土层的开挖,并通过激活已设定好的荷载作用模拟开挖时所需要的掘进压力、千斤顶压力、注浆压力等各种力的作用。由于盾构机长度为 9 m,因此当开挖进行到下一段时进行前一段管片的拼装,同时跟进注浆。如此循环进行至最后一节管片拼装结束为止。

4.2.4 计算结果及分析

计算花园路站—经三站盾构区间开挖对上方既有房屋结构的影响时,首先需要地应力平衡计算,获得初始地应力。为了便于观察沉降差异,初始位移为零。图 4.2.5 为初始地应力竖向应力。

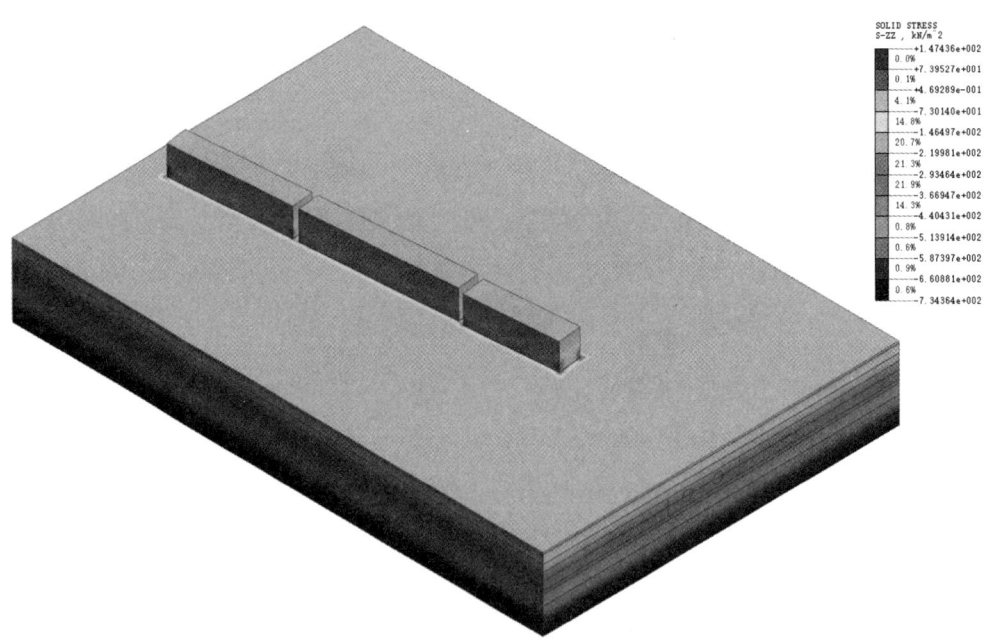

图 4.2.5 初始地应力竖向应力

地层的初始地应力由自重地应力和构造地应力两部分组成。对软土地层，只有初始自重地应力。初始自重的应力通常采用有限元法或给定水平侧压力系数的方法计算。在给定水平侧压力系数 K_0 值后，按下式计算初始自重地应力：

$$\sigma_z^g = \sum \gamma_i H_i, \quad \sigma_x^g = K_0(\sigma_z - u_w) + u_w$$

式中：σ_z^g、σ_x^g 分别为竖向方向和水平方向初始自重地应力；γ_i 为计算点以上第 i 层地层的重度；H_i 为计算点以上第 i 层地层的厚度；u_w 为计算点的孔隙水压力，在不考虑地下水头变化的条件下，u_w 由计算点的静止水压力确定，即 $u_w = \gamma_w H_w$（γ_w 为地下水的重度，H_w 为地下水的水位差）。

表 4.2.3 为初始地应力复核计算结果。

表 4.2.3 初始地应力复核计算

地层厚度/m	竖向应力/kPa
1.2	21.60
4.6	114.98
3.8	186.04
4.1	266.81
4.6	355.59
1.7	389.08
5.6	501.08

经过计算对比，初始地应力数值基本符合理论计算，由于数值模拟计算中施加了边界位移约束，而非弹性半无限体，以及有限元计算误差精度等原因，数值存在一定差异，地应力分布规律符合分层分布、从上到下应力逐渐增大的原则。

提取盾构左右线通过时综合楼、11 号楼以及 23 号楼的位移云图，如表 4.2.4 所示。

表 4.2.4 盾构左右线通过时位移云图

位置		位移云图	最大位移/mm
综合楼	左线通过		+2.75（-2.02）
	右线通过		+6.87（-5.18）
11号楼	左线通过		-6.46
	右线通过		-6.09

续表

位置		位移云图	最大位移/mm
23号楼	左线通过	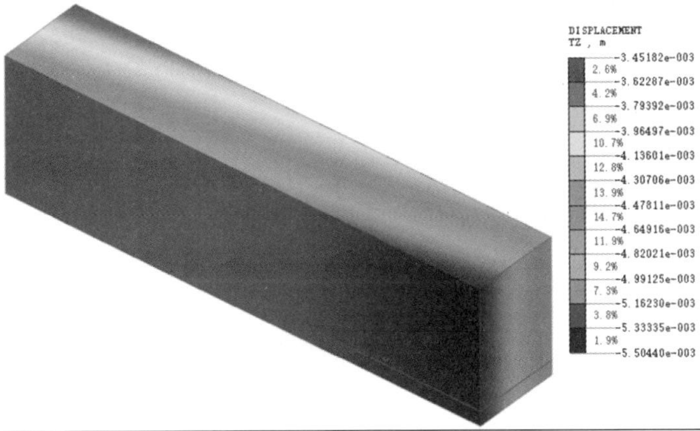	−5.50
	右线通过	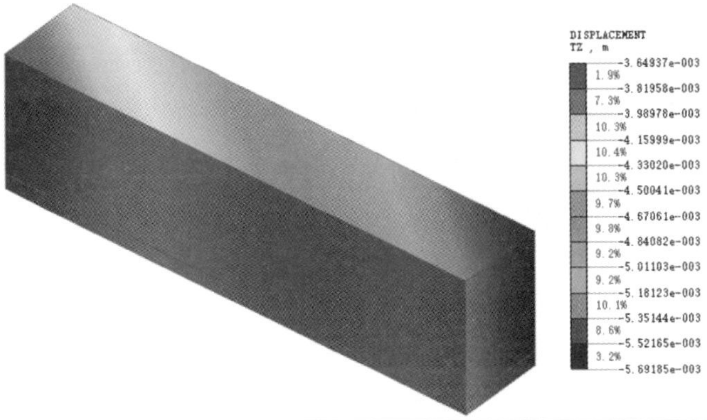	−5.69

当双线贯通时，综合楼、11号楼以及23号楼的位移云图如表4.2.5所示。

表4.2.5 双线贯通时位移云图

位置	位移云图	最大位移/mm
综合楼	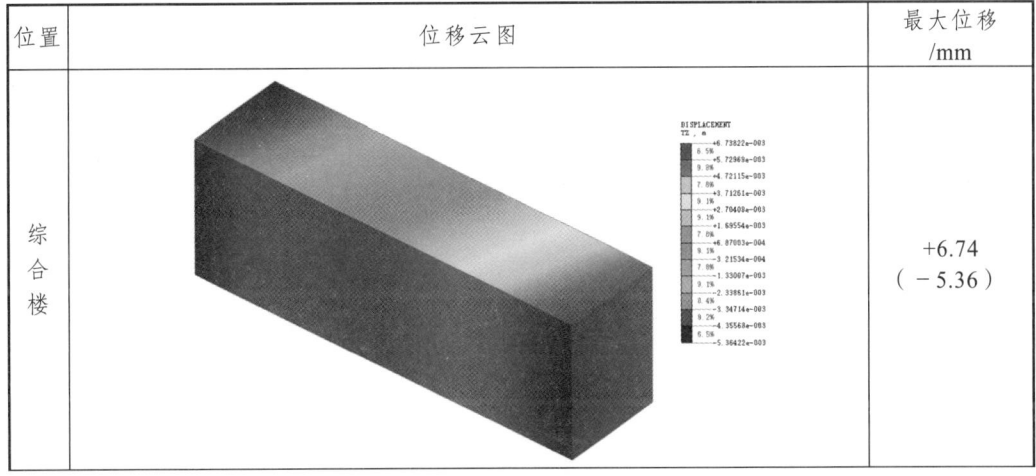	+6.74 (−5.36)

045

续表

位置	位移云图	最大位移/mm
11号楼	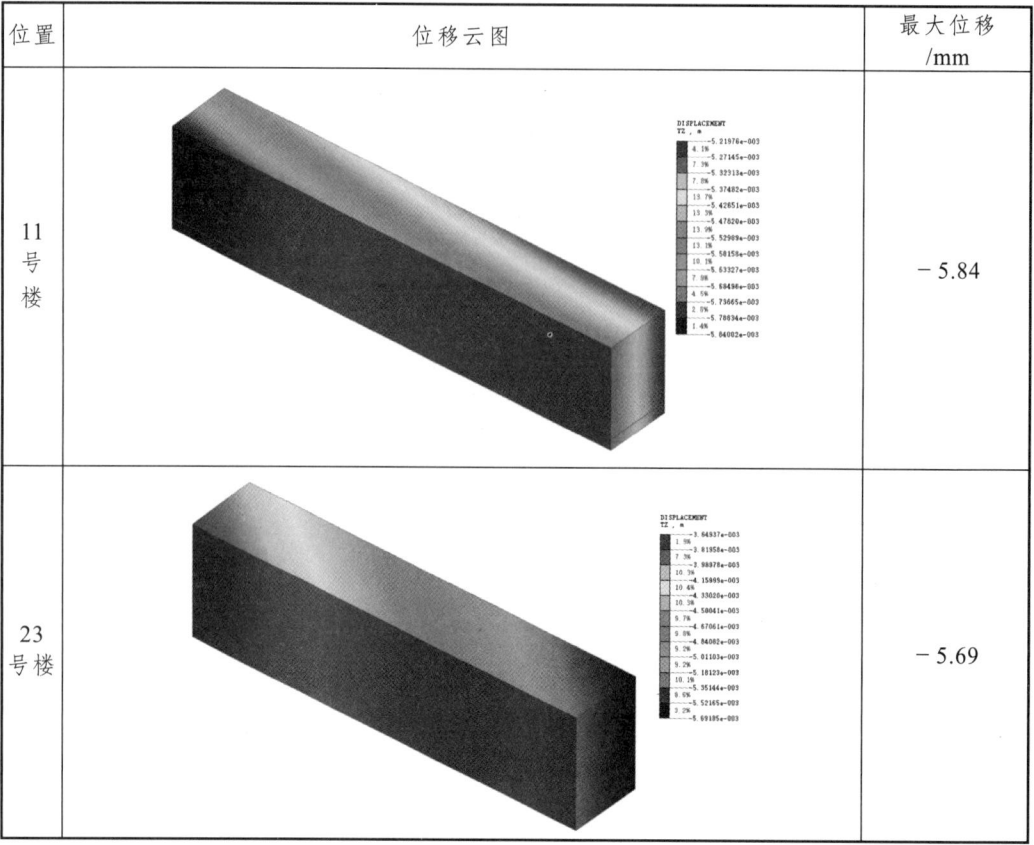	-5.84
23号楼		-5.69

由 4.2.4、表 4.2.5 可知：既有建筑物变形以沉降为主，综合楼距离左线较远，故在左线开挖过程中变形较小，右线掘进时，盾构部分正穿综合楼，最大沉降值为 -5.18 mm。11 号楼与 23 号楼距离左右线较近，开挖过程中变形较为明显，左线推进结束后最大沉降分别为 -6.46 mm、-5.50 mm，右线推进结束后最大沉降分别为 -6.09 mm、-5.69 mm。双线贯通后，综合楼、11 号楼和 23 号楼的最大沉降值分别为 -5.36 mm、-5.84 mm、-5.69 mm。在盾构通过后，由于土体固结作用，继续产生一定沉降。

4.3 盾构下穿复杂建筑物监控量测技术研究

4.3.1 监测等级

区间接收风险等级为二级，周边环境最大风险等级为一级，根据《城市轨道交通工程监测技术规范》(50911-2013)，综合判定本工程监测等级为一级。

4.3.2 监测范围

本工程监测范围为工程自身施工及影响范围内的周边环境和岩土体。

工程自身监测范围：盾构区间。

周边环境的监测范围：道路及道路地表竖向位移监测点取1倍隧道埋深范围，地下管线竖向位移及差异沉降、建（构）筑物竖向位移及差异沉降、监测点取隧道周围1.5倍~2.0倍隧道埋深范围。

4.3.3 监测对象、项目及精度

1. 仪器量测对象、项目及精度

监测对象、项目、仪器、精度如表4.3.1所示。

表4.3.1 仪器监测的对象、项目、仪器及精度

序号	监测对象	类别	监测项目	监测仪器	监测精度
1	供销社家属楼	自动化监测	建筑物沉降及差异沉降	静力水准仪	0.1 mm
2		人工监测	建筑物沉降及差异沉降	水准仪	0.3 mm/km
3		人工监测	裂缝	游标卡尺	0.1 mm
4	周边环境	人工监测	地下管线沉降及差异沉降	水准仪	0.3 mm/km
5		人工监测	道路、地表沉降	水准仪	0.3 mm/km

2. 巡查对象及巡查内容

巡查对象及内容如表4.3.2所示。

表4.3.2 巡查对象及内容

序号	类别	巡查对象	巡查内容
1	工程自身	盾构隧道	① 盾构铰结密封情况；② 管片破损、错台、渗漏水；③ 盾尾漏浆；④ 同步注浆量；⑤ 盾构姿态；⑥ 出土量；⑦ 土压力
2	周边环境	省供销社家属楼	① 建筑物裂缝、剥落；② 建筑物散水等
3		DN700污水管、DN89燃气、DN100给水管、光纤等市政管线	地下管线：① 管线沿线地面开裂、渗水及塌陷等情况；② 检查井等附属设施的开裂及积水变化情况；③ 井盖附近有无明显沉陷等
4		施工影响范围内道路及地表	① 地面裂缝；② 地面沉陷、隆起；③ 地面冒浆等

4.3.4 监测频率及周期

本工程监测频率应满足监测对象所测项目的重要变化过程而又不遗漏其变化时刻的要求。根据设计文件及评估文件要求在对房屋加固前即要进行自动化监测，直至工

程完成为止，贯穿于整个施工全过程。在盾构左线侧穿及右线下穿，稳定阶段均要进行自动化监测，暂定该工程自动化监测周期为 6 个月，人工监测周期为 8 个月。仪器监测频率与周期如表 4.3.3 所示。

表 4.3.3 仪器监测频率与周期

序号	检测对象	监测项目	监测频率	监测周期
1	供销社家属楼	建筑物自动化监测	距离开挖面 30～10 m 范围内 1 次/h；距离开挖面小于 10 m 或者变形较大接近预警值或变形速率变大时，需加强监测频率为 1 次/10 min	经数据分析确认达到稳定后，并由业主批准后，停止监测
2		建筑物沉降及差异沉降	开挖面前方：$L≤3D$，1 次/1 d；$3D<L<5D$，1 次/2 d；$5D<L<8D$，1 次/（3～5 d）。开挖面后方：$L≤3D$，1 次/1 d；$3D<L≤8D$，1 次/（1～2 d）；$L>8D$，1 次/（3～7 d）。监测数据应于稳定后监测，频率为 1 次/（15～30 d）	
3		道路、地表沉降		
4	周边环境	地下管线沉降及差异沉降		
5		裂　缝	裂缝监测频率按控制两次观测期间裂缝发展不大于 0.1 mm 和裂缝所处位置确定，盾构机到达前 1 d 至通过后 3 d 为加强监测期	

注：（1）L 表示开挖面与监测断面的水平距离，D 为隧道或导洞开挖深度。
（2）拆除临时支撑时应增大监测频率。
（3）监测数据趋于稳定后，监测频率宜为 1 次/（15～30 d）。

本工程人工巡查频率与周期见表 4.3.4。

表 4.3.4 巡查频率与周期

序号	类别	巡查对象	现场巡视频率	现场巡视周期
1	人工巡查	供销社家属楼	与人工监测频率一致	与监测周期一致
2		地下管线		
3		周边道路、地表		
4		建筑物裂缝		

原则上当出现下列情况之一时，应加强监测，提高监测频率：
（1）监测数据异常或变化速率较大。
（2）存在勘察未发现的不良地质条件，并影响工程安全。
（3）地表、建（构）筑物等周边环境发生较大沉降、不均匀沉降。
（4）工程出现异常。
（5）工程事故后重新组织施工。
（6）暴雨或长时间连续降雨。

（7）邻近工程施工、超载、震动等周边环境条件较大改变。

（8）监测数据累计变化量或变化速率之一达到或超过控制值，变化速率连续 3 天超过控制值的 70%。

（9）周边地表出现突然沉降或较严重的突发裂缝、坍塌。

（10）建（构）筑物等周边环境出现危害正常使用功能、结构安全的过大沉降、裂缝等。

（11）周边地下管线变形突然明显增长或出现裂缝、泄漏等。

（12）根据当地工程经验判断，出现其他必须进行警情报送的情况。

4.3.5 监测控制值及预警管理标准

控制标准值的影响因素与建筑物的长高比 L/H、建筑物的层数、建筑物的基础形式、建筑物的结构类型、建筑物与地表沉降槽曲线的位置关系以及建筑物的坐落方向多个因素有关。

不同的基础和结构形式对建筑物整体刚度的贡献不同，相应地建筑物抵抗变形的能力也不同，对刚度比较小的建筑物如砖混结构，其层数多少对建筑物抗变形能力的影响也很大。因此，为实现对如此复杂繁多的建筑物进行科学的分级控制和管理，对不同危险性等级的建筑物，须制定不同的控制标准，以最大限度地满足每栋建筑物安全控制的要求。在控制标准的具体制定中，分别针对每一级别危险性的建筑物，综合其层数、基础形式和结构类型进一步大致归类，以每一类建筑物作为典型，分别制定出相应的控制标准。

本区间受影响的三栋房屋经房屋危险性等级评定，均为 C 级，11#楼南立面二层纵墙和 23#楼南立面一层纵墙窗台以下位置竖向温度裂缝密集发育，建筑整体刚度劣化，6 户房屋承重结构不能满足安全使用要求，房屋局部处于危险状态，构成局部危房。综合楼拆改严重，建筑横向刚度和纵向刚度均极差。因此，评价对象建筑的局部倾斜允许值应按 50%劣化考虑。依据《建筑地基基础设计规范》（GB50007—2011）5.3.4 条，评价对象建筑每一刚度单元的差异沉降应按该单元长度的 1‰控制。

由于区间隧道施工诱发的地面横向沉降槽通常呈高斯分布，横断面上某一位置 C 的绝对沉降量为 C 点相对于沉降槽边缘 A 点的沉降量 AC，一般认为 AC 值大于 A 点相对于非沉降槽边缘任一点 B 的沉降量 BC，如图 4.3.1 所示。

取该段地铁隧道的单线沉降槽半宽 $B_1 = 16$ m，双线沉降槽半宽 $B_2 = 12$ m。对应刚度计算单元长度为 b 的某计算单元位置的沉降量控制值 S_c，经抽象后按下式确定：

$$S_c \leqslant \frac{b}{1\,000} \times \left(\frac{B}{b}\right)^m \tag{4.3.1}$$

式中　b——刚度计算单元长度；

B——沉降槽半宽，单线沉降槽半宽 $B_1=16$ m，双线沉降槽半宽 $B_2=12$ m；

m——反映沉降槽曲线形态和建筑整体性的参数，对综合楼取 $m=0.5$，对11#楼和23#楼取 $m=0.7$。

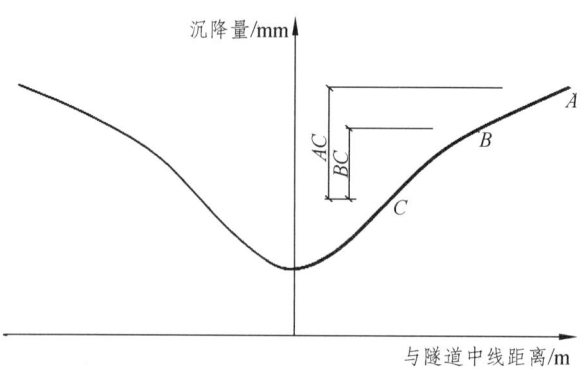

图 4.3.1 相对沉降量与沉降量关系图

据此，得出评价建筑各单元的沉降控制值见 4.3.5。

表 4.3.5 评价建筑各单元的沉降控制值

建筑名称	单元名称	刚度计算单元宽 b/m	沉降槽半宽 B/m	单元差异沉降允许值/mm	区间隧道施工沉降控制值 单线贯通/mm	区间隧道施工沉降控制值 双线贯通/mm
23#、11# 住宅楼	北单元	3.300	16.000	3.300	8.147	9.964
23#、11# 住宅楼	南单元	4.600	16.000	4.600	9.000	11.008
综合楼	北单元	2.700	12.000	2.700	5.692	—
综合楼	南单元	3.700	12.000	2.700	6.663	—

各监测项目控制值和报警管理标准见表 4.3.6、表 4.3.7。

表 4.3.6 监测控制值

序号	监测对象	监测项目	累计控制值	速率控制值
1	供销社家属楼 11#、23#	建筑物沉降及差异沉降	单线贯通 8 mm，差异沉降≤1‰，双线贯通 10 mm，差异沉降 2 mm	1 mm/d
2	综合楼	建筑物沉降及差异沉降	单线贯通 8 mm，倾斜≤1‰	1 mm/d
3	周边环境	地下管线沉降及差异沉降	有压 10 mm、无压 15	有压 1 mm/d 无压 2 mm/d
4	周边环境	周边地表	+5～-15 mm	3 mm/d

表 4.3.7 报警管理标准

报警位置	报警标准
11#楼板和 23#楼	11#和 23#楼沉降量或差异沉降量达到控制值的 80%时,且出现下列情况之一时应报警,并撤离受安全威胁的所有人员与财产。 (1)任一单元横墙出现 1 条最大宽度大于 1.5 mm,且延伸长度超过 300 mm 的裂缝。 (2)任一单元横墙出现 2 条及 2 条以上宽度大于 1.0 mm,且延伸长度超过 200 mm 的裂缝
综合楼	综合楼沉降量或 A 轴和 B 轴纵墙(壁柱)整体或局部倾斜达到控制值 80%,且出现下列情况之一时应报警,并撤离受安全威胁的所有人员与财产。 (1)任一单元横墙出现 1 条最大宽度大于 1.5 mm,且延伸长度超过 300 mm 的裂缝。 (2)任一单元横墙出现 2 条及 2 条以上宽度大于 1.0 mm,且延伸长度超过 200 mm 的裂缝

4.3.6 监测初始值采集要求

各监测项目的监测点均应在房屋加固前一周完成监测点布设,并进行初始值的采集工作。初始值采集应取 3 次测量值的平均值作为各监测项目监测点的初始值。

4.3.7 自动化沉降及差异沉降监测

在盾构下穿期间,供销社家属楼风险系数较高,监测频率较密,人工监测无法保证所需要的日常监测工作。通过静力水准自动化监测手段,对河南省供销合作社房屋 23#、11#、综合楼三栋建筑物进行 24 小时不间断监测,数据通过平台实时计算,保证盾构在穿越河南省供销合作社房屋期间监测数据反馈的及时性、准确性。当出现异常情况时,确切起到指导施工的作用,确保穿越期间安全可控。

1. 测点布置原则

按照设计文件、安全评估报告及现场情况,监测范围取 1.5 倍~2.0 倍隧道埋深,在建筑物四角、高低悬殊、新旧连接、伸缩缝、沉降缝和不同埋深基础两侧,沿外墙每 10~15 m 布点。在 23 号楼、11 号楼、综合楼南侧及 23 号楼西侧两个单元,在 1 楼地基基础上布设静力水准仪;其他的单元全部布设在 2 楼区域。

在盾构影响范围之外,设置人工水准基准点,用于校核静力水准基准点。

2. 监测方法及数据采集

自动化监测系统主要由储液罐、基点、测点、采集设备、数据传输设备组成,静力水准仪包括主体容器、连通管、传感器等部件组成。自动化监测系统结构图如图 4.3.2 所示。

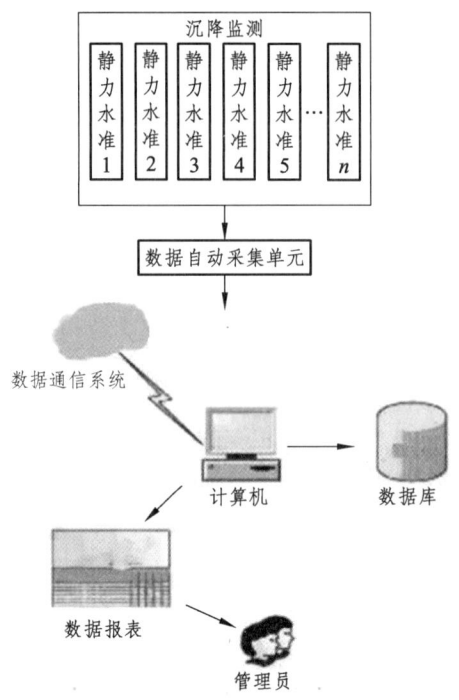

图 4.3.2　自动化监测系统结构图

系统通过有线电缆进行数据收集，然后通过无线 GPRS 发射装置发送到监测中心服务器上，经处理后，直接输出监测物理量，并利用网络进行数据传输。

信息管理系统由计算机及数据采集管理软件组成。计算机用作监控主机，实现远程在线监测并用于监测数据的处理和监测成果的输出等功能。

3. 数据处理及分析

（1）数据传输及计算：软件基于 JAVA 语言平台开发，可实现分级别分权限管理，让拥有权限的相关人员可以远程实时查看监测数据，实现信息共享。软件可设置沉降上限预警命令。并实现与短消息平台结合，当发生沉降异常时，及时自动发送短消息到监测管理人员的手机上，以便尽快启动相应的预案。软件主要功能包括在线监测数据查看、趋势分析、累积沉降曲线展示、数据下载、预报预警等。

（2）变形数据分析观测点稳定性分析原则如下：① 观测点的稳定性分析基于稳定的基准点作为基准点而进行的平差计算成果；② 相邻两期观测点的变动分析通过比较相邻两期的最大变形量与最大测量误差（取两倍中误差）来进行，当变形量小于最大误差时，可认为该观测点在这两个周期内没有变动或变动不显著；③ 对多期变形观测成果，当相邻周期变形量小，但多期呈现出明显的变化趋势时，应视为有变动。

在采集软件中设定警戒指标，监测点预警由软件自动判断分析，当变形速率或变形量达到相关指标时，监控软件自动给出警戒信息，此时监控人员应及时向有关各方汇报，并密切注意数据变化。

4. 自动化监测与人工监测成果相互校正分析

为提高监测数据的准确性，应定期对自动化监测数据与人工监测数据进行对比分析，当数据出现异常时，应采取措施及时进行复测和校核，确保监测数据的准确性，以便准确地指导信息化施工。

4.3.8 监测信息反馈

在施工过程中综合利用工程类比、回归分析、有限元等多种分析方法及时进行数据分析，及时反馈施工与设计。在施工过程中进行监测数据的分实时分析和阶段分析。

根据监测资料与已有工程资料的对比分析，评判当前工程的安全状态，反馈调整施工设计方案。以各种地层与结构分类法为基础，考虑工程结构、加固措施、安全监测资料等同围岩与结构分类各因素之间的相互作用关系。认真分析对比围岩与结构、地质条件、地下水、地应力等因素同工程结构和加固措施之间的相互作用关系，通过工程类比分析选择合理的参数，修改调整设计施工方案。

施工过程中进行的监控量测是信息化施工的基础，具有重要作用，在地下工程施工过程中进行现场监控量测，及时获取围岩变动与地下工程结构的动态信息，并反馈于修正支护参数与施工措施，以期达到安全与经济合理的目的，这是关于信息化设计与施工的实质。

4.4 盾构下穿复杂建筑物时沉降控制技术研究

盾构下穿的建筑物属 20 世纪 80 年代修建，均有不同程度的拆改。部分建筑承重结构不能满足安全使用要求，房屋局部处于危险状态，构成局部危房。经过现场调查，结合建筑基础探查开挖情况，地基为粉土类土，地基土遭遇有压水头时存在流土流砂和振动液化的可能性。此外，几乎全部阳台护栏扶手等围护结构混凝土老化、酥裂严重，钢筋外露锈蚀。

4.4.1 控制建筑物变形的施工措施

为了确保邻近结构物的安全，隧道施工时应对地表建筑物的变形进行密切观测，及时预警预报，并根据监测情况采取一定的措施，使地层位移及邻近建筑物变形控制在允许范围之内。实际盾构隧道施工过程中，主要根据"匀速通过、严注浆、勤测量、二次注浆"来控制建筑物的变形。

1. 匀速通过

掘进施工中，地层的变形主要是隧道开挖所造成的，不同的地层和不同的掘进参数对地层的变形影响很大。工作人员需密切关注土舱出土情况，根据刀盘前的地层正确选择盾构机掘进参数,以"平稳、匀速推进、低扭矩、顶住正面、调整压力、封住盾尾"的技术内涵为基础,以"保头护尾"的技术为方针,控制好刀盘扭矩、推进速度、泡沫参数、渗入尺度、渣土情况等施工参数,尽量减少故障,避免发生意外造成停机。快速匀速通过邻近建筑物,可缩短围岩的暴露时间和变形。在掘进时,控制好土舱内的压力平衡,控制好出土量,防止超挖。圆形土压平衡盾构理论排土体积 V 为:$V = \pi/4 \cdot r^2 \cdot L$(式中:$r$ 为开挖直径,L 为推进长度)。

2. 严注浆

由于刀盘直径比盾构直径大,开挖出来的隧道与盾体或隧道衬砌之间形成一定量的空隙;而且由于盾壳与地层之间的摩擦阻力作用,必然会产生一个滑动面。临近滑动面的土层中会产生剪切应力,当盾构刚通过受剪切破坏的地层时,因受剪切而产生的拉应力导致土壤立刻向盾构后面的空隙移动;当管片脱出盾尾后,如不及时充填该空隙,就会被周围土体占领,最终形成较大的地面沉降。壁后注浆是对盾尾形成的施工空隙进行填充注浆,是控制地层沉降的一个重要环节之一。

严格控制同步注浆量和浆液质量,务必做到以下三点:

(1)保证每环要达到注浆总量。

(2)保证盾构推进每箱土的过程中均匀合理地压注。

(3)浆液的配合比必须符合标准,可以根据实际情况合理修改浆液配合比。

不同的地层条件需要调整注浆的方法,对于背后注浆对象而言,有软土和硬土之分,盾构工法的对象主要是软土层。在软土层中,浆液会流失到掘削空隙以外的周围土体中去,粒径小的黏性土(以黏土、粉砂土为主且渗透系数小的土层),优于粒径大的砂质土(以砂、砾石为主且渗透系数大的土层),其中砾石层浆液漏失更为明显。就强度而言,软土强度低,土层受盾体摩擦扰动,或土层的内应力影响会填充施工空隙而引起地层扰动。所以遇到软土层时,要求浆液保水性好、水泥含量要高,并采用较高的注浆压力以提高注浆量,降低浆体因排水固结收缩引起的地层损失。

3. 勤测量

在隧道过建筑物时,地表沉降必须全线进行,并沿纵轴线每 3~5 m 布置地表桩测点,进行连续测量。对位于沉降槽影响范围的建筑物,做重点保护监测,加强监测力度。

隧道内的盾构机要控制好姿态,盾构姿态变化不可过大、过频。根据盾构姿态合理顶进,纠偏幅度不宜过大,尽量保持机体平稳推进,避免由于机体扰动周围土体和超挖引起地层损失,对地面沉降控制造成不利影响。

4. 二次注浆

盾构经过的地层,会在相当长一段时间内仍延续沉降。盾构机通过后的后续沉降属于地基土的徐变特性的塑性变形,该沉降起因是土层的本身性质和隧道周围土体受扰动引起土体结构发生变化。因此,在盾构施工中要阻止和减小这种沉降的发生,通常采取二次注浆的方式来阻止地层发生进一步沉降。

二次注浆的形式为管片壁后注浆,即从相应位置的管片注浆孔实施浆液的压注。二次注浆的压力、压注量应根据实际情况而定。

同步注浆的砂浆凝固变硬需要一定的时间,条件差的地层或扰动后的地层稳定会滞后,施工中通常在盾构通过时进行同步注浆;在盾构机通过后,如果后续沉降比较大,则需要进行二次注浆。二次注浆可以进行单液注浆和双液注浆,两种浆液各有优缺点,详见表4.4.1。

表 4.4.1 单液浆与双液浆对比

单液浆		双液浆	
砂、水泥、粉煤灰和水一次拌和而成		水泥浆(A液)和水玻璃(B液)混合而成	
惰性浆液	活性浆液	瞬凝型	缓凝型
无或少水泥等凝胶物质,成本低,注浆效率高,早期后期强度低,凝固时间长	有水泥等凝胶物质,早期后期强度较高,凝固时间短	初凝时间低于 20 s	初凝时间 30~60 s
工艺简单,易于施工控制,浆液扩散较均匀,不易堵塞,造价低		凝结早,利于管片稳定,可阻断地下水流	
由于地下水影响浆液,易发生沉淀分离,管片容易上浮,惰性浆液后期隧道下沉,易发生渗漏		施工工艺较复杂,注浆管道易堵塞,浆液均匀难以保证	

4.4.2 盾构下穿建筑物的加固措施

由于下穿综合楼拆改严重,经过专业检测单位鉴定,综合楼需采取加固措施后方可满足盾构下穿要求。

加固方案主要施工内容为一层壁柱混凝土围套加固,二层梁格构式钢梁加固。为满足盾构工期要求,灌浆料需等强,现场施工顺序为自东向西进行施工。

一层壁柱混凝土围套加固范围见图 4.4.1,一层壁柱混凝土围套加固断面见图 4.4.2。

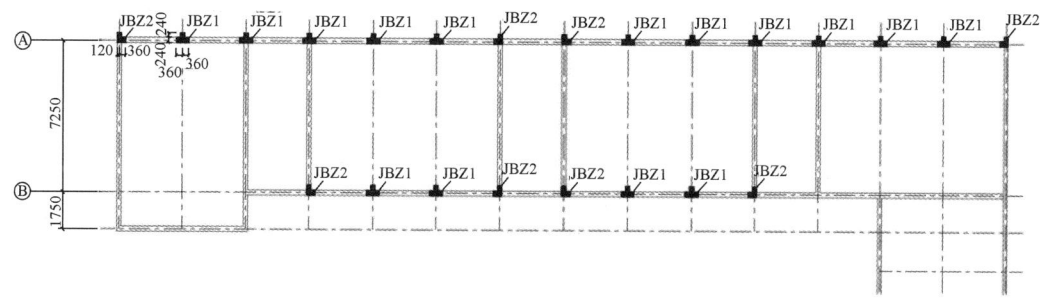

图 4.4.1 一层壁柱混凝土围套加固范围图

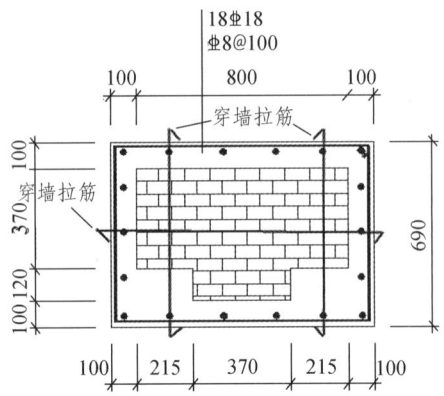

图 4.4.2 一层壁柱混凝土围套加固断面图

二层梁格构式钢梁加固范围见图 4.4.3。二层梁格构式钢梁加固断面见图 4.4.4。

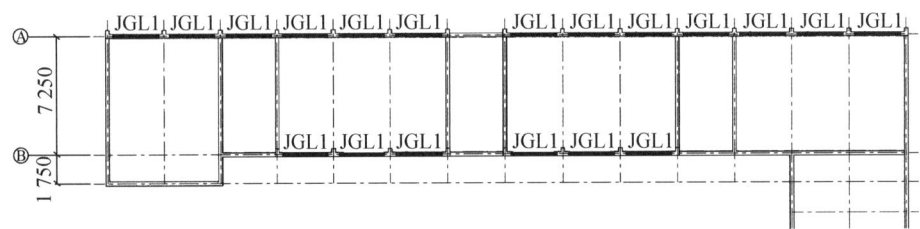

图 4.4.3 二层梁格构式钢梁加固范围

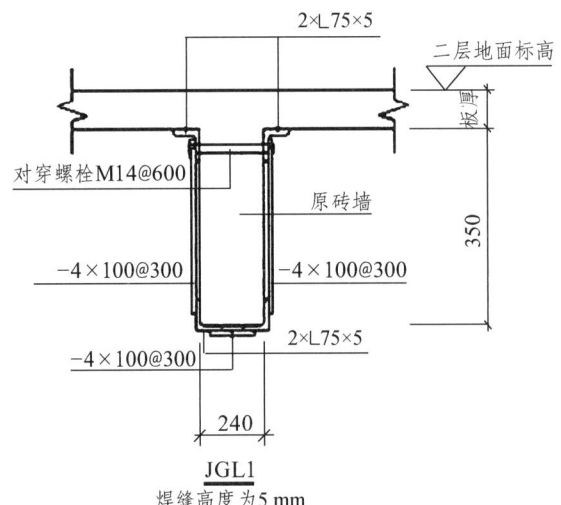

图 4.4.4 二层梁格构式钢梁加固断面

柱围套节点加固见图 4.4.5。

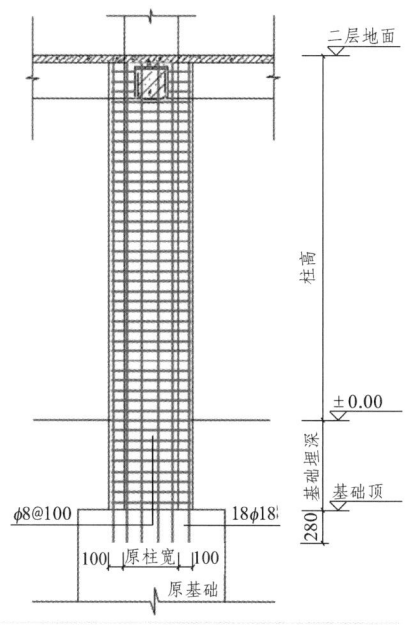

图 4.4.5 柱围套加固节点做法

在永久加固施工完成前,盾构需推进穿越综合楼,为保障加固过程中及后续盾构掘进时综合楼楼体的稳定性,需在各圈梁下部增加临时支撑。

临时支撑采用 Φ108 壁厚 6 mm 无缝钢管进行支撑,间距 50 cm,单排支撑,两侧用 Φ48 壁厚 3.5 mm 钢管做抛撑,无缝钢管间必须加设剪刀撑,剪刀撑与 Φ108 钢管焊接牢固,并距离顶部与底部不超过 350 mm 处各设置一道横撑与 Φ108 无缝钢管焊接,使架体形成整体。临时支撑示意图如图 4.4.6 所示。

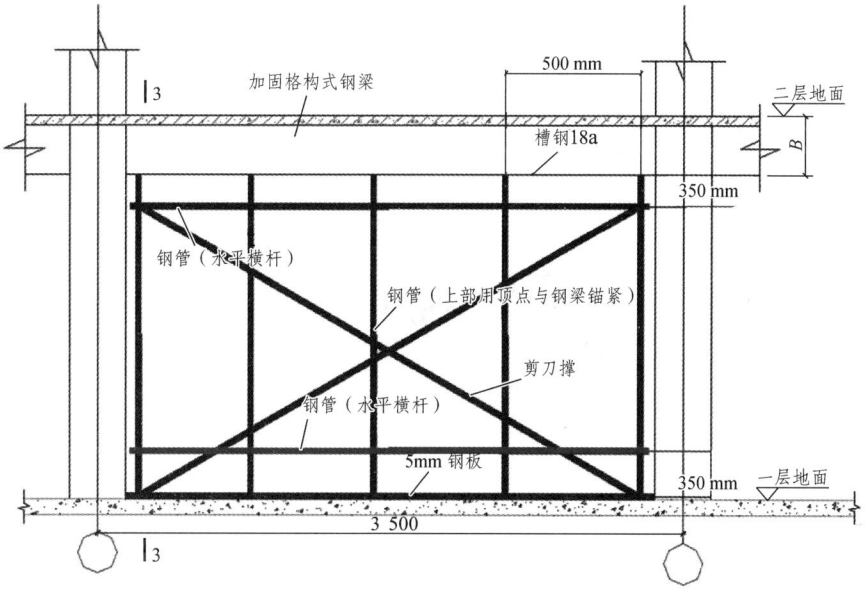

图 4.4.6 临时支撑示意图

4.4.3 沉降控制措施——"克泥效"工法

1. 克泥效工法介绍

克泥效工法是将高浓度的泥水材料与塑强调整剂（即水玻璃）两种液体分别以配管压送到指定位置，再将此两种液体以适当比例混合成后，再通过径向孔注入盾构机壳体外面，形成可塑状填充材料一种新型工法。混合后的流动塑性胶化体不易受水稀释，强度低，且其黏性也不随时间而变化。

克泥效与水玻璃通过快速混合器混合后，通过盾构机中盾径向孔注入到盾构机壳体外面，让克泥效与水玻璃的混合液在流动状态下填充进盾构机壳体外的间隙之中，克泥效材料与水玻璃发生反应时间为 4.5 s，胶结完成后为 20 s 左右。通过 20 s 时间将盾构机壳体外填充饱满。

克泥效在 20 s 胶结过程，也是克泥效浆液向土层中渗透的一个过程，一般在粉质黏土中，克泥效渗透 3~5 cm，在盾构机壳体外的土层中形成一道泥膜。

同步注浆的浆液有 3 个去处：一是土层与管片之间间隙。二是通过盾构机壳体外间隙串浆到刀盘前方，用克泥效封堵以后，前面土仓压力和同步注浆压力分别可控。三本项目中同步注浆胶结时间为 8 h，在地下富水层中，可能初凝时间会超过 8 h，浆液在胶结时间内，会一直渗透到土层中去，所以，后续下陷。克泥效在土层中渗透后，同步注浆的浆液只有比较少的量渗透土层，可以保证同步注浆效果。

2. 克泥效工法施工方案

1）浆液注入方式

利用盾构机盾体上的 11 点钟和 1 点钟位置的两路径向注浆孔对盾构机周圈进行克泥效注入。

由于克泥效材料具有很好的挡水性、抗水流稀释性、承压性，在盾构复推前和掘进过程中，通过中盾两路径向注浆孔在盾构机周圈注入克泥效材料，将盾构机包裹，在盾构机周圈形成一道可靠的密封阻水黏土环，可以有效地填充盾体与地层间隙，从而有效地控制掘进期间土体下沉量。

2）克泥效配比

克泥效材料由两部分组成，分别是特殊膨润土浆液（A 液，配比为膨润土：水=1：2）和水玻璃液（B 液，配比为水玻璃：水=1：1）。采用两台可调节流量的泵在前盾向外注入，在注入过程中，通过 Y 形注浆头混入 A、B 两种浆液，B 液的注入率一般为 5%~6%。浆液混合后在 40 s 内达到初凝，形成黏性较高且难以稀释的膏状物。

3）注入克泥效过程控制

下穿建筑物前 15 环开始进行克泥效注浆，将 9 m 左右长度的盾构机壳体能填充饱满，此外，需要在 10 到 15 环注入克泥效过程中调整土压与同步注浆参数。开始推进前先注 A 液，再注 B 液，推进快结束时先停 B 液，后停 A 液，防止水玻璃与黏土泥浆混合而堵管。

注浆压力为 0.2~0.8 MPa。应保证克泥效的充分注入，保证其在盾构机周圈形成一道密闭的阻水黏土环，注入时应密切监测地面情况。

施工中，在盾构机周圈充分注入克泥效后，克泥效会逐渐向土仓和盾尾流窜，应密切关注土仓压力变化和盾尾密封油脂的注入工作。

克泥效注浆与推进同步，应根据推进速度调整注浆速度。开始克泥效注浆时，第一环注入量约为 1.1 m³，之后每环注入量约为 1 m³。

4.5 盾构下穿复杂建筑物掘进参数研究

4.5.1 盾构推进和地层变形控制

本工程采用土压平衡式盾构掘进机，其利用压力仓内的土压力来平衡开挖面的土体，从而达到对盾构正前方开挖面支护的目的。平衡压力的设定是土压平衡式盾构施工的关键，维持和调整设定的压力值又是盾构推进操作中的重要环节，这里面包含着推力、推进速度和出土量的三者互相关系，对盾构施工轴线和地层变形量的控制起主导作用，所以在盾构施工中要根据不同土质和覆土厚度、地面建筑物，配合监测信息的分析，及时调整平衡压力值的设定。同时要求推进中盾构姿态保持相对的平稳，控制每次纠偏量不过大，减少对土体的扰动，并为管片拼装创造良好的条件。同时根据推力、推进速度、出土量和地层变形的监测数据，及时调整注浆量，从而将轴线和地层变形控制在允许的范围内。

4.5.2 区间掘进顺序

为研究开挖顺序对建筑物沉降的影响，在 4.2 节有限元模型的基础上，考虑左右线同步开挖对建筑物的影响。

提取盾构左右线通过时综合楼、11 号楼以及 23 号楼的位移云图，如表 4.5.1 所示。

表 4.5.1　盾构左右线通过时位移云图

位置	位移云图	最大位移 /mm
综合楼	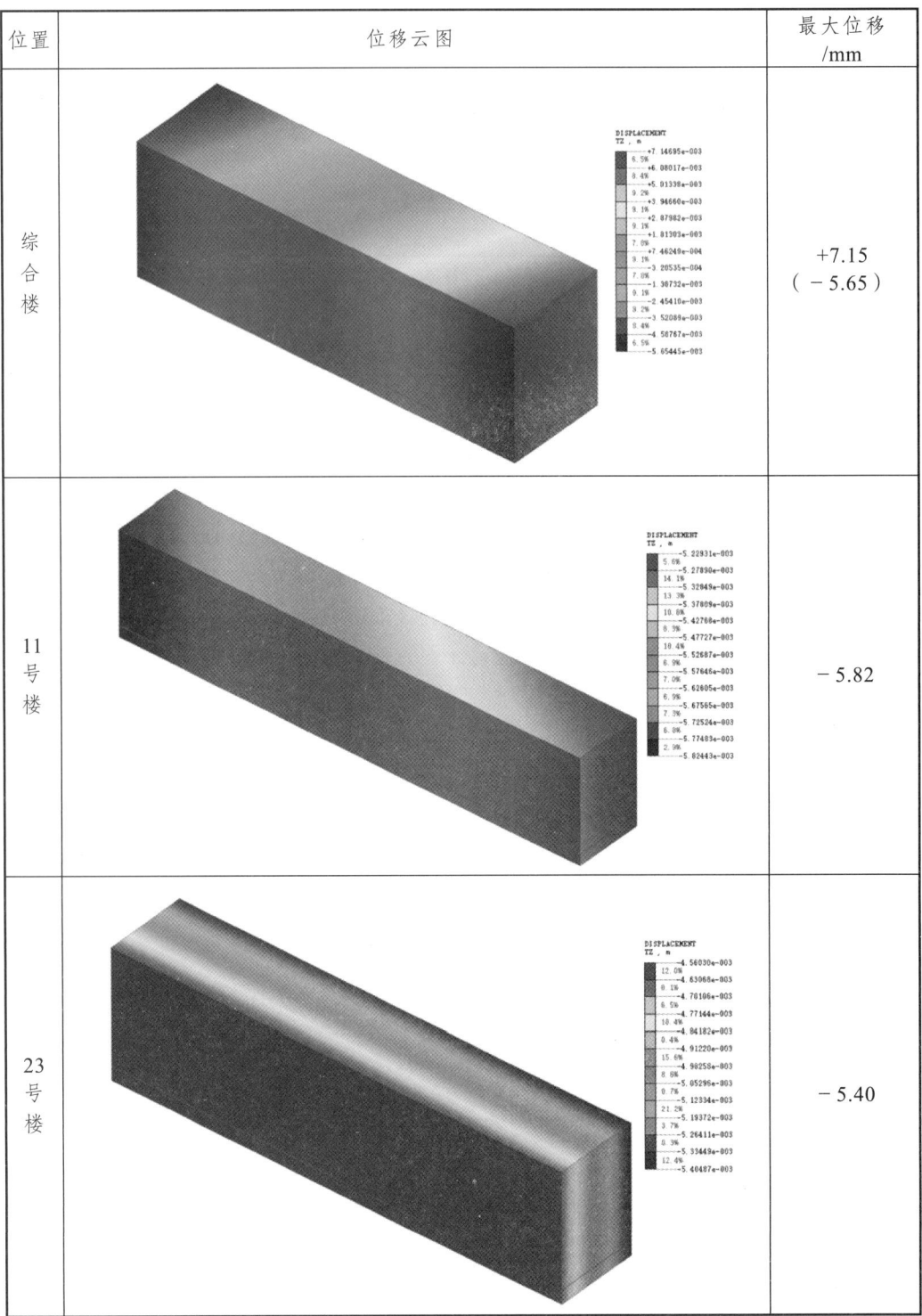	+7.15 （-5.65）
11号楼		-5.82
23号楼		-5.40

当双线贯通时,综合楼、11号楼以及23号楼的位移云图如表4.5.2所示。

表4.5.2 双线贯通时位移云图

位置	位移云图	最大位移/mm
综合楼	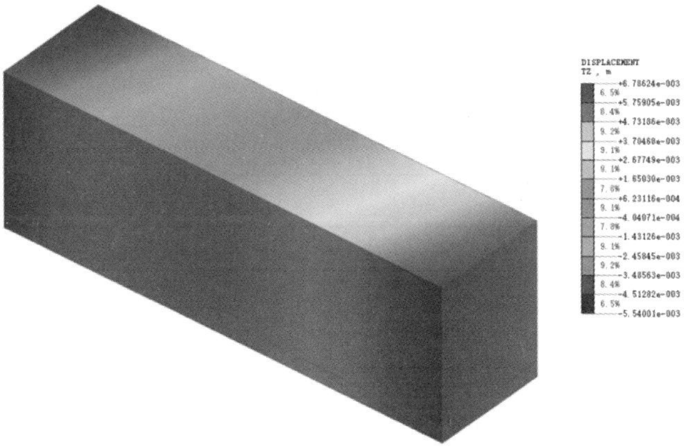 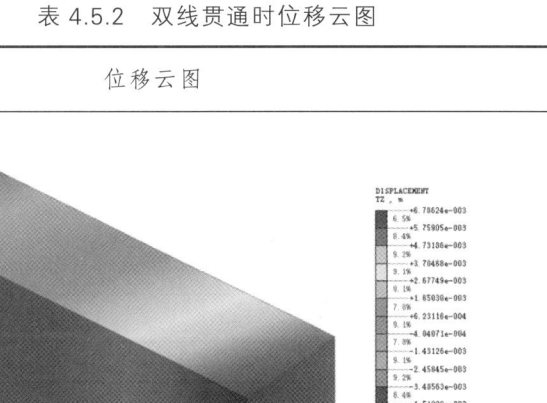	+6.78 (−5.54)
11号楼	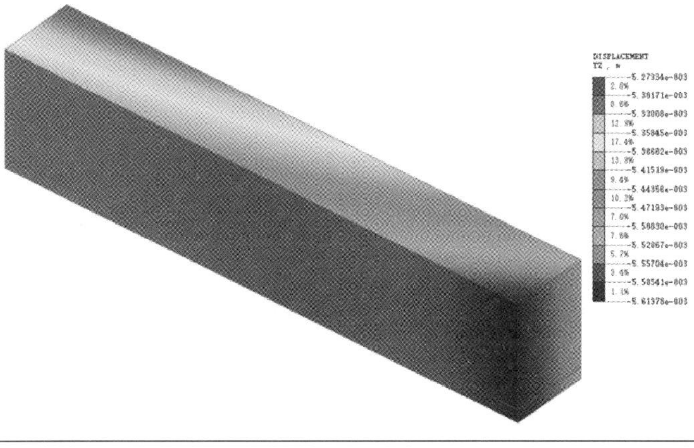	−5.61
23号楼	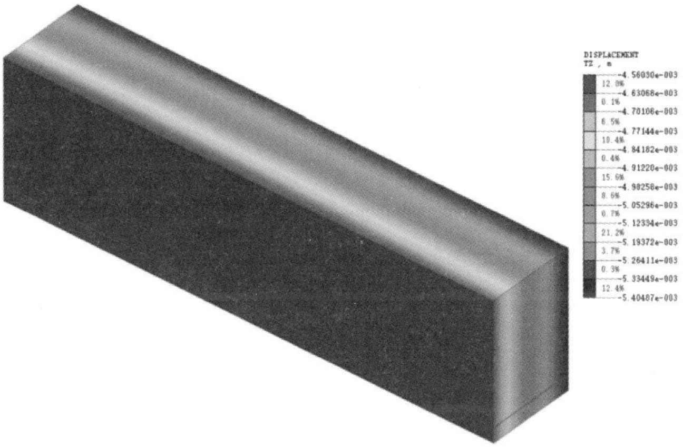	−5.69

对比 4.2.4 节计算结果，如表 4.5.3 所示。

表 4.5.3 不同掘进顺序结果对比

位 置	最大位移/mm		
	双线不同步开挖		同步开挖
	左线通过	右线通过	
综合楼	+2.75 （-2.02）	+6.87 （-5.18）	+7.15 （-5.65）
11 号楼	-6.46	-6.09	-5.82
23 号楼	-5.50	-5.69	-5.40

由表可知，同步开挖会明显增加综合楼的位移，对于 11 号楼、23 号楼影响不明显。

根据下穿段盾构掘进试验段结果，建筑物变形规律符合数值计算结果，故施工掘进先后顺序应为：先行始发花园路站—经三路站左线区间，左线区间掘进至少 100 m 后右线可以进行始发。

4.5.3 掘进参数研究

（1）合理设置土压力，防止超挖。

在盾构推进的过程中，根据理论计算、前期掘进数据和监测数据及时调整土压力值，从而科学合理地设置土压力值及相宜的推力、推进速度等参数，防止超挖，以减少对土体的扰动。

土压力控制应分为左线正常段掘进、右线正常段掘进与下穿段掘进。

a. 左线正常段拟定土压设定的理论值可由下列公式计算得出：

左线正常段隧道埋深为 12~9.07 m（隧道顶部埋深）。

②$_{33}$ 黏质粉土静止侧压力系数为 0.48，②$_{22}$ 粉质黏土静止侧压力系数为 0.6。

②$_{33}$ 黏质粉土天然重度为 19.5 kN/m³，②$_{22}$ 粉质黏土天然重度为 18.1 kN/m³。

正面土压力：

$$P = K_0 \gamma h \tag{4.5.1}$$

式中 P——土压力；

γ——土的平均重度；

h——隧道埋深；

K_0——土的侧向静止土压力系数。

代入公式后计算得出：

$$P = \frac{(0.48+0.6)}{2} \times \frac{(19.5+18.1)}{2} \times (12 \sim 9.07)/10^2 \approx 0.092 \sim 0.122 \text{（MPa）} \tag{4.5.2}$$

b. 右线正常段拟定土压设定的理论值可由下列公式计算得出：

右线正常段隧道埋深为 10.1 ~ 12.25 m（隧道顶部埋深）。

代入公式后计算得出：

$$P = \frac{(0.48+0.6)}{2} \times \frac{(19.5+18.1)}{2} \times (10.1 \sim 12.25)/10^2 \approx 0.102 \sim 0.124 \text{（MPa）} \quad (4.5.3)$$

c. 下穿段拟定土压设定的理论值可由下列公式计算得出：

下穿房屋段隧道埋深为 8.9 ~ 6.5 m（隧道顶部至房屋基础底埋深）。

代入公式后计算得出：

$$P = \frac{(0.48+0.6)}{2} \times \frac{(19.5+18.1)}{2} \times (8.9 \sim 6.5)/10^2 \approx 0.066 \sim 0.09 \text{（MPa）} \quad (4.5.4)$$

根据试验段总结数据，掘进过程中土压增加 0.025 MPa 左右刀盘顶部和前方地面单次沉降速率较小，因此实际掘进中土压控制在 0.09 ~ 0.11 MPa。

现场掘进土压力应由土木值班工程师根据当时掘进隧道埋深、螺旋输送机出土渣样及地表沉降等情况综合计算确定，同时现场土压力控制应使用试验段统计参数作为参考。

d. 本工程使用的管片外径为 6 200 mm，环宽为 1 500 mm。中铁 234 号盾构机刀盘的直径为 6 470 mm，每环的出土量：

$$V = k\pi L(d/2)^2 \quad (4.5.5)$$

式中　k——可松性系数，取 1.1；

　　　d——刀盘直径；

　　　L——管片环宽。

代入计算式计算出每环出土量为 54.22 m³。

中铁 41 号盾构机刀盘的直径为 6 440 mm，代入计算式计算出每环出土量为 53.72 m³。

每环出土量直接反映了盾构机在掘进施工过程中是否超挖，因此必须严格控制每环的出土量，并做好记录。

e. 同步注浆材料采用水泥、粉煤灰、膨润土和砂等按一定比例配成的可硬性浆液作为同步注浆材料，该浆液具有结石率高、结石体强度高、耐久性好和良好的防止地下水浸析的特点。

同步注浆采用惰性浆液，实现保压注浆，保证管片与地层之间的空隙能够及时填充，注浆压力 0.2 ~ 0.3 MPa，结实强度不小于 2 MPa。

经标定现场拌和站每盘装料体积为 0.417 m³，经过试验段多次试验，浆液初凝时间控制在 7 ~ 8 h，确定下穿段同步注浆配合比如表 4.5.4 所示。

表 4.5.4　下穿段同步注浆配合比情况

材料名称	水泥	水	砂	粉煤灰	膨润土
每环材料用量/kg	2 964	6 000	5 472	2 400	480
每盘材料用量/kg	247	500	456	200	40

下穿段使用的管片外径为 6 200 mm，环宽为 1 500 mm。中铁 234 号盾构机刀盘的直径为 6 470 mm，根据试验段总结数据，浆液损填充系数为 108%，每环的同步注浆方量：

$$V = \gamma[\pi L(d/2)^2 - \pi L(\Phi/2)^2] \quad (4.5.6)$$

式中　γ——浆液损耗系数，取 1.08；

　　　d——刀盘直径（m）；

　　　L——管片环宽（m）；

　　　Φ——管片外径（m）。

代入计算式计算出每环同步注浆量为 4.35 m³。

中铁 41 号盾构机刀盘的直径为 6 440 mm，代入计算式计算出每环同步注浆量为 3.86 m³。

综上，盾构掘进参数如表 4.5.5。

表 4.5.5　盾构掘进参数

参数	掘进压力/MPa		每环出土量/m³	每环同步注浆量/m³	注浆压力/MPa
	正常段	下穿段			
中铁 234 号盾构	0.092～0.124	0.09～0.11	54.22	4.35	0.2～0.3
中铁 41 号盾构			53.72	3.86	

（2）渣土改良。

为保证一个正常的工作范围，减少刀盘的磨损，在掘进过程预先对掌子面土体进行改良，通过对刀盘前方土体注入泡沫剂，以减少刀盘的扭矩，降低刀盘的油压，并使渣土具有适当的和易性。如掘进遇细砂较多，拌制黏度在 90～120 s 的膨润土浆液用于保压，实验室根据现场试验情况确定 CMC 盾构制浆剂及膨润土掺入比例。

（3）推进速度：

下穿建（构）筑物时保证推进速度的稳定，严格控制盾构推进方向，减少纠偏，保证纠偏值控制在 5 mm/环。

在下穿建筑物的推进过程中，每 30 m 测量一次盾构机的推进方向，尽可能减少纠偏，同时在盾构下穿期间，保持匀速推进，控制在 45 mm/min 内，从而保证盾构机平稳地下穿建筑物。

（4）控制好盾构姿态，确保盾尾间隙均匀。

盾构推进过程中的同步注浆及二次补浆是控制地面沉降的主要因素，以往的经验显示，盾构推进过程中的盾构姿态不好易造成盾尾处漏浆，地面沉降，因此在盾构下穿建筑物期间，确保盾构推进轴线与设计轴线相吻合，盾尾四周间隙均匀，避免蛇形及俯仰。另外，通过加大盾尾油脂压注量来防止浆液通过盾尾流失。同时采用性能较好的盾尾油脂。

（5）加强施工过程管理，确保盾构连续穿越。

盾构推进过程中长时间的停机易造成地面大量的沉降，进入下穿房屋段前对设备进行故障排查，会同设备供应商共同检测修理，对可能出现的故障预先做好修理准备，对主要设备零件的备件在施工前配备齐全。

（6）严格控制同步注浆量、注浆压力和浆液质量，在盾构推进过程中及时填充隧道壁后建筑空隙；若监测数据表明地面沉降仍较大，进行二次注浆，并按"多点、均匀、少量、多次"的原则有序进行，直至土体变形稳定。

（7）严格控制管片拼装精度，确保防水材料处于最佳工作状态，防止管片渗漏水造成上方土体的沉降。

（8）在盾构下穿建筑物期间，进行24 h隧道内及地面建筑群人员巡视，一旦发现异常迹象，立即上报项目部领导，并根据情况采取适当措施进行处理。

4.6 盾构下穿复杂建筑物整体安全性分析

盾构下穿时持续对建筑物整体进行自动化监控量测，结果如表4.6.1所示。

表4.6.1 监测数据累计变形最大值统计表

监测项目	累计变形最大值/mm	控制值/mm
建筑物沉降（综合楼）	−16.1	10
建筑物沉降（11号楼）	−16.9	10
建筑物沉降（23号楼）	−10.2	10

左线盾构在侧穿综合楼期间对综合楼影响较小，累计变形最大的测点累计值为+2.2 mm。右线盾构在下穿综合楼期间对综合楼影响较大，累计变形最大的测点累计值为−16.1 mm，处于监测红色预警状态。

结合工况和监测数据分析，在盾构下穿及侧穿期间，出现缓慢的下沉趋势，未发现数据突变情况。监测期间，建筑物沉降测点最终累计沉降值介于−4.6 mm ~ −16.1 mm，部分测点达到预警状态。建筑物沉降（综合楼）时程曲线如图4.6.1所示。

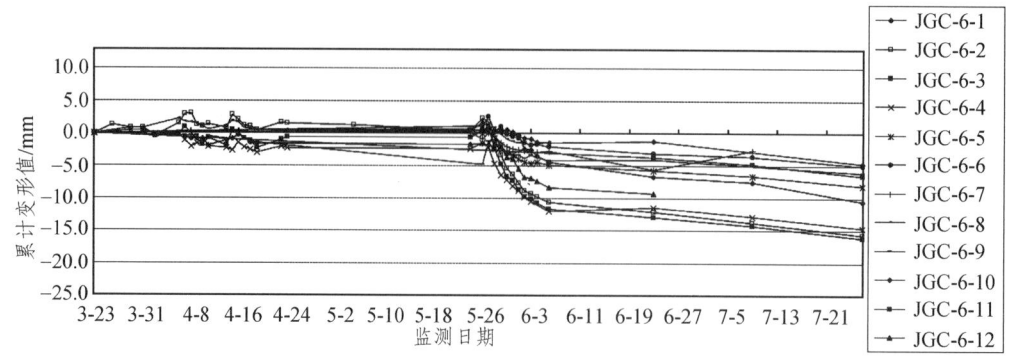

图 4.6.1 建筑物沉降（综合楼）时程曲线图

左线盾构在侧穿 11 号楼期间对 11 号楼影响较小，累计变形最大的测点累计值为 －5.4 mm。右线盾构在下穿 11 号楼期间对 11 号楼影响较大，累计变形最大的测点累计值为 －16.9 mm，处于监测红色预警状态。

结合工况和监测数据分析，在盾构下穿及侧穿期间，出现缓慢的下沉趋势，未发现数据突变情况。监测期间，建筑物沉降测点最终累计沉降值介于 －6.3 mm ~ －16.9 mm，部分测点达到预警状态。建筑物沉降（11 号楼）时程曲线如图 4.6.2 所示。

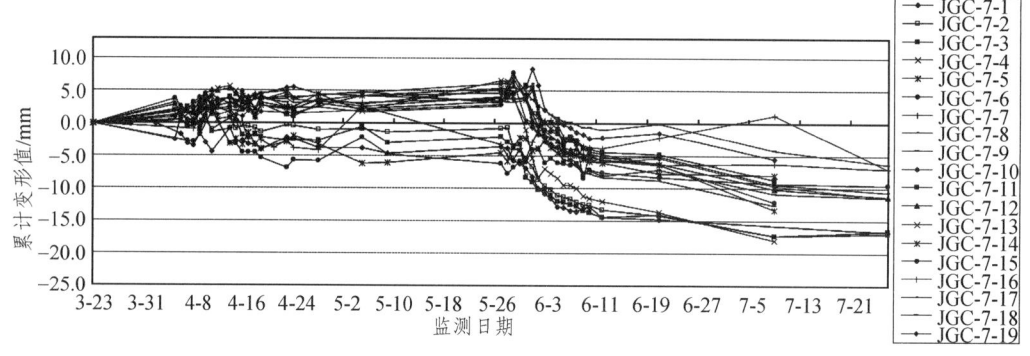

图 4.6.2 建筑物沉降（11 号楼）时程曲线图

左线盾构在侧穿 23 号楼期间对 23 号楼影响较大，累计变形最大的测点累计值为 －9.3 mm，处于橙色预警状态。右线盾构在下穿 23 号楼期间对 23 号楼影响较大，累计变形最大的测点累计值为 －10.2 mm，处于橙色预警状态。

结合工况和监测数据分析，在盾构下穿及侧穿期间，出现缓慢的下沉趋势，未发现数据突变情况。监测期间，建筑物沉降测点最终累计沉降值介于 +3 mm ~ －11.1 mm，处于橙色预警状态。建筑物沉降（23 号楼）时程曲线如图 4.6.3 所示。

本区间在盾构侧穿和下穿省供销社家属楼期间部分建筑物测点出现缓慢沉降情况，达到数据预警状态，但未发现数据突变情况。

在盾构机双线贯通 40 d 后 18 d 内变形速率最大的测点位于 23 号楼，变形速

率为 -0.31 mm/d，采取加固措施后，建筑物沉降逐渐趋于稳定。

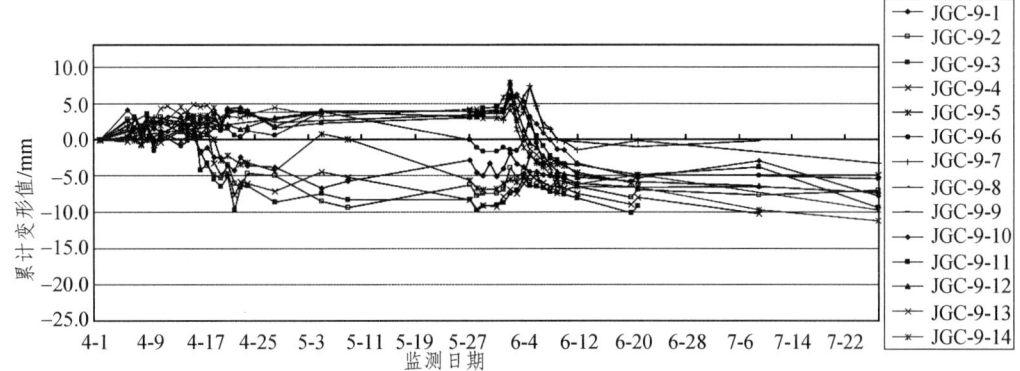

图 4.6.3　建筑物沉降（23 号楼）时程曲线图

与 4.2 节数值计算结果做对照，双线贯通后，综合楼、11 号楼和 23 号楼的最大沉降值分别为 -5.36 mm、-5.84 mm、-5.69 mm，沉降值均小于实际监测结果，原因可能有以下几点：

（1）河南省供销社于 20 世纪 80 年代修建，缺少详尽的建筑图纸，有限元软件在对其建模时不能很好地反映内部结构以及自重影响。

（2）数值计算中对地层进行了等厚均质且水平分布假定，而实际工程中地层分布并非均匀厚度。

（3）有限元模型忽略了线路竖向方向的小斜率，模型中盾构隧道与既有建筑之间的距离与实际有一定出入。

（4）盾构施工阶段简化为盾构空间位置变化，未考虑时间的差异性以及盾构机自重影响。

4.7　技术成果及应用

本章以郑州地铁 5 号线花—经区间下穿河南省供销社项目为依托，通过采用技术调研、理论分析、现场实测和数值模拟的研究方法，对隧道盾构下穿复杂建筑物时综合变形规律、监控量测、沉降控制、掘进参数进行了较为深入的分析，得到以下技术成果：

针对盾构隧道左右线不同的开挖顺序，得出以下结论：不同的盾构开挖顺序会影响既有建筑物的竖向位移，对于盾构侧穿的建筑，影响更加明显。根据数值计算结果，同步开挖时综合楼最大竖向位移为+7.15 mm，左线先行始发通过后综合楼最大竖向位移为+2.75 mm，差值为 4.40 mm。由于现场的环境复杂性，实际位移可能更大，所以现场施工时，下穿段盾构掘进需要试验段提供相应参数支持，确定始发顺序。

对于风险系数较高的复杂建筑物，采用静力水准自动化监测手段对其进行 24 小时不间断监测，数据通过信息管理系统实时计算，保证盾构在穿越河南省供销合作社房屋期间监测数据反馈的及时性、准确性。当出现异常情况时，确切起到指导施工的作用，确保穿越期间安全可控。

掘进时，可从盾构施工和建筑物加固两方面同时控制复杂建筑物的沉降。

随着盾构施工工程环境的复杂化，沉降控制更为严格和敏感。一般大型或复杂工程中均会采用多重沉降控制措施确保沉降变形在允许范围内。实际盾构隧道施工过程中，主要根据"匀速通过、严注浆、勤测量、二次注浆"的原则来控制建筑物的变形。本章还采取了"克泥效"工法，其具有简捷、经济、效果明显等优点，且"克泥效"工法可以结合其他工程措施加大它的使用价值。

"克泥效"工法的应用有许多。诸如在盾构机前方、盾构机同步盾体外以及盾尾等任何时间点均可采用"克泥效"浆液进行沉降控制。从目前对盾构掘进过程沉降组成的分析认知来看，在盾构机前方土体和盾构机同步掘进盾壳外注入"克泥效"浆液对沉降控制的效果更加明显。

第 5 章　盾构穿越既有建筑物基坑锚索区域技术

5.1 工程背景

5.1.1 郑州地铁 5 号线心怡路站—金水东路站区间

郑州地铁 5 号线心怡路站—金水东路站区间左线盾构隧道在左 DK14+864.367～左 DK14+954.89 段侧穿东侧的深航商务办公楼,该建筑物为地上 25 层框架结构,地层采用筏板与桩基础结合的复杂基础。侧穿区段隧道埋深 9.4～12 m,左线隧道与深航商务办公楼地下室结构水平净距为 18.93～4.79 m。该大楼已建成,原基坑深 10.7 m,围护结构采用钻孔灌注桩+锚索(锚杆)体系,其中西侧自上至下两道锚杆、两道锚索,竖向间距 1.5～2.7 m,根据图纸设计仅第③道锚索与盾构施工冲突,但据现场开挖断面情况,第③和第④道均影响,影响区域平面图如图 5.1.1 所示,剖面图如图 5.1.2 所示。

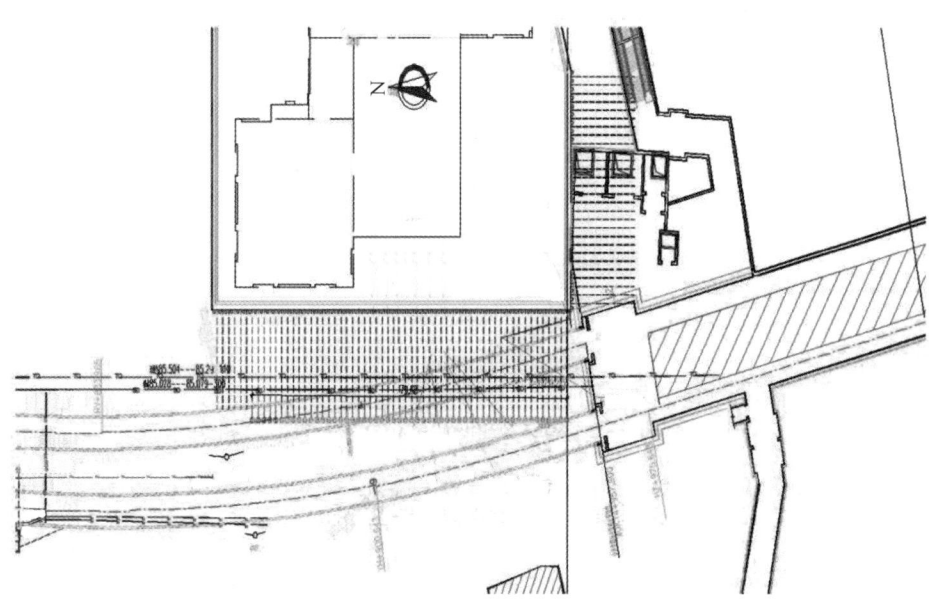

图 5.1.1　影响区域平面图

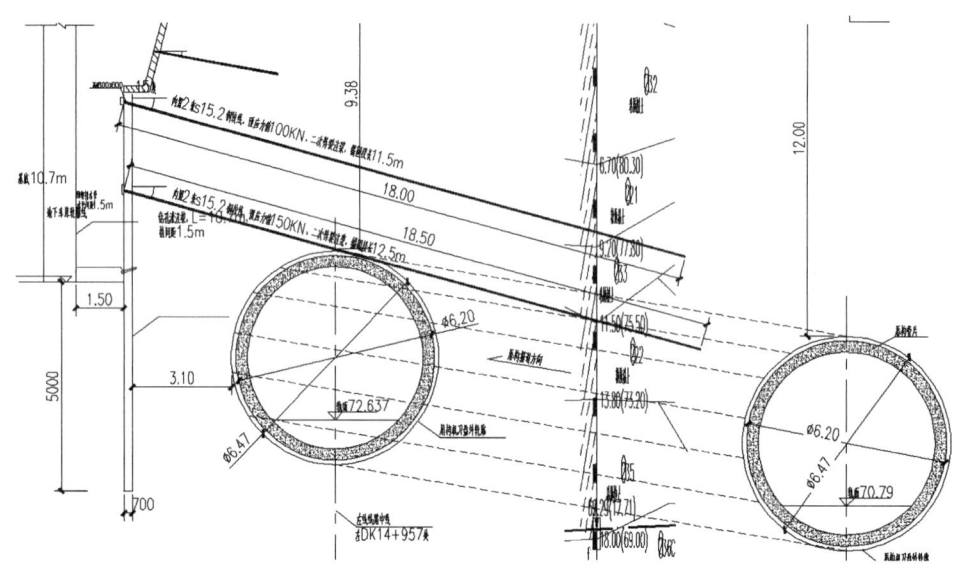

图 5.1.2 影响区域断面图

地面现状为市政道路心怡路，道路两侧多为商业和居民楼。地形总体较为平坦，南侧横通道上有一给水管（管径 300）和一天然气管（管径 110）顺行，东西向有一污水管（管径 400）横穿，管道埋深分别为 2.2 m、1.5 m、1.2 m，位于横通道拱顶上方约 8 m，施工前已在管线上方布置好地面沉降监测点。

心怡路站—金水东路站区间自陈庄街与盛和街交叉口东侧至金水东路与心怡路交叉口，现状地表主要为马路、绿化带、商业办公用楼及居住区，地面高程在 86.56~87.12 m，地形总体较为平坦。根据区域地质资料及初详勘钻探情况，本区域 30 m 深度范围内的地层，0~16 m 范围内主要为粉土、粉质黏土，夹有粉砂、细砂，16~30 m 地层主要为中密—密实细砂。地下水主要为第四系孔隙潜水，勘察期间测得稳定水位埋深为 10.1~18.0 m，高程为 68.9~76.9 m。

5.1.2 郑汴路站—经北二路站区间

郑汴路站—经北二路站区间右 CK18+060.600~右 CK19+608.800（左 CK18+060.600~右 CK19+608.800），左线长链 2.087 m，左线长度为 1 775.487 单线延米，右线长度为 1 773.4 单线延米，全长 3 548.887 单线延米。正沿大厦位于郑汴路站西南侧，大厦长约 80 m，宽约 32 m，锚具距离郑汴路盾构右线始发端 22.5 m，锚索与隧道平面位置关系如图 5.1.3、5.1.4 所示。

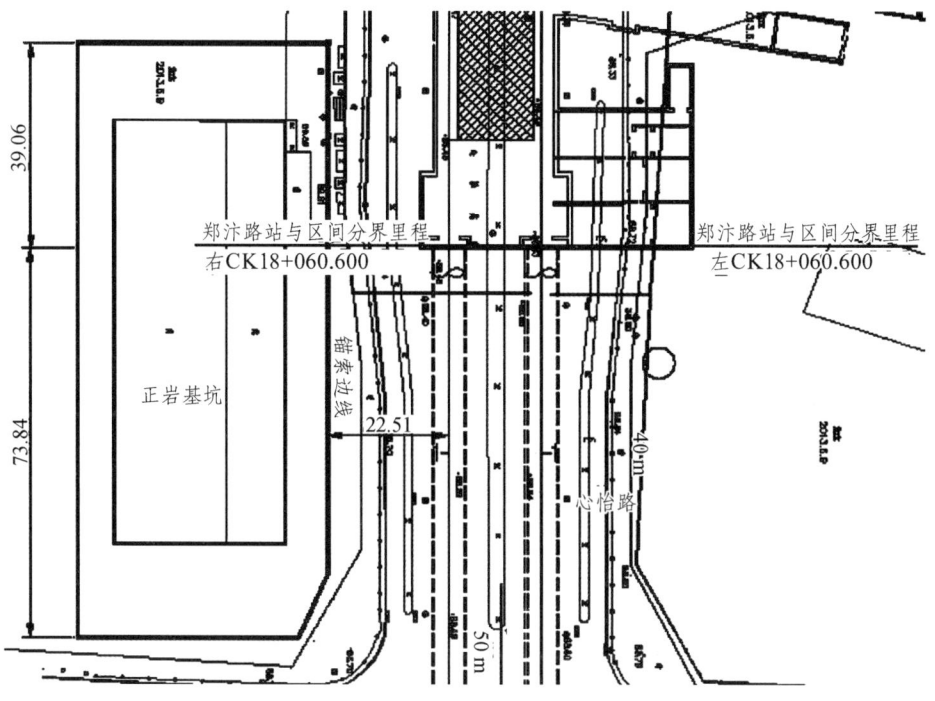

图 5.1.3 影响区域断面图

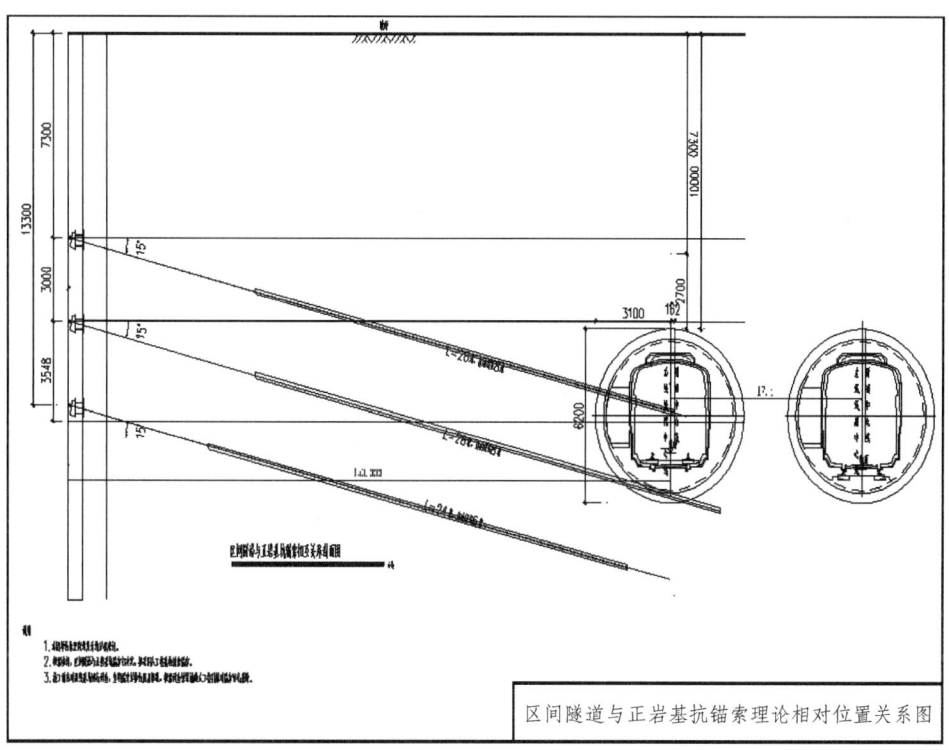

图 5.1.4 锚索与隧道的剖面位置关系

5.2 锚索拔除施工方法及工艺要求

5.2.1 施工方案比选

针对穿越锚索区域的施工，主要提出明挖基坑清除锚索、盾构开仓切除锚索、人工挖空清除锚索三种施工方案。

1. 直接切削

众意路站—CBD站区间左线在郑东新区CBD1#地下停车场区域存在地下锚索，经核算锚索侵入区间左线隧道，最大侵入长度为3.11 m（不考虑锚索施工时的误差），贯穿隧道顶部；后经设计院对区间线路进行了优化调整（该区域线路纵坡由 -27‰调整为 -28.5‰），理论上已经将锚索位置避开（最小安全距离为50 mm）。

但实际施工时，左线在掘进193～197环期间，刀盘扭矩出现突然增大现象（扭矩由1 930 kN·m增加到3 800 kN·m），同时出现螺旋输送机闸门不能完全关闭情况。项目部人员对闸门进行检查时发现，闸门区域存在异物附着在螺旋机上，导致闸门不能完全关闭，后经分析该物质与前期调查的锚索资料相吻合，确定为该区域地下停车场的锚索。因为盾构机已经到达该部位，无法再采用其他办法进行处理。将右线掘进该区域时的参数和左线掘进该区域的掘进参数进行了比对，比对结果见表5.2.1所示。通过对比发现掘进参数变化是非常明显的，尤其是刀盘扭矩变化量。

表5.2.1 左、右线掘进参数对比表

环 数	推 力/kN		扭 矩/(kN·m)	
	左线	右线	左线	右线
190环	17 800	13 128	1 930	2 495
191环	18 500	12 426	3 300	2 652
192环	19 200	11 538	3 200	1 989
193环	17 200	12 305	3 000	2 410
194环	18 300	13 000	3 500	2 300
195环	16 900	12 000	3 600	2 400
196环	18 500	12 000	3 800	2 200
197环	18 400	12 000	3 700	2 400
198环	18 500	12 000	3 620	2 400
199环	18 200	12 000	3 700	2 400
200环	17 500	13 000	3 910	3 000
201环	17 800	13 900	4 200	3 500
202环	18 500	14 100	3 820	3 200

续表

环 数	推力/kN		扭矩/(kN·m)	
	左线	右线	左线	右线
203 环	16 500	14 800	4 000	3 100
204 环	18 000	13 500	3 800	3 000
205 环	18 800	13 000	3 800	2 300
206 环	20 600	13 000	4 500	2 400
207 环	18 000	13 000	4 400	2 450
208 环	18 500	13 000	3 600	2 700
209 环	17 900	12 000	4 300	3 000
210 环	17 000	14 000	3 600	2 500
211 环	17 500	14 500	3 620	2 400
212 环	16 800	14 000	3 580	2 700
213 环	18 500	13 100	3 700	2 300
214 环	18 200	12 700	3 800	2 300
215 环	18 500	12 700	3 820	2 500

由于锚索影响范围较短，盾构机虽参数异常，但依然能够穿过。存在的主要问题有：① 施工效率下降。刀盘的扭矩急剧增大，导致盾构掘进速度下降，由以前的 40～50 mm/min 下降至 20～30 mm/min，造成资源消耗大大增加，如发泡剂、膨润土、油脂等耗材。② 对刀盘、刀具的影响。锚索的自身强度很高，从螺旋输送机排出的锚索情况来看，锚索可能是缠绕在刀盘后随着刀盘转动经过反复扭转而发生剪切破坏造成的，这样会使刀盘上附着的锚索不能被排出，一直缠绕在刀盘区域，对刀盘扭矩、盾构推力产生影响，情况严重时刀盘有可能会被卡死。③ 对螺旋输送机的影响。若进入锚索螺旋输送机内的锚索较长，靠其自身旋转很难将其排出，情况严重时会存在被锚索缠绕、无法继续转动的情况。

该区间锚索采用盾构机切削通过的方式，实为被动预案。锚索对盾构机影响极大，极有可能将盾构机抱死，造成巨大损失。因此，最安全的方式，还是处理完锚索之后，再进行掘进施工。在锚索数量很少的情况下，也可以采取盾构机直接切削通过，但依然存在一定的风险。

2. 明挖基坑

明挖基坑法工艺成熟，安全性高，在盾构穿越锚索段隧道两侧施作围护桩，围护采用 Φ800@1200 围护桩 + 二道 Φ609 钢支撑支护，清除影响盾构左线推进的锚索；在锚索清除后，考虑到该段施工隧道存在盾构重新进出洞的风险，所以需要分层夯实回填土,使盾构继续推进。明挖基坑宽 8 m,长约 80 m,基坑深 13.5 m;明挖基坑的优点:施工风险小,还可清理其他地下不明障碍物,还可彻底清除妨碍盾构推进的锚索。缺点:① 对明挖基坑上方管线影响较大;② 基坑占用主干道交叉口北心怡路半幅路面,对地面交通及道路两侧商户影响较大;③ 管线迁改和高层建筑物保护费用较高且复杂,费用较大。

3. 盾构开仓切索法

事先不清除障碍,只对该地段土体加固、降水,待盾构机掘进到该地段时,每掘进 2~3 m,主动开仓人工切断锚索。该工艺的优点:在洞门处土体加固后盾构进出洞更安全。缺点:① 盾构机需频繁开仓,存在较大安全隐患;② 存在盾构机遇 H 型钢等其他障碍物和不可预测的风险;③ 需迁改道路下既有管线,难度大,影响工期;④ 需对原盾构机的刀盘、刀具等进行专项改造,成本较高;⑤ 目前,国内也无盾构机开仓人工清除大量预应力锚索的成功案例。

4. 人工挖孔

在盾构区间存在锚索障碍物的区域,采用 Φ1.5 m 全回转钻机全护筒钻进切索,然后采用 M10 砂浆回填。该工艺在地面施工,避免了盾构开仓可能存在的安全风险;不需要深基坑开挖,降低了安全风险;不需要进行管线迁改,可分步施工,交通影响较小;施工时对周围的土体扰动较小,不会对周围的管线和建筑物产生影响;可以彻底地清除盾构区间的锚索等障碍物。

经过几次研究比选(表 5.2.2),全套管全回转钻机垂直切索法虽然施工成本较高,但该工艺施工速度快、效率高、精度高、质量可靠,能够达到清除锚索和地基加固的双重目的,施工基本无安全风险,在诸多障碍处理技术中优势明显,本工程最后决定采用该技术进行施工。

表 5.2.2 方案综合比较

项 目	方 案		
	明挖基坑	开仓切索	人工挖孔
工期影响	很大	最大	较大
清除锚索效果	可完全清除	可完全清除	可大部分清除
管线影响	较大	大	较小
地面交通影响	较大	较大	较小
盾构影响	无	大	较小
工程风险	很小	最大	较大
工程造价	高	最高	较高

5.2.2 人工挖孔施工方法

人工挖孔施工工艺主要为：预留超前注浆管→马头门注浆→洞门范围内水平探孔→架设临时支撑→马头门破除→开挖→上拱3榀钢格栅紧密安装→继续开挖上台阶至2.5 m→安装第一榀下拱钢格栅封闭成环→循环进尺开挖进洞→端头墙加固封端→锚索处理→横通道及竖井回填。竖井及横通道平面图如图5.2.1所示，断面图如图5.2.2所示。

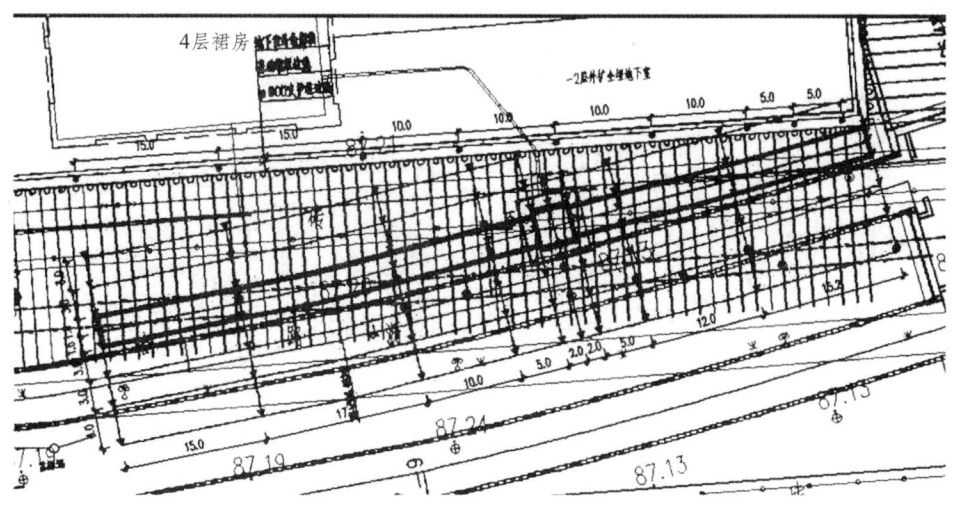

图 5.2.1 竖井及横通道布置平面图

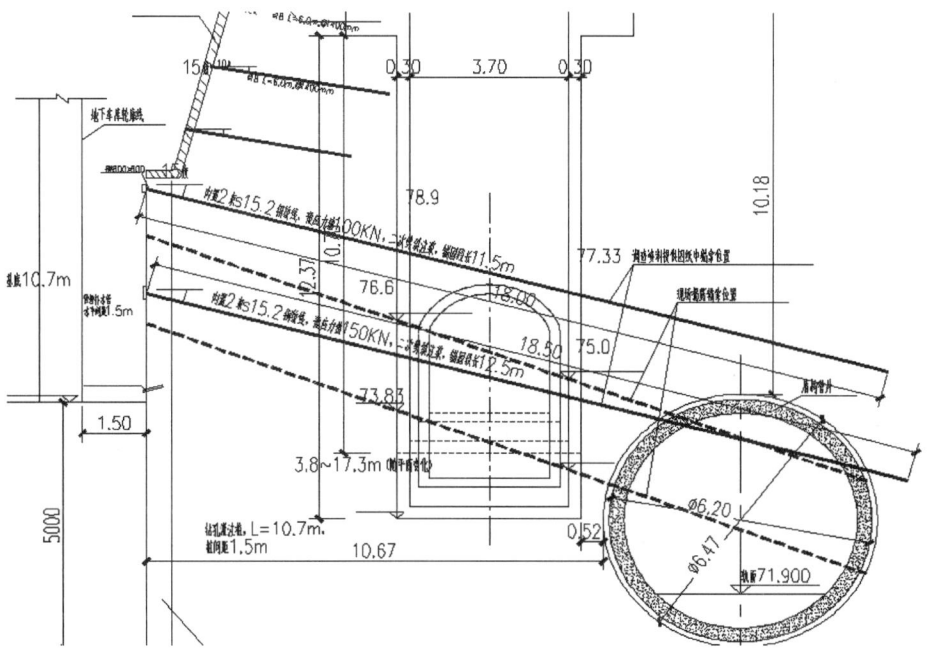

图 5.2.2 竖井及横通道布置断面图

1. 竖井施工

竖井井壁结构采用倒挂井壁法施工，施工前管线保护方案实施到位，同时进行提前降水。锁扣圈梁达到设计强度后，向下开挖土方、初喷混凝土、挂钢筋网、架格栅钢架及临时型钢支撑，喷射混凝土至设计厚度，逐步向下开挖至井底并封底，施作集水池。如图 5.2.3。

图 5.2.3　井口圈梁及提升设备

2. 横通道施工

在小导管加固土体满足要求后，先破除洞门处上部竖井井壁混凝土，然后自上而下用风镐破除洞门处井壁混凝土，并逐榀割除该部位密排钢架，开挖马头门。在马头门处格栅钢架封闭成环，土层趋于稳定后，及时进行横通道下部标准段初支施工（图 5.2.4）。横通道采用矿山法施工。初期支护采用网喷混凝土+超前小导管+锁脚锚管+格栅钢架组成联合支护体系。横通道断面为拱顶直墙断面，中间增设工 22a 型钢，净宽 2.8 m。开挖面土方开挖完成后立即进行喷射混凝土，及时封闭，找平开挖面，防止土体表面剥离脱落。超前小导管采用外径 $\phi32$ 热轧无缝钢管，$L=3.5$ m。注浆管一端做成尖锥状，另一端焊上铁箍，在距铁箍端 1.0 m 处开始钻孔，钻孔沿管壁间隔 150 mm 呈梅花形布设，孔位互成 90°，孔径 10 mm。详见图 5.2.5。

图 5.2.4　马头门凿除及首榀格栅拼装

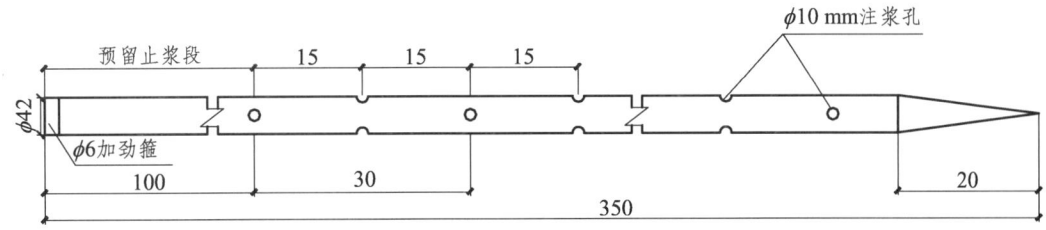

图 5.2.5 小导管构造示意图

3. 短台阶开挖

由于暗挖隧道断面大,且采取Φ32 mm小导管注浆加固与两侧Φ42 mm可回收式锁脚锚杆,中间增设22a型钢支撑,再结合地面管井降水的情况下,综合考虑采取短台阶开挖法,开挖循环进尺长度视现场地质情况而定,最小为0.75 m。

隧道开挖前,先封闭掌子面,施工拱部超前小导管注浆支护。环形开挖上半台阶、初喷混凝土,架立格栅钢架,复喷混凝土,台阶长度2~3.5 m以内。并根据施工实际情况调整。开挖下台阶,初喷混凝土,架立格栅钢架,复喷混凝土,初支封闭成环。开挖方式采用人工手持风镐开挖。如图5.2.6所示。

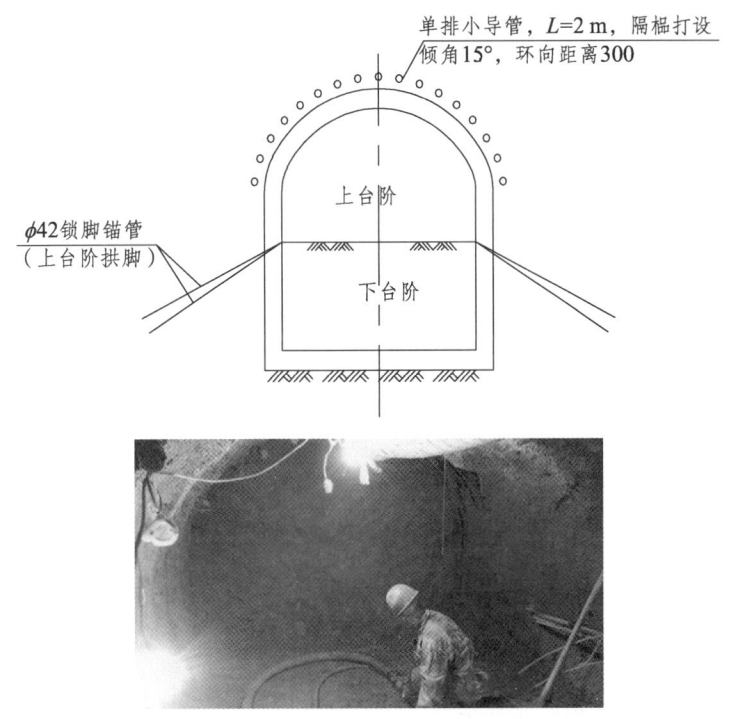

图 5.2.6 打设超前导管、开挖上台阶掌子面封闭

4. 横通道封端

横通道开挖至端头后及时施作端头墙支护结构,采用I22a工字钢与通道标准段格

栅钢架连接并预埋注浆管的方式封端。封端墙内设置竖向，双排 Φ22@800 连接筋，连接筋与通道格栅单面搭接焊连接焊缝长度不小于 10d；锁角锚管采用 Φ42@500 长 2.5 m 钢管，每步开挖时及时打设，每榀打设两根。封端导管采用 Φ32×3.25 热轧无缝钢管，长 3 m，倾角 20°，间距 400 mm，梅花形布置，后期需注浆。

5. 锚索拔除施工

竖井和暗挖通道施工完成，在开挖横通道过程将侵入横通道内部锚索割除并在直墙处保留锚索 60 cm 接头，待通道封端初支变形稳定且支护的喷射混凝土强度达到设计要求后拔除锚索。锚索拔除施工过程中，应对原设计锚索进行编号，实际探明的锚索与原设计不对应时，要查明原因是否遗漏或上下偏位；同时，对每一根锚索拔除作业应做好施工记录，对拔出的锚索进行外观检查，确认是否全部拔出或断裂，如确认断锚，则应标注准确位置后，并采用地面人工挖孔桩处理。

地下狭小空间锚索拔除机具配置关键技术为：自制地下狭小空间轻型拔锚装置（用于锚索拔除的设备，全液压动力系统）；自制锚索导向架（连接在电动葫芦下面，通过地下狭小空间轻型拔锚装置对锚索摩阻力减小后，用于改变锚索拔除方向和加快锚索拔除进度的一种桁架）；自制卷扬机（用于提供锚索拔除的动力）；自制液压油泵站（用于提供地下狭小空间轻型拔锚装置的动力）。

在工作井开挖到需要处理锚索位置下 0.5 m 后，施作砼垫层封闭井底。直接拔除可能会遇到以下问题：① 锚索拔断。由于锚索为 2 根钢绞线锚索，2 根钢绞线的极限载荷在 510 kN 左右，锚索体在土层中的摩阻力约为 44.5 kN/m，本工程需拔出锚索最长约 14.6 m，14.6 m 锚索摩阻力约 649.7 kN，锚索极限荷载为 766 kN > 摩阻力 649.7 kN 锚索不会拉断，但实际操作时锚索可能已出现磨损情况，直接拔除可能导致钢绞线断裂。② 反弹反压力大。在拔除过程中锚索松动断裂还会出现弹射的情况，再就是反压力太大，在拉拔过程中反压力对锚孔周边土层会造成破坏，直接影响竖井结构安全。

锚索段掘进过程中，尽可能做到有计划开仓检查，定期检查刀盘，清理锚索，避免因掘进困难造成被动开仓；开仓位置尽量选在地面预注浆加固过的范围内；停机开仓检查次数按实际施工情况进行选择；避免因扭矩增大、出渣不畅或螺机闸门卡死等原因导致被动开仓。若需要进行被动开仓，可参考郑州地铁一号线会—民盾构区间锚索拔除施工技术时被动开仓经验，一般选择带压开仓保证施工的安全性。

为确保施工安全，必须增大作业面积、加强竖井结构安全及制作反力架的方法，确保施工安全。在拉拔力 649.7 kN 时，千斤顶支座需要提供的反力为 942.1 kN（乘以 1.45 系数），理论上直接拔除该锚索是可行的。

采用与千斤顶相匹配的反力架，依据现场实际情况，本方案拟采用 50 t 千斤顶进行施工。反力架试验空间：850 mm；反力架净重：1 850 kg；测力系统最大试验力：500 kN。

为了确保锚索处理成功，采用跟管钻进套取锚索，采用地质钻探套管取芯的工作原理，将不规则的锚固体整个地套在套管内，再将套管同锚固体一同拔出，每拔一节套管破碎一节水泥体,同时采用砂轮切断一节钢绞线,再拔再切,直至全部拔除。此种方法既解决了钢绞线可能被拉断的问题,又解决了施工量大、成本高的问题。如图5.2.7所示。

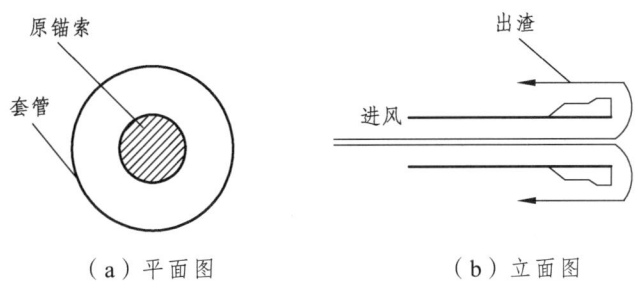

图 5.2.7　跟管钻进套取锚索示意图

6. 套管旋切工艺

(1)套管旋切套取锚固体,采用全液压套管钻机,根据施工现场情况,对钻机进行改装,使钻机更加适合施工现场要求。钻机有效行程大于 1 m,最大整机长度 2.4 m,钻机高度及倾斜度可随意调节,转速 0~200 r/min,旋转扭矩 2 700 N·m,推进扭矩 1 800 N·m,泵站压力 25 MPa。制作长度为 1.0 m 的 $\phi 159$ 的套管,将套管安装在套管钻机上,同时将入射角度调整为原来锚索铺设的角度,也要视场地实测角度为准开动钻机,进行取芯式钻进,以解除锚索与土层之间的摩擦力。调整好钻进角度,利用钻机旋转马达带动套管及钻头旋切锚固体周围土层,利用钻机推进提升马达向前加尺,同时开动泥浆泵,泵送泥浆护壁排渣。测量计算出钻进深度,直至将全部长度的锚固体装入套管中,然后将套管及锚固体一同拔出。

(2)套管及锚固体的拔除,将旋切套取完成的套管四周混凝土墙壁上安放承压钢板,以防在液压拔取套管时破坏护壁,影响井内安全。利用专用拔管机具套在套管上,锁紧套管锁片,开动液压泵站,给拔管机提供足够的动力,观察套管、拔管机具及泵站压力。当套管松动后,注意观察套管拔出过程中周围支护结构及地面上变化情况,在确定安全的情况下方可继续施工。在拔出一节套管后,将其卸掉,用电镐或风镐将水泥体破碎,切断钢绞线,然后进行下一环节的拔取,直至全部拔出。如图 5.2.8。

(3)在施工过程中,应注意泥浆的沉淀、循环利用及泥浆对井下安全的影响等问题。在井下应挖排浆沟,排浆沟连接沉淀坑,沉淀坑应为两个。第一个沉淀渣土用,第二个为循环利用。要及时对第一个沉淀坑进行清渣,防止循环利用泥浆中渣土含量过大造成抱钻或无法排渣现象。还应注意泥浆在井中对土层的浸泡情况,必要时在坑中铺设一层塑料膜,防止泥浆中的水分浸湿土层,扰动地层稳定,造成安全问题。

(4)在拔除工作时,应及时采用水泥砂浆对锚索孔进行填充和封堵,回填方法采用同步注浆法。灌注水泥砂浆时应将注浆管插入孔底,防止孔内塌孔或渣土形成的封堵造成灌浆不实。

图 5.2.8　套管拔除锚索实例

由于锚索施工中采用螺旋钻成孔，成孔角度以及成孔的直线度精度不高，所以在施工横井时，可能会有挖不到锚索的情况，挖不到锚索的原因有两种：一种为水平方向偏差，即锚索施工中钻机成孔与支护桩及冠梁方向不垂直。本施工方案采用横井施工，所以水平方向的偏差这一问题在横井工艺中能够解决。一种为上下方向的偏差，即锚索施工中钻进角度的不同产生的偏差，当遇有锚索不在设定横井中时，应向上或向下探出锚索位置，然后确定向上或向下调整横通道至满足施工要求。

为确保锚索完全拔除，应多种工艺相互配合施工。防止套管在拔除工作中断裂，工作中应注意两方面：一方面，在打设套管时，应注意泥浆的纯度，钻进中要用沉淀过的泥浆，根据钻进需要适时添加新的泥浆，以保证渣土能完全排出，防止卡钻、抱钻，增加套管与周围土层的润滑效果；另一方面，在选用套管时，应注意选取高强度材料的厚壁无缝钢管作为母材，加工制作出实用的套管，以防止套管的断裂。高压水切割时，注意锚固体周围土体，在满足施工的情况下尽可能地少破坏土层。穿心千斤顶拉拔钢绞线时，应时刻注意泵站压力，将压力控制在钢绞线破断强度范围内。如图 5.2.9。

图 5.2.9　全套管全回转钻机取出锚索障碍物

7. 横通道及竖井回填

拔锚作业结束后，回填横通道。考虑到通道空间狭小且为临时结构，灰土回填夯实作业较为困难，横通道回填采用 C15 素混凝土回填，保证回填质量、通道安全。回填过程中，应预埋注浆管至马头门处，回填结束后，及时进行注浆，以减小地层沉降；横通道回填后，依次拆除竖井设施，回填竖井并凿除锁口圈梁，恢复路面。要求竖井地面以下 3 m 范围内采用素土回填，3 m 以下范围内采用黏性土回填，不得采用淤泥，有机物含量大于 5%的土，碎石和砖头等透水性物料，回填应分层夯实，密实度不小于 0.9。如图 5.2.10。

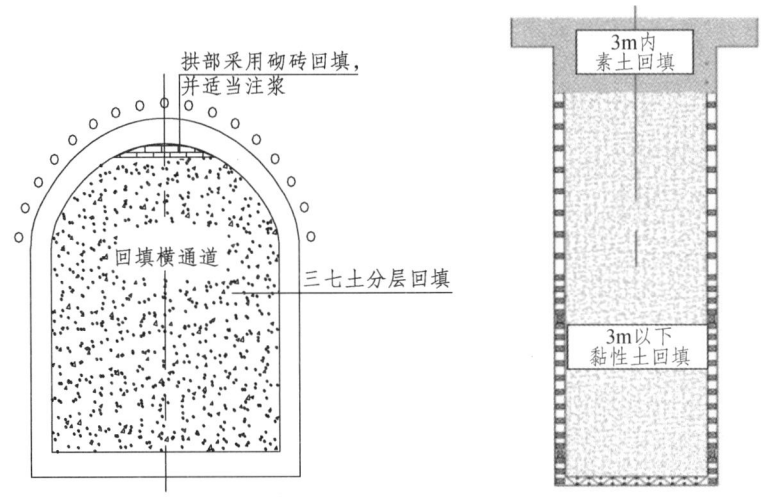

图 5.2.10 横通道及竖井分层回填示意图

5.3 盾构穿越既有建筑物基坑锚索区域安全性分析

关于施工导洞位置选择，存在两种：一种是设置在隧道外，从锚索自由段一侧；另一种是设置在隧道中间。

理论分析两种选择方案，其利弊如表 5.3.1。

表 5.3.1 方案对比表

项目	隧道中间	隧道外
利	可从中间向两侧处理锚索,处理单根锚索的长度较短,可操作性强	回填时不需要拆除钢构件
	能最大限度地暴露所有侵入到盾构隧道范围内的锚索	
弊	对于伸入盾构隧道范围内但未伸入施工导洞的锚索可能存在遗漏	存在斜向下的锚索未穿过施工导洞而进入隧道范围
	回填时需要拆除钢构件	单根锚索处理的长度较长

为了论证以上基本猜想，我们进行了如下模拟。

模拟一：两种选择位置与锚索的关系

如图 5.3.1、图 5.3.2 所示。

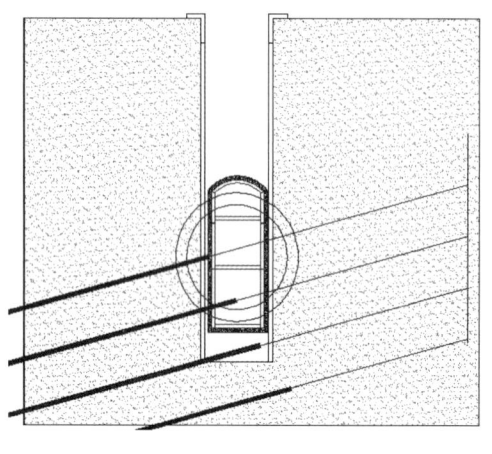 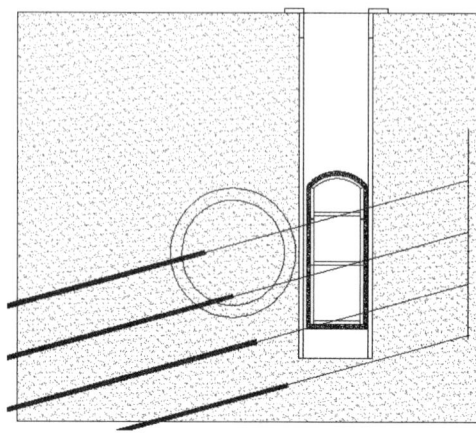

（a）施工导洞位于隧道中间　　　　　　（b）施工导洞位于隧道外

图 5.3.1　施工导洞与隧道位置关系（1）

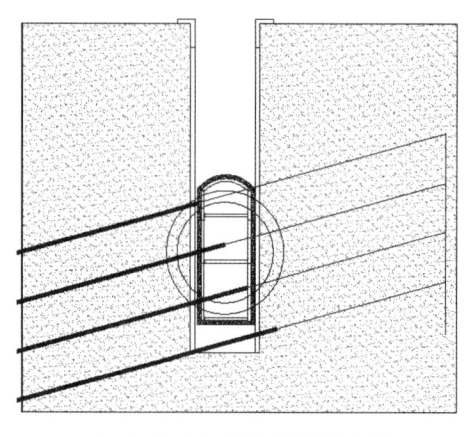 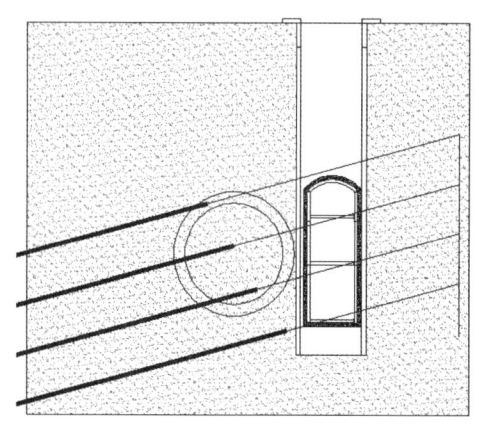

（c）施工导洞位于隧道中间　　　　　　（d）施工导洞位于隧道外

图 5.3.2　施工导洞与隧道位置关系（2）

可以看出，图中所示情形两种选择均能将锚索清除干净，当施工导洞位于隧道外时，施工导洞和竖井的回填不需拆除钢构件，同时避免了盾构穿越时切割回填导洞的混凝土。因此，隧道外优于隧道内。

模拟二：锚索处理的长度

如图 5.3.3、图 5.3.4 所示。

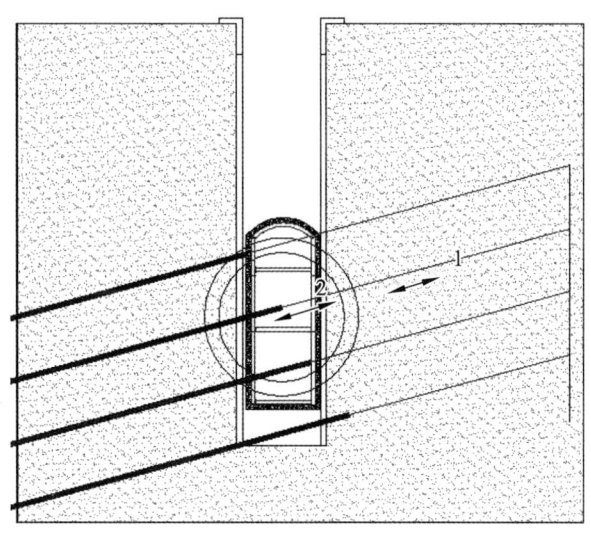

图 5.3.3 施工导洞在隧道内处理锚索

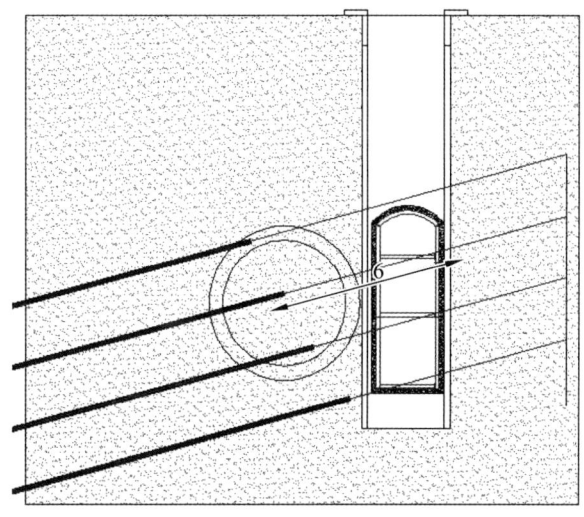

图 5.3.4 施工导洞在隧道外处理锚索

从模拟的结果可以看出，施工导洞在隧道内处理锚索的长度较短，但需双向进行锚索拔除处理；施工导洞在隧道外处理的锚索长度虽长，但仅需单向拔除侵入隧道部分的锚索，施工工序简单易行。因此，施工导洞位于隧道外较为合理。

模拟三：施工导洞回填安全性

如图 5.3.5 所示。

图 5.3.5　施工导洞回填

本次研究采用的是视频模拟工艺，完善回填方案，回填过程中，加大监测力度，确保施工安全。从后续施工的全过程以及监测数据显示，回填方案安全可行。

综上所述，施工导洞选择位于隧道外较为合理。

5.3.1　施工导洞开挖工艺及支护参数数值仿真研究

以郑汴路站—经北二路站区间为例，进行数值分析研究。

盾构区间锚索处理拟采用竖井+暗挖施工导洞相结合的施工工艺形式。（定点）从地面开始开挖竖井，竖井开挖深度根据隧道拱顶埋深确定。竖井开挖到底之后采用混凝土封底，竖井初支施工至施工导洞拱顶部时，对施工导洞顶部试做两环的超前小导管，以保证开马头门时土体的稳定性。施工导洞开挖截面高 7 600 mm，宽 4 000 mm，上部硐室为半圆形，下部硐室为矩形。施工导洞采用超前小导管做超前支护，工字钢格栅+钢塑格栅挂网喷射混凝土为支护结构体系。

暗挖施工导洞法施工过程中导洞开挖是一项复杂的系统工程，涉及多道工序和多种支护方式，不同开挖工艺和支护参数会对周围土体产生不同的扰动。在分部开挖过程中，需要解决隧道施工对土体造成的沉降和扰动问题。首先必须预分析隧道不同开挖工艺对土体的扰动范围以及关键工序，控制隧道结构与临时支护的变形，然后选取合理的掘进参数和支护方案。本节根据施工导洞开挖支护施工工艺初步研究结果，对施工导洞整个开挖过程及支护结构的施作进行三维数值仿真研究，力求提出一套适合于本工程的实施方案。

研究表明，隧道开挖影响范围为 3～10 倍开挖直径，结合计算机计算性能，模型尺寸采用长×高×宽=60 m×60 m×8 m，埋深取 12 m，采用正台阶法开挖。开挖过程中采用模量折减法实现土体应力释放。施工导洞开挖、衬砌、钢拱架和锚杆的施作通过生死单元法实现；衬砌和钢拱架之间采用绑定约束，锚杆整体嵌入围岩。下边界固定三个方向的位移，左右和前后边界分别固定各自方向的位移。整个模型土体参数按照勘探报告设置。整体模型见图 5.3.6，模型网格见图 5.3.7，材料参数见表 5.3.2 和表 5.3.3。

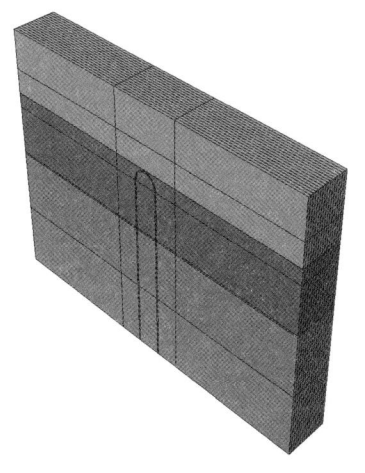 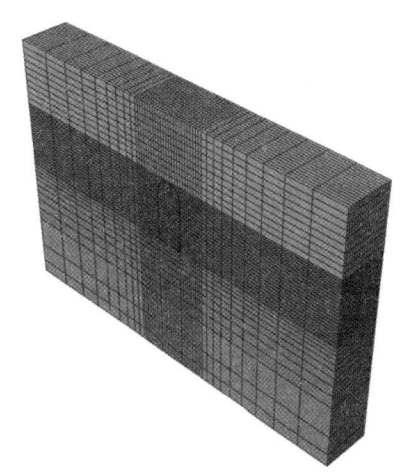

图 5.3.6　整体模型图　　　　　　　图 5.3.7　整体网格图

表 5.3.2　材料物性参数

主要土体	弹性模量/MPa	泊松比	摩擦角/(°)	土重度 γ /(kN/m³)	黏聚力/kPa
杂填土	5	0.3	18	17	7
砂质粉土	18	0.3	30	19	3
黏质粉土（1）	18	0.25	25	18	10
黏质粉土（2）	25	0.3	26	18	12

表 5.3.3　衬砌计算参数

弹性模量/GPa	泊松比
19	0.2

施工导洞开挖支护工艺流程如图 5.3.8 所示。

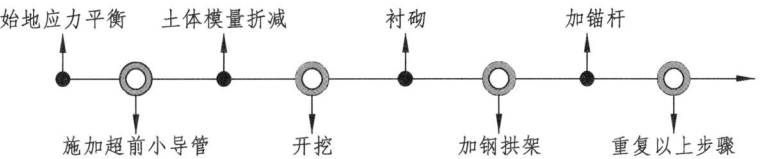

图 5.3.8　施工导洞开挖工艺流程

1. 不同开挖进尺

施工导洞施工中掘进参数的合理选取决定了施工的安全和效率,是施工导洞开挖能够顺利进行的关键,本节将针对这一问题进行详细研究。具体开挖工艺如表5.3.4所示。

表5.3.4 横通开挖工艺

掘进尺寸/m	衬砌厚度/mm	钢拱架间距/m	锚杆间距/m
0.5	250	2	2
2	250	2	2
4	250	2	2

1)地表沉降对比分析

不同开挖工艺下地表沉降云图如图5.3.9所示。

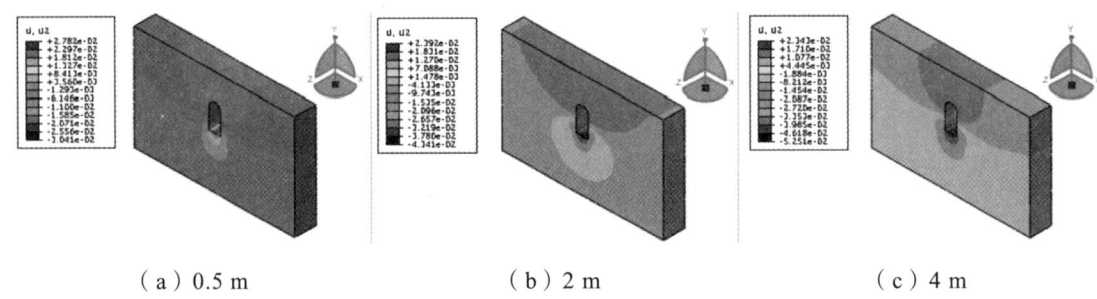

(a) 0.5 m　　　　　　(b) 2 m　　　　　　(c) 4 m

图5.3.9 不同开挖进尺下地表沉降云图(单位:m)

从不同开挖工艺下地表沉降云图可以看出拱底有轻微隆起,最大隆起量在3 cm左右,处于合理范围。沿模型宽度方向取路径,绘制地表沉降对比曲线,如图5.3.10所示。从图中可以看出,拱顶正上方地表出现明显沉降,当施工导洞掘进尺寸为0.5 m时,沉降值最小,掘进尺寸为2.0 m时沉降值最大,最大值在10 mm左右。说明掘进尺寸为0.5 m时,围岩垂直变形更偏于安全。

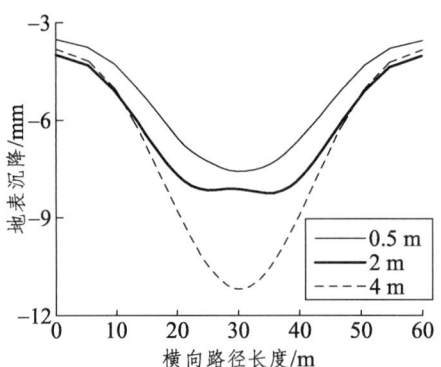

图5.3.10 地表沉降对比曲线

2）侧壁水平收敛对比分析

不同开挖工艺下围岩侧壁水平收敛云图如图 5.3.11 所示。

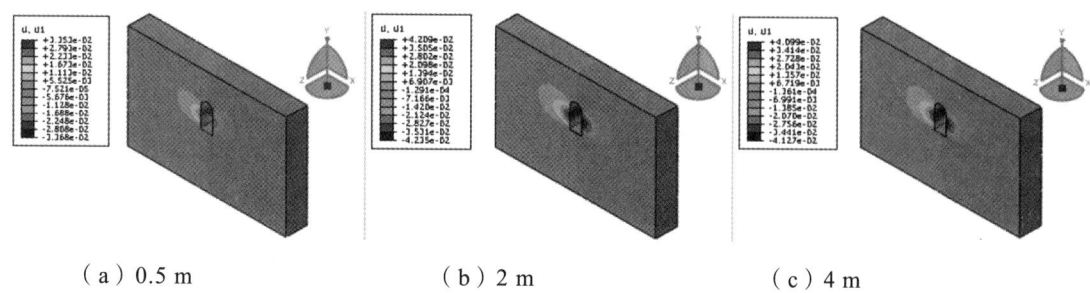

（a）0.5 m　　　　　　　（b）2 m　　　　　　　（c）4 m

图 5.3.11　不同开挖进尺下围岩水平收敛云图（单位：m）

从不同开挖工艺下围岩水平收敛云图可以看出围岩左右侧壁水平位移呈对称分布，最大值在 4 cm 左右。沿侧壁竖向取路径，绘制侧壁水平收敛对比曲线，如图 5.3.12 所示。从图 5.3.12 可以看出随开挖进尺的增加，侧壁水平收敛逐渐增大，但幅度极小。

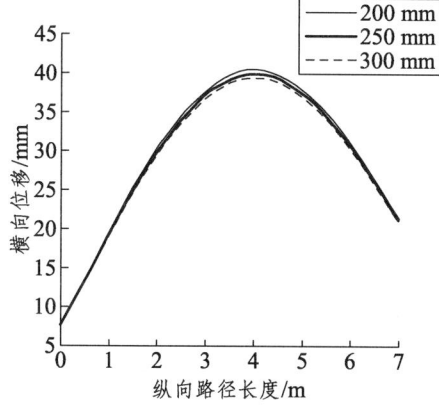

图 5.3.12　不同开挖进尺下侧壁水平位移对比曲线

3）衬砌受力对比分析

不同开挖工艺下衬砌最大主应力云图如图 5.3.13 所示。

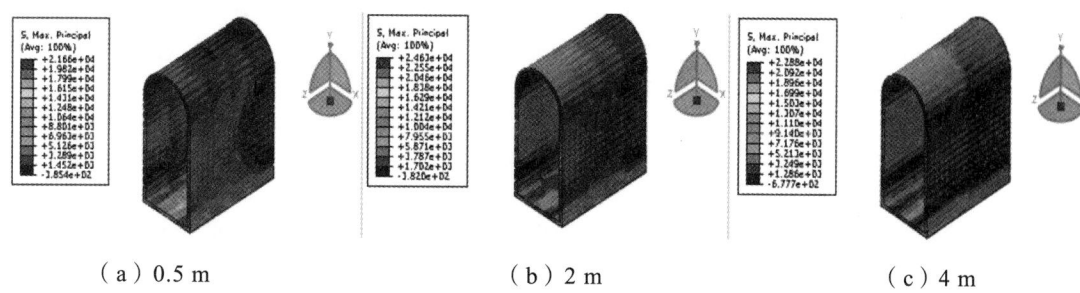

（a）0.5 m　　　　　　　（b）2 m　　　　　　　（c）4 m

图 5.3.13　不同开挖进尺下衬砌最大主应力云图（单位：kPa）

从云图中可以看出不同开挖进尺下衬砌最大主应力最大值均出现在拱底边角处。取三种工况下衬砌最大拉应力和最大压应力，如表 5.3.5 所示。

表 5.3.5　不同开挖进尺下衬砌结构最大拉应力和最大压应力

掘进尺寸/m	最大拉应力/MPa	最小压应力/MPa
0.5	5.6	1.1
2.0	6.5	1.5
4.0	7.2	2.0

从表中可以看出，随着掘进尺寸的增大，衬砌结构最大拉应力增加，由于衬砌结构中有钢塑格栅，因此最大拉应力在 7.2 MPa 左右也是安全的，但为了保守起见，建议开挖进尺选择 0.5 m。而最大压应力随掘进尺寸的变化较复杂，但总的来说，其值极小，远小于衬砌结构的抗压强度。说明衬砌结构主要由最大拉应力控制，而非最大压力应力。

4）钢拱架受力对比分析

不同开挖工艺下钢拱架轴力云图如图 5.3.14 所示。

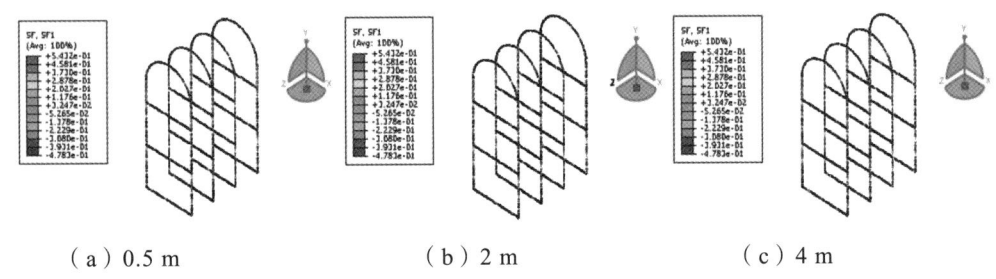

（a）0.5 m　　　　　　（b）2 m　　　　　　（c）4 m

图 5.3.14　不同开挖进尺下钢拱架轴力云图（单位：kN）

从不同开挖工艺下钢拱架轴力云图可以看出，钢拱架垂直部分下端受压，上端受拉，水平部分受压。提取钢拱架轴力最大值，见表 5.3.6。

表 5.3.6　不同开挖进尺下钢拱架轴力表

掘进尺寸/m	轴向最大拉力/kN	轴向最大压力/kN
0.5	0.521	0.385
2.0	0.544	0.479
4.0	0.556	0.482

从表 5.3.6 可以看出，随掘进尺寸的增大，钢拱架轴向最大拉力和压力呈增大趋势，但其值均较小，远小于钢拱架可承受的最大拉力和压力，因此当开挖进尺为 0.5 m，2.0 m 和 4.0 m 时，钢拱架均是安全的。

不同开挖进尺下钢拱架剪力云图如图 5.3.15 所示。

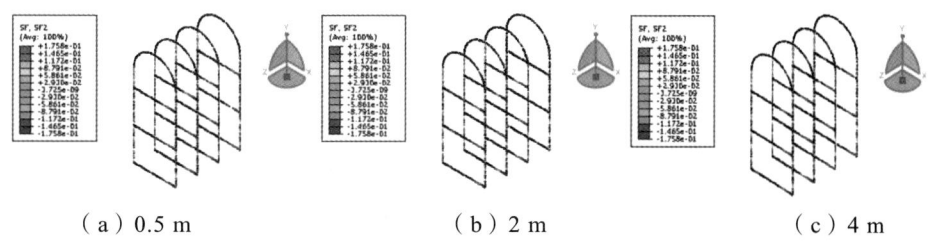

(a) 0.5 m　　　　　　　(b) 2 m　　　　　　　(c) 4 m

图 5.3.15　不同开挖进尺下钢拱架剪力云图（单位：kN）

从不同开挖工艺下钢拱架剪力云图可以看出，钢拱架剪力最大位置出现在横支撑和竖支撑结点处，提取钢拱架剪力最大值，见表 5.3.7。

表 5.3.7　不同开挖进尺下钢拱架最大剪力

掘进尺寸/m	最大剪力/kN
0.5	0.176
2.0	0.183
4.0	0.213

从表 5.3.7 可以看出，随掘进尺寸增加，钢拱架最大剪力亦增加，但总的来说，其值均较小，远小于钢拱架的抗剪强度，说明当开挖进尺为 0.5 m，2.0 m 和 4.0 m 时，钢拱架均是安全的。

5）锚杆受力对比分析

不同开挖工艺下锚杆轴力云图如图 5.3.16 所示。

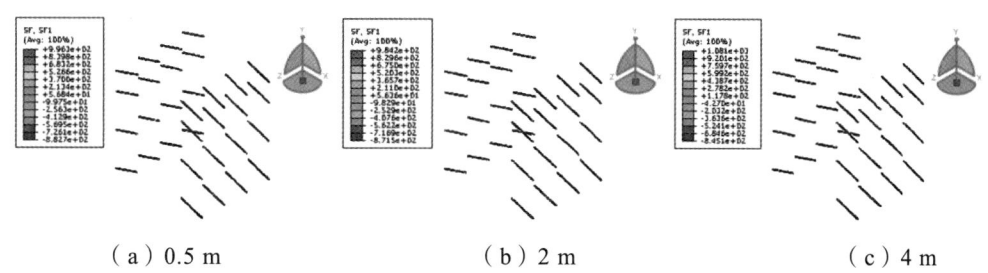

(a) 0.5 m　　　　　　　(b) 2 m　　　　　　　(c) 4 m

图 5.3.16　不同开挖进尺下锚杆轴力云图（单位：kN）

提取锚杆轴向最大拉力和压力，见表 5.3.8。

表 5.3.8　不同开挖进尺下锚杆轴力

掘进尺寸/m	轴向最大拉力/kN	轴向最大压力/kN
0.5	120.3	50.3
2.0	133.2	57.4
4.0	151.7	63.1

从表中可以看出，随掘进尺寸的增加，锚杆轴向最大拉力和压力逐渐增大，且开挖尺寸从 0.5 m 到 2.0 m，轴向最大拉力的增幅与开挖进尺从 2.0 m 到 4.0 m 时基本一致，而轴向最大压力增幅相差较大。另外可以看出，当开挖进尺为 2.0 m 和 4.0 m 时，锚杆轴向拉应力和压应力均较大，安全起见，建议开挖进尺选择 0.5 m。

不同开挖进尺下锚杆剪力云图如图 5.3.17 所示。

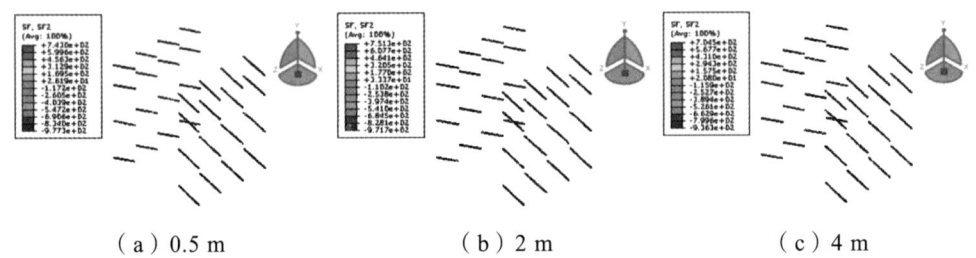

（a）0.5 m　　　　　　　（b）2 m　　　　　　　（c）4 m

图 5.3.17　不同开挖进尺下锚杆剪力云图（单位：kN）

提取锚杆最大剪力，见表 5.3.9。

表 5.3.9　不同开挖进尺下锚杆最大剪力

掘进尺寸/m	最大正剪力/kN	最大负剪力/kN
0.5	75.4	50.4
2.0	79.5	55.7
4.0	82.7	64.8

从表中可以看出，随开挖尺寸的增加，最大正剪应力逐渐增加，负剪应力先增后减，但开挖进尺为 2.0 和 4.0 m 时，剪应力值均较大，建议选取 0.5 m 为最佳掘进尺寸。

2. 不同衬砌厚度

隧道开挖过程中支护结构起着极重要的作用，衬砌及支护的施作时机、支护间距等都对围岩的稳定性起到决定性作用。本节针对衬砌、钢拱架、锚杆支护体系，对不同衬砌厚度、不同钢拱架支护间距、不同锚杆支护间距下围岩变形和支护结构受力进行了对比分析，提出了一套安全、经济、有效的支护体系。

不同衬砌厚度工况设置如表 5.3.10 所示。

表 5.3.10　不同衬砌厚度工况设置

衬砌厚度/mm	开挖进尺/m	钢拱架间距/m	锚杆间距/m
200	2	2	2
250	2	2	2
300	2	2	2

1）地表沉降对比分析

不同衬砌厚度下地表沉降云图如图 5.2.18 所示，地表沉降对比曲线如图 5.3.19 所示。

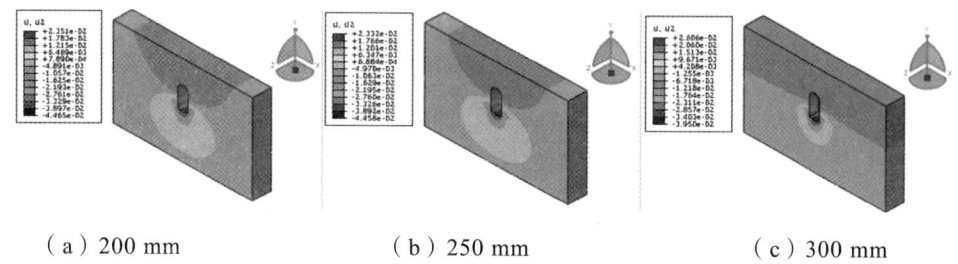

（a）200 mm　　　　　（b）250 mm　　　　　（c）300 mm

图 5.3.18　不同衬砌厚度下地表沉降云图（单位：mm）

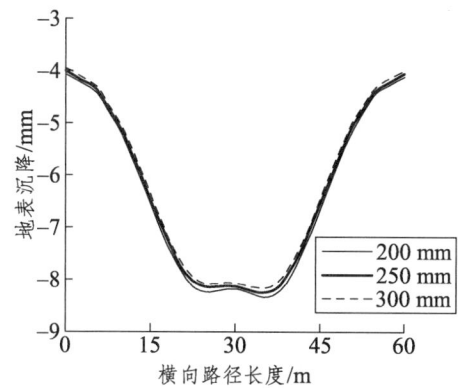

图 5.3.19　不同衬砌厚度地表沉降对比曲线

从图中可以看出，随衬砌厚度的增加，地表沉降有减小趋势，但总体来说，效果并不明显。因此，通过增加衬砌厚度来减小地表沉降的做法并不可取，从经济方面考虑，建议在安全的基础上尽量选取较小的厚度。

2）侧壁水平收敛分析

不同衬砌厚度下侧壁水平收敛云图如图 5.3.20 所示，对比曲线如图 5.3.21 所示。

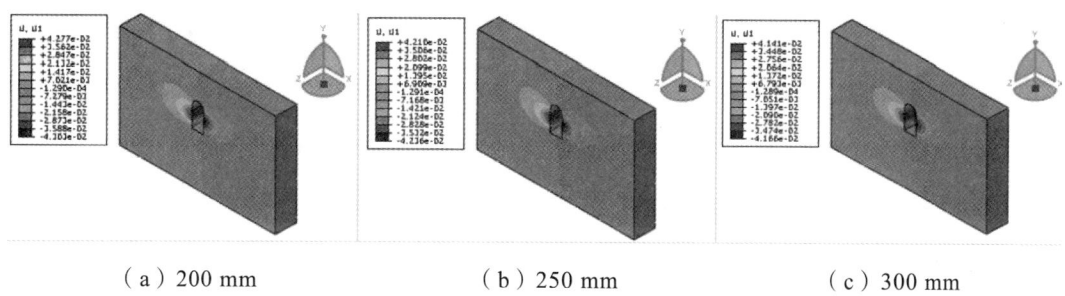

（a）200 mm　　　　　（b）250 mm　　　　　（c）300 mm

图 5.3.20　不同衬砌厚度下侧壁水平收敛云图（单位：mm）

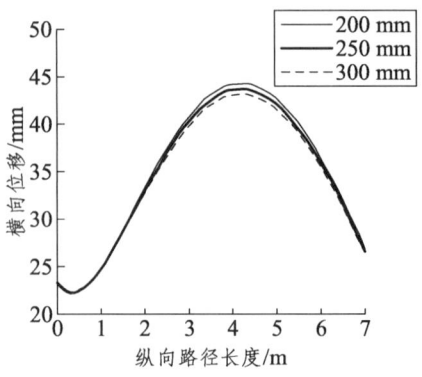

图 5.3.21　不同衬砌厚度侧壁水平收敛对比曲线

从图 5.3.21 可以看出，侧壁水平位移最大值出现在侧壁中点偏下位置处。随衬砌厚度的增加，侧壁水平收敛逐渐减小，但效果也不明显。因此，通过增加衬砌厚度来减小侧壁水平位移的做法也不可取。

3）衬砌最大主应力分析

不同衬砌厚度下衬砌最大主应力云图如图 5.3.22 所示。

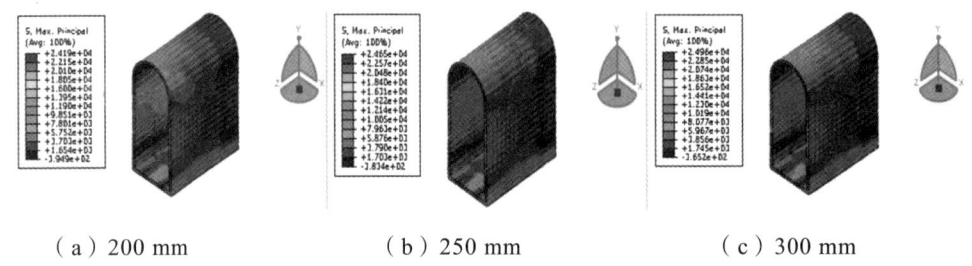

（a）200 mm　　　　　　（b）250 mm　　　　　　（c）300 mm

图 5.3.22　不同衬砌厚度下衬砌最大主应力云图（单位：kPa）

提取衬砌最大拉应力和压应力值，如表 5.3.11 所示。

表 5.3.11　衬砌结构最大拉应力和最大压应力

衬砌厚度/mm	最大拉应力/MPa	最大压应力/MPa
200	7.5	1.2
250	8.3	1.3
300	9.1	1.8

从表 5.3.11 可以看出，随衬砌厚度的增加，衬砌结构最大拉应力逐渐减小，而最大压应力逐渐增加，最大拉应力远大于最大压应力，说明衬砌结构主要由拉应力控制。

4）钢拱架轴力和剪力对比分析

不同衬砌厚度下钢拱架轴力云图如图 5.3.23 所示。

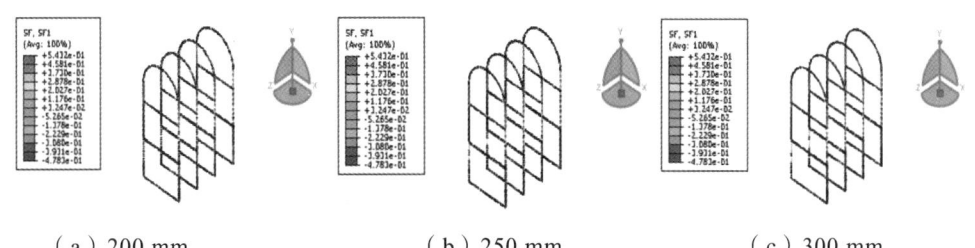

(a) 200 mm　　　　　　(b) 250 mm　　　　　　(c) 300 mm

图 5.3.23　不同衬砌厚度下钢拱架轴力云图（单位：kN）

提取钢拱架轴向最大拉力和压力，见表 5.3.12 所示。

表 5.3.12　不同衬砌厚度下钢拱架轴向最大拉力和压力

衬砌厚度/mm	轴向最大拉力/kN	轴向最大压力/kN
200	0.532	0.472
250	0.522	0.467
300	0.501	0.374

从表 5.3.12 可以看出，随掘进尺寸的增大，钢拱架轴向最大拉力和压力呈减小趋势，但其值均较小且相差较小，说明衬砌厚度对钢拱架轴力影响较小。

不同衬砌厚度下钢拱架剪力云图如图 5.3.24 所示。

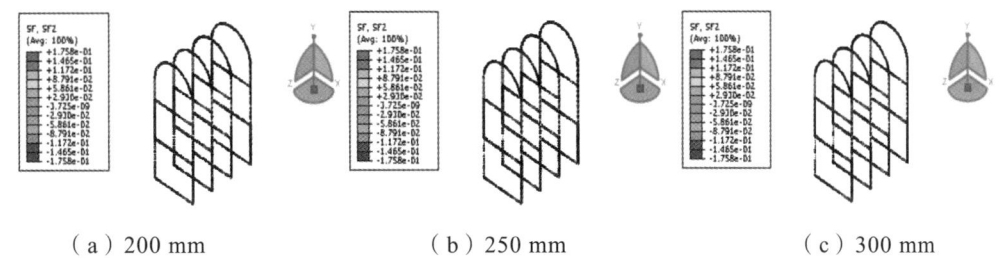

(a) 200 mm　　　　　　(b) 250 mm　　　　　　(c) 300 mm

图 5.3.24　不同衬砌厚度下钢拱架剪力云图（单位：kN）

提取钢拱架轴向最大剪力，见表 5.3.13 所示。

表 5.3.13　不同衬砌厚度下钢拱架最大剪力

衬砌厚度/mm	最大剪力/kN
200	0.180
250	0.176
300	0.165

从表 5.3.13 可以看出，随衬砌厚度的增加，钢拱架最大剪力减小，但减幅极小，说明衬砌厚度对钢拱架最大剪力的影响不大。

5）锚杆轴力和剪力对比分析

不同衬砌厚度下锚杆轴力云图如图 5.3.25 所示。

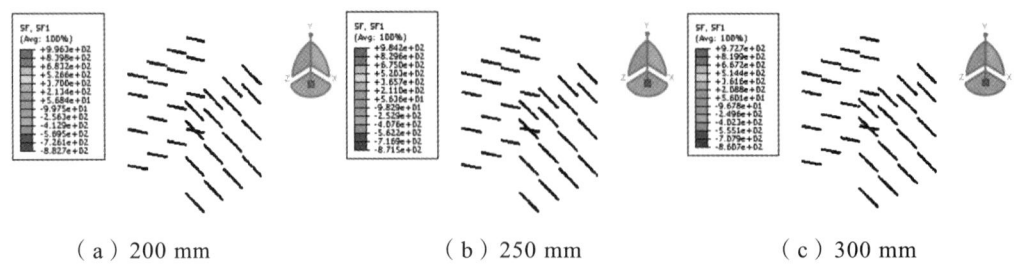

（a）200 mm　　　　　　（b）250 mm　　　　　　（c）300 mm

图 5.3.25　不同衬砌厚度下锚杆轴力云图（单位：kN）

提取锚杆轴向最大拉力和压力，见表 5.3.14。

表 5.3.14　不同衬砌厚度下锚杆最大轴力

衬砌厚度/mm	轴向最大拉力/kN	轴向最大压力/kN
200	143.3	59.7
250	124.3	52.4
300	115.8	49.7

从表 5.3.14 可以看出，随衬砌厚度的增加，锚杆轴向最大拉力和压力逐渐减小，说明衬砌厚度对锚杆轴向受力有较大影响。

不同衬砌厚度下锚杆剪力云图如图 5.3.26 所示。

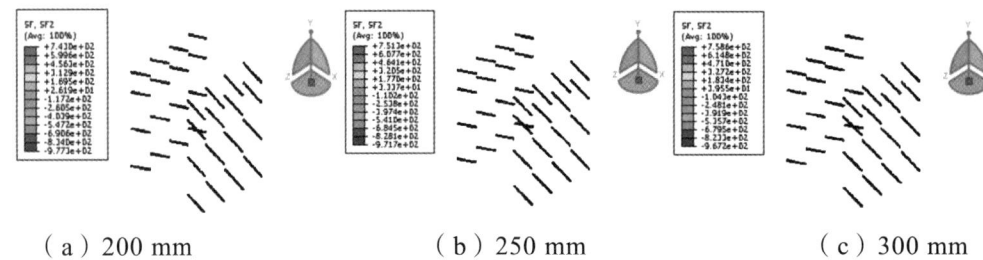

（a）200 mm　　　　　　（b）250 mm　　　　　　（c）300 mm

图 5.3.26　不同衬砌厚度下锚杆剪力云图（单位：kN）

提取锚杆最大剪力，见表 5.3.15。

表 5.3.15　不同衬砌厚度下锚杆最大剪力

衬砌厚度/mm	最大正剪力/kN	最大负剪力/kN
200	78.5	57.8
250	74.2	54.2
300	69.4	50.7

从表 5.3.15 可以看出，随衬砌厚度的增加，锚杆轴向最大剪力逐渐减小，说明衬砌厚度对锚杆剪力影响较大。

3. 不同钢拱架间距

不同钢拱架间距设置如表 5.3.16 所示。

表 5.3.16　不同钢拱架间距工况设置

钢拱架间距/m	开挖进尺/m	衬砌厚度/mm	锚杆间距/m
1	2	250	2
2	2	250	2
4	2	250	2

1）地表沉降对比分析

不同钢拱架间距下地表沉降云图如图 5.3.27 所示，对比曲线如图 5.3.28 所示。

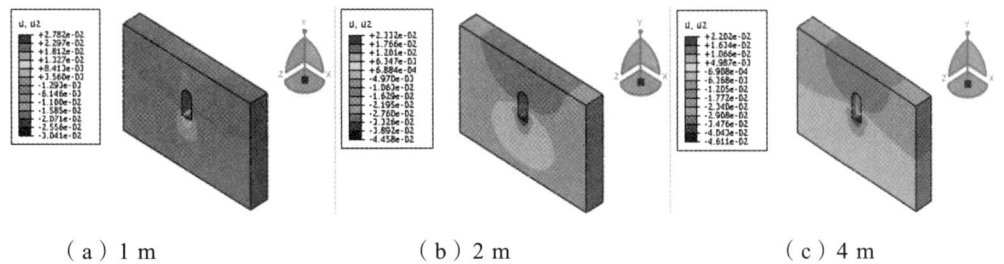

（a）1 m　　　　　（b）2 m　　　　　（c）4 m

图 5.3.27　不同钢拱架间距下地表沉降云图（单位：mm）

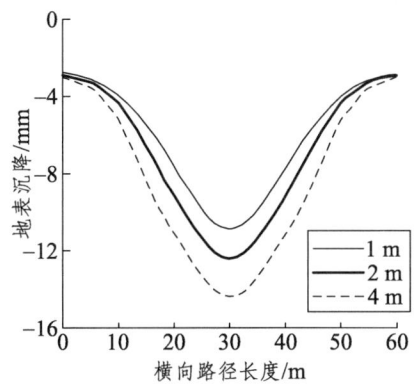

图 5.3.28　不同钢拱架间距地表沉降对比曲线

从上图可以看出，随着钢拱架间距的增大，地表沉降值逐渐增大，但增幅不大，说明钢拱架对地表沉降有减缓作用，在地面重点建筑物较多，对地表沉降要求严格时可通过增加钢拱架间距的方法降低地表沉降。

2）侧壁水平收敛分析

不同钢拱架间距下侧壁水平收敛云图如图 5.3.29 所示，对比曲线如图 5.3.30 所示。

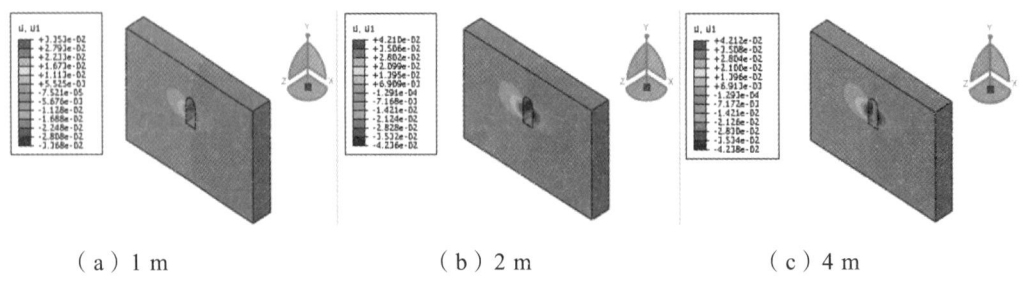

（a）1 m　　　　　　　　（b）2 m　　　　　　　　（c）4 m

图 5.3.29　不同钢拱架间距下侧壁水平收敛云图（单位：mm）

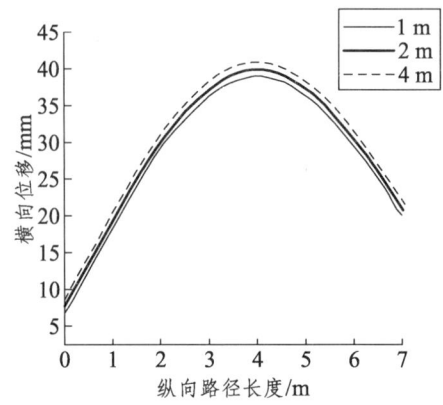

图 5.3.30　不同钢拱架间距下侧壁水平收敛对比曲线

从上图可以看出，随钢拱架间距的增加，水平收敛逐渐减小，且钢拱架间距从 4 m 加到 2 m 时，水平位移减小量与钢拱架间距从 2 m 加到 1 m 时相差不大，说明钢拱架间距对侧壁水平收敛有较大影响。

3）衬砌最大主应力分析

不同钢拱架间距下衬砌最大主应力云图如图 5.3.31 所示。

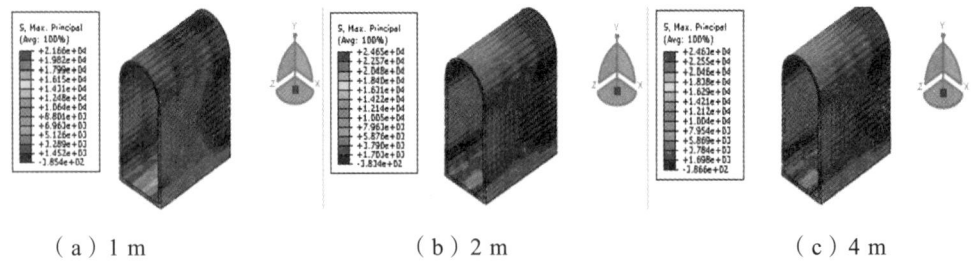

（a）1 m　　　　　　　　（b）2 m　　　　　　　　（c）4 m

图 5.3.31　不同钢拱架间距下衬砌最大主应力云图（单位：kPa）

提取衬砌最大拉应力和压应力值，如表 5.3.17 所示。

表 5.3.17　不同钢拱架间距下衬砌结构最大拉应力和最大压应力

钢拱架间距/m	最大拉应力/MPa	最大压应力/MPa
1	8.2	1.4
2	8.5	1.7
4	9.2	2.2

从表 5.3.17 可以看出随钢拱架间距的增加，衬砌结构最大拉应力和压应力逐渐增加，最大拉应力远大于最大压应力，说明衬砌结构主要由拉应力控制。

4）钢拱架轴力和剪力对比分析

不同钢拱架间距下钢拱架轴力云图如图 5.3.32 所示。

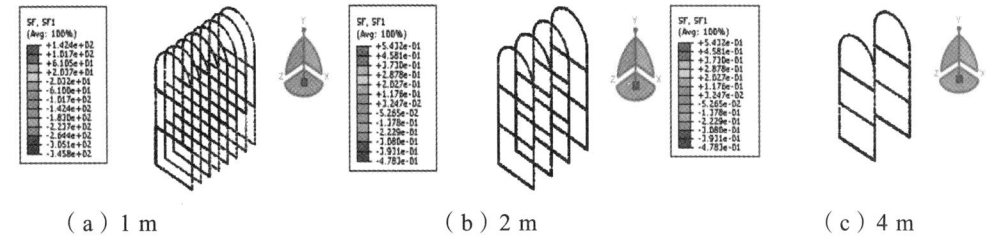

（a）1 m　　　　　　　（b）2 m　　　　　　　（c）4 m

图 5.3.32　不同钢拱架间距下钢拱架轴力云图（单位：kN）

提取钢拱架轴向最大拉力和压力，见表 5.5.18 所示。

表 5.3.18　不同钢拱架间距下钢拱架轴向最大拉力和压力

钢拱架间距/m	轴向最大拉力/kN	轴向最大压力/kN
1	0.53	0.42
2	0.55	0.47
4	0.67	0.56

从表 5.3.18 可以看出，随钢拱架间距的增大，钢拱架轴向最大拉力和压力呈增大趋势，但其值均较小且相差较小，说明钢拱架间距对钢拱架轴力本身的影响较小。

不同钢拱架间距下钢拱架剪力云图如图 5.3.33 所示。

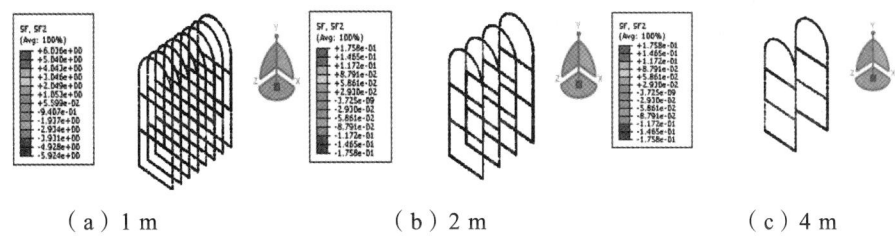

（a）1 m　　　　　　　（b）2 m　　　　　　　（c）4 m

图 5.3.33　不同钢拱架间距下钢拱架剪力云图（单位：kN）

提取钢拱架轴向最大剪力,见表 5.3.19 所示。

表 5.3.19　不同钢拱架间距下钢拱架最大剪力

钢拱架间距/m	最大剪力/kN
1	0.174
2	0.176
4	0.188

从表 5.3.19 可以看出,随钢拱架间距的增加,钢拱架最大剪力增加,但增幅极小,说明钢拱架间距对钢拱架最大剪力的影响不大。

5)锚杆轴力和剪力对比分析

不同钢拱架间距下锚杆轴力云图如图 5.3.34 所示。

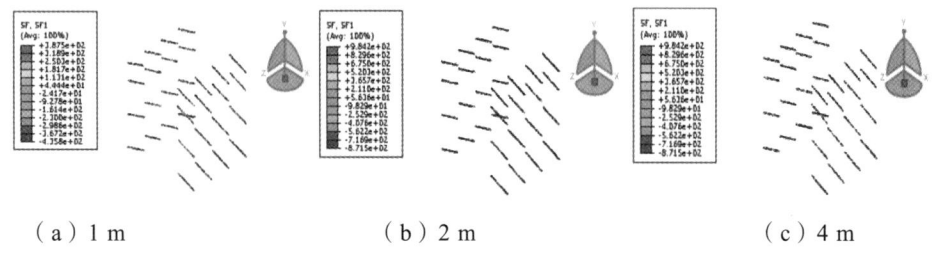

（a）1 m　　　　　　　（b）2 m　　　　　　　（c）4 m

图 5.3.34　不同钢拱架间距下锚杆轴力云图（单位：kN）

提取锚杆轴向最大拉力和压力,见表 5.3.20。

表 5.3.20　不同钢拱架间距下锚杆最大轴力

钢拱架间距/m	轴向最大拉力/kN	轴向最大压力/kN
1	110.3	42.2
2	116.3	46.7
4	123.3	55.2

从表 5.3.20 可以看出随钢拱架间距的增加,锚杆轴向最大拉力和压力逐渐增加,增幅相当,说明钢拱架间距对锚杆轴向受力有一定影响。

不同钢拱架间距下锚杆剪力云图如图 5.3.35 所示。

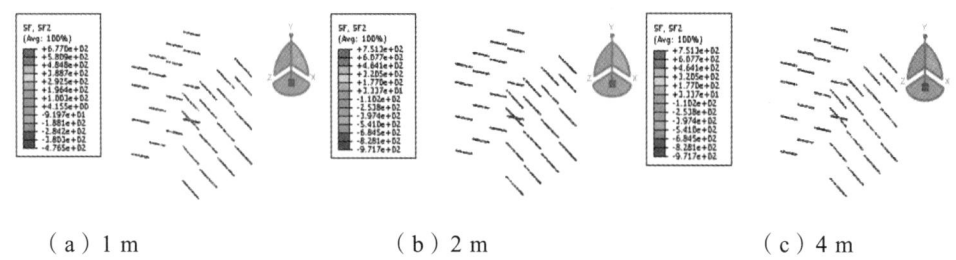

（a）1 m　　　　　　　（b）2 m　　　　　　　（c）4 m

图 5.3.35　不同钢拱架间距下锚杆剪力云图（单位：kN）

提取锚杆最大剪力见表 5.3.21。

表 5.3.21　不同钢拱架间距下锚杆最大剪力

钢拱架间距/m	最大正剪力/kN	最大负剪力/kN
1	75.2	55.3
2	78.6	57.4
3	80.4	60.4

从表 5.3.21 可以看出随钢拱架间距的增加，锚杆剪力逐渐增大，增大幅度相差不大，说明钢拱架间距对锚杆剪力影响较大。

4. 不同锚杆间距

不同锚杆间距工况设置如表 5.3.22 所示。

表 5.3.22　不同锚杆间距工况设置

锚杆间距/m	开挖进尺/m	衬砌厚度/mm	钢拱架间距/m
1	2	250	2
2	2	250	2
4	2	250	2

不同锚杆间距下地表沉降云图如图 5.3.26 所示，对比曲线如图 5.3.37 所示。

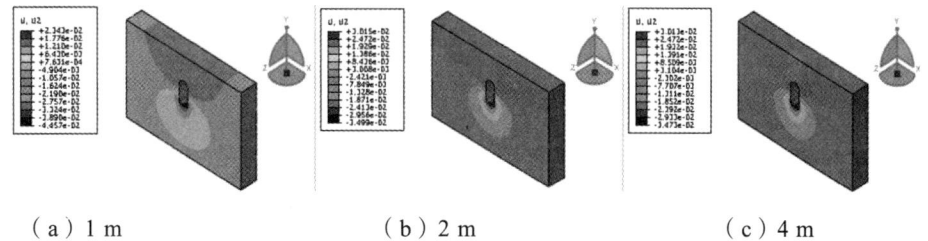

（a）1 m　　　　　　（b）2 m　　　　　　（c）4 m

图 5.3.36　不同锚杆间距下地表沉降云图（单位：mm）

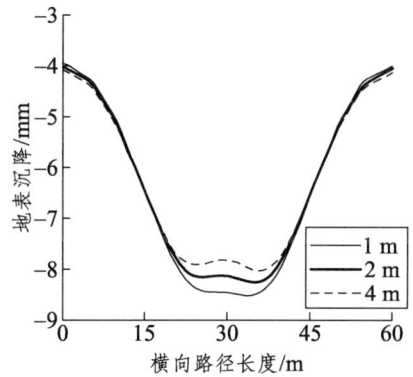

图 5.3.37　不同锚杆间距下地表沉降对比曲线

从图 5.3.37 可已看出地表沉降随锚杆间距的加密逐渐降低，在拱顶附近表现得尤为突出。另外，锚杆间距从 2 m 增加到 1 m 时，地表沉降减小的量与锚杆间距从 4 m 增加到 2 m 相差不大，说明加密锚杆在一定程度上可以增加围岩的稳定性。

不同锚杆间距下侧壁水平收敛云图如图 5.3.38 所示，对比曲线如图 5.3.39 所示。

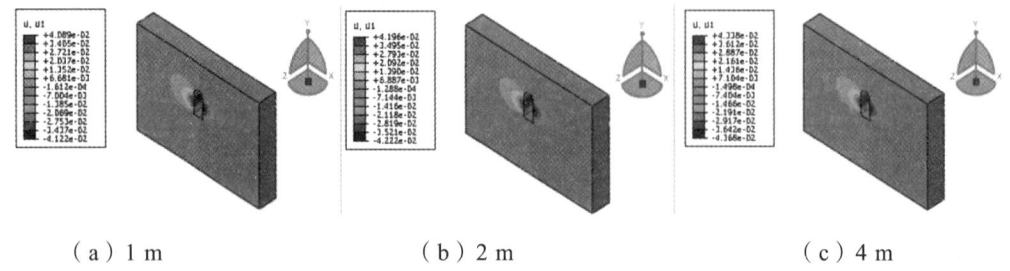

（a）1 m　　　　　　　　（b）2 m　　　　　　　　（c）4 m

图 5.3.38　不同锚杆间距下侧壁水平收敛云图（单位：mm）

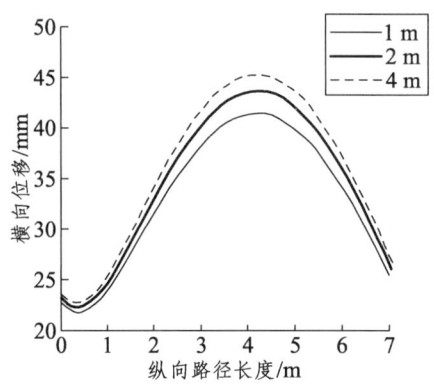

图 5.3.39　不同锚杆间距下侧壁水平收敛对比曲线

从上图可以看出，侧壁水平位移最大值出现在侧壁中点偏下的位置，且随锚杆间距的加密，明显减小，说明加密锚杆有利于加速围岩侧壁的收敛。

不同锚杆间距下衬砌最大主应力云图如图 5.3.40 所示。

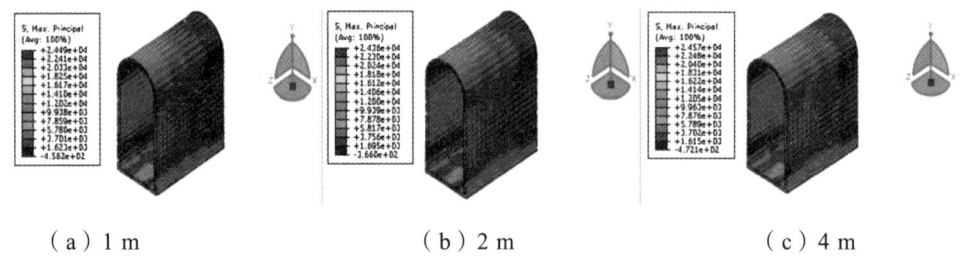

（a）1 m　　　　　　　　（b）2 m　　　　　　　　（c）4 m

图 5.3.40　不同锚杆间距下衬砌最大主应力云图（单位：kPa）

提取衬砌最大拉应力和压应力值，如表 5.3.23 所示。

表 5.3.23　不同锚杆间距下衬砌结构最大拉应力和最大压应力

锚杆间距/m	最大拉应力/MPa	最大压应力/MPa
1	8.8	2.2
2	7.5	1.9
4	6.3	1.7

从表 5.3.23 可以看出随锚杆间距的增加，衬砌结构最大拉应力和最大压应力逐渐增大，且锚杆间距从 2 m 减小到 1 m 时，衬砌结构最大主应力增量与锚杆间距从 4 m 减小到 2 m 相差不大。

不同锚杆间距下钢拱架轴力云图如图 5.3.41 所示。

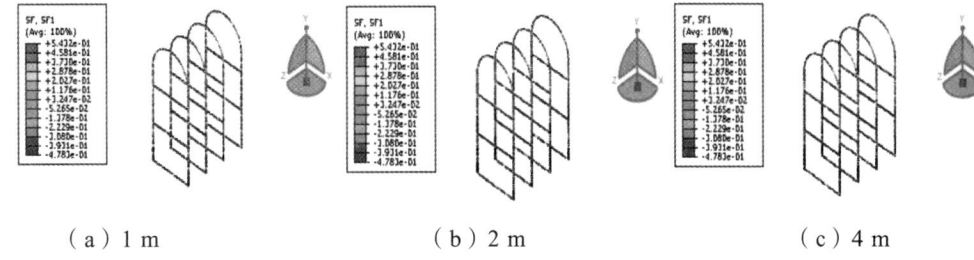

（a）1 m　　　　　　　（b）2 m　　　　　　　（c）4 m

图 5.3.41　不同锚杆间距下钢拱架轴力云图（单位：kN）

提取钢拱架轴向最大拉力和压力，见表 5.3.24 所示。

表 5.3.24　不同锚杆间距下钢拱架轴向最大拉力和压力

锚杆间距/m	轴向最大拉力/kN	轴向最大压力/kN
1	0.743	0.495
2	0.520	0.474
4	0.512	0.455

从表 5.3.24 可以看出，随锚杆间距的增大，钢拱架轴向最大拉力和压力呈减小趋势，说明增加锚杆间距可有效减小钢拱架轴力。

不同锚杆间距下钢拱架剪力云图如图 5.3.42 所示。

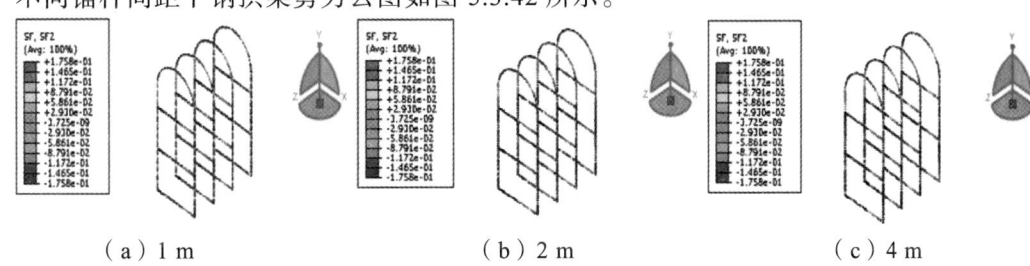

（a）1 m　　　　　　　（b）2 m　　　　　　　（c）4 m

图 5.3.42　不同锚杆间距下钢拱架剪力云图（单位：kN）

提取钢拱架最大剪力，见表 5.3.25 所示。

表 5.3.25　不同锚杆间距下钢拱架最大剪力

锚杆间距/m	最大剪力/kN
1	0.22
2	0.18
4	0.13

从表 5.3.25 可以看出，随锚杆间距的增加，钢拱架最大剪力明显减小，且减幅相当，说明锚杆间距对钢拱架最大剪力有较大影响。

不同锚杆间距下锚杆轴力云图如图 5.3.43 所示。

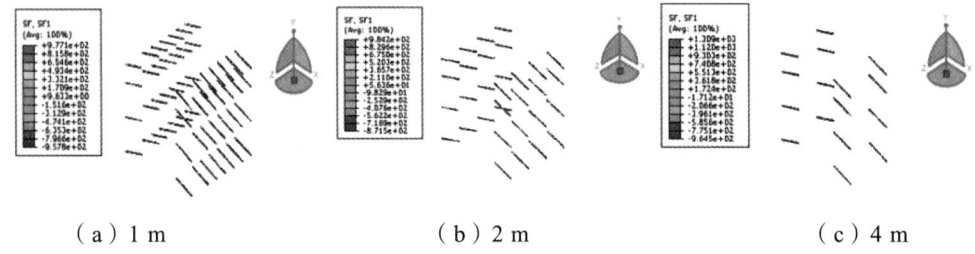

（a）1 m　　　　　　　（b）2 m　　　　　　　（c）4 m

图 5.3.43　不同锚杆间距下锚杆轴力云图（单位：kN）

提取锚杆轴向最大拉力和压力，见表 5.3.26。

表 5.3.26　不同锚杆间距下锚杆最大轴力

锚杆间距/m	轴向最大拉力/kN	轴向最大压力/kN
1	121.3	50.2
2	117.4	48.5
4	110.2	42.7

从表 5.3.26 可以看出，随锚杆间距的增加，锚杆轴向最大拉力和压力逐渐减小，说明锚杆间距对锚杆轴向受力影响明显。

不同锚杆间距下锚杆剪力云图如图 5.3.44 所示。

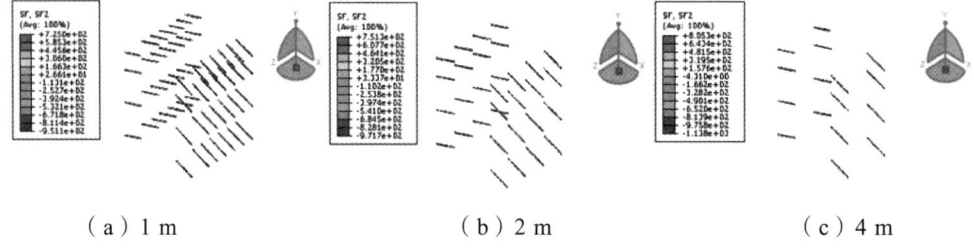

（a）1 m　　　　　　　（b）2 m　　　　　　　（c）4 m

图 5.3.44　不同锚杆间距下锚杆剪力云图（单位：kN）

提取锚杆最大剪力，见表 5.3.27。

表 5.3.27　锚杆最大剪力

锚杆间距/m	最大正剪力/kN	最大负剪力/kN
1	80.2	60.4
2	75.8	57.2
4	70.4	50.4

从表 5.3.27 可以看出，随锚杆间距的增加，锚杆轴向最大剪力逐渐减小，说明锚杆间距对锚杆剪力影响亦较大。

综上对开挖工艺和支护参数的研究表明：掘进尺寸选择 0.5 m 时，整个支护结构受力最合理；而衬砌厚度对围岩变形和支护结构受力的影响相对较小，在施工安全和经济合理的基础上，推荐衬砌厚度选择 250 mm；至于钢拱架和锚杆间距，其越密，围岩变形和支护结构受力越小，但总体来说影响并不大，若采用加密钢拱架和锚杆间距的措施，相应会给施工带来干扰，经济上也会造成浪费，推荐在考虑整个施工工艺的基础上合理考虑其间距，本书推荐钢拱架和锚杆采用 1 m 的间距较为合理。因此，本书最终建议选取开挖进尺为 0.5 m，衬砌厚度为 250 mm，钢拱架和锚杆间距为 1 m 作为最佳开挖工艺和支护参数。

5.3.2　施工导洞回填过程研究

以郑汴路站—经北二路站区间为例进行数值模拟研究。

在地铁区间既有锚索拆除完毕后，需要将钢拱架拆除并及时用素混凝土对整个施工导洞进行回填，以满足盾构正常施工。钢拱架的拆除会引起围岩应力进一步释放，导致地表沉降加大，进而危及地表建筑物。因此研究施工导洞回填过程中钢拱架的拆除工艺及素混凝土回填过程极有必要。本节针对推荐的最佳方案，对钢拱架拆除和回填后地表沉降进行了对比研究，具体工况如表 5.3.28 所示。

表 5.3.28　钢拱架拆除和施工导洞回填工况

工　况	每次回填量	钢拱架拆除数量
工况一	0.5	1
	1	1
	2	1
工况二	0.5	1
	0.5	2
	0.5	4

工况一地表沉降云图和对比曲线如图 5.3.45、图 5.3.46 所示。

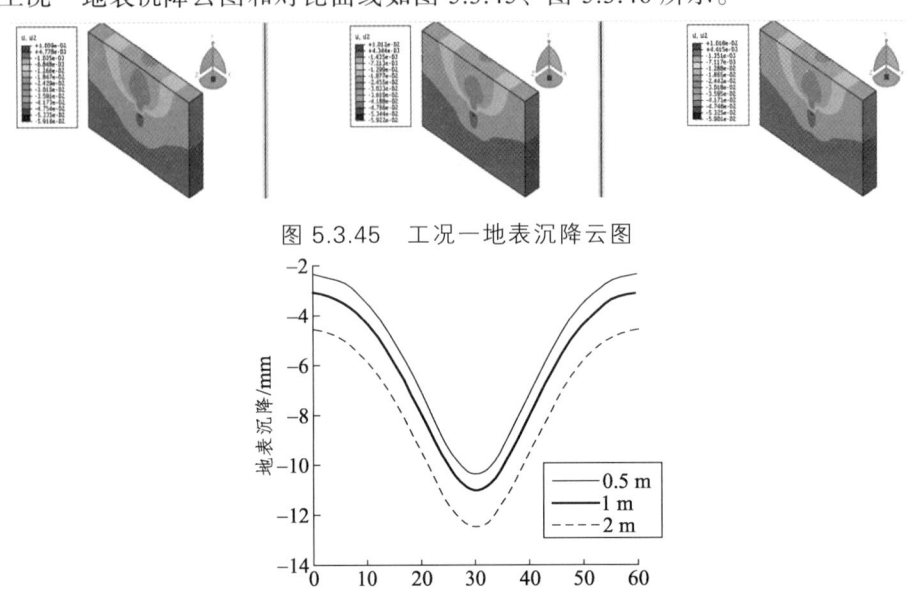

图 5.3.45　工况一地表沉降云图

图 5.3.46　工况一地表沉降对比曲线

从图上可以看出当钢拱架拆除数量一定时，随施工导洞每次回填量的增加，地表沉降值也逐渐增加，且回填量从每次 0.5 m 增加到 1.0 m 时，地表沉降增量较回填量从每次 1.0 m 增加到 2.0 m 时小 2 倍多，说明每次回填量的多少在很大程度上决定着围岩的稳定性。

工况二地表沉降云图和对比曲线如图 5.3.47、图 5.3.48 所示。

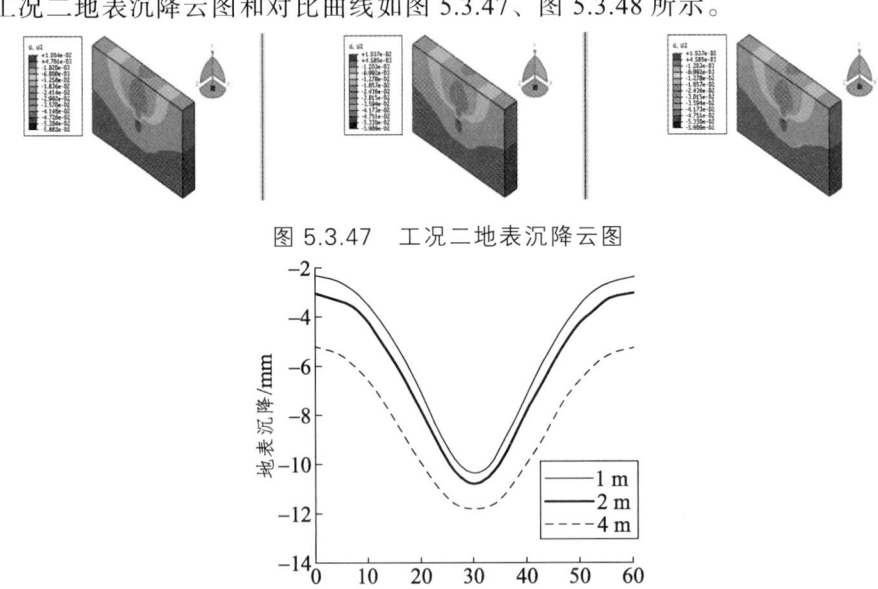

图 5.3.47　工况二地表沉降云图

图 5.3.48　工况二地表沉降对比曲线

从图中可以看出当每次回填量一定时,随钢拱架拆除数量的增加,地表沉降值也逐渐增加,且拆除数量从每次 1 根增加到 2 根时,地表沉降增值较拆除量从每次 2 根增加到每次 4 根时小 2 倍左右,说明钢拱架拆除数量在很大程度上决定着围岩的稳定性。

综上对钢拱架拆除和施工导洞回填过程的模拟,可以看出二者均对围岩稳定性有较大影响,因此具体施工中应根据施工条件、工期、费用等合理制订拆除和回填方案,确保施工安全顺利进行。

实际施工中根据布置的测点,对地表沉降实行了实时监测,选取变形稳定后的一组数据和模拟结果进行对比,以验证模拟结果的合理性,见表 5.3.29。

表 5.3.29 地表沉降监测数据

监测点号(地表)	初始值/m	上次高程/m	本次高程/m	上次累计变化量/mm	本次累计变化量/mm	变化速率/(mm/d)
DBC10-01(锚索)	88.283 37	88.260 11	88.262 34	-23.26	-21.03	2.23
DBC11-01(锚索)	88.274 97	88.251 01	88.252 13	-23.96	-22.84	1.12
DBC12-01(锚索)	88.266 31	88.279 34	88.272 34	13.03	6.03	-7.00
DBC13-01(锚索)	88.250 69	88.260 36	88.254 32	9.67	3.63	-6.04
DBC14-01(锚索)	88.151 26	88.130 12	88.129 21	-21.14	-22.05	-0.91
DBC15-01(锚索)	88.073 66	88.071 62	88.072 00	-2.04	-1.66	0.38
DBC15-02(锚索)	88.015 84	87.992 39	87.991 98	-23.45	-23.86	-0.41
DBC15-03(锚索)	87.961 37	87.937 85	87.937 54	-23.52	-23.83	-0.31
DBC15-04(锚索)	88.062 54	88.043 57	88.041 24	-18.97	-21.30	-2.33
DBC15-05(锚索)	88.061 22	88.037 64	88.038 97	-23.58	-22.25	1.33
DBC15-06(锚索)	88.055 95	88.054 12	88.054 01	-1.83	-1.94	-0.11
DBC16-01(锚索)	87.984 82	87.964 32	87.961 55	-20.50	-23.27	-2.77
DBC6-01(锚索)	87.632 54	87.625 69	87.626 14	-6.85	-6.40	0.45
DBC7-01(锚索)	87.767 22	87.749 41	87.748 02	-17.81	-19.20	-1.39
DBC8-01(锚索)	87.846 57	87.823 01	87.827 66	-23.56	-18.91	4.65
DBC9-01(锚索)	87.919 23	87.896 12	87.896 95	-23.11	-22.28	0.83
DBC9-02(锚索)	87.908 18	87.884 35	87.884 32	-23.83	-23.86	-0.03
DBC9-03(锚索)	87.864 95	87.844 23	87.841 24	-20.72	-23.71	-2.99
DBC4-02(锚索)	87.059 20	87.041 82	87.040 89	-17.38	-18.31	-0.93
DBC4-04(锚索)	86.887 00	86.877 46	86.879 16	-9.54	-7.84	1.70
DBC4-05(锚索)	86.891 70	86.890 21	86.889 84	-1.49	-1.86	-0.37
DBC1-01(锚索)	87.001 30	87.000 51	87.000 63	-0.79	-0.67	0.12
DBC2-01(锚索)	86.898 00	86.893 92	86.892 33	-4.08	-5.67	-1.59
DBC3-01(锚索)	86.833 70	86.814 65	86.810 88	-19.05	-22.82	-3.77

从前文我们对不同开挖工艺和支护参数中关于地表沉降的研究中可知，地表沉降最大值为 14 mm，这与实际监测数据地表沉降最大值 23.96 mm 相差 10 mm 左右，这种误差在岩土工程数值模拟中已可以忽略，说明本书建立的施工导洞开挖支护模型是合理和可靠的，其计算结果对实际工程具有一定的参考和指导意义。

5.3.3 侧导洞对比

在实际工程中，拔除锚索的导坑位置可能受到其他因素制约，从而只有在盾构区间侧边进行施工，为研究该种工况，选取郑州地铁五号线心怡路站—金水东路站区间进行数值模拟分析。

为计算人工挖孔后，盾构穿越既有建筑物基坑锚索区域的安全性，选用 Midas GTS NX 进行数值模拟。根据相关设计图纸、施工组织方案、地勘资料等，为确保三维模型有足够的计算精度并保证计算效率，最终三维模型尺寸选择沿区间隧道方向取 200 m，宽度方向取 150 m，垂直方向上从地面向下共 30 m。建立模型如图 5.3.49 所示。

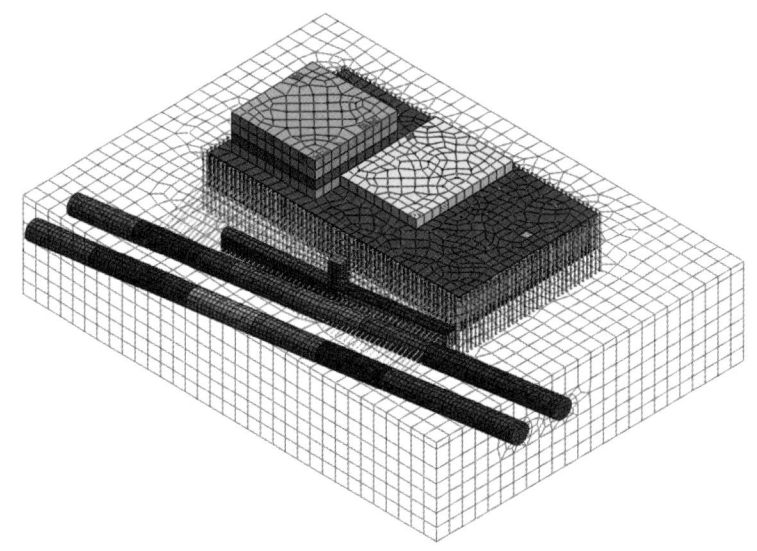

图 5.3.49 整体结构有限元模型

1. 本构模型

1）边界条件

本计算在模型底部施加竖向固定约束，模型四周约束为各面的法向位移约束，地表为自由面。

2）破坏准则

土体采用莫尔-库仑本构模型，既有结构和隧道结构考虑在弹性范围内工作，采用线弹性本构关系。

2. 计算步骤

为了得到盾构穿越既有建筑物基坑锚索区域在施工过程中控制阶段的各项指标，结合施工顺序，本次计算按照以下思路进行模拟分析：

（1）首先，模拟施工前的初始工况。此工况将位移归零，以此为后续施工阶段的初始状态。

（2）模拟竖井施工。

（3）模拟两边的横通道施工。

（4）模拟锚索拔除及回填。

（5）模拟盾构掘进。

开挖工况说明见表 5.3.30。

表 5.3.30　开挖工况

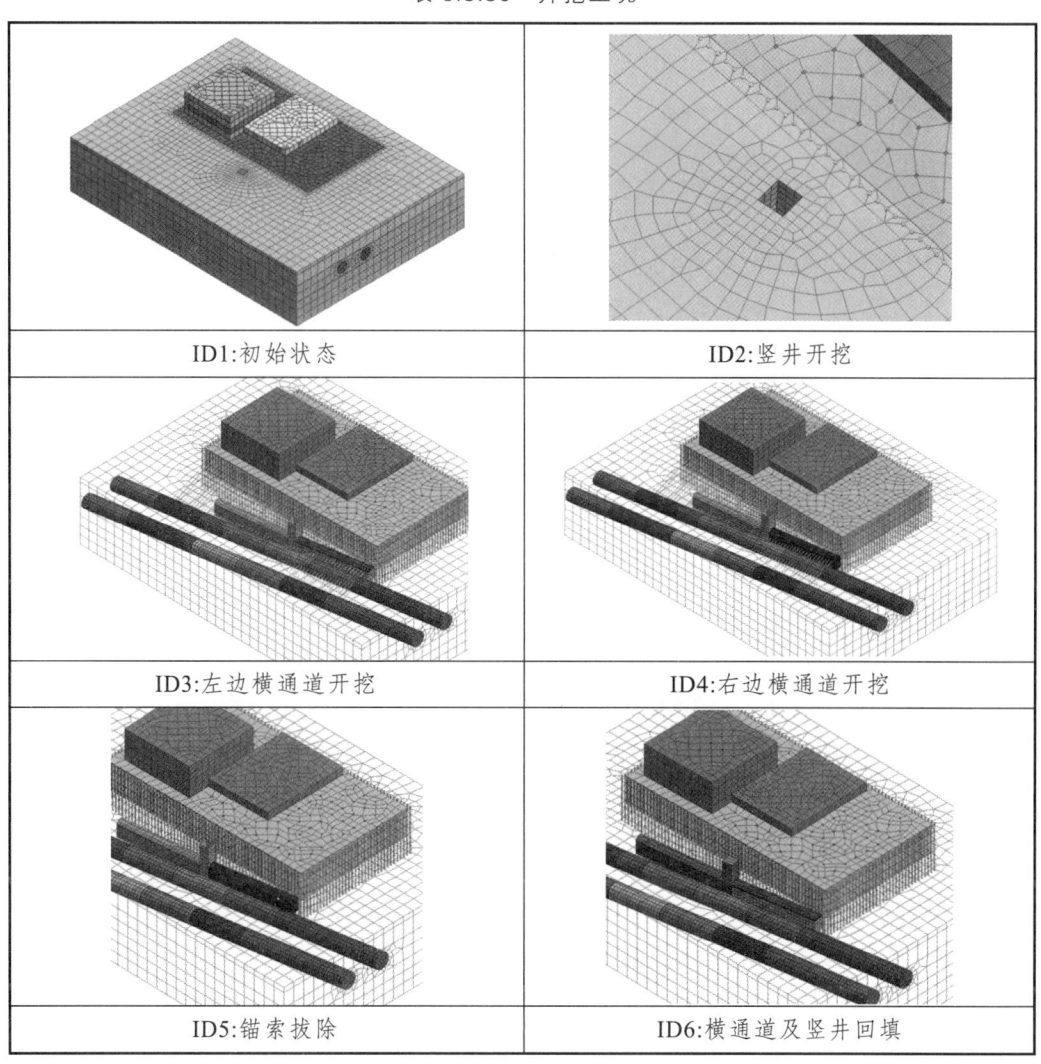

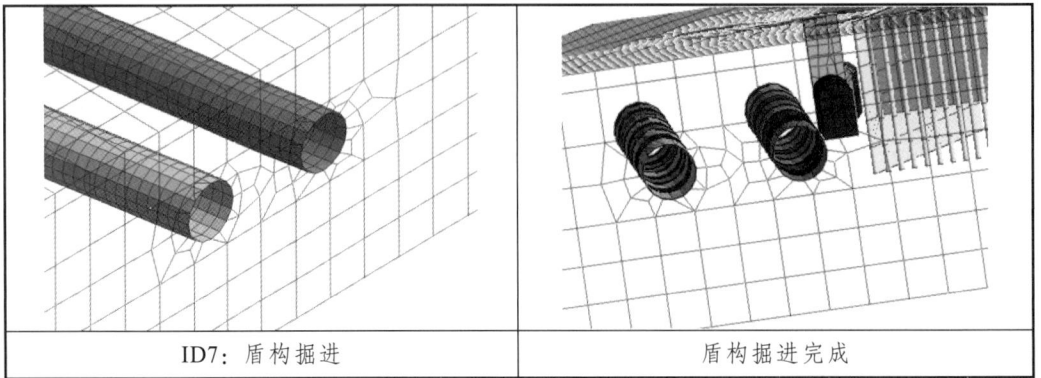

ID7：盾构掘进	盾构掘进完成

3. 施工过程关键部位计算

计算时，首先需要地应力平衡计算，获得初始地应力。为了便于观察沉降差异，使其初始位移为零。如图 5.3.50。

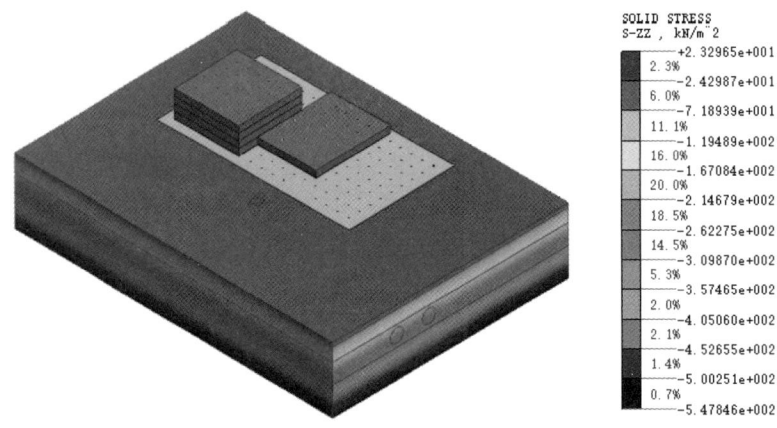

图 5.3.50　初始地应力竖向应力状态

岩石地层的初始地应力由自重地应力和构造地应力两部分组成。对软土地层，只有初始自重地应力。初始自重的应力通常采用有限元法或给定水平侧压力系数的方法计算。在给定水平侧压力系数 K_0 值后，按下式计算初始自重地应力：

$$\sigma_z^g = \sum \gamma_i H_i, \quad \sigma_x^g = K_0(\sigma_z - u_w) + u_w$$

式中：σ_z^g、σ_x^g 分别为竖向方向和水平方向初始自重地应力；γ_i 为计算点以上第 i 层地层的重度；H_i 为计算点以上第 i 层地层的厚度；u_w 为计算点的孔隙水压力，在不考虑地下水头变化的条件下，u_w 由计算点的静止水压力确定，即 $u_w = \gamma_w H_w$（γ_w 为地下水的重度，H_w 为地下水的水位差）。

经过计算对比，初始地应力数值基本符合理论计算，由于数值模拟计算中施加了边界位移约束，而非弹性半无限体，以及有限元计算误差精度等原因，数值存在一定差异，地应力分布规律符合分层分布、从上到下应力逐渐增大的原则。

模型竖向位移如图 5.3.51 所示。

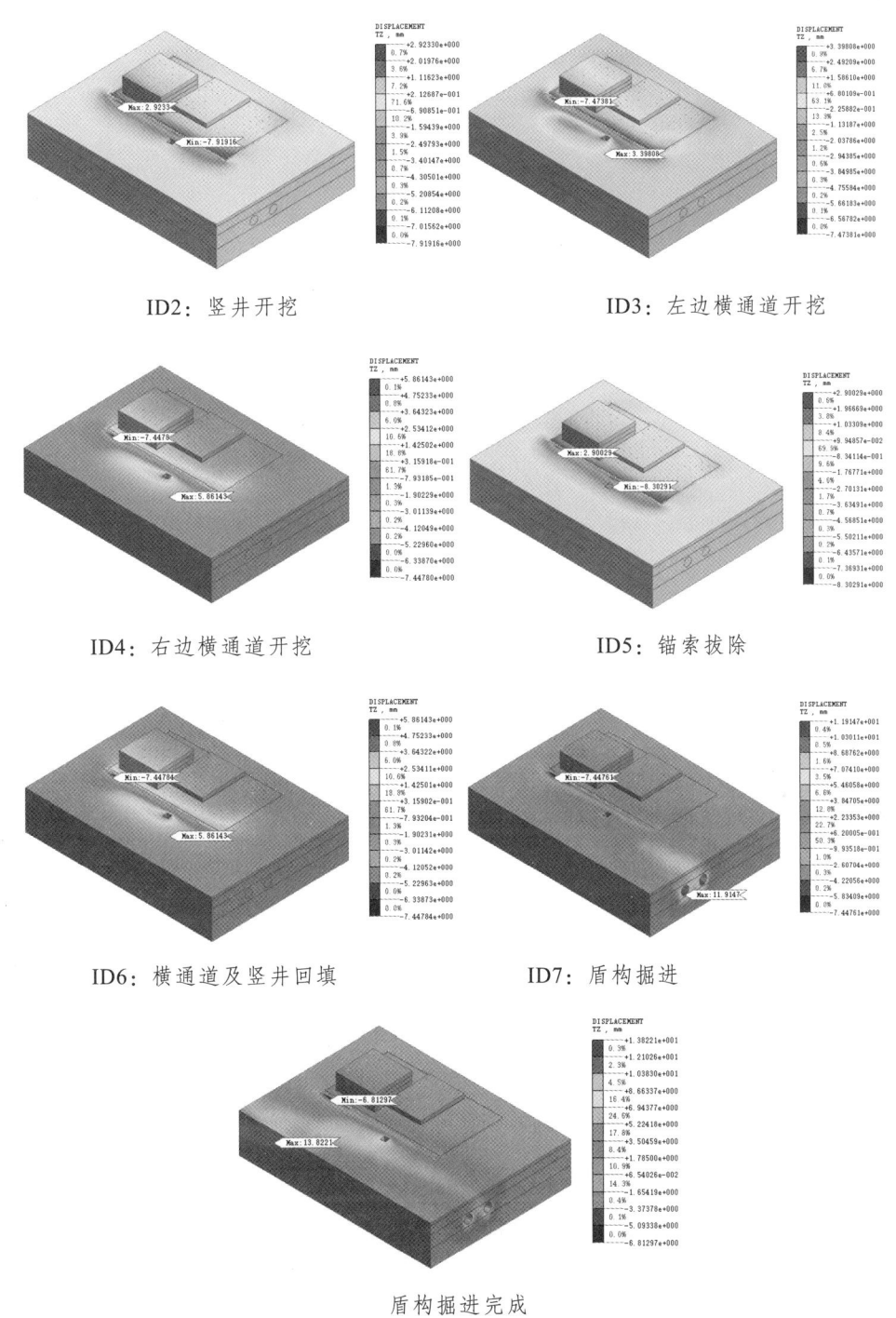

图 5.3.51 竖向位移云图

模型横向位移如图 5.3.52 所示。

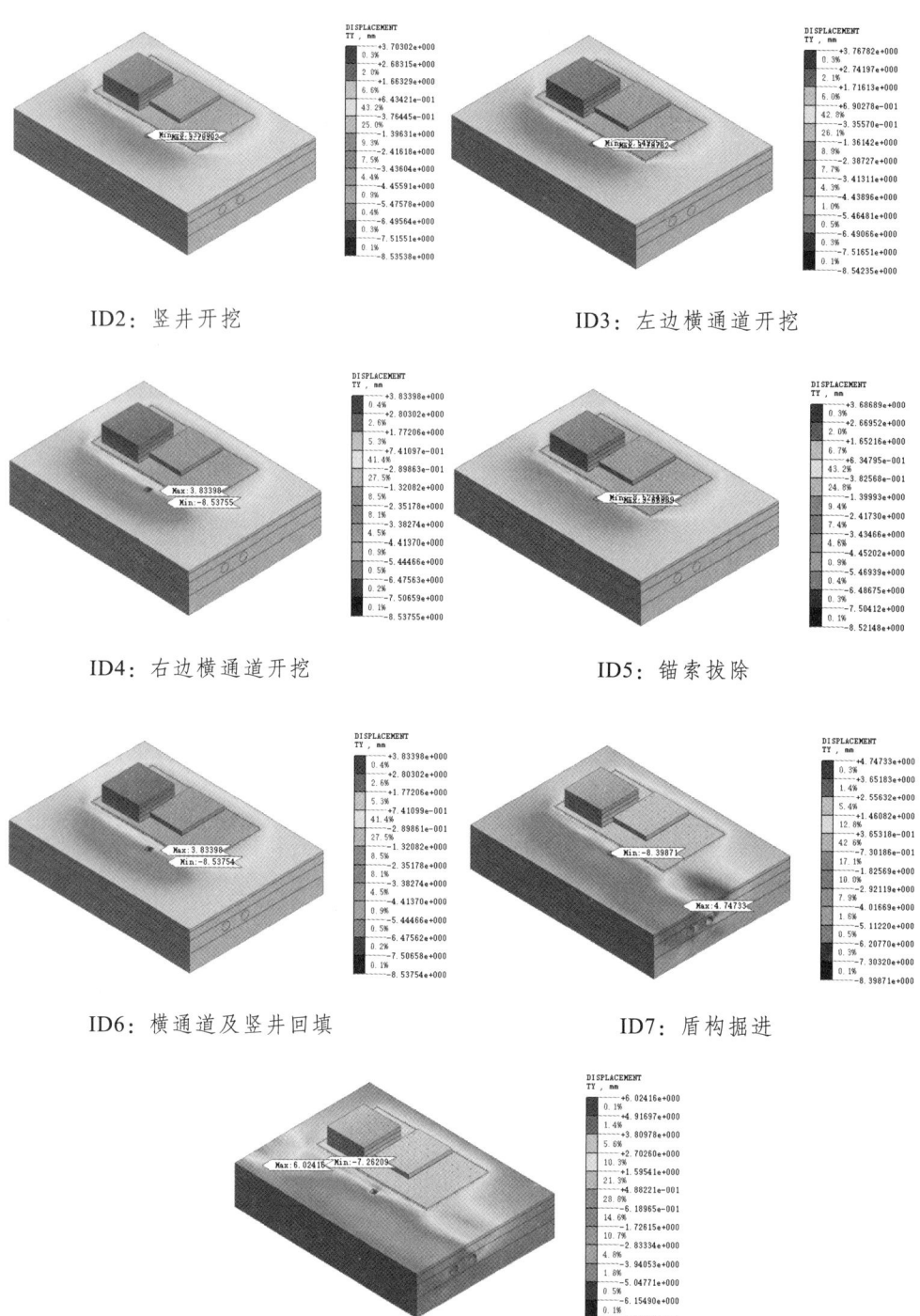

图 5.3.52 横向位移云图

根据《建筑地基基础设计规范》（GB50007—2011）规定，建筑物的地基变形允许值应按表 5.3.31 规定。

表 5.3.31　建筑物的地基变形允许值

变形特征		地基土类别	
		中低压缩性土	高压缩性土
砌体承重结构基础的局部倾斜		0.002	0.003
工业与民用建筑相邻柱基的沉降差	框架结构	0.002l	0.003l
	砌体墙填充的边排柱	0.000 7l	0.001l
	当基础不均匀沉降时不产生附加应力的结构	0.005l	0.005l
单层排架结构（柱距为 6 m）柱基的沉降量/mm		120	200

对比图 5.3.51、图 5.3.52 变形云图及表 5.3.31 变形允许值，采用竖井加横通道人工拔除锚索以后回填，然后进行盾构掘进的施工方案，满足相关规范要求，能够保证周围既有结构的安全性。

在盾构掘进本身的安全性方面，通过郑州地铁五号线心怡路站—金水东路站盾构区间锚索障碍物采用人工挖孔全套管全回转钻机清除实施，取得了良好的预期效果，充分证明，该施工工艺速度快、效率高、精度高、质量可靠，保证了安全，对周边影响小的优势，并且能够达到清除障碍和地基加固的双重目的，保证了盾构机顺利穿越，为以后的工程实践提供了有益的借鉴。

5.4　技术成果及应用

本次盾构穿越既有建筑物基坑锚索区域，提出了直接切削通过、明挖基坑清除锚索、盾构开仓切除锚索、人工挖空清除锚索四种施工方案。并对四种方案进行了比选，最终采用开挖竖井及横通道拔除锚索的施工方案，遇到以下技术难点：

（1）竖井及横通道位置距离既有结构及盾构区间很近。锚索侵入盾构区间，导致竖井及横通道位置在既有结构与盾构区间之间，在竖井及横通道开挖过程中，存在既有结构的安全隐患，可能导致既有结构发生较大变形、不均匀沉降等严重后果。除此之外，锚索拔除之后，盾构掘进过程中，之前的竖井及横通道位置会出现与原状土不同的空洞，如不进行妥善处理，可能会在盾构时发生安全事故。

（2）锚索拔除的影响。锚索原本是既有结构基坑开挖时的围护结构，将其拔除以后，可能对周围土体等产生扰动，进而影响既有结构。

（3）挖不到锚索。由于锚索施工中采用螺旋钻成孔，成孔角度以及成孔的直线度精度不高，所以在施工横井时，可能会有挖不到锚索的情况。

（4）锚索拔断。由于锚索为2根钢绞线锚索，2根钢绞线的极限载荷在510 kN左右，锚索体在土层中的摩阻力约为44.5 kN/m，本工程需拔出锚索最长约14.6 m，14.6 m锚索摩阻力约649.7 kN，锚索极限荷载为766 kN > 摩阻力649.7 kN 锚索不会拉断，但实际操作时锚索可能已出现磨损情况，直接拔除钢绞线可能被拔断。

（5）反弹反压力大。在拔除过程中锚索松动断裂还会出现弹射的情况，再就是反压力太大，在拉拔过程中反压力对锚孔周边土层会造成破坏，直接影响竖井结构安全。

通过克服以上难点，总结技术成果如下：

（1）通过地质资料及既有结构的设计资料，对竖井及横通道施工进行相关设计，尽量采用台阶法开挖，减小周围土体的变形，并以有限元等数值分析软件，对施工过程进行模拟，严格按照设计及相关规范施工，可以保证既有结构的安全性。

（2）锚索是既有结构基坑施工时的围护结构，但是基坑施工完成后，地下室形成了一个整体的框架结构。在本区域，通过数值模拟及实际施工可以看出，锚索拔除对既有结构的影响不足以对既有结构造成破坏。因此，穿越锚索区域时，严格控制拔除锚索的数量，拔除时尽量减小对原状土体的扰动，避免掏空一侧等情况，可以保证既有结构的安全。

（3）盾构掘进之前，竖井及横通道留下了空洞，且与盾构区间位置很近，因此在横通道位置，采用混凝土回填的方式，保证区间掘进的安全性。而竖井位于区间斜上方，为了减小成本、缩短施工工期、方便以后管线施工等方面，可以采用土来回填，严格控制回填土的密实度及土体类型，可以保证盾构施工的安全。

（4）挖不到锚索原因有两种：一种为水平方向偏差，即锚索施工中钻机成孔与支护桩及冠梁方向不垂直。本施工方案采用横井施工，所以水平方向的偏差这一问题在横井工艺中能够解决。一种为上下方向偏差，即锚索施工中钻进角度不同产生的偏差，当遇有锚索不在设定横井中时，应向上或向下探出锚索位置，然后确定向上或向下调整横通道至满足施工要求。

（5）为确保锚索完全拔除，应多种工艺相互配合施工，防止套管在拔除工作中断裂。工作中应注意两方面：一方面，在打设套管时，应注意泥浆的纯度，钻进中要用沉淀过的泥浆，根据钻进需要适时添加新的泥浆，以保证渣土能完全排出，防止卡钻、抱钻，增加套管与周围土层的润滑效果；另一方面，在选用套管时，应注意选取高强度材料的厚壁无缝钢管作为母材，加工制作出实用的套管，以防止套管的断裂。高压水切割时，注意锚固体周围土体，在满足施工的情况下尽可能地少破坏土层。穿心千斤顶拉拔钢绞线时，应时刻注意泵站压力，将压力控制在钢绞线破断强度范围内。为了确保锚索处理成功，采用跟管钻进套取锚索，采用地质钻探套管取芯的工作原理，将不规则的锚固体整个地套在套管内，再将套管同锚固体一同拔出，每拔一节套管破碎一节水泥体，同时采用砂轮切断一节钢绞线，再拔再切，直至全部拔除。此种方法既解决了钢绞线可能被拉断的问题，又解决了施工量大成本高的问题。

（6）为确保施工安全，必须增大作业面积、加强竖井结构安全及制作反力架的方法，确保施工安全。采用与千斤顶相匹配的反力架，依据现场实际情况，本方案采用 50t 千斤顶进行施工，反力架试验空间 850 mm，反力架净重 1 850 kg，测力系统最大试验力 500 kN。

经过本项目施工，可以得出在盾构穿越锚索区域位置时，人孔挖孔桩施工施工方式速度快、效率高、精度高、质量可靠。竖井及横通道位置可灵活调整，有效规避地面障碍物、避免管线改迁及场地局限带来的一系列施工困难。在横通道中锚索处理过程中应用了千斤顶拉拔工艺、旋切套取工艺、高压水切割工艺，快速解除了锚索锚固力，在有限作业空间实现多点同时施工，提高施工效率。

该方案既保证了施工安全，对周边影响小，又能够达到清除障碍和地基加固的双重目的，降低了施工成本，大大提高了经济效益及社会效益。并满足了盾构施工工期安排，为盾构的顺利推进提供了良好的工作环境。可以为以后的类似工程提供一定的经验及数据参考。

第6章 盾构下穿铁路既有线技术

6.1 工程背景

6.1.1 工程概况

圃田西站出入段线区间下穿圃田西站18条股道，下穿范围站内配套设施概况：

（1）一座接触网钢柱：地上结构高6.45 m，地下混凝土基础埋深3.3 m。

（2）一条排水沟：跨站内15条股道南北向布设，管径、埋深不详。

（3）一座配电箱：位于工区最南侧围墙下，方位对应北馈28号电杆，地下线路敷设情况不详。

（4）下穿范围无信号灯。

风险工程概况：

出入段线左、右线盾构隧道在里程右K1+673.709～右K1+794.039范围内双线下穿圃田西站18条平行股道。线路平面位于曲线段，圆曲线半径350 m，左右线间距13.5～15.8 m，线路与股道平面夹角为38°～58°。

出入段线隧道采用盾构法施工，断面形式为圆形衬砌，隧道外径6.2 m，出入线掘进方向自南向北，线路纵向为上坡，坡度34.5‰，隧道顶埋深一般9～12 m。穿越地层主要为②$_{21}$粉质黏土层、③$_{34}$粉土层、③$_{51}$细砂层。环境风险等级为Ⅰ级。

6.1.2 工程地质

本区间现状地表主要为马路、居民小区、建筑工地、仓库、铁路及国家油脂储备库等，地形总体较为平坦。

根据《郑州市轨道交通5号线工程勘察02标段岩土工程勘察报告（详勘阶段）》，本区间的地貌单元为黄河冲积一级阶地（B区）。场地0～45 m深度范围内地层主要为第四系上更新统（Q_3）地层，岩性主要为粉土、粉质黏土、粉细砂，局部含钙质胶结层，呈透镜体状，包含于粉质黏土层中。

下穿铁路段区间隧道埋深15～18 m，主要穿越②$_{21}$粉质黏土层、③$_{34}$粉土层、③$_{51}$细砂层。盾构下穿段土层特征如表6.1.1所示。

表 6.1.1 盾构下穿段土层特征表

序号	土层名称	特　征
①$_1$	素填土	黄褐色、褐黄色，稍湿，稍密，主要成分以粉土、粉砂为主，含少量砖渣、灰渣。本层层厚 0.30～7.50 m，层底标高 93.74～103.87 m
②$_{21}$	粉质黏土	黄褐色—浅灰色，可塑，土质不均，无光泽，切面较光滑，含铁锈斑纹和少量铁锰质斑点。本层揭露厚度 1.0 m，揭露层底 1.39 m，层底埋深 7.2 m，层底高程 93.90 m
③$_{34}$	粉土	褐黄色—黄色，湿，中密，土质不均，摇震反应慢，含少量云母片和白色钙质条纹，局部夹粉质粉土薄层，含少量钙质结核，粒径一般 5～20 mm。本层层厚 0.80～9.50 m，平均层厚 3.39 m，层底埋深 8.20～30.80 m，平均层底埋深 17.11 m，层底高程 69.63～95.66 m，平均层底高程 86.29 m
③$_{51}$	粉细砂	褐黄色，湿—饱和，中密—密实，成分由石英、长石、云母等组成，土质不均，局部夹粉土薄层，湿，中密。本层层厚 1.20～11.90 m，平均层厚 6.46 m，层底埋深 12.30～25.50 m，平均层底埋深 19.75 m

岩土工程勘察设计参数建议值如表 6.1.2 所示。

表 6.1.2 岩土工程勘察设计参数建议值

地层名称	含水率/%	凝聚力/kPa	内摩擦角/(°)	渗透系数/(m/d)	天然密度/(g/cm^3)	侧压力系数 k	承载力/kPa
②$_{21}$	17.1	18.0	20.0	0.1	19.8	0.41	150
③$_{34}$	17.4	12.5	25.0	0.8	20.4	0.43	200
③$_{51}$	20.0	0	26.0	6.0	20.0	0.40	200

6.1.3 水文地质

1. 下穿段地下水

下穿段地下水主要为孔隙潜水，潜水稳定水位埋深 13.5～24.9 m，高程 77.1～87.62 m，主要赋存于隧道中部③$_{51}$层粉细砂中。

2. 地下水的补给、径流、排泄条件、水位及其动态特征

（1）地下水的补给：主要为大气降水，河流下渗补给。

（2）地下水的径流：主要受城区浅层地下水降落漏斗的影响，浅层地下水的天然流向是由西南向东北。

（3）地下水的排泄：主要以开采、地下径流为主。

（4）地下水位及其动态特征：根据区域水文地质资料，每年 6—9 月份是地下水的补给期，大气降雨充沛，水位明显上升，每年 12—2 月份为排泄期，地下水位随之下降，正常情况下地下水年变幅在 2.0 m 左右。

6.2 盾构下穿对铁路既有线的影响研究

6.2.1 盾构掘进对铁路工程的影响

铁路列车的运行对地表沉降、地表隆起以及铁路轨道之间的差异沉降有着很高的要求，它们很小的改变都可能会对铁路列车的运行安全带来严重的影响。通过前文分析可知，盾构法与其他隧道施工方法类似，同样会引起地表隆沉和土体损失，间接地影响到桥梁基础，这可能会对铁路行车带来影响。

6.2.2 有限元数值模型

1. 基本假定

由于岩土材料物理力学特性的随机性和复杂性，要完全模拟岩土材料的力学性能和严格按照实际的施工步骤进行数值模拟是非常困难的。在建模和计算过程中，应考虑主要因素，忽略次要因素，结合具体问题进行适当简化，在本次数值模拟中采用了以下假设：

（1）围岩材料为均质、各向同性的连续介质。
（2）隧道的受力和变形按平面应变问题进行计算。
（3）在初始应力场模拟时不考虑构造应力，仅考虑自重应力的影响。
（4）管片按均质弹性圆环模拟，考虑管片接缝的刚度折减系数 $\eta=0.8$。

2. 模型简化介绍及计算参数选取

采用 MIDAS-GTS 软件对盾构隧道通过圃田西站铁路进行三维数值模拟分析。根据出入段线盾构隧道与陇海铁路的空间位置关系，建立三维有限元计算模型。

现选择地层范围为：隧道结构外左右两侧范围取 6 倍左右洞径，即模型 X 向范围为 100 m；区间隧道结构底板下方取 5 倍左右洞径，即模型 Z 向范围为 60 m。模型尺寸为：$Y \times X \times Z =$ 长 × 宽 × 高 = 100 m × 150 m × 60 m。

假设围岩为理想弹塑性材料，服从 Mohr-Coulomb 屈服准则，单元类型全部采用 8 节点六面体三维实体单元和 4 节点四面体三维实体单元，共划分 69 852 个实体单元。

围岩和铁路路基均采用实体单元模拟，计算中赋予弹性材料的属性。盾构隧道管片采用板单元模拟。

数值模型计算时，选取如下边界条件：平面限制其 X 方向的位移；平面限制其 Y 方向的位移；限制其 Z 方向的位移。

本次计算中处自重外，在地面上尚需考虑列车荷载，列车荷载采用客货共线一般荷载和特种活载模式，如图 6.2.1 ~ 6.2.2 所示。管片厚度 350 mm。

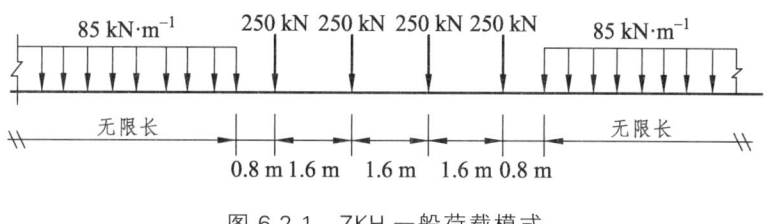

图 6.2.1 ZKH 一般荷载模式

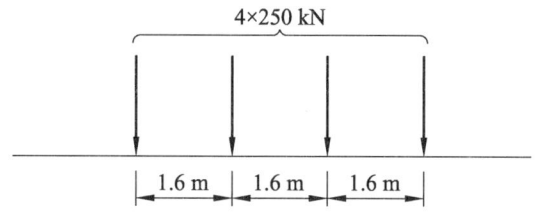

图 6.2.2 ZKH 特种活荷载模式

岩土体物理力学参数采用地勘建议的物理力学参数表（见表 6.1.2），考虑刚度折减，盾构管片采用 C50 钢筋混凝土。

注浆考虑采用水泥单液浆对路基进行加固，通过注浆，减小土体间的孔隙率，使土体并使浆液与土体形成复合地基，从而提高土层的黏结力（C）、内摩擦角（φ）值，使盾构施工对铁路线路的影响减小到最低。建模时，通过提高加固体的物理力学参数来模拟注浆加固的作用。

1）计算模型

建立的有限元模型如图 6.2.3 ~ 6.2.4 所示。

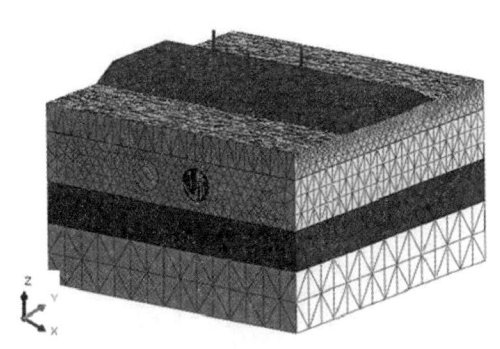
图 6.2.3 盾构下穿铁路模型

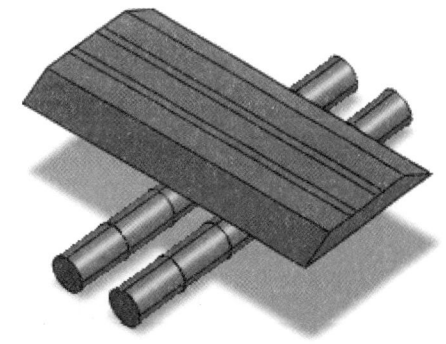
图 6.2.4 计算模型

2）工况模拟步骤

出入段线下穿铁路施工步序设定为盾构通过前注浆加固隧道上方地层，左线隧道开挖应力释放、同步注浆、左线管片衬砌、管片脱出盾尾，在左、右线开挖间隔一定的距离后，右线隧道开挖应力释放、同步注浆、右线衬砌、管片脱出盾尾。各工况模型如图 6.2.5 ~ 6.2.16 所示。

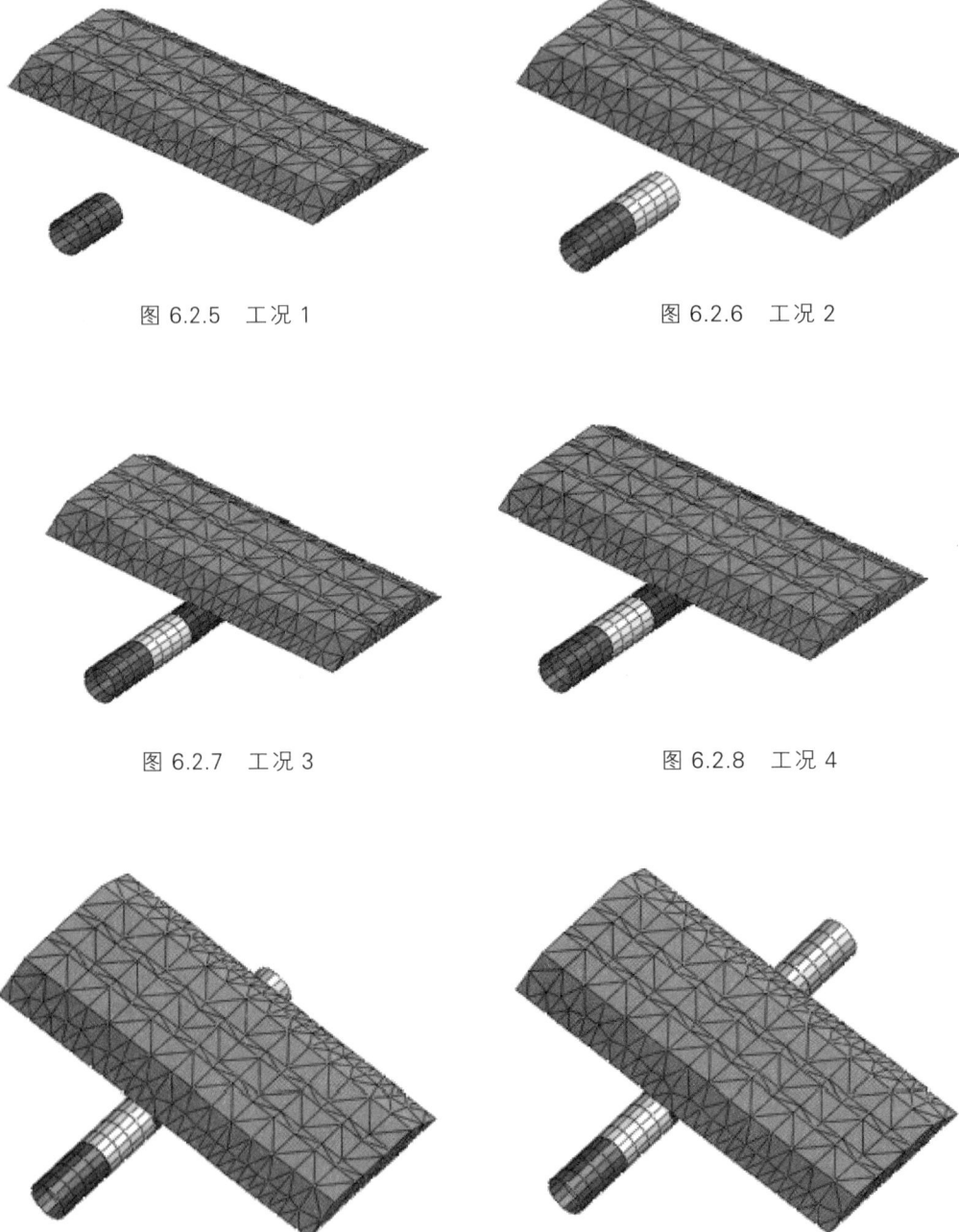

图 6.2.5 工况 1　　　　　　　　图 6.2.6 工况 2

图 6.2.7 工况 3　　　　　　　　图 6.2.8 工况 4

图 6.2.9 工况 5　　　　　　　　图 6.2.10 工况 6

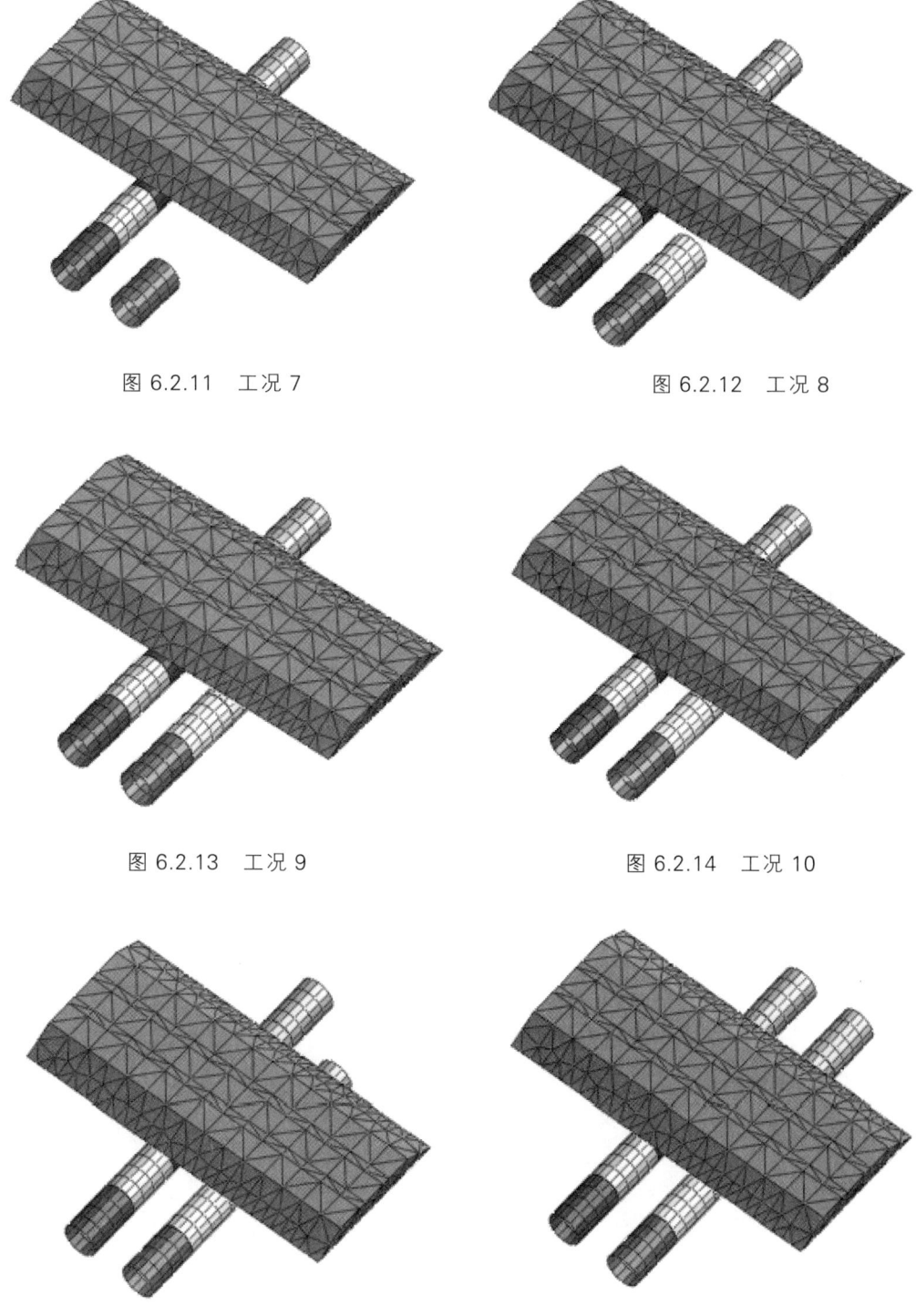

图 6.2.11　工况 7　　　　　　　　　图 6.2.12　工况 8

图 6.2.13　工况 9　　　　　　　　　图 6.2.14　工况 10

图 6.2.15　工况 11　　　　　　　　　图 6.2.16　工况 12

6.2.3 计算结果及分析

根据圃田西站客货运输现状，暂不考虑限速限流措施，但地铁施工前须对路基和区间之间的夹层土体采取地面注浆加固的措施。注浆浆液采用水泥单液浆，通过注浆，减小土体间的孔隙率，使浆液与土体形成复合地基，从而提高土层的黏结力（C）、内摩擦角（φ）值，使盾构施工对铁路路基的影响减小到最低。

计算时假设地面注浆加固深度为 2 m。

地层沉降和路基沉降云图及相关曲线如图 6.2.17～6.2.24 所示。

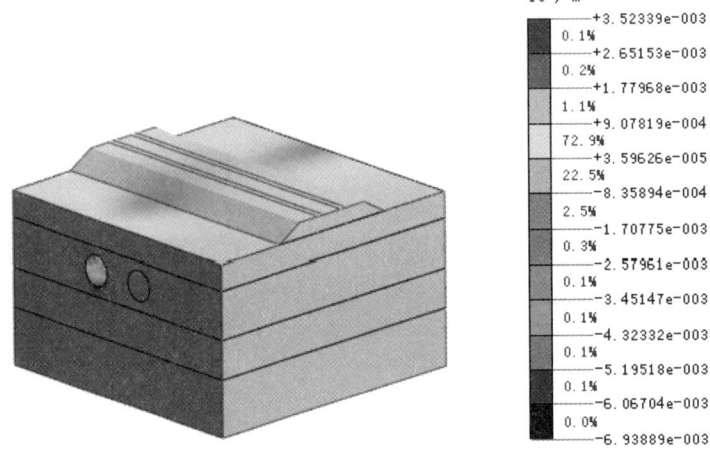

图 6.2.17 出段线盾构通过沉降云图

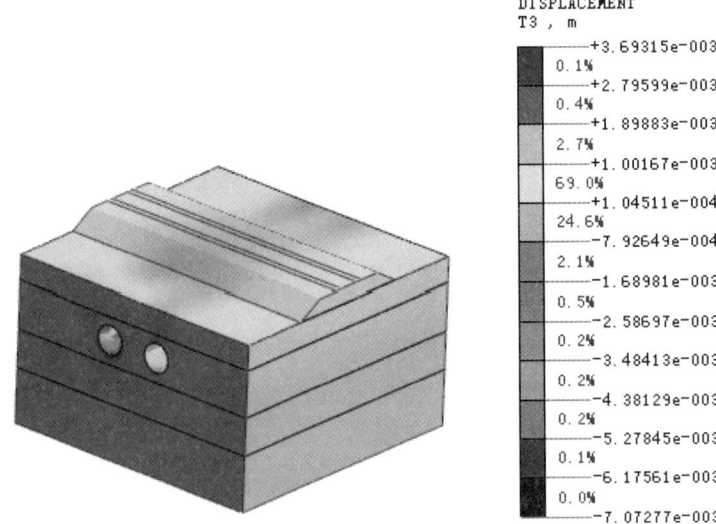

图 6.2.18 入段线盾构通过沉降云图

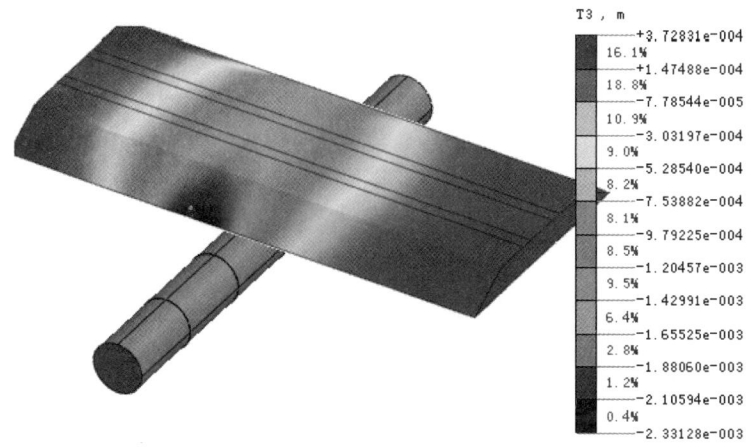

图 6.2.19 入段线隧道开挖至路基位移云图

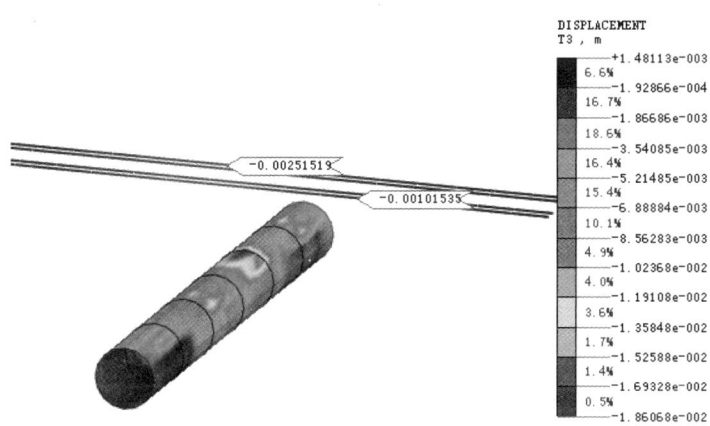

图 6.2.20 出段线隧道开挖至轨道位移云图

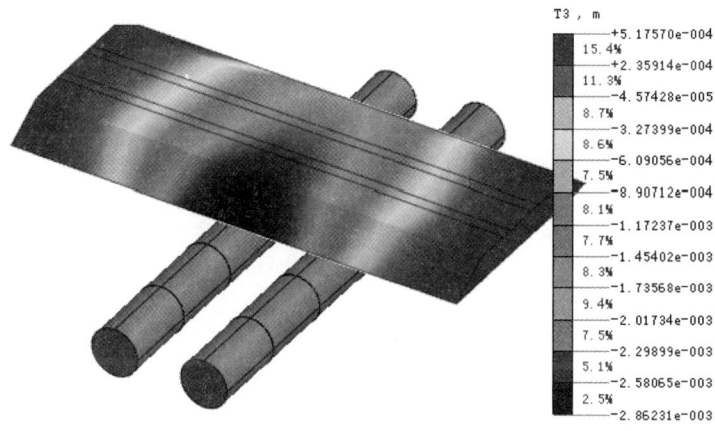

图 6.2.21 入段线隧道开挖至路基位移云图

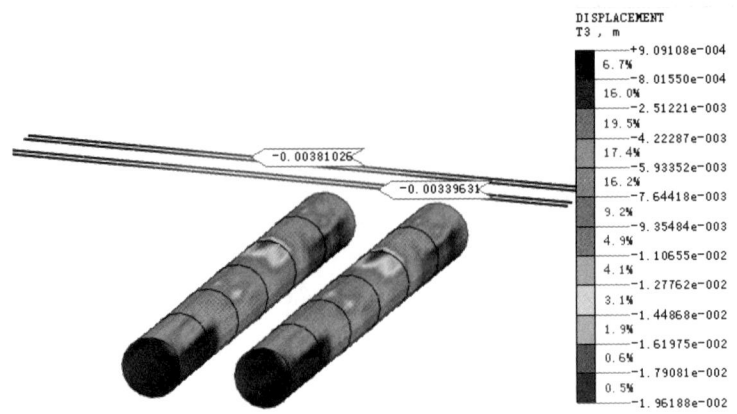

图 6.2.22 出段线隧道开挖至轨道位移云图

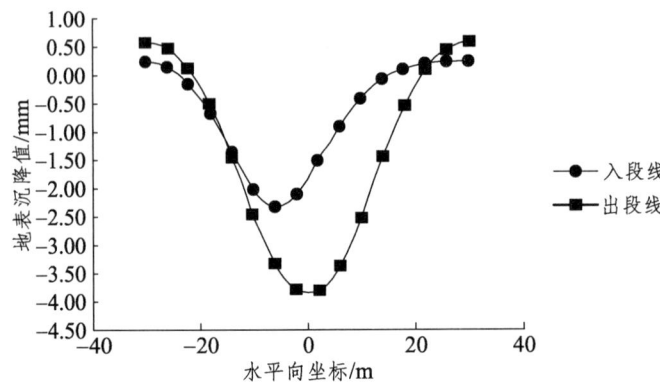

图 6.2.23 路基表沉降槽

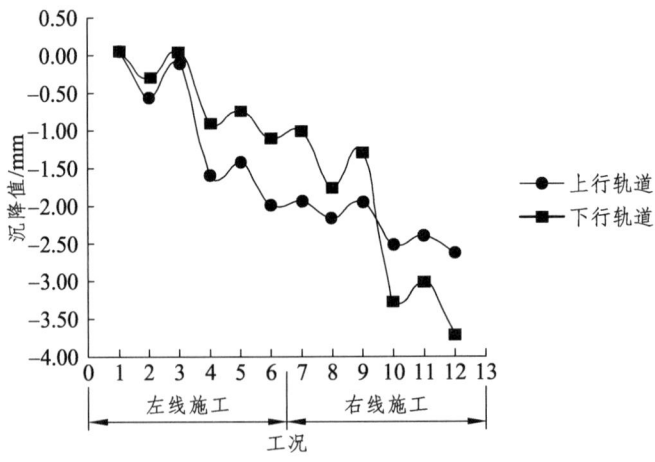

图 6.2.24 轨道沉降曲线

6.2.4 小　结

通过对出入段线区间下穿铁路的影响分析结果，随着盾构开挖的进行，地表的沉降渐渐增加,铁路路基的沉降也在增加,对盾构上方土体采取注浆加固措施后,左线盾构开挖最大沉降量为 2.5 mm;双线盾构均掘进后,右线与左线沉降累加,路基最大沉降量为 3.8 mm,沉降点位于左右两线盾构隧道中心线附近。上下行轨道最大差异沉降均为 0.001 5 mm。

以上分析结果均满足沉降不应大于 6 mm 的控制要求。

盾构施工引起的轨道的沉降基本上为均匀沉降,盾构施工不影响既有铁路的正常运营。

6.3 盾构下穿铁路既有线监控量测技术

6.3.1 铁路路基变形控制标准

1. 普速铁路线路几何尺寸偏差

根据铁道部文件铁运〔2006〕146 号——关于印发《铁路线路修理规则》的通知中第 6.2.1~3 条的相关规定,拟定线路轨道轨距、水平、高低及轨向等几何尺寸允许偏差管理值。

(1)线路轨道静态几何尺寸容许偏差管理值如表 6.3.1 的规定。

表 6.3.1 线路轨道静态几何尺寸容许偏差管理值

项目		$v_{max}>160$ km/h 正线			160 km/h≥v_{max}>120 km/h 正线			v_{max}≤120 km/h 正线及到发线			其他站线		
		作业验收	经常保养	临时补修	作业验收	经常保养	临时补修	作业验收	经常保养	临时补修	作业验收	经常保养	临时补修
轨距/mm		+2 -2	+4 -2	+6 -4	+4 -2	+6 -2	+8 -4	+6 -2	+7 -4	+9 -4	+6 -2	+9 -4	+10 -4
水平/mm		3	5	8	4	6	8	4	6	10	5	8	11
高低/mm		3	5	8	4	6	8	4	6	10	5	8	11
轨向(直线)/mm		3	4	7	4	6	8	4	6	10	5	8	11
三角坑(扭曲)/mm	缓和曲线	3	4	6	4	5	6	4	5	7	5	7	8
	直线和圆曲线	3	4	6	4	6	8	4	6	9	5	8	10

注:① 轨距偏差不含曲线上按规定设置的轨距加宽值,但最大轨距(含加宽值和偏差)不得超过 1 456 mm。
② 轨向偏差和高低偏差为 10 m 弦测量的最大矢度值。
③ 三角坑偏差不含曲线超高顺坡造成的扭曲量,检查三角坑时基长为 6.25 m,但在延长 18 m 的距离内无超过表列的三角坑。
④ 专用线按其他站线办理。

（2）道岔轨道静态几何尺寸容许偏差管理值如表 6.3.2 的规定。

表 6.3.2 道岔轨道静态几何尺寸容许偏差管理值

项目		v_{max}>160 km/h 正线			160 km/h≥v_{max}>120 km/h 正线			v_{max}≤120 km/h 正线及到发线			其他站线		
		作业验收	经常保养	临时补修	作业验收	经常保养	临时补修	作业验收	经常保养	临时补修	作业验收	经常保养	临时补修
轨 距/mm		+2 −2	+4 −2	+5 −2	+3 −2	+4 −2	+6 −2	+3 −2	+5 −3	+6 −3	+3 −2	+5 −3	+6 −3
水 平/mm		3	5	7	4	5	8	4	6	9	6	8	10
高 低/mm		3	5	7	4	5	8	4	6	9	6	8	10
轨 向/mm	直线	3	4	6	4	5	8	4	6	9	6	8	10
	支距	2	3	4	2	3	4	2	3	4	2	3	4
三角坑（扭曲）/mm		3	4	6	4	6	8	4	6	9	5	8	10

注：① 支距偏差为现场支距与计算支距之差。
② 导曲线下股高于上股的限值：作业验收为 0，经常保养为 2 mm，临时补修为 3 mm。
③ 三角坑偏差不含曲线超高顺坡造成的扭曲量，检查三角坑时基长为 6.25 m。但在延长 18 m 的距离内无超过表列的三角坑。
④ 尖轨尖处轨距的作业验收的容许偏差管理值为±1 mm。
⑤ 专用线道岔按其他站线道岔办理。

（3）轨道静态几何尺寸容许偏差管理值中，作业验收管理值为线路设备大修、综合维修、经常保养和临时补修作业的质量检查标准；经常保养管理值为轨道应经常保持的质量管理标准；临时补修管理值为应及时进行轨道整修的质量控制标准。

（4）铁路路基沉降允许偏差表如表 6.3.3 的规定。

表 6.3.3 铁路路基沉降允许偏差

项目		不限速		限速	
		经常保养	临时补修	经常保养	临时补修
水 平/mm		6	8	6	10
高 低/mm		6	8	6	10
三角坑（扭曲）/mm	直线和圆曲线	6	8	6	9

2. 本工程采用标准

本工程路基沉降按照《铁路线路修理规则》的要求，拟设定相关控制值如下：
（1）轨面沉降值不得超过 6 mm。
（2）相邻两股钢轨水平高差不得超过 6 mm。
（3）相邻两股钢轨三角坑不得超过 6 mm。

接触网线岔、支柱的控制标准为：

接触网线岔纵横向偏差≤7 mm；支柱沉降量≤30 mm。

6.3.2 施工监测设计依据

结合国内地铁施工穿越高铁桥梁施工经验和控制标准，主要依据以下国家及城市相关规范、规程和标准进行监测方案设计：

（1）《地铁设计规范》（GB50157—2013）。
（2）《建筑变形测量规范》（JGT8—2007）。
（3）《建筑地基基础设计规范》（GB50007—2002）。
（4）《铁路线路修理规则》（铁运〔2006〕146号部令）。
（5）《铁路工程施工安全技术规程》（TBJ10401.1—2003）。
（6）《城市轨道交通工程监测技术规范》（GB50911—2013）。
（7）《铁路轨道工程质量检验评定标准》（TB10413—2003）。
（8）《铁路营业线施工安全管理办法》（铁运〔2012〕280号）。

6.3.3 监测目的

根据以往盾构下穿铁路的经验，需要对盾构下穿阶段进行严格监控测量，为避免严重后果的发生，必须加强施工过程中的监控测量，把施工引起的一系列动态变化信息及时反馈到盾构施工现场，使现场及时调整施工参数，优化改进施工参数，以避免危及铁路行车运营安全的事故发生。本工程监测的目的主要有：

（1）观测开挖过程中隧道的状态及其对周边环境的影响，特别是既有铁路路基的变形状况，及时掌握铁路线路的沉降变化和盾构对周边建筑物以及管线的影响，预防工程破坏事故和环境事故的发生。

（2）通过将监测数据与预测值作比较，判断上一步施工工艺和施工参数是否符合或达到预期要求，同时实现对下一步的施工工艺和施工进度控制，从而切实实现信息化施工。

（3）通过监测及时发现施工过程中的环境变形发展趋势，及时反馈信息，达到有效控制施工对周边环境影响的目的，为工程质量跟踪技术管理提供第一手的监测资料和依据。

（4）根据一定的量测限值作预警预报，及时采取有效的工程技术措施和对策，确保工程安全，防止工程破坏和环境事故的发生。

（5）将现场监测结果反馈设计单位，使设计能根据现场工况发展，进一步优化方案，达到优质安全、经济合理、施工快捷的目的。

（6）为研究土体性质、地下水条件、施工方法与地表沉降和土体变形的关系积累数据，为改进设计提供依据。

6.3.4 监测范围和监测项目内容

1. 监测范围

穿越前、穿越中及穿越后再掘进一定范围（通常为 100 m）过程中，应加强路基沉降及变形的监测。在过铁路路基处布设主观测断面，对路基做变形量测。充分重视监控量测信息化施工，及时优化调整掘进施工参数，做到信息化动态施工管理。

2. 监测项目内容

1）铁路路基及轨面监测

地面沉降监测点需布置纵向（沿轴线）剖面监测点和横剖面监测点，纵向（沿轴线）剖面监测点的布设一般需保证盾构顶部始终有监测点在监测，所以监测沿轴线方向监测点间距一般小于盾构长度，故取每 6 m 在沿轴线方向布置一个测点。

监测横剖面：每隔 12 m 布置一个横剖面，在横剖面上从盾构轴线由中心向两侧由近到远，按测点间距为 3 m、6 m 不等；布设的范围大于盾构 1 倍埋深，即线路左右各 15 m 范围内。

对于轨面的监测，在每根轨道上沿轨道方向每 3 m 设一个观测点，布设的范围为线路左右各 24 m 范围内，测点用红油漆标记，并统一编号。

量测的频率为：盾构掘进时，地面监测频率为 2 次/d，监测范围为机头前 20 m 和后 30 m，监测结果在监测完成后 30 min 内上报有关部门。施工监测时要与铁路工务段人员一起进行监测。对穿越节点的监测应在穿越完成后一段时间内待地面沉降稳定后方可结束。

轨道公司的第三方监测专业队伍的监测数据应与铁路部门的监测结果核对比较，保证监测数据的真实可靠。

同时，盾构穿越完成后，施工监测与第三方监测单位还应严格按照施工监测的相关规范确定工后的监测时间及监测频率。

2）铁路生产生活用房监测

建筑物四角、沿外墙每隔 10～15 m 处或每隔 2～3 根柱基上，且每侧不小于 3 个监测点。

不同地基或地基的分界处，不同结构的分界处，变形缝、抗震缝或严重开裂处的两侧，新、旧建筑或高、低建筑交接处的两侧各布置一个测点。

量测的频率为：盾构掘进时，房屋和生产设施监测频率为 1 次/d，监测范围为机头前 20 m 和后 30 m，监测结果在监测完成后应每天上报有关部门。如沉降或倾斜超限，应进行地面跟踪注浆，并会同铁路部门、业主、监理和设计单位各方查明原因。

3）接触网监测

每根接触网立柱下布置一个测点。每个接触网线岔应布置一个测点。

量测的频率为：接触网立柱与接触网线岔的监测频率为 1 次/d，监测范围为机头前 10 m 和后 20 m，监测结果在监测完成后 30 min 内上报供电段和铁路相关部门。如接触网线岔偏差超限，立柱沉降或倾斜超限，并会同铁路部门、业主、监理和设计单位各方查明原因。

4）跟踪监测

盾构完全通过铁路后，应跟踪观测 3 个月，视变形数据处于稳定后停止观测。

6.3.5 主要监测工程数量

区间穿越圃田西站监测工程数量表如表 6.3.4 所示。

表 6.3.4 区间穿越圃田西站监测工程数量表

序号	分项名称		项目特征	计量单位	工程数量	备注
1	监测	铁路路基沉降	沉降观测点	点	216	每个主监测断面布设12~14个点
		轨道结构变形	竖向位移监测点	点	357	共17股轨道
			水平位移监测点	点	357	
			钢轨水平高差监测	点	357	
		接触网立柱（共6处）	竖向位移监测点	点	24.00	
			水平位移监测点	点	24.00	
		水准基本点	深埋钢管	点	2.00	
		监测	水平或隆沉	点次		
		地下管线	沉降观测点	个	8.00	

6.3.6 监测测点布置

管线监测点布置见图 6.3.1 所示。

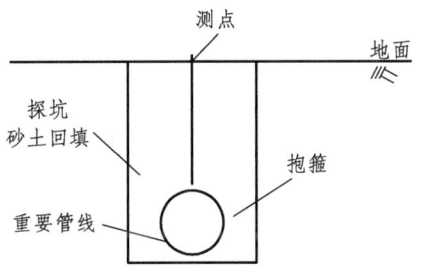

图 6.3.1 管线测点布置示意图

圃田西站铁路轨道监测布置见图 6.3.2、图 6.3.3。

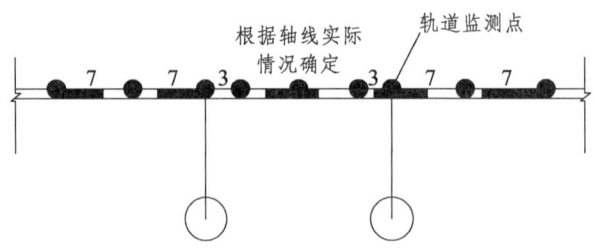

图 6.3.2 地铁轴线横断面铁路轨道监测布置图

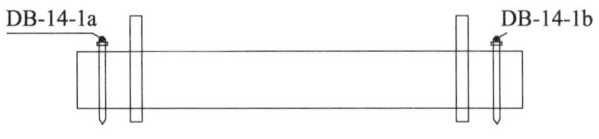

图 6.3.3 铁路轨道横断面监测点布置图

6.3.7 监控量测方法

1. 地表沉降监测

1）测量仪器

精密水准仪、铟钢尺等。

2）测量实施

基点应埋设在沉降影响范围以外的稳定区域,并且应埋设在视野开阔、通视条件较好的地方。基点数量根据需要埋设,基点要牢固可靠。沉降测点埋设,用冲击钻在地表钻孔,然后放入长 300~400 mm,直径 20~30 mm 的圆头钢筋,其底端插入路基土体中固定。

3）测量方法

观测方法采用精密水准测量方法。基点和附近水准点联测取得初始高程。

观测时各项限差宜严格控制,每测点读数高差不宜超过 0.3 mm。对不在水准路线上的观测点,一个测站不宜超过 3 个；如超过,应重读后视点读数,以作核对。首次观测,应对测点进行连续两次观测,两次高程之差应小于 ±1.0 mm,取平均值作为初始值。

4）沉降计算

在条件许可的情况下,尽可能地布设导线网,以便进行平差处理,提高观测精度,水准线路闭合差应小于 $±0.3\sqrt{N}$（mm）（N 为测站数）,然后按照测站进行平差,求得各点高程。施工前,由基点通过水准测量测出地表沉降观测点的初始高程 H_0,在施工过程中测出的高程为 H_n,则高差 $\Delta H = H_n - H_0$ 即为地表沉降值。

5）数据分析与处理

时间-位移曲线散点图和距离-位移曲线散点图,根据沉降规律判断围岩稳定状态和施工措施的有效性。当位移-时间曲线趋于平缓时,可选取合适的函数进行回归分析,预测最大沉降量。作横断面和纵断面沉降槽曲线，判断施工影响范围、最大沉降坡度、最小曲率半径、土体体积损失等。

2. 地下管线沉降监测

1）仪器设备

精密水准仪、铟钢尺等。

2）监测实施方法

测点布置：地下管线测点重点布设在煤气管线、给水管线、污水管线、大型的雨水管及电力方沟上，测点布置时要考虑地下管线与隧道的相对位置关系。有检查井的管线应打开井盖直接将监测点布设到管线上或管线承载体上；无检查井但有开挖条件的管线应开挖暴露管线，将观测点直接布到管线上；无检查井也无开挖条件的管线可在对应的地表埋设间接观测点。管线沉降观测点的设置可视现场情况，采用抱箍式或套筒式安装。每根监测的管线上最少要有 3~5 个测点。基点的埋设同地表沉降监测。测量方法、沉降计算、观测频率与地表沉降观测相同。

3）数据分析与处理

根据施工进度，将各测点变形值绘成管线变形曲线图。即绘制位移-时间曲线散点图，据以判定施工措施的有效性；位移-时间曲线趋于平缓时，可选取合适的函数进行回归分析，预测管线的最大沉降量沿管线沉降槽曲线，判断施工影响范围、最大沉降坡度、最小曲率半径等。

3. 铁路股道道床、触网基础沉降监测

1）测量仪器

精密水准仪、铟钢尺等。

2）测量实施

测点布置方法：铁路股道道床测点按设计要求直接布置在铁轨螺栓上面，每个测点均用油漆做好相应的记号。触网基础按设计要求直接布置在柱底部螺栓上面，每个测点均用油漆做好相应的记号。

观测方法同样应用精密水准测量方法。初始高程通过附件水准测量点和基点测量获得。应当控制好各项限额差值，监测点的读数高差一般不应超过 0.3 mm，如观测点恰好不在水准路线上，对一个测站来说，不应超过 3 个测点，如这时测点过多，应该对测量的后视读数进行重读，目的是核对测量数据的准确性。第一次观测过程要对测点进行两次测量读数，如两次高差小于 ±1.0 mm，则初始值大小就可以取两次测量的平均值。

3）数据分析与处理

利用时间-位移曲线散点图和距离-位移曲线散点图，根据地表下沉规律来判断铁路轨道道床、触网基础的稳定状态和盾构方法的有效性。当位移-时间曲线形状接近平

行缓慢时，用合理的函数做回归分析，从而可以预估沉降的最大值是多少，纵向及横向的沉降曲线形状，沉降槽的特点和土体损失量等。

6.3.8 监测数据管理

1. 监测预警等级划分及应对管理措施

监测预警等级划分及应对管理措施应符合表 6.3.5 的规定。

表 6.3.5 监测预警等级划分及应对管理措施

预警级别	预警状态描述	预警处理
黄色预警	设计控制值的 70%，即轨道高低差达到 4.2 mm	发生黄色预警时，应加密监测频率，加强对桥梁沉降动态的观察；分析和调整地铁隧道施工参数
橙色预警	设计控制值的 85%，即轨道高低差达到 5.1 mm	发生橙色预警时，加强观察、监测，立即通知铁路相关部门、地铁相关单位（建设、设计、施工、监理）共同商议确定，同时应对施工方案、开挖进度、掘进参数等做检查和完善，在获得设计和建设单位同意后执行；必要时进行轨道的保养工作
红色预警	设计控制值的 100%，即轨道高低差达到 6 mm	发生红色预警时，加强观察、监测，立即通知铁路相关部门、地铁相关单位（建设、设计、施工、监理）共同商议确定，必要时停止隧道施工，进行轨道的保养工作或临时补修工作

2. 监测信息反馈

对监测的数据要进行及时的处理与分析，并且可以绘制位移时态变化图，即所谓的散点图。在得到足够数据的基础上，按照散点图的分布情况，可用适当的函数对监测的结果进行回归分析，这样做的目的是找到监测可能出现的位移及应力的最大值做预测，使得构筑物及地下结构维护自身的安全。利用回归函数有：

$$\begin{cases} U = A\lg(1+t) + B \\ U = t/(A+Bt) \\ U = A(e-Bt - e-Bt_0) \\ U = A\lg\left[(B+t)/(B+t_0)\right] \end{cases}$$

式中 U ——位移变形值（mm）；

A, B ——回归系数；

t, t_0 ——测点的观测时间（d）。

监测结果必须是准确的，为使信息反馈快捷实用，监测数据统一使用计算机处理，要将监控量测数据及日报表及时送交业主及监理单位，并按规定向施工设计单位、监

理单位递交监测的月报,对本月的施工状态做出总结并且提出下一步的施工方法及建议。监测报表包括以下内容:

(1) 变位监测成果表,包括本次变化值、变化速率以及累计变化值。
(2) 监测点位置布置图。
(3) 水平位移和竖向位移变化量曲线图。
(4) 其他监测项目必要的布置图、变化量曲线图。
(5) 对达到或超过监测报警值的监测点应有报警标示,并有分析和建议。
(6) 其他相关说明和建议。

监测反馈程序见图6.3.4。

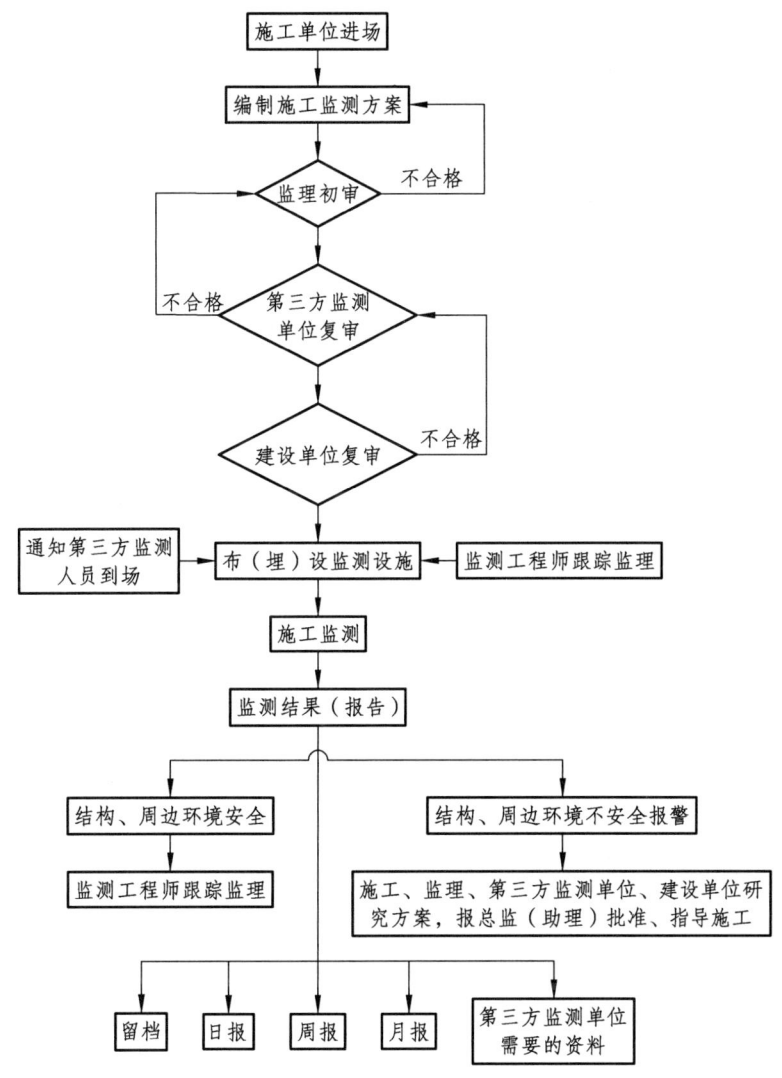

图6.3.4 监测反馈程序图

6.4 盾构下穿铁路既有线整体安全性保证措施

6.4.1 盾构穿越铁路的沉降控制措施

地面沉降主要是由地层损失、扰动土体的再固结引起的。因而,控制地面沉降的主要措施是采取必要的技术手段规避和减少地层损失,尽量减少对土体的扰动。

盾构穿越铁路中的沉降控制措施主要分为三种:严格控制盾构掘进参数、地基加固或隔离以及列车限速等技术措施。

1. 严格控制盾构掘进参数

引起盾构隧道地表沉降的因素很多,如何严格控制盾构的掘进参数,使得地表沉降最小,是一个值得深入研究的问题。控制盾构掘进参数的具体措施如下。

1)选择合适的掘进模式

因为工程的背景条件、复杂程度以及工程地质条件的不同,对具体工程应当选择合适的盾构机和开挖模式。

2)控制盾构掘进压力

盾构切口压力越大,地表和上部结构沉降越小,但是如果切口压力过小,盾构开挖面的土体会失稳,坍塌,使得上方地表沉降过大,上部结构破坏;如果切口压力过大,则开挖面前方上部的地表会产生隆起,且最终沉降量较大,也会对上部结构造成破坏,影响结构的安全稳定。因此,应当结合工程实际情况通过公式计算出适合本工程的掘进压力。在实际施工中,根据现场实际情况实时调整盾构掘进压力。

3)控制盾尾壁后注浆

壁后注浆主要是为了防止由盾尾空隙引起的隧道周围围岩变位,控制地表沉陷,同时可以提高隧道的止水性,使隧道管片与周围土体形成整体保持结构稳定,确保管片的早期稳定。因此,管片壁后注浆的均匀和充分也是很重要的。注浆方式分为同步注浆和二次注浆。

施工中加强同步注浆与二次注浆:为减小和防止地面沉降,应当尽快向盾尾空隙中注入充足的浆液材料。注浆浆液要流动性好,便于盾构移动过程中不间断地注浆。

同步注浆以注浆压力与注浆量进行双重控制,二次补强注浆量根据地质情况及注浆记录情况,分析注浆效果,结合监测情况,由注浆压力控制。

通常同步注浆压力一般为 1.1~1.2 倍的静止土压力,二次注浆压力为 0.2~0.4 MPa。根据地质及线路情况,注浆量一般为理论注浆量的 1.4~2.5 倍,并应通过地面变形观测来调节。

二次(或多次)注浆弥补同步注浆的不足,是减小地表沉降的有效辅助手段,可使盾构在穿越建(构)筑物、铁路股道、道路及地下管线时,大大减小地面沉降。衬砌背后实施二次注浆,重点对拱部进行施作。

4）控制循环出渣量

严格控制掘进速度，控制每循环的出渣量，保持开挖土量和出土量的平衡，密切关注出渣渣土的物理性能。不同的地层考虑相应的松散系数来控制渣土量。

5）控制地层失水

对于土（泥）压平衡盾构机仅仅依靠压缩效应不能很好地防止地层失水。掘进时如果发现渣土太稀、涌水量加大，掌子面有水发生溢出时，应当马上关上螺旋输送机的仓门，给掌子面或者土仓室内注入泡沫或膨润土。

对于泥水平衡盾构机则主要是依靠泥水室的泥水压力来抵抗地下水压，防止地层失水。确保盾尾注浆量比较富裕，这样能够有效地加固隧道外部地层，从而达到止水的目的。对于已经开挖完成的盾构隧道，如果发生渗水，应当通过盾构管片上的注浆孔及时进行二次注浆的补强处理以及防水和补漏处理。

如果通过的地层的地下水比较丰富，一是需要盾构机有较快但是平稳的掘进速度，使得盾构能够快速并且安全地通过，二是需要在渣土仓注入泥浆或提高泥水室的压力，然后通过盾构管片上的注浆孔及时注入水泥-水玻璃双液浆，从而防止地下水侵入隧道内部。在掘进过程中加强对铰接密封、盾尾密封检查，发现有涌水（或砂浆渗漏）时立即进行处理，避免因水或砂浆的流失产生沉降。

6）盾构姿态控制或隔离

盾构推进时，控制好盾构姿态，避免盾构上浮、叩头和后退等现象发生。盾构在曲线上掘进时，土体对盾构及隧道的约束力差，盾构轴线控制较困难，需放慢掘进速度、小幅度纠偏、减少超挖及加大注浆量及加强纠偏测量工作，以减少地层损失和地面沉降量。

2. 地基加固或隔离

盾构穿越铁路时，盾构施工对周围土体扰动，地层损失引起地表和铁路结构的沉降，但是列车运行对沉降、隆起和铁轨间的差异沉降有着特殊的严格要求，较小的变化都会对列车安全运行造成较大的影响。当施工引起的沉降不能满足规范要求或者是对沉降要求极为严格的时候，仅仅靠严格控制盾构参数是不能满足沉降要求的。这种情况下，必须对地基进行加固处理，使施工产生的沉降满足规范和工程要求。

常见的处理方法主要有：

（1）隔断法：隔断法即在结构物附近进行隧道施工时，在隧道与邻近结构物之间设置隔断墙（可以由钢板桩、深层搅拌桩和地下连续墙等构成），以减少土体的水平位移与沉降量，避免由工程施工导致建构筑物发生破坏的方法。隔断墙体可以减少邻近结构物一侧的土体发生的变形。

（2）注浆加固地层：该方法是借助对地层注入适当的固结材料，通过填实空隙使土体得到加固，用以控制由施工引起的土体松散、坍塌及地基变形和不均匀沉降，从而使邻近结构物免于遭受破坏的工程本体保护方法。主要有：旋喷桩加固法，二重管无收缩双液注浆工法（WSS 工法），袖阀管注浆加固法，管幕法以及全方位高压喷射施工法（MJS 工法）等。

（3）基础托换：该方法是预先在隧道两侧或单侧影响范围外设置新桩基和承载梁，以代替或承托原基础。使用基础托换还可以防止结构物基础产生过大变形，效果好，但是费用昂贵，施工技术要求较高。

6.4.2　铁路安全监护方案

1. 施工安全措施

1）施工前期准备

（1）结合施工内容，搞好现场调查，做到图实相符，对于需特殊注意的建构筑物及设备事先做好标记。

（2）按审定的方案做好各项准备工作，除对施工人员进行安全教育外，还要确定信号备品、机具、材料齐全完好，慢行命令无差错，防护到位后（根据《铁路技术管理规程》规定，在施工地点两侧设置防护信号和人员），方可进入施工。

（3）与铁路设备管理单位签订安全协议，并由设备管理单位指派培训合格、责任心强、业务熟练的人员任现场安全质量监督员，以保证铁路线路相关设备的安全。

（4）成立施工安全领导小组，结合工作内容做好室内外分工，各负其责。根据施工作业时间、人员安排，制定施工作业流程图，层层分解，落实到人，实行动态管理，有序可控。

（5）穿越铁路要求高，存在着一定的施工风险，对于有可能发生的一些突发性事件，从技术管理与组织上采取对策，并制订相应的应急方案。

（6）各个配合单位全力协调联系，形成一个良好的外部施工环境，确保工程顺利和铁路行车安全。

（7）按照与铁路部门共签的安全协议，加强同铁路部门的联系，密切配合，使地铁盾构施工与地面铁路的干扰减少到最低程度，保证地面列车安全运行和地下盾构施工都能顺利进行。

2）穿越施工过程中安全措施

（1）施工中，应严格按照审定的方案作业，随时掌握进度与质量，监督施工人员执行各项安全规定，消除不安全因素，并经常保持与防护人员的联系。

（2）所有施工机具、设备、车辆在任何情况下均不得侵入铁路限界。

（3）任何单位或个人不得擅自动用铁路工务设备（轨道及配件、轨枕、道床、路基及各种标志）。

（4）在线路上的作业人员必须熟悉邻线列车运行速度、密度和各种信号显示方法，认真执行《铁路安规》有关人身安全的各项规定，作业中，防护人员应随时注意瞭望邻线来车，做好预报和确报。

（5）掌握列车运行时刻，有效利用列车间隔时间，计划好施工作业的数量、进度，安排好劳力、工具和材料。

（6）施工及相关人员须通过铁路线路时应遵守"一停、二看、三通过"。

（7）每步工序施工间隔时，应立即进行变形监测，及时掌握变形数据。

（8）应加强铁路线路轨面几何尺寸测量工作。

（9）在预加固和盾构推进过程中，变形较大危及行车时，应减小推进速度，加强同步注浆及二次注浆，并及时与铁路运营部门联系，同时配合铁路养护维修单位，尽快减缓变形，调整线路设备达到通车条件后，方可放行列车。

（10）做好施工组织，优化施工方案，力求尽可能减少路基面沉降，降低对线路运营行车的影响。

3）盾构穿越后安全措施

（1）盾尾脱离线路后，对轨面变形进行跟踪监测直至数据稳定收敛。采取起道填砟（有砟轨道）的方法调整道床结构到规定标高。

（2）请工务部门配合校正轨道各部几何尺寸，待达到铁路规范所规定的通车条件后，方可申请撤销慢行，恢复正常行车。

2. 线路安全监护措施

1）施工地点的联络

铁路部门配合在施工点设置配合施工人员，以便现场掌握列车运行时刻，有效利用列车间隔时间组织施工，设置防护，同时便于铁路部门掌握现场施工作业状况。

2）线路发生故障时的防护办法

若施工引起了危及行车的线路故障时，立即通知运行列车和车站，并在故障地点设置停车信号，如瞭望困难，遇降雾、暴风雪或夜间，还应点燃火炬。

6.4.3 盾构施工应急预案

施工掘进过程中，若发现股道与地面沉降超限，应立即会同有关方面根据监测情况制定有效的措施，保护铁路轨道的安全。当铁路轨道的沉降及变形较大时，主要采取以下应急措施：

（1）轨道应急措施：施工过程中一旦发现铁路股道允许偏差超标，立即联系铁路有关部门进行轨道的整治修护、线路维修作业，及时通知设计单位及铁路等相关部门，研究对策，以防影响铁路的正常运营。

（2）隧道内应急措施：应保持缓慢推进，保持土仓压力，并加强同步注浆及二次注浆，分析清楚沉降原因，有效控制地表与铁路股道继续沉降。

（3）原则上盾构穿越期间列车不限速运行，但应根据监测情况加强与铁路部门的沟通。当变形较大危及桥梁结构稳定和行车安全时，及时与铁路运营部门联系，必要时对列车进行限速处理，同时配合铁路养护维修单位，尽快减缓变形，调整线路设备达到通车条件后,方可放行列车。限速和放行的相关要求可按照《(铁总运〔2014〕180号)中国铁路总公司关于印发〈铁路营业线施工安全管理办法补充规定〉的通知》以及郑州铁路局相关要求执行。

(4)对已拼装成形的盾构隧道,在沉降区内进行管片背后补注浆,在此期间提高监测的频率,及时绘制变形曲线图,加强与上级单位和铁路部门的沟通,以便根据变形发展情况采取相应措施。

(5)施工时还应准备好足够的抢险设备,施工单位在施工组织中应明确盾构掘进和铁路抢险所需抢险物资(如沙袋、道砟、石子、发泡聚氨酯、盾尾油脂等)的项目和数量,以及存放地点,确保出线险情抢险物资能够及时到位。并成立行之有效的应急机构,组建专业应急突击队。

6.5 技术成果及应用

盾构隧道施工引起的地层位移会导致上方铁路产生不均匀沉降,如果不均匀沉降超过超限,就会造成铁路路基沉降、轨道结构扭曲变形,并由此引发轨道几何形位的改变,给既有线运营造成危害。

本章以圃田西站出入段线区间工程为依托,结合现场工程资料(地质勘探资料、施工方案等),对盾构下穿进行研究分析。利用 MIDAS-GTS 软件分析出入段线区间下穿铁路路基的地面沉降变化规律。结合现场实施条件,提出在小净距情况下采用地面及洞内注浆加固措施,减小盾构施工后的铁路路基和地面沉降;同时为确保施工期间铁路的运营安全,并对盾构施工提出相应的要求,得到以下技术成果:

利用 MIDAS-GTS 有限元软件进行盾构下穿圃田西站铁路股道的数值模拟,分析铁路路基沉降槽曲线变化趋势规律和节点时程曲线规律:随着盾构开挖的进行,地表的沉降渐渐增加,铁路路基的沉降也在增加,对盾构上方土体采取注浆加固措施后,左线盾构开挖最大沉降量为 2.5 mm;双线盾构均掘进后,右线与左线沉降累加,路基最大沉降量为 3.8 mm,沉降点位于左右两线盾构隧道中心线附近。

本章论述了盾构下穿铁路既有线监控量测技术,提出了铁轮路基变形控制标准,地表沉降、地下管线沉降、铁路股道道床、触网基础沉降的监测测点布置和监控量测方法,提出通过回归分析方法对监测的结果进行分析,找到监测可能出现的位移及预测应力的最大值,使得构筑物及地下结构维护自身的安全。

针对盾构下穿铁路既有线整体安全性,本章从沉降控制、铁路安全监控、盾构施工应急预案三个方面提出了相应安全性保证措施。盾构穿越铁路主要有三种沉降控制措施:严格控制盾构掘进参数、地基加固或隔离以及列车限速。为了保证盾构通过时铁路设施的安全性,本章从施工前期准备、穿越施工过程中、盾构穿越后三个方面提出了相应的施工安全措施,并且提出了盾构施工应急预案。

第 7 章 盾构下穿桥梁技术

7.1 工程背景

7.1.1 工程概述

黄河路立交桥位于郑州市三环路的 107 国道与黄河路、东环路相交的五路交叉口处，107 国道按城市快速路设计，设计行车速度 80 km/h。黄河东路、东环路、黄河路为城市主干道，设计行车速度为 60 km/h。黄河路立交桥共有 A～I 九条匝道，工程始建于 2002 年。

本次郑州轨道交通 5 号线工程从黄河路立交桥南侧下穿，黄河路立交桥 F 匝道桥侵入郑州轨道交通 5 号线的未来北路站—众意路站区间线路。其中，F 匝道桥的 F26 号桥台侵入暗埋段的左线（如图 7.1.1 所示）。

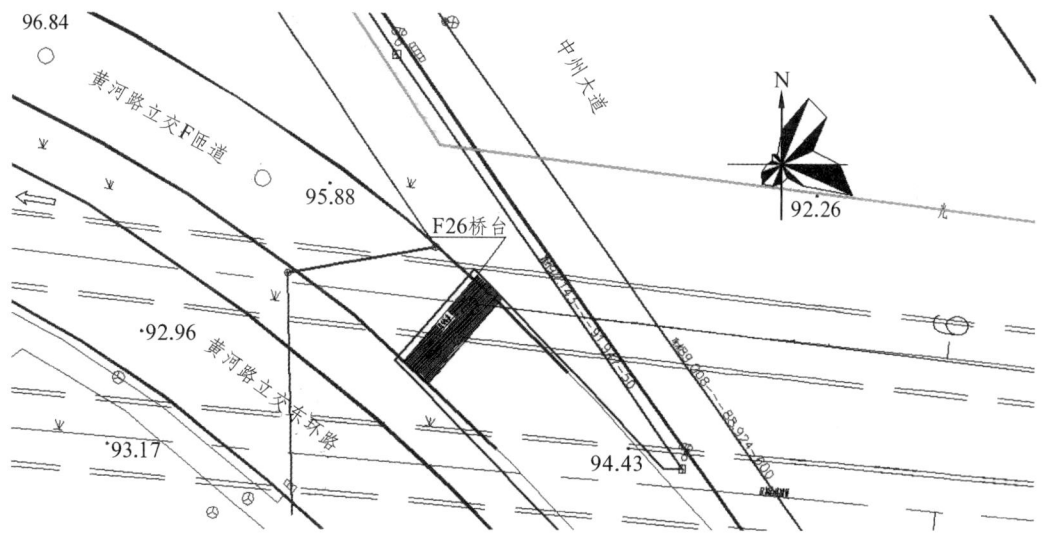

图 7.1.1　F26 桥台与未众区间隧道平面位置关系图

F 匝道宽度 9 m，设计速度 30～40 km/h，F26 桥台的桥联位于匝道线路曲线上，曲线半径 149.8 m，线路纵坡 3.8%。匝道桥 F22～F26 桥联上部结构为 4×20 m 现浇单箱单室钢筋混凝土箱梁，梁高 1.5 m，墩柱直径 φ1.5 m，每墩设 2 根直径 φ1.2 m 钻孔桩,桩长48 m。F26桥台为桩接盖梁式桥台,台高约5 m,盖梁截面2.7 m(宽)×3.0 m(高),桩基直径ϕ1.5 m,桩长35 m。F26桥台与未众区间隧道剖面位置关系如图7.1.2所示。

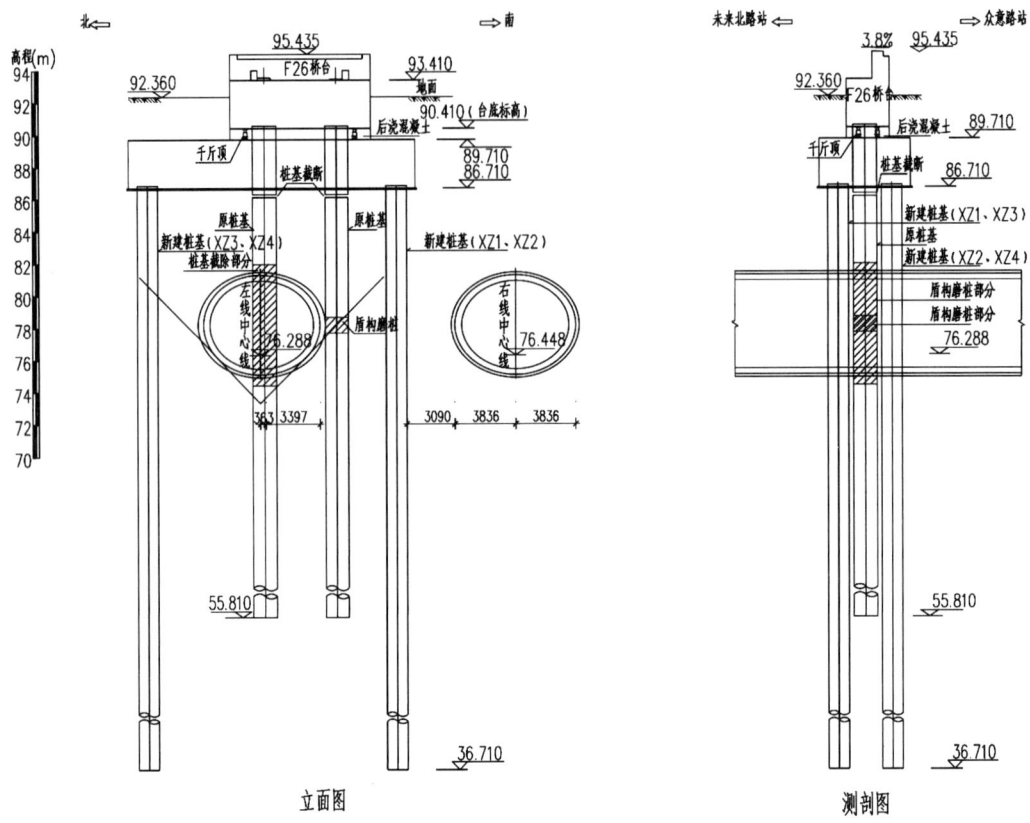

图 7.1.2 F26 桥台与未众区间隧道剖面位置关系图

7.1.2 工程地质及水文地质

工程项目区属黄河冲击平原,地形平坦。根据该项目区周围相关工程地质勘探资料,该项目区地表无基岩出露。地表层属黄河冲击平原稳定性不均匀区。地表层为第四系地层所覆盖,其厚度一般200~300 m,除地表为人工填土外,其下层为砂黏土和黏土,其允许承载力为[σ]=200~250 kPa,极限摩阻力为40~80 kPa。

拟建场地第四系松散层孔隙潜水含水层以粉土、粉质黏土为主,勘察期间地下水初见水位埋深为10.00~12.50 m(79.08~82.05 m),稳定水位埋深为10.50~12.00 m(标高78.58~82.05 m),变幅1.0~2.0 m。据调查场地近3~5年地下水埋深为6.65~8.50 m(标高83.50 m),历史最高水位埋深为3.0~4.5 m(标高88.00 m)。该场地地表水和地下水对混凝土结构具微腐蚀性,对钢筋混凝土结构中的钢筋在长期浸水状态下具微腐蚀性,在干湿交替状态下具弱腐蚀性。

7.2 桥梁桩基对盾构掘进的影响分析

盾构隧道施工引起的地层变形一般可分为 5 个阶段：① 盾构刀盘前方地层会因掘进所产生的地层损失或地下水流失而产生一定的沉降；② 由盾构机土仓压力与地层水土压力不平衡而造成的地层变形，可以表现为沉降或者隆起；③ 由于盾构机呈倒锥形布置，前盾通过后地层与盾构机之间隙会导致地层沉降；④ 盾尾同步注浆会引起地层沉降或者隆起变形；⑤ 盾构掘进后土体固结过程的长期沉降。

本项目中，桥梁桩基倾入盾构区间的情况，使得盾构掘进时引起的地层变形可能会对既有的桥梁结构产生安全影响，必须通过一定的措施来避免这种不利情况的发生；此外，桥梁桩基会对盾构行进路线产生一个障碍，这个障碍的排除方式有拔除、磨桩等，不同的选择对应不同的技术难点及成本经济。

目前，对于隧道线路穿越既有建（构）筑物的情形，一般在进行规划时选择避开既有结构物的线路，但经常有各种实际情况使得隧道线路无法避开既有结构物。针对本项目中隧道线路无法避开既有桥梁基础时，以往通常采用的施工方法是：搭建临时替代桥梁→交通改道、拆除旧桥、拔除桩基→盾构推进→施工结束后，修建新桥→恢复原有交通→最终拆除临时桥梁。这样做的话，就需要修建两座桥梁、拆除两座桥梁，并且工期长、造价高、风险大、社会影响大。

但如果采取托换及除桩施工方法，即在保证既有桥梁结构使用功能的基础上，通过一系列施工技术达到拔桩或截桩技术，达到盾构顺利推进的目的。这样可节约工期、降低造价、降低风险、尽可能减少对社会的影响，同时也符合郑州地铁建设新形势的需要，有利于提高郑州地铁建设水平，具有良好的社会效益和经济效益。

7.3 桩基托换方法及步骤

7.3.1 桩基托换方法设计

在城市轨道交通工程的保护构筑物方法中，托换技术是一种重要且经常使用的主动保护方法，它使基础托换结构体系的受力更加精准，由于隧道开挖引起的建筑物沉降问题能够被定量分析和解决，在国外地铁施工修建过程中已被广泛采用。随着人类生活快速发展，地面空间的使用愈发地紧张，许多城市进入地下空间的大发展时期，与此同时，为了缓解地面的交通压力，越来越多的地铁正在修建，庞大的城市地下铁路网络正在逐步成形。为了广泛地满足群众的出行方便，同时又要符合设计规范的要求，需要在各种特定情况下进行施工作业，例如下穿建筑物、跨越河流隧道或下穿重点保护文物等。如果对这些特定情况下的修建不妥当处理，就会对人民群众的生命财产安全产生威胁，还会影响到地铁车站自身的结构安全，同时还会危及地面建筑和影响正常交通营运，所以在这些特定情况下修建地下铁路工程的施工难度会远大于其他条件下的地铁工程施工。为了避免城市居民的生活受地下铁路建设施工的影响，必须采取行而有效的防治措施，即控制地铁施工对周围环境的不利影响处于允许范围限值以内，以此保证车站基坑自身的安全与稳定。

桩基托换就是将上部结构对桩基的载荷，通过托换的方式，转移到新建基础。桩基托换的目的就是要在基本维持上部结构受力和变形不变、保证被托换建筑物使用安全的前提下，将需托换的既有桩基承受的上部荷载有效地转移到新施筑的托换结构上。桩基托换的关键是荷载转换，效果为变形控制，二者构成了桩基托换的核心，桩基托换的设计实施方案正是围绕此核心问题展开，并结合托换建筑物的现状条件进行研究。按照对变形控制程度的不同，桩基托换可分为主动托换和被动托换两种。主动托换时，通过预先对托换桩进行预压来消除部分沉降，可人为控制托换时及托换后的变形，使荷载分级转移，适合于托换荷载较大情况。被动托换时，变形无法人为控制，适合于托换荷载较小，上部结构对变形要求不严格的情况。

针对具体情况，现对本项目进行如下设计：

（1）郑州轨道交通5号线工程左线下穿F匝道2根桩基，既有桩基桩长35 m，设计为摩擦桩。根据地质和桥梁结构情况，需采用主动桩基托换，托换后在托换梁底截断旧桩基，地铁隧道采用盾构施工。

（2）根据桥台和地铁线路平面位置情况，托换结构采用4根桩基接托换梁结构，新桩基平面布置需同时考虑施工时对既有桩基影响和后续隧道施工的安全距离；为实现主动托换，托换梁在既有桩基处预留圆柱孔；在托换梁顶和台身底设有0.7 m竖向距离作为主动托换顶升空间，在顶升完成后对顶升空间进行后浇筑。

（3）托换顶升采用同步式千斤顶系统，共4台千斤顶，使顶升面平稳；每个千斤顶处设两个辅助支撑，以保证顶升稳定和安全；主动托换前需进行预顶升，顶升加载须分级加载，并需全过程进行监测。

（4）为了减小托换桩基结构的后期沉降和缩短工期（缩短对交通影响时间），托换桩底采用后压浆加固地基方法。

（5）桩基托换的实施需开挖台前及台后部分基础，托换结束后需对基础进行恢复。

桥台托换设计如图7.3.1~图7.3.5所示。

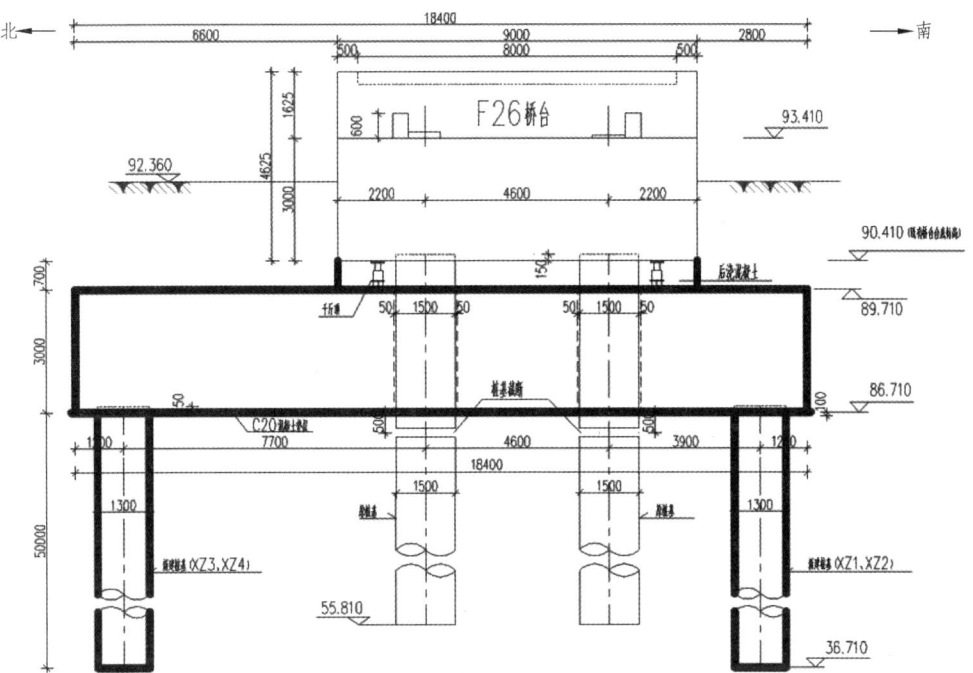

图 7.3.1 托换结构与既有桥台立面关系图

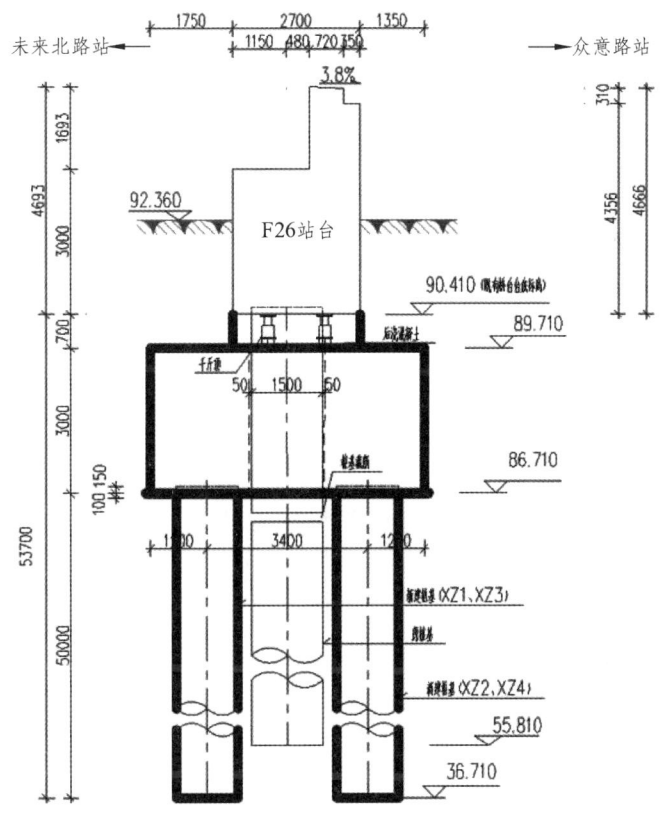

图 7.3.2 托换结构与既有桥台侧面关系图

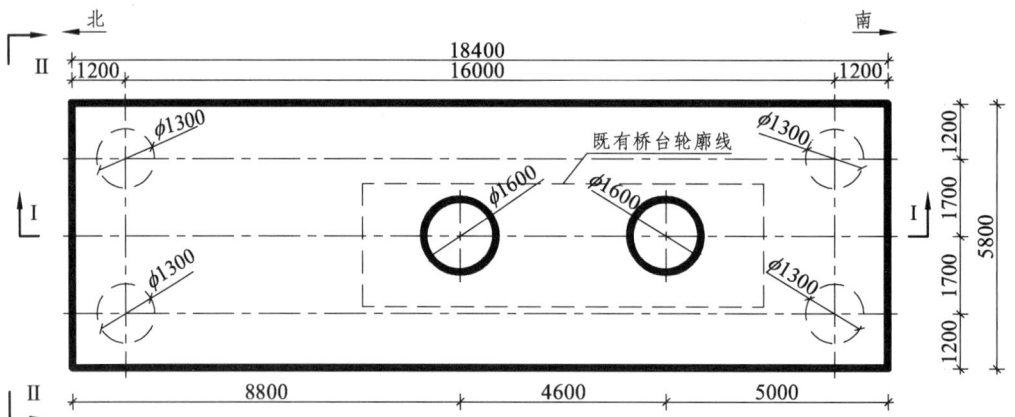

图 7.3.3 托换结构平面图

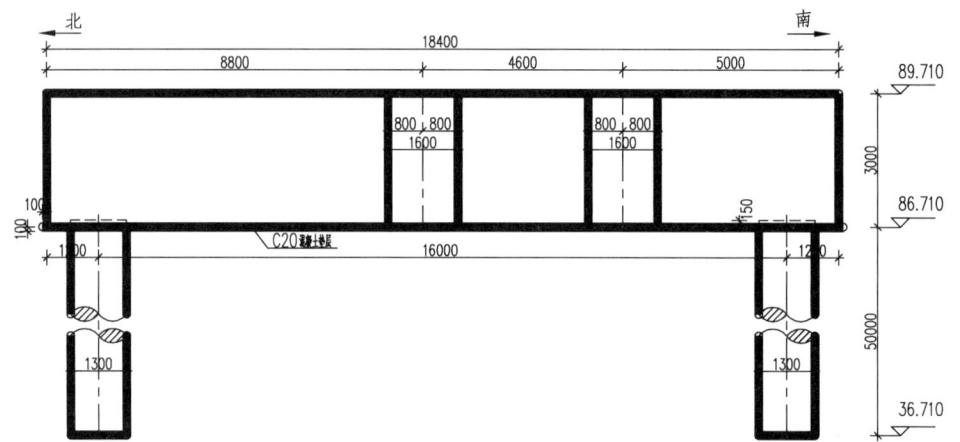

图 7.3.4 托换结构Ⅰ—Ⅰ剖面图

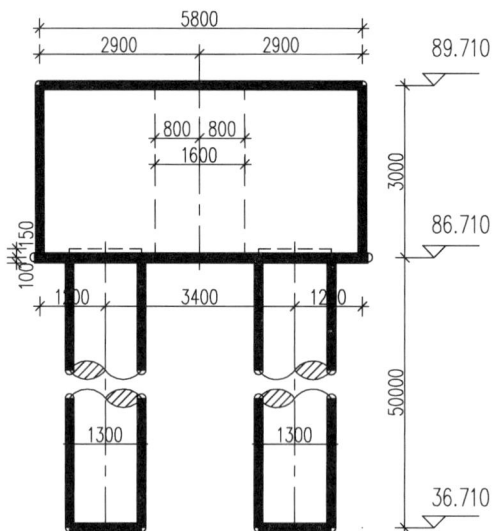

图 7.3.5 托换结构Ⅱ—Ⅱ剖面图

基坑采用半明挖半暗挖法施工。明挖部分采用围护桩+内支撑+土钉墙；暗挖部分采用大管棚+深孔注浆+型钢钢架。具体如图 7.3.6～图 7.3.9 所示。

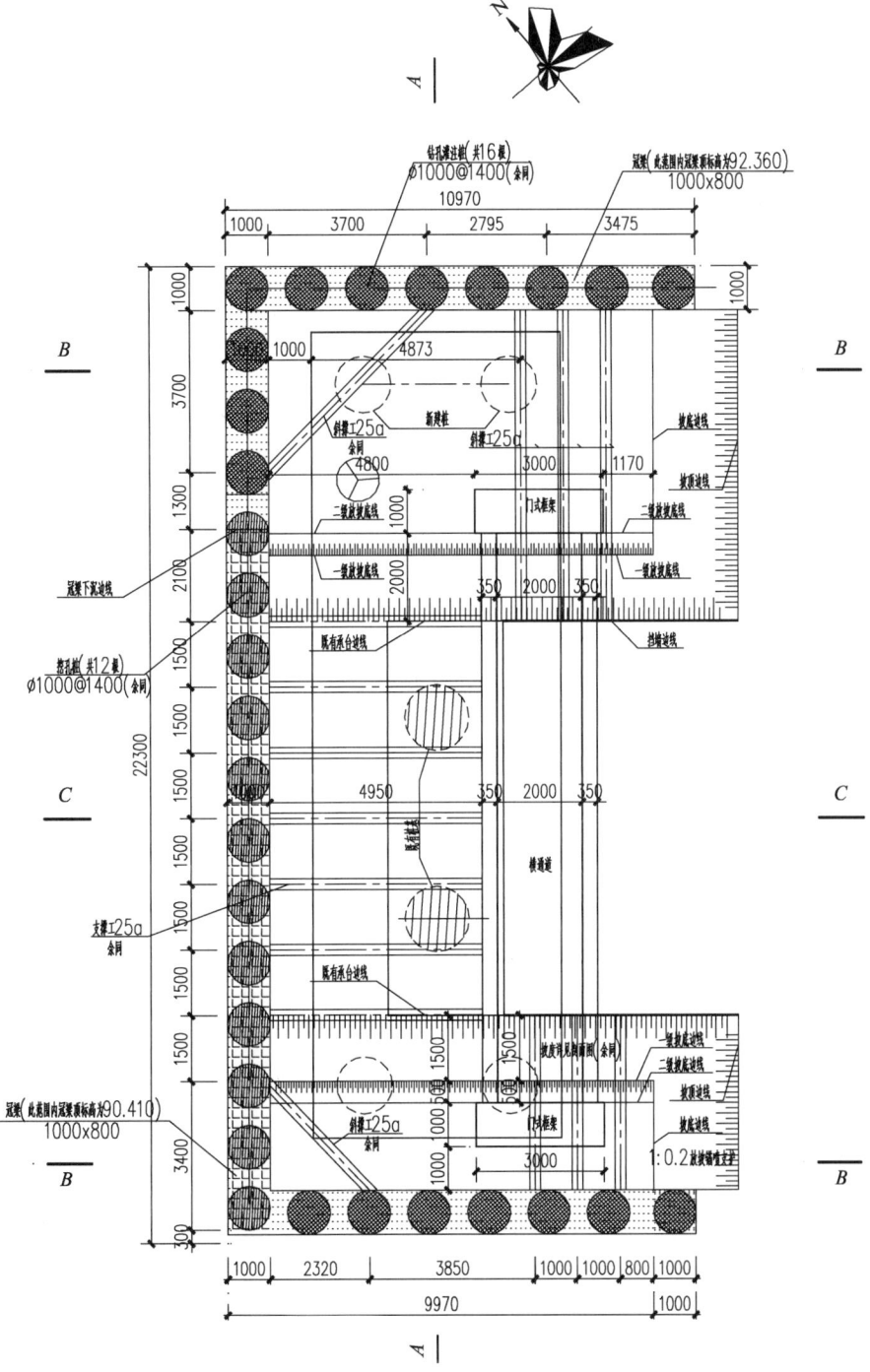

图 7.3.6 基坑平面图

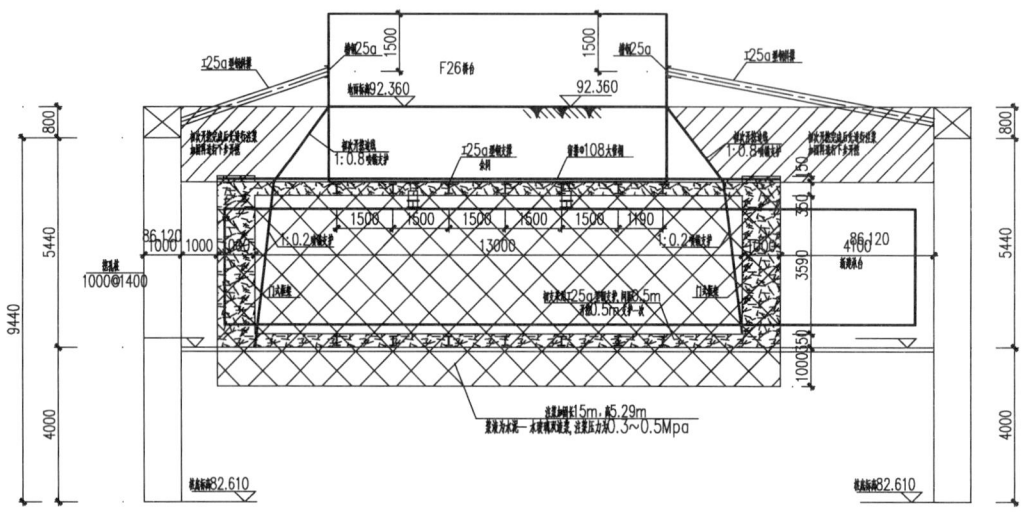

图 7.3.7 基坑 A—A 剖面图

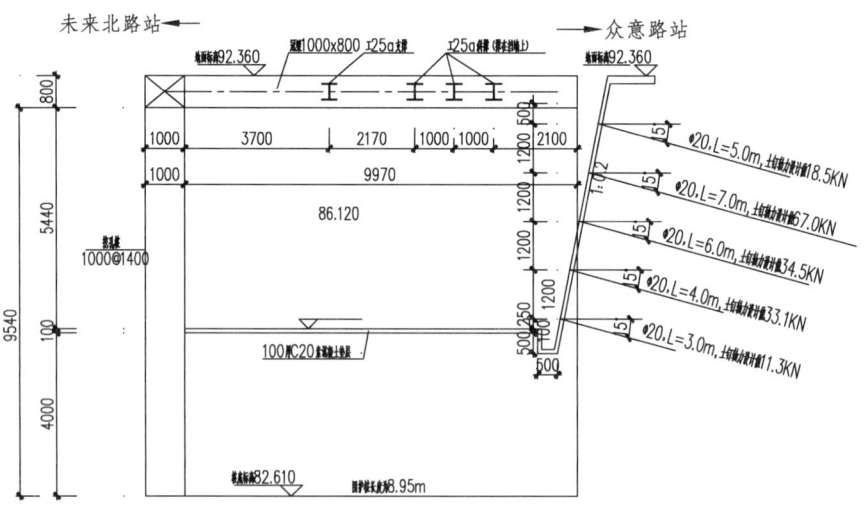

图 7.3.8 基坑 B—B 剖面图

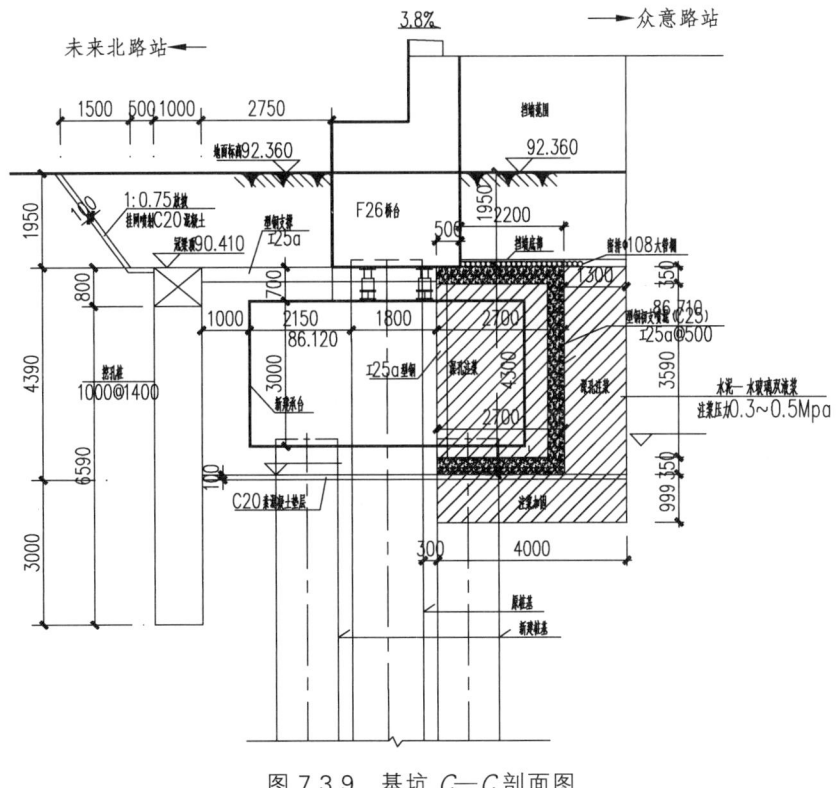

图 7.3.9 基坑 C—C 剖面图

7.3.2 桩基托换步骤

本工程桩基托换施工共分为七步,分别为:施工准备、新建桩基施工、基坑围护及半明挖半暗挖施工、托换梁施工、顶升和截桩、托换节点施工、基坑回填。

第一步:施工准备

在施工前需对周边管线进行迁改;与交通主管部门协调施工期间进行重载交通控制;对施工场地进行围挡、场地平整;将既有桥台局部开挖至台底,对既有桥台高程和平面定位进行复核测量,并将复测结果反馈给设计、监理及业主等单位;委托第三方监测单位对桥梁、桥台布设监测点,并取得初始值;在桥面铺设 10 mm 钢板。

第二步:新建桩基施工

在既有桩基复测并确认无误、测点布设报验完成后,对新建桩基进行定位、钻孔及浇筑;在钻孔灌注桩完成 3~7 天,桩身强度达到 70% 以后,对桩底进行注浆处理。

新建桥桩及基坑明挖围护结构均采用钻孔灌注桩。新建桥桩桩长 50 m,直径 1.3 m,共计 4 根;明挖围护结构钻孔桩桩长分别为 9.54 m、9.44 m、6.59 m,直径 1 m,共计 30 根。

新建桥桩结构见图 7.3.10 所示。

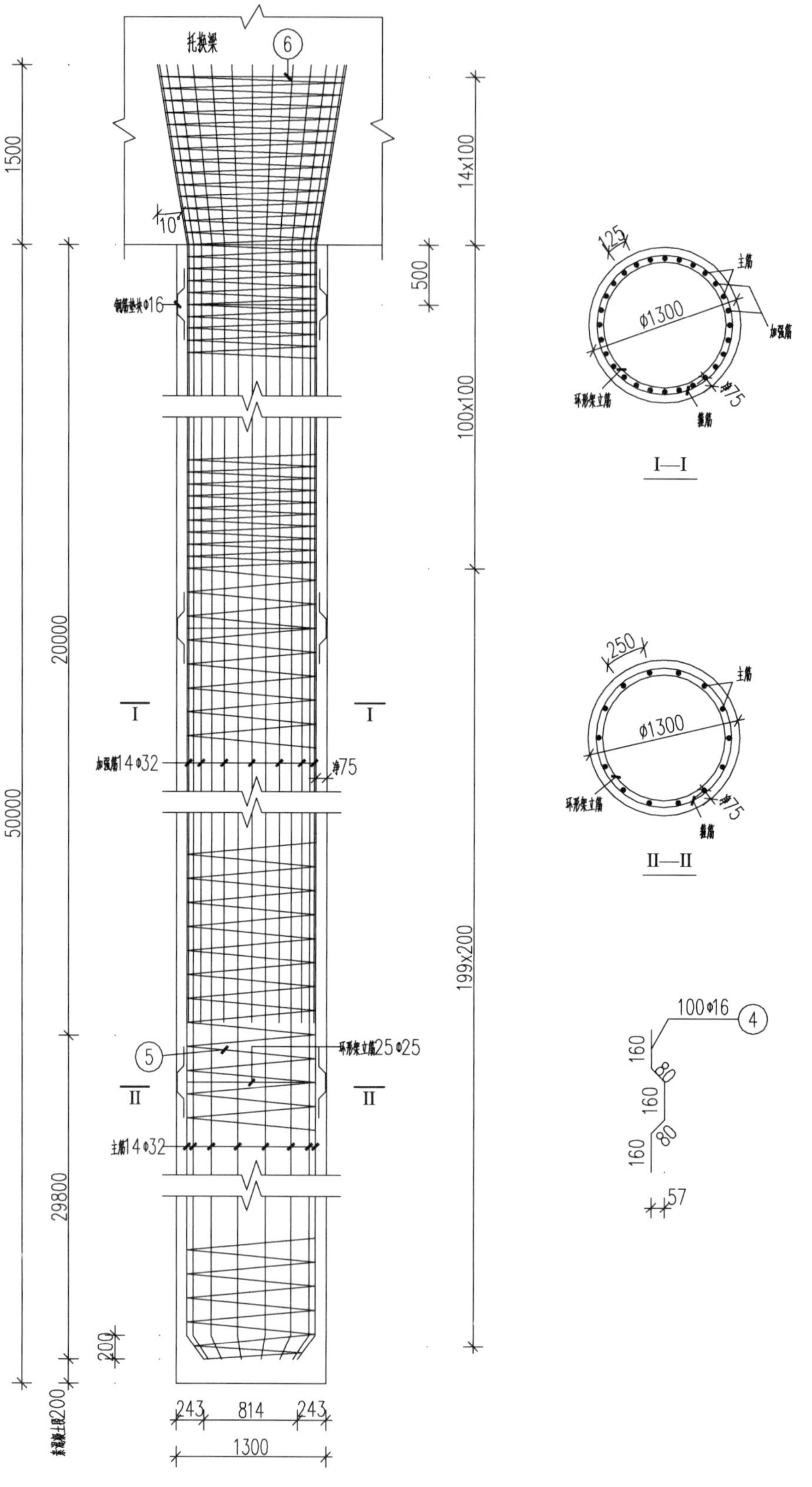

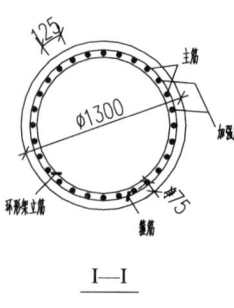
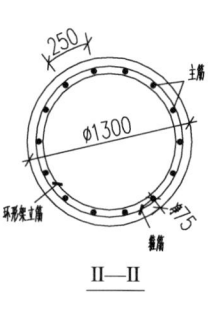
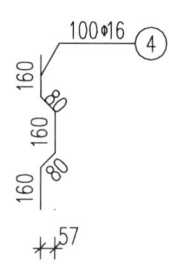

图 7.3.10 新建桥桩结构示意图

围护结构钻孔桩见图 7.3.11 所示。

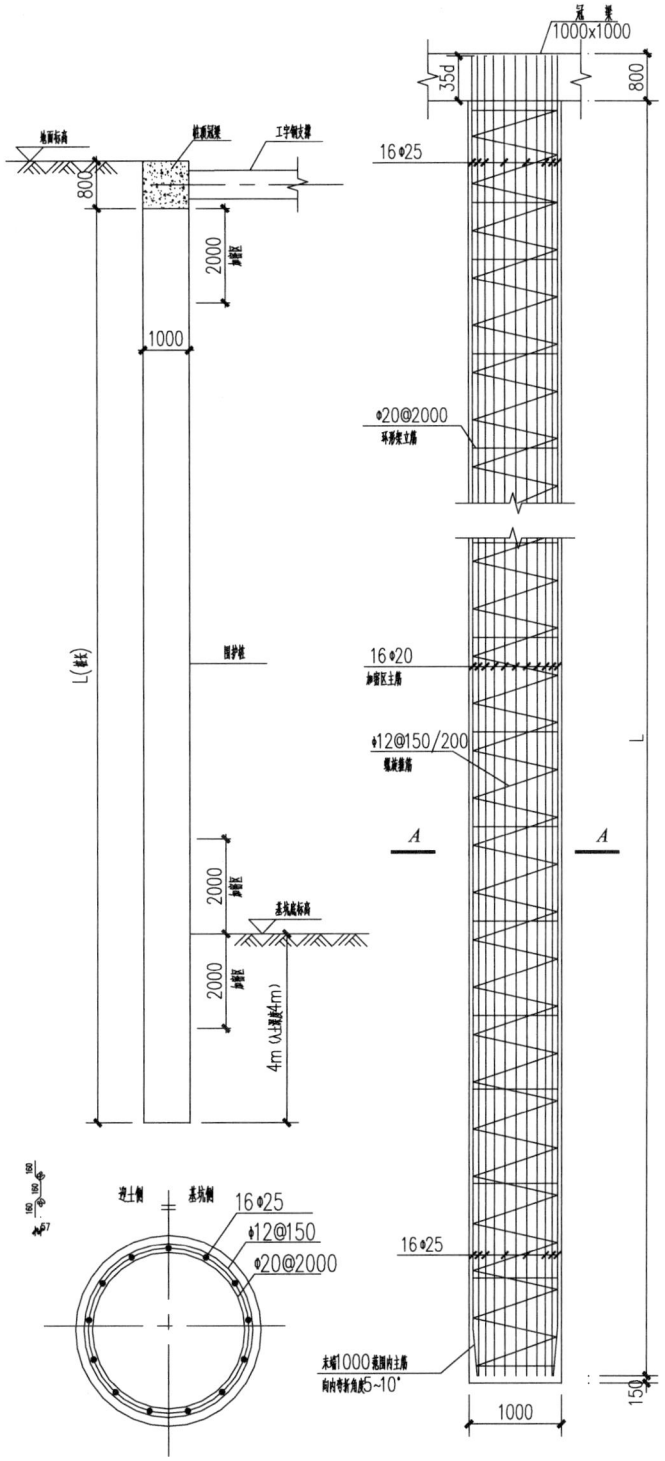

图 7.3.11 围护结构钻孔桩示意图

钻孔桩施工工艺流程见图 7.3.12 所示。

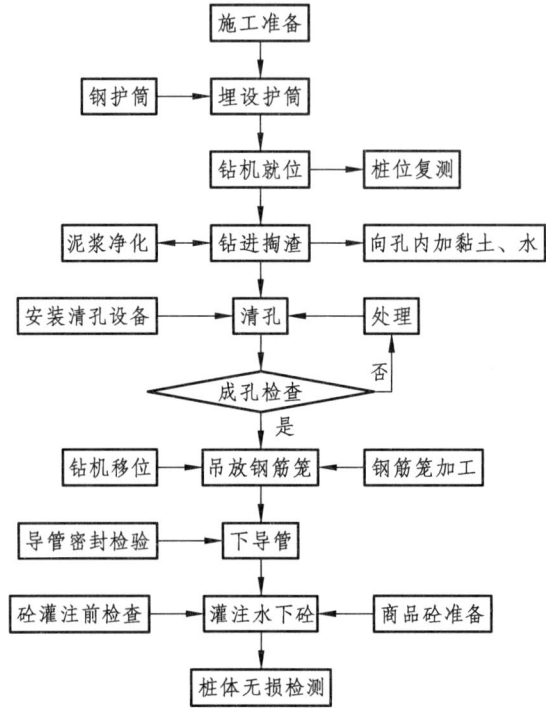

图 7.3.12 钻孔灌注桩施工工艺流程图

1）施工准备

在施工前，清除设计桩位范围内场地的杂物、障碍物，平整施工场地。整平夯实并进行硬化处理，使施工中的钻机保持稳定。

2）测量放线

根据施工测量控制点，用全站仪将轴线引测到施工部位，然后根据控制轴线测设桩的位置，并用木桩定出桩的位置。

根据引入施工现场的水准点标高，进行桩基施工时利用水准点和水准仪控制桩的标高。

3）护筒埋设

（1）护筒制作

护筒内径宜比孔径大 200 mm，护筒长度 1.5 m。护筒用 5 mm 的钢板制作，在护筒的上、中、下各加 1 道加劲筋，顶端焊 2 个吊环，一为起吊用，二为绑扎钢筋笼吊杆，压制钢筋笼的上浮。护筒顶端同时正交刻四道槽，以便挂十字线，以备验护筒、验孔之用。在其上部开设 2 个溢浆孔，便于泥浆溢出，进行回收和循环利用。

（2）埋设护筒

护筒具有导正钻具、控制桩位、隔离地面水渗漏、防止孔口坍塌、抬高孔内静压水头和固定钢筋笼等作用。

埋设时，先放出桩位中心点，在护筒外 80～100 cm 过中心点的正交十字线上埋设控制桩，然后在桩位外挖出比护筒大 60 cm 的圆坑，深度 2.0 m。在坑底填筑 20 cm 厚的黏土，夯实，然后将护筒用钢丝绳对称吊放进孔内，在护筒上找出护筒的圆心（可拉正交十字线），再通过控制桩放样，找出桩位中心。移动护筒，使护筒的中心与桩位中心重合，同时用水平尺（或吊线坠）校验护筒竖直后，在护筒周围回填含水量适合的黏土，分层夯实。夯填时要防止护筒偏斜，护筒埋设后，质量员和监理工程师验收护筒中心偏差和孔口标高。当中心偏差符合要求后，可钻机就位开钻。

护筒埋设准确、稳定，护筒中心与桩位中心的偏差不得大于 5 mm。校准后，护筒固定在正确位置，筒口应高出地面 100 mm。底部用黏土沿护筒外侧四周分层回填夯实，为减少回填对护筒的扰动，地面以下 20 cm 采用直接灌浆。

4）钻机就位

安设钻机时地面应平整，以保证钻机的平稳。同时调整机架，使钻机天轮槽口、钢丝绳、钻头保持在一个铅直线上，不发生倾斜移位现象，保证钻机对中误差小于 2 mm。施工前，钻机应先试运转检查，以防止成孔过程中发生故障。

5）泥浆管理

（1）泥渣存放区和泥浆池的设置

由于本工程施工场地狭小，钻孔桩施工所需泥浆池在本场地内无法设置，拟采取在相邻的未来北路站东场地黄河路立交东环路上（因施工已断路）放置 1 个泥浆池，2 个废浆池。泥浆池方量不小于 100 m³，废浆池每个不小于 40 m³，废浆池轮换使用。

（2）泥浆制备

选用黏土泥浆，黏土含胶体率不低于 95%，含砂率不大于 4%，造浆能力不低于 2.5 L/kg。制浆前，先将黏土打碎，使其易于成浆，缩短搅拌时间，黏土在水中浸透并用拌和机搅拌均匀。对新制泥浆及再生泥浆均设专人采用专用仪器进行质量控制。其主要技术指标详见表 7.3.1。

表 7.3.1 泥浆技术指标表

序号	项目名称	新制泥浆	循环再生泥浆	废弃泥浆
1	比重/（kg/m³）	1.06～1.10	1.10～1.25	≥1.25
2	黏度/（Pa·s）	18～28	23～30	>30
3	失水量/（mL/30 min）	≤20	30	>30
4	泥皮厚度/mm	≤3	≤5	>5
5	含砂量/%	≤4	≤5	>5
6	pH 值	8～10	≤11	>11

泥浆使用过程中,每班要抽取样品,测试泥浆性能指标。在钻进过程中,随时注意泥浆液面,发现漏失和黏度下降及时报告,以便及时采取措施。使用后的泥浆存放在沉淀储浆池内,循环使用后的废弃泥浆经泥浆处理系统处理,晾晒后用汽车运至指定地点弃置。

(3)测量项目及要求

① 全班工作日开始时,测定一次闸门口泥浆下面 0.5 m 处的全套指标以后钻进过程中,每隔 2 h 测定一次进浆口和出浆口的比重、含砂量、pH 值等指标。

② 在停钻过程中,每天测一次各闸门出口处 0.5 m 处的全套指标。

(4)泥浆的拌制

为了有利于膨润土和羧甲基纤维素完全溶解,应根据泥浆需用量选择澎润土搅拌机,其转速宜大于 200 r/min。

材料的投放顺序,应先注入规定数量的清水,边搅拌,边投放膨润土,膨润土大致溶解后,均匀地投入羧甲基纤维素,然后投入分散剂,最后投入增大比重剂及渗水防止剂。

(5)泥浆的护壁

① 施工期间护筒内的泥浆面应高出地下水位 1.0 m 以上,在受水位涨落影响时,泥浆面应高出最高水位 1.5 m 以上。

② 循环泥浆要求:

注入孔口泥浆性能指标:泥浆比重应不大于 1.10,黏度 18~20 Pa·s。排出孔口泥浆性能指标:泥浆比重应不大于 1.25,黏度 18~25 Pa·s。

③ 在清孔过程中,应不断置换泥浆,直至浇筑水下混凝土。

④ 废弃的泥浆、渣应按环境保护的有关规定处理。

6)成 孔

(1)钻孔前,调平钻机,保持钻机垂直稳固。开钻前将钻头着地,进尺深度调整为零。

(2)钻进时原地顺时针旋转开孔,然后以钻斗自重、钻杆自重加以液压力作为钻进压力,初钻压力控制在 90 kPa 左右,钻速先慢后快。

(3)不同地质条件采取不同类别的旋挖钻机钻头进行施工。

(4)当钻杆充满钻渣后,停止下压及回旋,逆时针方向转动动力头,稍向下送行,关闭钻头回转底盖。缓慢上提钻斗,避免钻头碰撞孔壁。提离孔口后,钻机自身旋转至自卸车处,用动力头顶压顶杆,将底盖打开,倾卸钻渣。然后关闭底盖,旋回孔位,对准孔位慢慢将钻斗放至孔底钻孔,重复进行。当出现钻杆跳动、钻机摇晃、钻不进尺等异常情况时,立即停机提钻检查,查明原因妥善处理后再钻,直至钻至设计深度。

(5)钻进过程中要随时不断补充泥浆,使孔内始终保持高于地下水位 1~1.5 m 的水头高度,同时应根据土质情况调整泥浆配方和比重。钻至设计标高时用带有活门的筒形钻清理沉渣,即一次清孔。当孔壁泥浆皮沉淀较厚时,可用扫孔钻头上下往复,扫刷孔壁。

（6）清孔后提出钻头，由质量员和工程监理进行孔径、孔深、垂直度检测，验收合格后，移走钻机，盖好盖板，进行下道工序施工。

7）成孔质量检查

桩成孔质量检测方法采用声波孔壁测定仪法，在每根成孔完毕后，利用圆环测孔法进行测试桩成孔质量。

采用泥浆护壁成孔工艺的灌注桩，浇灌砼之前，孔底沉渣应≤100 mm。假如清孔不良，孔底沉渣太厚，将影响桩端承力的发挥，从而大大降低桩的承载力。常用的测试方法为垂球法进行测试。

垂球法是利用质量约 1 kg 的铜球锥体作为垂球，顶端系上测绳，把垂球慢慢沉入孔内，施工孔深与测量孔深即为沉渣厚度。

8）清　孔

（1）两次清孔

第一次清孔：钻至设计标高时用带有活门的筒形钻清理沉渣，即一次清孔。当孔壁泥浆皮沉淀较厚时，可用扫孔钻头上下往复，扫刷孔壁。

第二次清孔：在灌注砼导管安放完成后，对孔深、空底沉渣、泥浆比重等进行复测。如果孔底沉渣厚度及泥浆比重超出规定时，利用灌注导管采用反循环清孔，在钢筋笼、导管下好后进行，第二次清孔时间不少于 30 min，测定孔底沉渣≤100 mm，方可停止清孔。测定孔底沉渣，用重锤测试，测绳读数一定要准确，用 3~5 个孔必须校正一次。

（2）清孔标准

第二次清孔注入泥浆相对密度为 1.05 左右，漏斗黏度 18~22 Pa·s，第二次清孔后，孔底 50 cm 处泥浆的相对密度应控制在 1.15 左右，不超过 1.20。清孔结束后，要尽快灌注混凝土，其间隔时间不能大于 30 min。

9）钢筋笼制作

由于施工场地限制，本工程钢筋笼加工场地选择正在施工的未来北路站东侧基坑场地内。

（1）钢筋骨架绑扎顺序

① 主筋调直，在调直平台上进行。

② 骨架成形，在骨架成形架上安放架立筋，按等间距将主筋布置好，用电弧焊将主筋与架立筋固定。

③ 将骨架抬至外箍筋滚动焊接器上，按规定的间距缠绕箍筋，并用电弧焊将箍筋与主筋固定。

（2）主筋接长

主筋连接采用机械连接，主筋对接在同一截面内的钢筋接头数不得多于主筋总数的 50%，相邻两个接头间的距离不小于主筋直径的 35 倍，且不小于 500 mm。

（3）钢筋笼保护层

为确保桩混凝土保护层厚度，应在主筋外侧设钢筋定位器，保证钢筋保护层厚度不小于 57 mm。

钢筋笼制作允许偏差见表 7.3.2。

表 7.3.2 钢筋笼制作允许偏差

项 目	允许偏差/mm
主筋间距	±10
箍筋间距或螺旋螺距	±20
钢筋笼直径	±10
钢筋笼长度	±50

（4）钢筋笼的堆放

钢筋笼堆放应考虑安装顺序、钢筋笼变形和防止事故等因素，堆放不准超过二层。

10）钢筋笼吊放

（1）起吊钢筋笼采用扁担起吊法，起吊点在钢筋笼上部箍筋与主筋连接处，吊点对称。

（2）钢筋笼设置 3 个起吊点，以保证钢筋笼在起吊时不变形。

（3）吊放钢筋笼入孔时，实行"一、二、三"的原则，即一人指挥、二人扶钢筋笼、三人搭结。施工时应对准孔位，保持垂直，轻放、慢放入孔，不得左右旋转。若遇阻碍应停止下放，查明原因进行处理。严禁高提猛落和强制下入。

（4）围护桩钢筋笼最长约 10 m，采用整根加工一次性吊装。新建桩基钢筋笼较长，分成 3 节，按照 18 m+18 m+14 m 加工，采用孔口焊接；螺旋筋与主筋采用点焊，环向架立筋与主筋采用点焊，环向架立筋接头采用单面焊 10d。

（5）放钢筋笼时，要求有技术人员在场，以控制钢筋笼的桩顶标高及钢筋笼上浮等问题。

（6）成型钢筋笼吊放、运输、安装，应采取防变形措施，不得在其吊运中变形。

（7）按编号顺序，逐节垂直吊焊，上下节笼各主筋应对准校正，采用对称施焊。按设计图要求，在加强筋处对称焊接保护层定位钢板。按图纸补加螺旋筋，确认合格后，方可下入。

（8）钢筋笼安装入孔时，应保持垂直状态。避免碰撞孔壁，徐徐下入，若中途遇阻不得强行墩放（可适当转向起下）。如果仍无效果，则应起笼扫孔重新下入。

（9）钢筋笼按确认长度下入后，应保证笼顶在孔内居中，吊筋均匀受力，牢靠固定。

11）水下混凝土灌注

本工程选用商品砼，砼灌注采用导管水下灌注法。

采用直径 250 mm 无缝钢管导管，连接方式采用法兰，确保连接密封，不得漏水。导管顶部设置漏斗。储料斗应有足够的容量以储存砼（即初存量），以保证首批灌入的砼（即初灌量）能达到要求的埋管深度。隔水塞采用球状塞，隔水塞在灌注砼时应能舒畅下落和排出。

（1）灌注前准备工作：

① 根据桩径、桩长和灌注量合理选择导管、起吊运输等机具设备的规格型号。

② 导管吊入孔时，应将橡胶圈或胶皮垫安放周整、严密，确保密封良好。导管在桩孔内的位置应保持居中，防止跑管，撞坏钢筋笼并损坏导管。导管底部距孔底（孔底沉渣面）高度，为 300～500 mm。

③ 将隔水塞或滑阀用 8 号铁丝悬挂在导管内水面上。

（2）施工顺序：

① 滑阀（隔水塞）式导管法灌入水下砼的施工顺序：

放钢筋笼→安设导管→使滑阀（或隔水塞）与导管内水面紧贴→灌注首批砼→连续不断灌注直至桩顶→拔出护筒。

② 灌注首批砼：

在灌首批砼之前最好先配制 0.1～0.3 m³ 水泥砂浆放入滑阀（隔水塞）以上的导管和漏斗中，然后再放入砼，确认初灌量备足后，即可剪断铁丝，借助砼重量排出导管内的水，使滑阀（隔水塞）留在孔底，灌入首批砼。

首批灌注混凝土数量应能满足导管埋入混凝土中 1.2 m 以上。

③ 连续灌注砼：

首批砼灌注后，应连续灌注，中途不得间断。在灌注过程中，应经常用测锤测量砼面的上升高度，并适时提升、逐级拆卸导管，保持导管的合理埋深。探测次数一般不宜少于所适用的导管节数，并应在每次起升导管前，探测一次管内外砼面高度。遇特别情况（局部严重超径、缩径、漏失层位和灌注量特别大时的桩孔等）应增加探测次数，同时观察返水情况，以正确分析和判定孔内的情况。

④ 导管埋深：

在水下灌注砼时，应根据实际情况严格控制导管的最小埋深，以保证桩身砼的连续均匀，不使其可能裹入砼上面的浮浆皮和土块等，防止出现断桩现象。对导管的最大埋深，则以能使管内砼顺畅流初出，便于导管起升和减少灌注提管、拆管的辅助作业时间来确定。最大埋深不宜超过最下端一节导管的长度。灌注接近桩顶部位时，为确保桩顶砼质量，漏斗及导管的高度应严格有关规定执行。

⑤ 砼灌注时间：

砼灌注的上升速度不得小于 2 m/h。灌注时间必须控制在埋入导管中的砼不丧失流动性时间。必要时可掺入适量缓凝剂。

⑥ 桩顶的灌注标高及桩顶处理：

桩顶的灌注标高按照设计要求，且应高于设计标高 0.8 m 以上，以便清除桩顶部的浮浆渣层。

12）施工注意事项

（1）导管法施工时注意事项：

① 灌注砼必须连续进行，不得中断。否则先灌入的砼达到初凝，将阻止后灌入的砼从导管中流出，造成断桩。

② 从开始搅拌砼后，在1.5 h之内应尽量灌注完毕。

③ 随孔内砼的上升，需逐步快速拆除导管，时间不宜超过15 min，拆下的导管应立即冲洗干净。

④ 在灌注过程中，当导管内砼不满含有空气时，后续的砼宜通过溜槽徐徐灌注漏斗和导管，不得将砼整斗从上面倾入管内，以免在导管内形成高压气囊，挤出管节间的橡胶垫而使导管漏水。

（2）为防止钢筋笼上浮应采取的措施：

① 在孔口固定钢筋笼上端。

② 灌注砼的时间应尽量加快，以防止砼进入钢筋笼时，流动性过小。

③ 当孔内砼接近钢筋笼顶时，应保证埋管深度，放慢灌注速度。

④ 当孔内砼面进入钢筋笼1~2 m后，应适当提升导管，减少导管埋置深度，增大钢筋笼在下层砼中的埋置深度。

（3）在灌注将近结束时，由于导管内砼柱高度减少，超压力降低，而使管外的泥浆及所含渣土稠度和比重增大。如出现砼上升困难，可在孔内加水稀释泥浆，亦可掏出部分沉淀物，使灌注工作顺利进行。

（4）依据孔深、孔径确定初灌量，初灌量不小于1.5 m^3，且保证一次埋管深度不小于1 m。

（5）水下混凝土的灌注要连续进行，为此在灌注前需做好各项准备工作，同时配备发电机1台，以防停电造成事故。

（6）水下混凝土灌注过程中，勤测砼面上升高度，适时拔管，最大埋管深度不大于6 m，最小埋管深度不小于2 m。桩顶超灌高度控制在0.8~1 m，既保证桩顶砼强度，又防止材料浪费。

（7）其他注意事项：

① 在堆放导管时，须垫平放置，不得搭架摆设。

② 在吊运导管时，不得超过5节连接一次性起吊。

③ 导管在使用后，应立即冲洗干净。

④ 在连接导管时，须垫放橡皮垫并拧紧螺栓以免出现漏水、漏气等现象。

13）孔底注浆

在桩身灌注3~7 d后，混凝土强度达到70%时，对桩底进行注浆，使桩底密实、稳固。

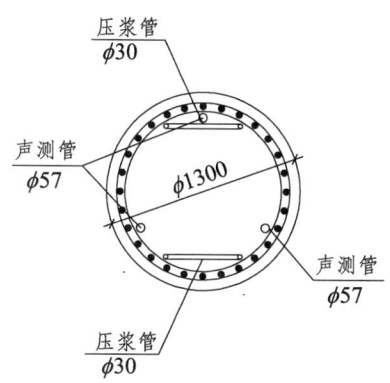

图 7.3.13 钻孔灌注桩声测管和压浆管布置示意图

14)成桩质量检查

(1)桩基混凝土质量直接影响工程整体的质量与安全,成桩后必须进行检测,采用声波探测法进行检测(声测管埋设如图 7.3.13 所示)。施工中严格控制作业工艺,确保所有基桩混凝土质量。

(2)质量要求:混凝土强度必须符合设计要求,桩无断层或夹层,钻孔灌注桩桩底不高于设计标高,其允许偏差见表 7.3.3。

表 7.3.3 钻孔灌注桩成桩允许偏差

项次	检查项目	规定值或允许偏差	检查方法和频率
1	混凝土强度/MPa	在合格标准内	
2	桩位/mm	50	用经纬仪检查纵、横方向
3	钻孔倾斜度	0.5%	查灌注前记录
4	沉淀厚度/mm	不大于图纸规定(100 mm)	查灌注前记录
5	钢筋骨架底面高程/mm	±50	查灌注前记录

第三步:基坑围护及半明挖半暗挖施工

在新建桩基施工完成后,进行半明挖半暗挖基坑施工。

(1)先施工明挖部分围护结构钻孔桩,桥下部分需下挖一级土方进行施工。

(2)围护结构钻孔桩施工完成后施作桩顶冠梁。

(3)施作通道大管棚。

(4)开挖通道两端头的基坑,进行支护及架设门式框架。

(5)对暗挖通道进行深孔注浆。

(6)从北侧门式框架开始进洞,每次进尺 0.5 m,及时进行型钢支护;随型钢支护施工,在冠梁与型钢支护顶部间及时架设型钢支撑。

(7)开挖明挖部分土体至托换梁底部。

托换梁基坑暗挖部分位于桥台台背范围,为控制暗挖施工时拱顶沉降,减少对台背的破坏,在受暗挖影响范围内打设大管棚。大管棚打设范围如图 7.3.14 所示。

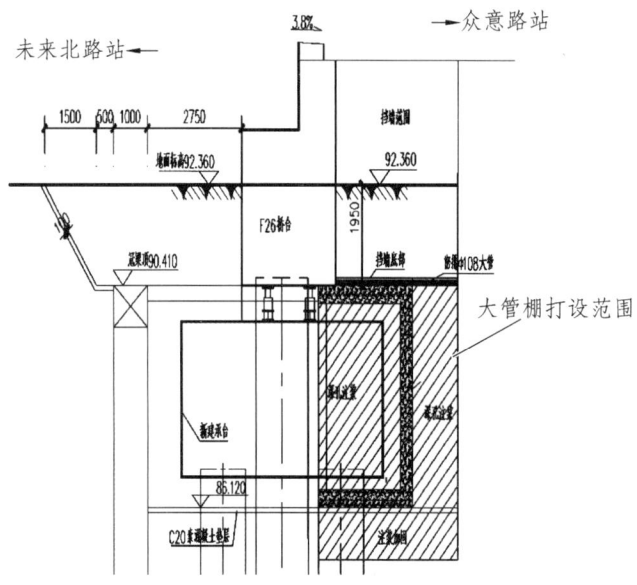

图 7.3.14 暗挖段大管棚打设范围示意图

大管棚施工工艺流程图如图 7.3.15 所示。

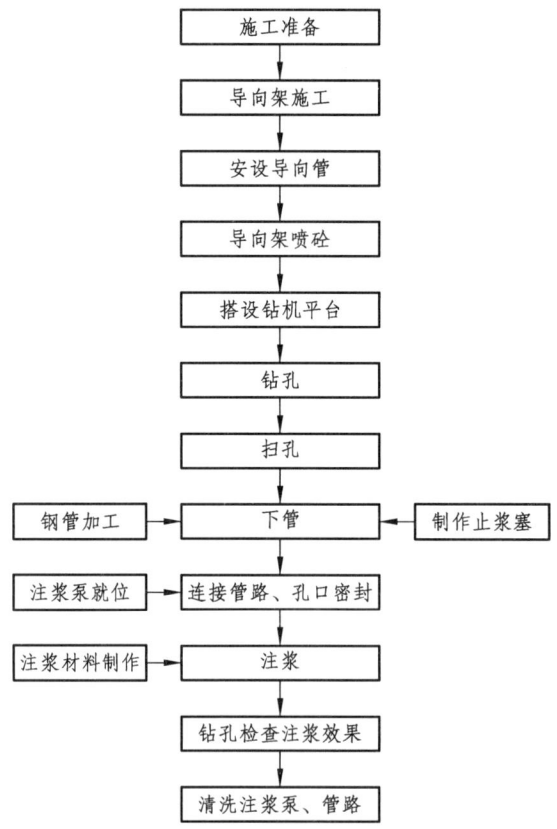

图 7.3.15 大管棚施工工艺流程图

暗挖通道采用上下台阶法进行施工，采用型钢拱架进行支护。拱架间距 0.5 m，连接筋内外侧各设置 1 根，直径 ϕ22、环向间距 1 m。初期支护 C25 喷射砼厚 35 cm，每循环进尺 1 榀。靠近托换梁一侧边墙只架设型钢钢架及连接筋，不喷射混凝土。进出洞口位置联立 3 榀型钢拱架，大管棚两端设置 I25a 型钢门式框架，架底设置 800 mm × 500 mm × 300 mm 混凝土基础，用于支撑大管棚。

具体如图 7.3.16 所示。

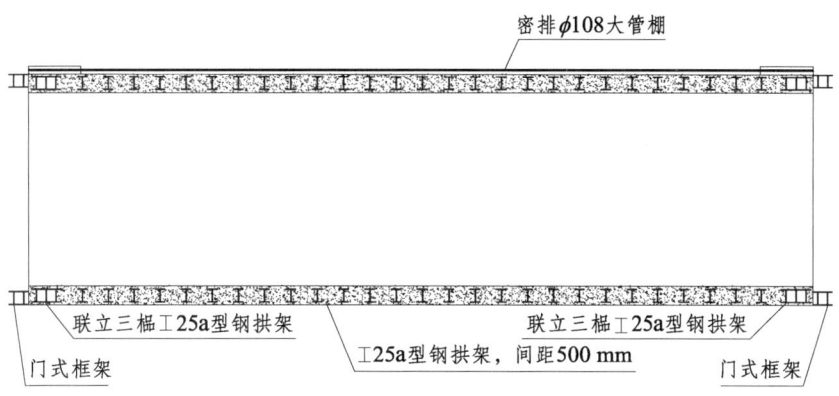

图 7.3.16 暗挖纵剖图

（1）初喷 5 cm 厚砼、立拱架、焊连接筋、挂钢筋网

① 初喷 5 cm 厚砼

开挖完成后，先检查开挖断面净空，有欠挖时必须处理，检查合格后立即初喷 5 cm 厚砼。

② 立钢架

a. 钢架现场加工并检验合格后，运至现场安装。

b. 钢架按设计里程架立，钢架须与初喷砼紧贴，并将钢架底部的虚土清理干净，拱脚并用方木垫实。当钢架与初喷砼之间有较大间隙时应安设垫块，然后用喷砼喷密实。每榀钢架必须架立竖直，且在同一里程上。

c. 钢架安装位置要准确，各节点对齐，各节钢架间以螺栓连接。连接螺栓必须上齐拧紧，如确有困难，必须在两对连接板之间加焊短钢筋。

d. 钢架须垂直于隧道中线，上下左右偏差小于 ± 5 cm，钢架倾斜度小于 ± 2 cm。当拱脚标高不准确时，不得用土回填，而应设置钢板调整，必要时可用砼加固基底，使拱脚位于设计标高位置；钢架的安设应在开挖后 2 h 内完成。

③ 焊连接筋及挂钢筋网

a. 连接筋采用单面焊，搭接长度不小于 10d。连接筋分别与两侧主筋焊连。交错分布、前后保持顺直。

b. 钢筋网现场人工安装，利用钢架或注浆管头点焊固定，铺设应平整，钢筋网之间搭接不小于 15 cm，并点焊连接。

（2）喷射混凝土

① 喷砼前清理原初喷砼层表面的浮渣、附土等杂物，经检查合格后方可施喷。

② 喷射混凝土混合料搅拌时间不小于 2 min。原材料的称量误差为：水泥、速凝剂 ±1%，砂石 ±3%；拌和好的混合料运输时间不得超过 2 h；混合料随拌随用。

③ 混凝土喷射机具性能良好，输送连续、均匀，技术性能满足喷射混凝土作业要求。

④ 喷射混凝土作业前，清理受喷面并检查断面尺寸，保证尺寸符合设计要求。喷射混凝土作业区有足够的照明，作业人员佩戴好作业防护用具。

⑤ 喷射混凝土在格栅架立后立即进行，作业符合下列要求：

a. 喷射混凝土分段分片进行。喷射作业自下而上，先喷格栅钢架与土体间隙部分，后喷上下两钢架之间部分。

b. 喷嘴按螺旋形轨迹一圈压半圈的方式沿横向移动，层层射捣，使混凝土均匀密实，表面平整。喷嘴与喷涂面尽量保持垂直，喷嘴与受喷面的距离宜为 0.6~1.2 m，以减少回弹，提高喷混凝土质量。

c. 喷射混凝土分层进行，一次喷射厚度为 7~10 cm，后喷一层应在先喷一层凝固后进行。若终凝后或间隔 1 h 后喷射，受喷面应用风水清洗干净，喷射混凝土终凝 2 h 后开始洒水养护。

（3）锁脚锚管

在上台阶钢架架设完成后应在拱脚位置打设锁脚锚管。锁脚锚管采用 ϕ42 钢管，长度 3 m，打设角度向下 45°，每榀每侧各两根。锁脚锚管应与型钢拱架焊接牢固。锁脚锚管具体如图 7.3.17 所示。

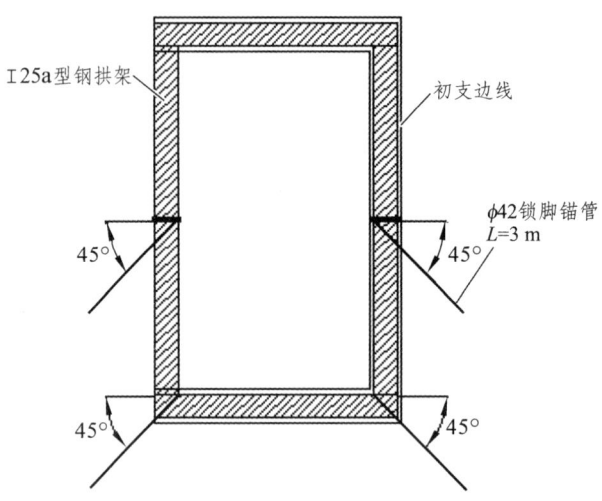

图 7.3.17　锁脚锚管示意图

（4）回填注浆

为保证暗挖初支背后密实，在初支喷射混凝土前在钢架上安装初支背后回填注浆管，注浆管采用Φ42钢管，单根长度0.5 m，纵向4 m一组，当有超挖时应适当加长。回填注浆管在顶部埋设1根，边墙埋设2根。具体如图7.3.18所示。

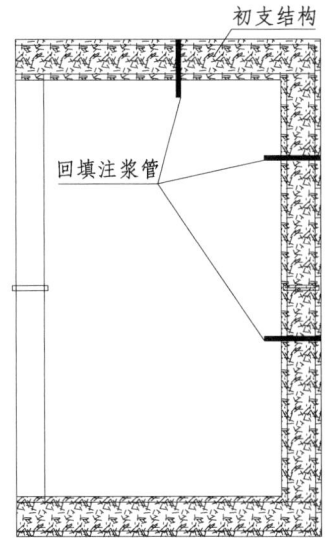

图 7.3.18　回填注浆管示意图

① 机具准备

注浆机具主要为：注浆机、浆液搅拌机、搅拌桶、空压机等。注浆前应检查各机具的完备情况，保证注浆能够顺利进行。

② 清理注浆管

注浆前应对预埋的注浆管进行清理，将其孔口堵塞的棉纱及喷砼时飞溅的混凝土清理干净。

③ 压水试验

回填注浆施工每班注浆前应进行注水试验，检查注浆机的注浆效果，各仪表压力是否正常，管路是否畅通，注浆管及管路是否漏水，如各项均正常方能进行注浆作业。

④ 浆液配制

初支回填注浆材料采用1:1水泥浆。

浆液所用材料为42.5普通硅酸盐水泥。

浆液配制应严格按照试验确定的配比进行浆液制作。

浆液应搅拌均匀，搅拌时间不少于 3 min，在注浆过程中应不停地进行搅拌，配制的浆液应在2 h内用完，并做好施工记录。

⑤ 注浆施工

初支背后回填注浆应沿每环注浆管由低到高、由下往上进行注浆。注浆压力0.3～0.5 MPa。注浆前先检查导管孔口是否达到密闭标准，以防漏浆。当注浆压力达到设计终压不少于20 min，进浆量仍达不到注浆终量时，亦可结束注浆。注浆结束后，将管口封堵,以防浆液倒流管外。

第四步:托换梁施工

在开挖至托换梁底部时,对既有桥台底部垫层进行清理,并在台底植筋和施作预埋件;将开挖基地清理平整,施作垫层;进行托换梁钢筋绑扎、模板支设、混凝土浇筑。

(1)钢筋原材料要求

① 车站主体结构所使用的 HPB300 和 HRB400 钢筋符合现行国家标准的规定。

② 进场钢筋具有出厂质量证明书或试验报告单、按炉罐(批号)及直径分批检验,同批次钢筋不大于 60 t 检验一次,并通知监理见证取样。检验内容包括外观检查及力学性能试验,合格后方可使用。

③ 钢筋在加工过程中发生脆断、弯曲处裂缝、焊接性能不良或有力学性能显著不正常(例如屈服点过高)等现象时,该批钢筋进行化学成分检验或其他专项检验。

④ 进场钢筋平直、无损伤,并且其表面没有裂缝、油污、结疤、折叠、颗粒状或鳞片状老化锈。

⑤ 进场钢筋分类、分批堆放,并挂牌标识,严禁混乱堆放。

⑥ 钢筋的抗拉强度实测值与屈服强度实测值的比值不小于 1.25;屈服强度实测值与强度标准值的比值不小于 1.3。

(2)钢筋加工

① 钢筋加工前对在运输过程中有弯折现象的进行调直。钢筋加工的形状、尺寸符合设计要求;钢筋表面洁净、无损伤、油渍和锈蚀。钢筋级别、钢号和直径符合设计要求。

② 钢筋的切割按下列步骤进行:

a. 根据工程需要和钢筋长度做好配料,统筹安排,降低损耗。

b. 操作前调整好定尺板位置,经试切 1~2 根,核对好尺寸后方可成批生产。

c. 断料后,根据料牌上所写的钢筋种类、直径、尺寸和根数分别堆放。

d. 钢筋切断的质量要求:钢筋切断过程中,如发现有劈裂、缩头以及严重的弯头时,将该部分切除;如发现该钢筋的硬度过硬或过软,与级别不相称时,则对该批钢筋进一步检验;钢筋切断长度的偏差,不得大于各种配筋的允许偏差范围。

(3)机械连接

① 钢筋用切割机下料,要求钢筋端面与钢筋轴线垂直。

② 钢筋丝头的牙形、螺距必须与连接套的牙形、螺距相吻合,有效丝扣的秃牙部分累计长度小于一扣周长的 1/2。

③ 钢筋连接工程开始前及施工过程中,应对每批进场钢筋进行接头工艺检验,工艺检验应符合下列要求:

每种规格钢筋接头试件不应少于 3 根。对接头试件的钢筋母材应进行抗拉强度试验。3 根接头试件的抗拉强度均应满足现行国家标准《钢筋机械连接通用技术规程》

的规定。

④ 钢筋连接。

连接套规格与钢筋规格必须一致，并保证丝头和连接套筒内螺纹干净，完好无损，如果发现杂物或锈蚀，可用钢丝刷清除。

钢筋连接时用工作扳手将丝头在套筒中央位置顶紧，采用加锁母型套筒时应用锁母锁紧。

对于标准型连接接头连接：首先用工作扳手将连接套与一端的钢筋拧到位，然后再将另一端的钢筋拧到位。对于活连接型接头连接：先对两断钢筋向连接套方向加力，使连接套与两端钢筋丝头上扣，然后用工作扳手旋转连接套，并拧紧到位。在水平钢筋连接时，一定要将钢筋托平对正后，再用工作扳手拧紧。

被连接的两钢筋端面应处于连接套的中间位置，偏差不大于一个螺距，并用工作扳手拧紧，使钢筋端面顶紧。

每连接完一个接头必须立即用油漆做上标记，防止漏拧。

⑤ 钢筋连接质量检查。

外观质量检查：在钢筋连接生产中，操作人员应对所有接头逐个进行自检，然后有质检工程师随机抽取同规格接头数的10%进行外观质量检查。应满足钢筋与连接套的规格一致，外露丝扣不得超过1个完整扣，并填写检查记录。如发现外露丝扣超过1个完整扣，应重拧或查找原因及时消除，并用工作扳手抽检接头的拧紧程度。若有不合格品，应全数进行检查。

单向拉伸试验：接头的现场检验应按批进行。同一施工条件下采用同一批材料的同等级、同型式、同规格接头，以500个为一个验收批进行检验和验收，不足500个也作为一批。

对接头的每一验收批，必须在工程中随机抽取3个试件做拉伸试验，按《钢筋机械连接通用技术规程》（JGJ107—2003）设计要求的接头性能等级进行检验与评定。

（4）钢筋绑扎、安装

① 钢筋绑扎前应准确放样，确保钢筋砼保护层厚度。钢筋绑扎完毕后，复核钢筋位置是否正确。振捣砼时防止碰撞钢筋，浇筑完混凝土后立即修整甩出的钢筋位置，防止柱、墙筋位移。

② 钢筋绑扎施工时，应注意钢筋接头设置在受力较小的位置，同一截面的接头百分率和钢筋错开要求满足设计及规范要求。

③ 在结构端头、拐角、节点等特殊部位钢筋的锚固应符合设计及规范要求。

（5）托换梁顶部预埋钢板

在托换梁钢筋安装完成后，进行预埋件安装。托换梁预埋件为 4 块 1 100 mm × 800 mm × 20 mm 钢板，预埋钢板及埋设位置大样图如图 7.3.19、7.3.20 所示。

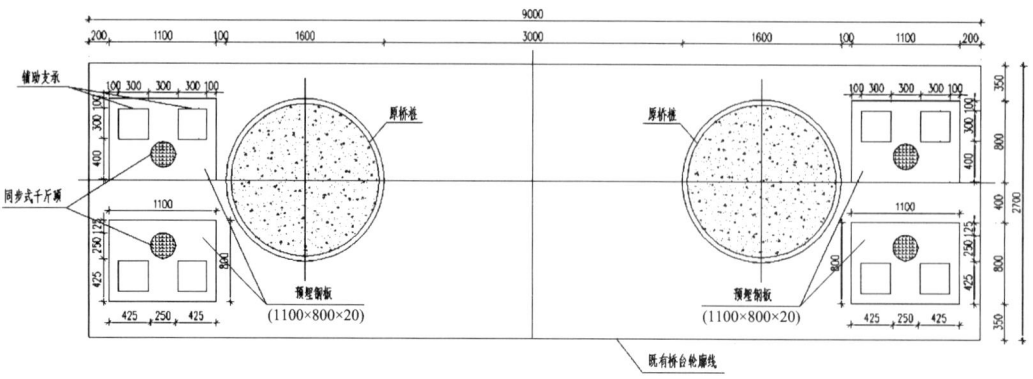

图 7.3.19 托换梁预埋钢板位置图

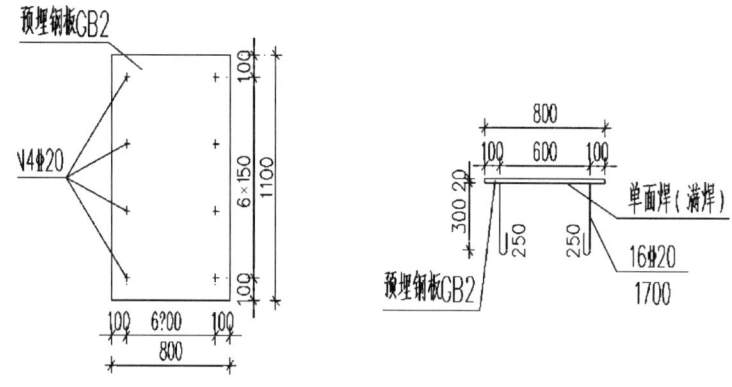

图 7.3.20 托换梁预埋钢板大样图

模板采用钢模；主次楞均采用 48 钢管，次楞间距 200 mm，主楞采用双钢管，间距 600 mm。模板与围护结构间采用 600 mm×600 mm×600 mm 钢管支架，具体如图 7.3.21。

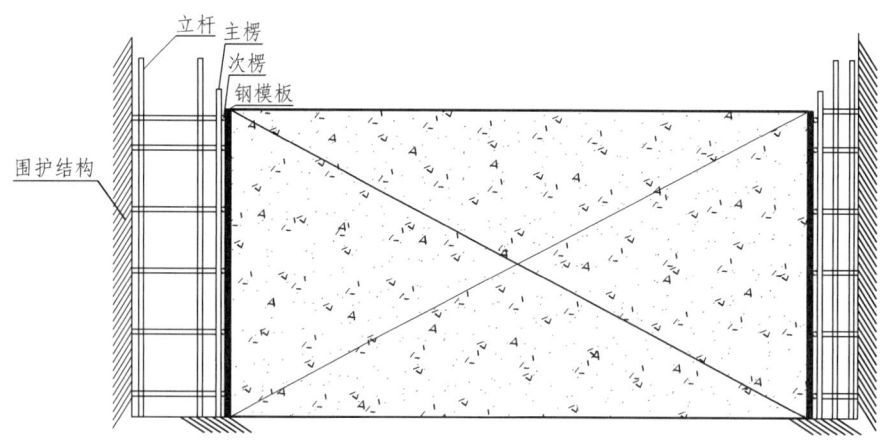

图 7.3.21 托换梁模板示意图

模板表面的锈迹进行处理，采用角磨机将焊疤打磨处理后涂刷高效脱模剂。模板支撑稳固、表面平整，相邻两模板之间拼缝采用双面胶粘合，保证密封良好，不得使用凹凸不平板面模板。模板之间用螺栓连接固定，相邻模板拼缝高差不大于 2 mm，模板与横竖带之间连接密切并与支架系统连接稳固。

第五步：顶升和截桩

在托换梁强度达到 100%以后，对托换桩进行堆载预压；同时在托换梁与既有桥台间布设千斤顶及辅助支撑；堆载预压完成后，实施主动托换顶升，分 10 级进行加载，每级加载为设计理论荷载的 10%；待托换结构沉降趋于稳定后对北侧原桩基进行截断。

为使荷载转移到托换桩时前期沉降量趋于稳定，消除桩基先期沉降，对托换桩进行堆载预压和预顶升。托换梁混凝土强度达到 100%后，对托换梁桩基进行堆载预压。堆载采用堆载混凝土块，南侧 1、2 号托换桩堆载各约 110 t，北侧 3、4 号托换桩堆载各约 90 t，待新桩沉降数据稳定后撤除堆载。在对托换桩进行预压的过程中，托换桩会产生沉降，严密监测托换结构各项指标，如指标有突变情况，立即停止加载，及时通知业主、设计和监理单位进行协商处理。

1）自锁千斤顶的安装

在托换梁的预埋钢板上布置 4 台带自锁装置的 200t 液压千斤顶。

该托换工程选用带螺旋装置的 200 t 液压千斤顶，该千斤顶顶身长度 395 mm，底座直径 375 mm，螺旋装置高度为 100 mm，行程为 140 mm（如图 7.3.22）。千斤顶均配有液压锁，可防止任何形式的系统及管路失压，从而保证负载的有效支撑；该千斤顶所带螺旋装置在负载情况下可以将液压千斤顶机械锁死，防止了柱被托换时的沉降和阻止截桩时柱的沉降。千斤顶参数见表 7.3.4。

图 7.3.22 带螺旋装置的顶升千斤顶

表 7.3.4　带螺旋装置的顶升千斤顶参数

序号	项　目	参　数	备　注
1	顶升缸推力	200 t	
2	顶升缸行程	140 mm	
3	偏载能力	5°	
4	顶升缸最小高度	395 mm	
5	最大顶升速度	10 mm/min	
6	组内顶升缸控制形式	压力闭环控制，压力控制精度≤5%	

2）钢垫块安全装置的安装

可调自锁千斤顶预顶到位时及时安装钢垫块安全装置并用楔型钢板打紧。安装时采用对称布置。钢垫块安全装置的安装是主动托换施工中相当关键的一项步骤，也是主动托换实施中控制上部结构变形与新桩预压所产生沉降的保证。施工工艺要求其结构形式必须满足预顶过程中具有可调性和稳定性；同时钢垫块加设完成后与预埋钢板焊接连接，使原有桥台与托换梁之间形成整体，进一步保持桥台稳定。具体布置见图7.3.22。

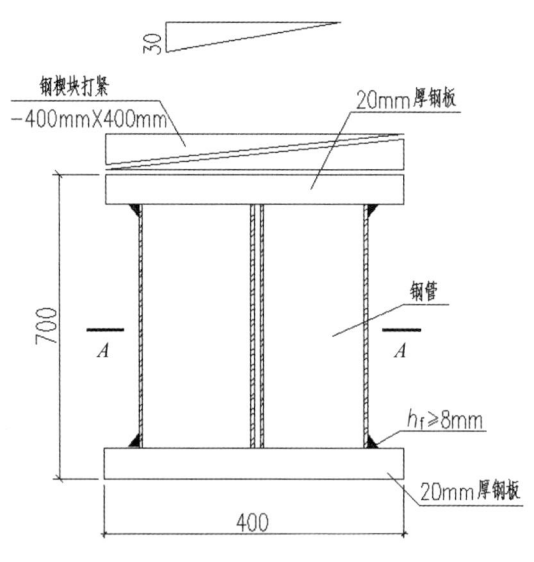

图 7.3.23　钢垫块设计图

顶升均采用同步顶升施工。

托换预顶升，采用逐级增大 10%的油源压力方式加压，预压到设计给定的理论值（每个千斤顶理论顶升荷载 1 168 kN），而后对千斤顶上的螺旋自锁装置锁死，该状态保持 2~3 d 使托换桩的沉降量趋于稳定。

（1）预顶升完成后，逐步撤出堆载，实施主动托换顶升。主动托换顶升采用以力和位移双控方式来实现主动托换，即逐级增大 10% 的油源压力方式加压，直至达到理论值，每级加载完成后同步调整千斤顶及辅助支撑高度，且控制台底顶升位移值不超过 1 mm，达到完全托换原桩基。一旦发现台底荷载转移托换梁过程中台底产生 1 mm 的上挠量时，立刻停止顶升作业，向有关单位报告，召开会议讨论解决措施。在主动顶升过程中应严格监控混凝土托换梁的挠度变形值，以确定每级千斤顶的压力值与托换梁混凝土挠度变形的关系，为下一步截桩理论分析做准备。

（2）在顶升完成后，将千斤顶油源压力锁死、螺旋自锁装置锁死，利用油压传感器监测千斤顶的压力，同时监测既有桩基的应力变形，调整千斤顶的油源压力，确定台底荷载完全转换至托换梁，对辅助支撑进行固定。

（3）同步顶升要求：

① 在既有桥台底面顶升位置及托换梁顶面顶升位置必须按照设计要求设置钢板，防止应力集中而使既有桥台及托换梁发生破坏。

② 顶升必须逐级施加顶升力，每级施加 10% 的理论荷载，直至达到设计顶升力，不允许一次性施加至设计顶升力。

③ 为了保证梁体及桥台安全性，采取以力和位移双控方式来实现主动托换，严格保证各顶升位移的同步，顶升位移控制在 1 mm。

④ 顶升过程中，桥台顶升吨位过大，如果出现千斤顶漏油或故障，可能导致桥台的纵横向不均匀顶升，严重时可能导致桥台倾斜。因此，在顶升过程中需采用安全钢垫板保护，每施加一级，增加一层安全钢垫板。保证即使出现故障等，既有桥台、箱梁等也不会出现过大下沉。

⑤ 顶升过程中必须进行精密监测，一旦发现台底荷载转移托换梁过程中台底产生 1 mm 的上挠量时，立刻停止顶升作业，向有关单位报告，召开会议讨论解决措施。

根据原桩基对盾构施工的影响，只截断北侧原桩基。

（1）截桩前应满足的条件：

① 必须在顶升施工完成，千斤顶的螺旋自锁装置已锁死，并进行辅助支撑固定后。

② 托换梁、既有桥台、箱梁监测数据达到稳定状态。

（2）截桩采用金刚石绳锯对托换梁底的桩身进行逐根切割，切割缝宽 2 cm。

（3）施工注意事项：

① 截桩位置在托换梁底面下 50 cm 位置。

② 在切割过程中采用 18 mm 厚的钢板塞入切割缝中，作为千斤顶失效的结构安全措施。

③ 在截桩过程中，时刻监测托换梁的内力和位移，若产生较大的位移或监控值发生突变，立刻停止截桩，通知相关单位讨论处理。

④ 北侧原装基截断完成后，台底荷载完全转移至托换梁上，托换梁上的千斤顶与辅助支撑共同承受全部台底荷载。

第六步：托换节点施工

待截桩完成托换结构趋于稳定后，固定辅助支撑；后浇托换节点施工，与既有桥台进行连接。

（1）千斤顶向辅助支撑的荷载转移

原桩基截断后，实施千斤顶向辅助支撑的荷载转移，保持监测。

具体做法为：

① 增大千斤顶油压，对桥台再一次顶升，顶升位移控制在 0.5 mm，然后对辅助支撑进行打钢楔固定。

② 逐渐减少台底千斤顶的油压，使千斤顶荷载逐渐向支撑转移，转移过程中台底下降位移不超过 0.5 mm，若超限，需增大油压抬顶台底，重新对辅助支撑进行打楔固定；在转移中，如有超限，反复上述步骤进行操作。

③ 在台底竖向位移满足限制要求、千斤顶油压表读数为零时，即完成了千斤顶向辅助支撑的荷载转移。

④ 转移完成后，对钢楔及台底预埋钢板进行焊接固定，后续将辅助支撑与千斤顶共同浇注于托换节点混凝土中。

（2）原桩基与托换梁间的缝隙施工

浇筑托换节点前，先用细石收缩补偿混凝土填筑既有桩基与托换梁之间的预留缝隙。

细石收缩补偿混凝土强度等级为 C40，限制膨胀率为 0.025%。掺膨胀剂混凝土的胶凝材料用量（水泥、膨胀剂和掺合料的总量）不低于 350 kg/m³。

浇筑前将原桩基表面杂物等清理干净，并保持湿润，将混凝土灌注后，采用插入式振捣器或木棍捣固密实。浇筑完成后进行潮湿养护，养护时间不少于 14 d。

（3）托换节点钢筋混凝土施工

千斤顶向辅助支撑的荷载转移后，对台底和托换梁的预埋钢筋进行焊接，并绑扎托换节点其他钢筋。保持台底面和托换梁顶面潮湿，采用补偿收缩混凝土浇筑托换节点，并对托换节点顶部进行二次压力注浆。

相关钢筋布置如图 7.3.24 ~ 7.3.27 所示。

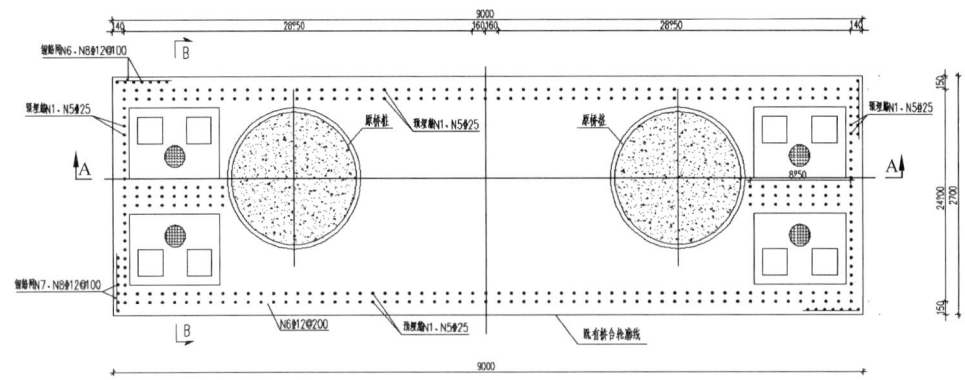

图 7.3.24　托换梁与既有桥台预埋筋布置图

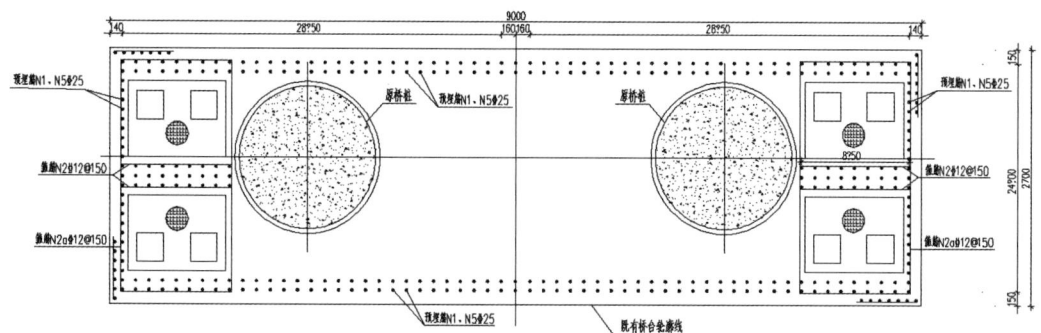

图 7.3.25 托换梁与既有桥台后浇段箍筋布置图

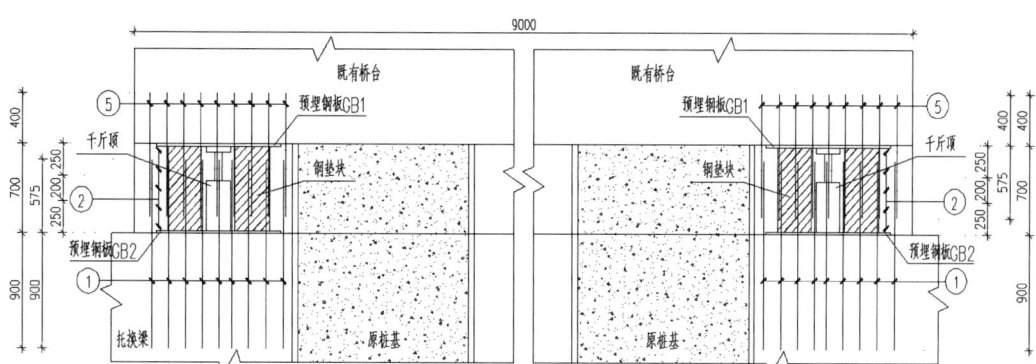

图 7.3.26 托换梁与既有桥台预埋筋 A—A 剖面图

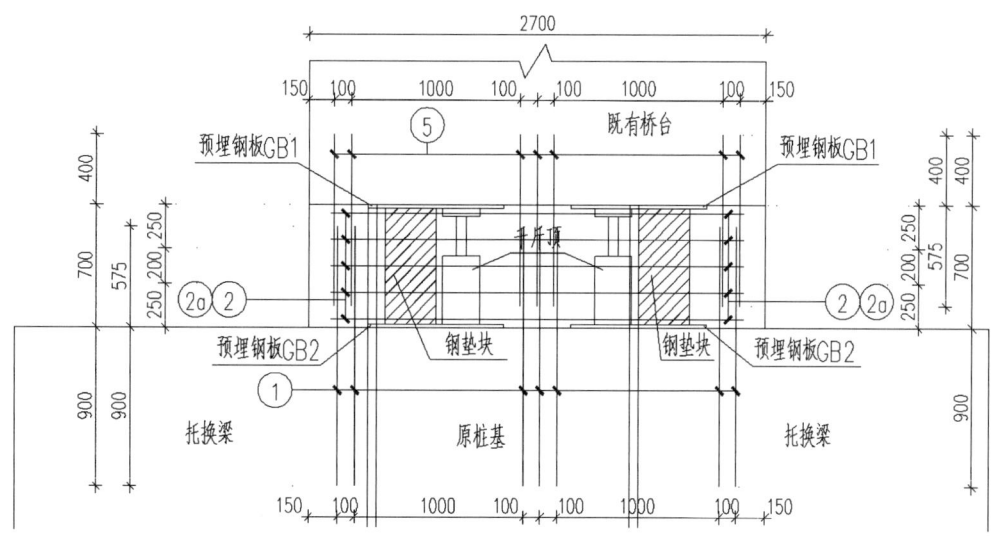

图 7.3.27 托换梁与既有桥台预埋筋 B—B 剖面图

第七步：基坑回填

后浇托换节点施工完成后，对开挖基坑进行回填。

基在托换工艺施工完成后应予以回填，消除隐患。在基坑填埋之前，将基坑内积水和杂物清理干净，符合回填的虚土应夯实，并经隐检合格后方可回填。

回填料除纯黏土、淤泥、粉砂、杂土，有机质含量大于 8% 的腐殖土、过湿土、冻土和大于 150 mm 粒径的石块外，其他均可回填。回填坚持分段、分层回填，分层厚度 25~30 cm，基坑回填高程不一致时，应从低处逐层填压；基坑分段回填接茬处，已填土坡应挖台阶，其宽度不得小于 1 m，高度不得大于 0.5 m。

基坑回填碾压密实度应采用重锤击实标准（重型击实）：深度大于 1.5 m 时，压实度≥90%；深度为 0.8~1.5 m 时，压实度≥93%；深度小于 0.8 m 时，压实度≥95%。

7.4 桩基托换控制参数计算与分析

在目前的施工规范及标准中并无明确的盾构隧道下穿城市既有高架桥梁施工变形控制方面的规定，所以本工程案例的设计文件参考了《公路桥涵地基与基础设计规范》（JTG 3363—2019）和《公路桥梁技术状况评定标准》（JTG T H21—2011）的规定，以安全控制从严为原则，制定了本工程实施中采取的桥梁变形安全控制标准：① 施工产生的附加纵坡、横坡控制为 2‰（0.2%）；② 桥墩的最大沉降控制值为 8 mm，相邻桥墩的最大沉降差控制值为 4 mm。此外，将安全控制标准值的 70% 设置为安全预警值，一旦某项安全评价指标达到安全预警值，则代表这一指标已存在较大风险，须引起重视并认真分析。

在本工程的实施中，盾构隧道也不可避免地将受到上部桥梁及其桩基结构的影响，同样存在变形受力过大的可能，工程设计文件对此做出了如下要求：隧道管片的拱顶沉降控制值为 10 mm，横向收敛控制为 10 mm。

盾构直接下穿施工很有可能对既有桥梁造成较大的影响，本次研究对此施工过程进行了数值仿真计算，以期在一定程度上量化这种影响，对下穿施工的安全性和可行性做出判断，并且根据计算结果和进一步的分析，有针对性地讨论有影响的控制工法方案。

7.4.1 模型建立

数值仿真计算采用有限元数值软件进行，如图 7.4.1 所示，模型中盾构隧道沿着 X 轴负方向进行开挖，重力加速度则为 Z 轴负方向。该三维计算模型尺寸为 100 m × 100 m × 60 m。

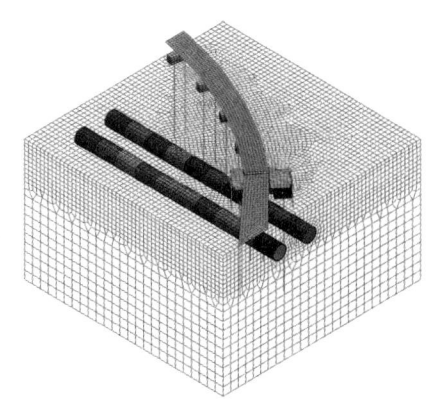

图 7.4.1 模型建立图

本章所建立的数值模型采用的工程构件几何参数及土层物理参数均来自于勘察设计文件，与真实工程一致。在数值仿真计算的相应步骤中，将各土层设置为莫尔-库仑单元，桥面结构及隧道衬砌设置为板单元。

7.4.2 计算步骤

本次数值仿真计算在充分考虑既有桥梁结构原始受力的情况下，依照施工方案的开挖流程进行，具体如下：

（1）根据实际几何参数建立数值计算模型，设置模型边界条件，进行自重条件下的平衡运算。

（2）将既有桥梁及其基础结构激活，赋予计算参数，求解至平衡，位移清零。

（3）根据实际方案，进行桥梁托换桩基→基坑围护结构施工→开挖基坑→注浆→暗挖通道→桩基托换→回填→盾构施工。

具体工况如表 7.4.1 所示。

表 7.4.1 计算工况

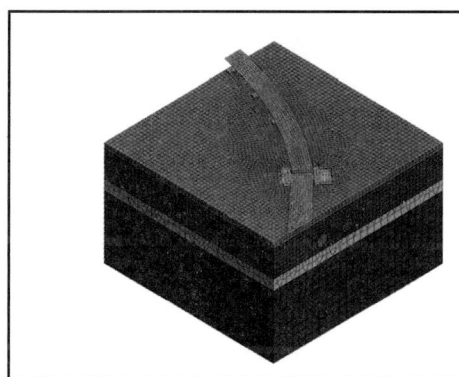	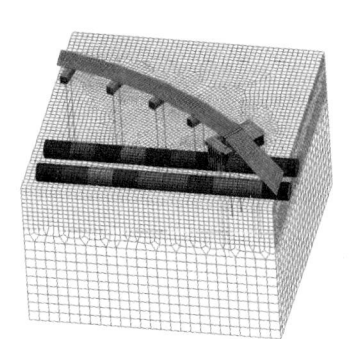
S1：初始状态	S2：托换桩基及围护结构施工

续表

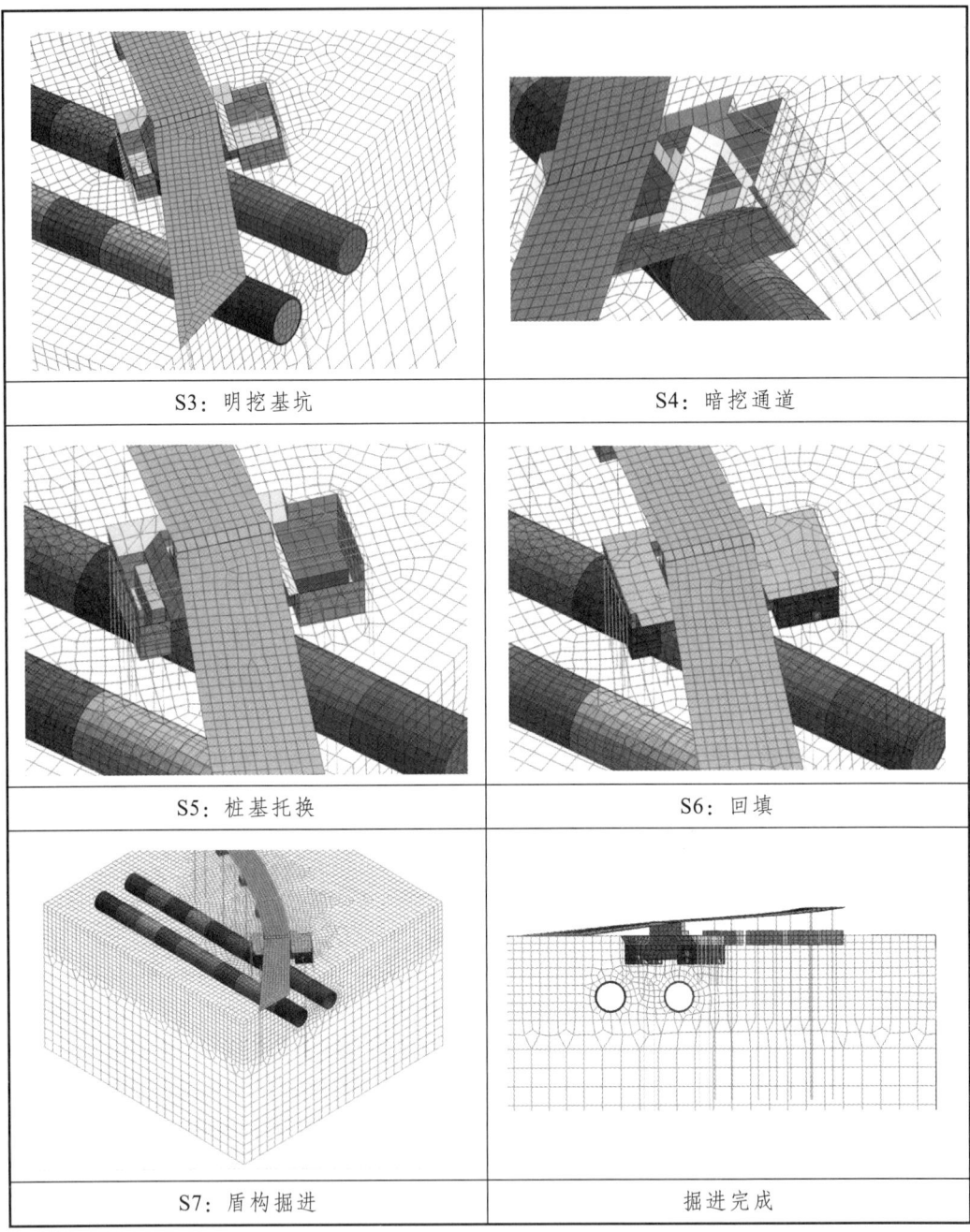

S3：明挖基坑	S4：暗挖通道
S5：桩基托换	S6：回填
S7：盾构掘进	掘进完成

7.4.3 计算结果分析

（1）桥面沉降云图（见图 7.4.2～7.4.7）

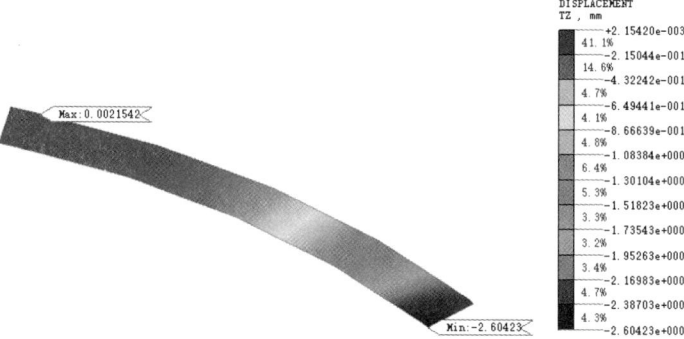

图 7.4.2　明挖基坑

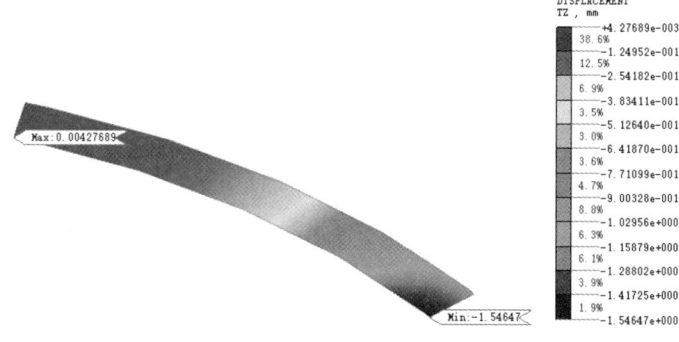

图 7.4.3　暗挖通道

图 7.4.4　承台托换

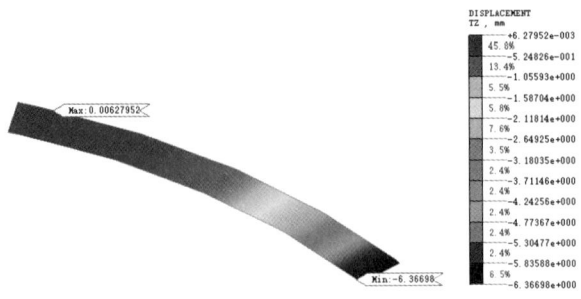

图 7.4.5 基坑回填

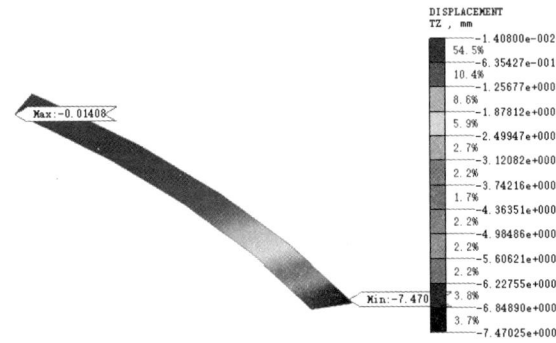

图 7.4.6 盾构掘进 10 m

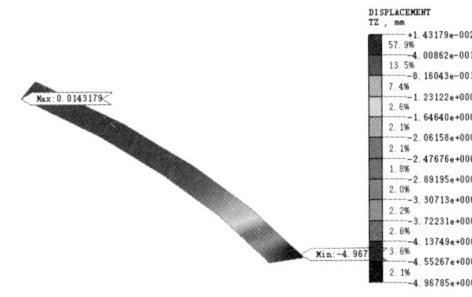

图 7.4.7 掘进完成

（2）桥墩沉降云图（见图 7.4.8～7.4.13）

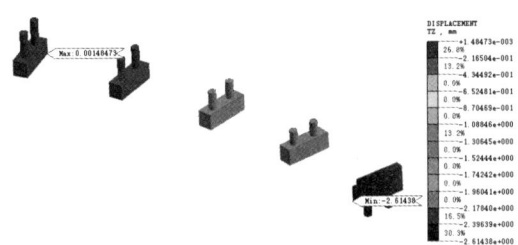

图 7.4.8 明挖基坑

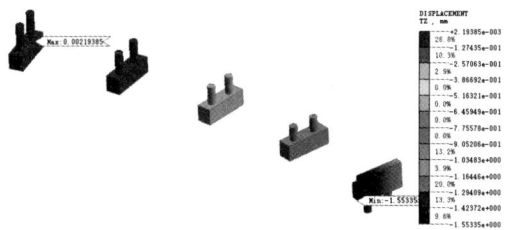

图 7.4.9　暗挖通道

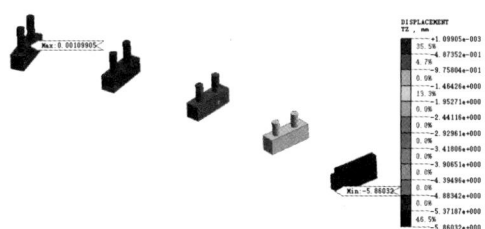

图 7.4.10　承台托换

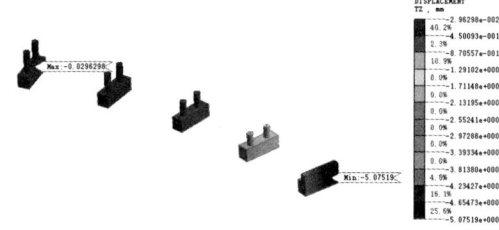

图 7.4.11　基坑回填

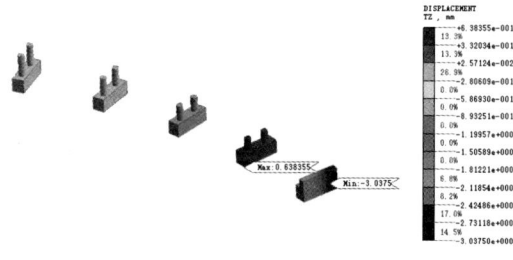

图 7.4.12　盾构掘进 10 m

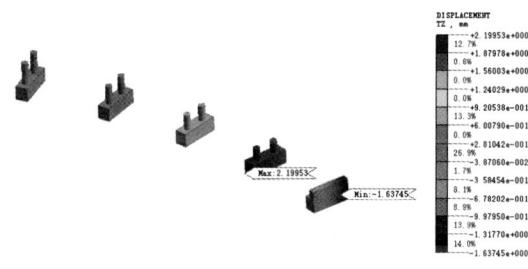

图 7.4.13　掘进完成

（3）拱顶沉降云图（见图 7.4.14～7.4.19）

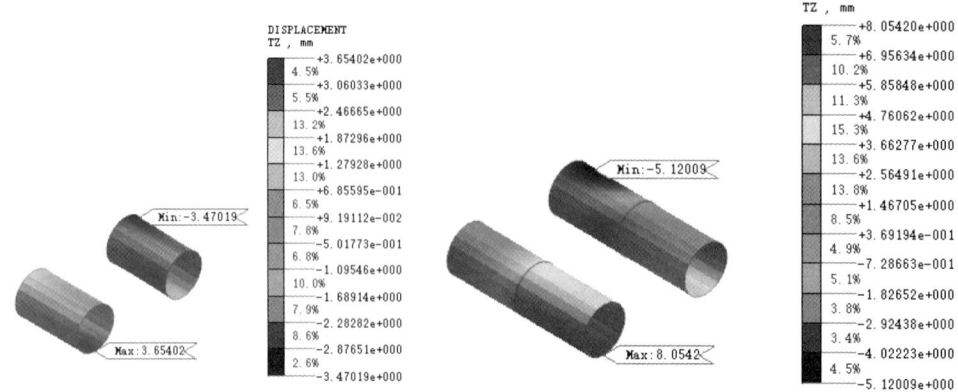

图 7.4.14　掘进 10 m　　　　　　图 7.4.15　掘进 20 m

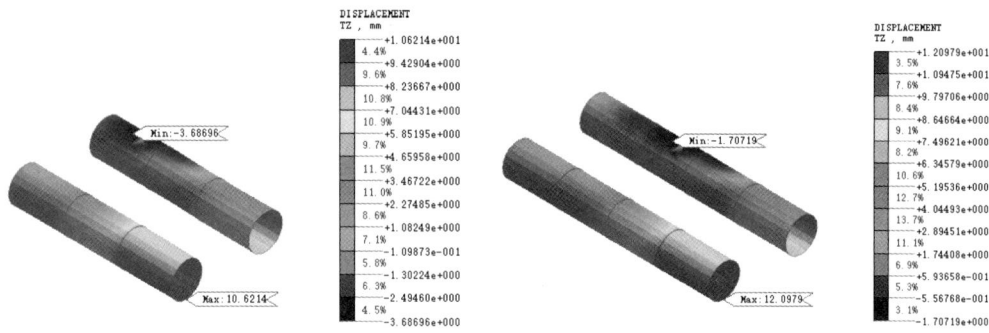

图 7.4.16　掘进 30 m　　　　　　图 7.4.17　掘进 40 m

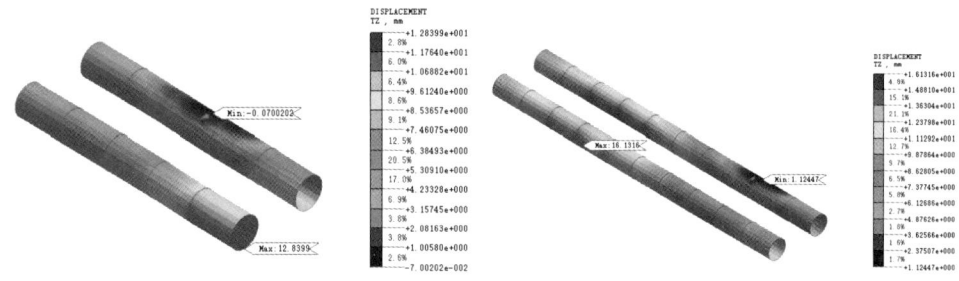

图 7.4.18　盾构掘进 50 m　　　　图 7.4.19　掘进完成

（4）管片横向收敛云图（见图 7.4.20～7.4.25）

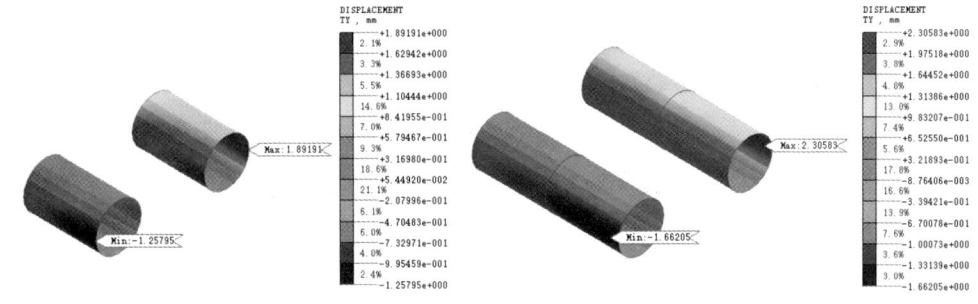

图 7.4.20　掘进 10 m　　　　　　　　图 7.4.21　掘进 20 m

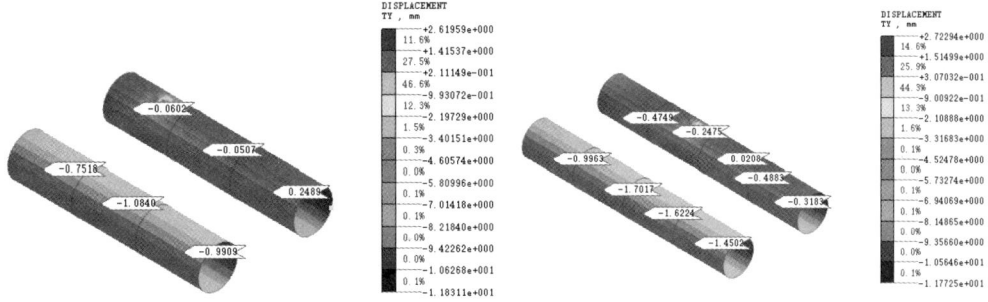

图 7.4.22　掘进 30 m　　　　　　　　图 7.4.23　掘进 40 m

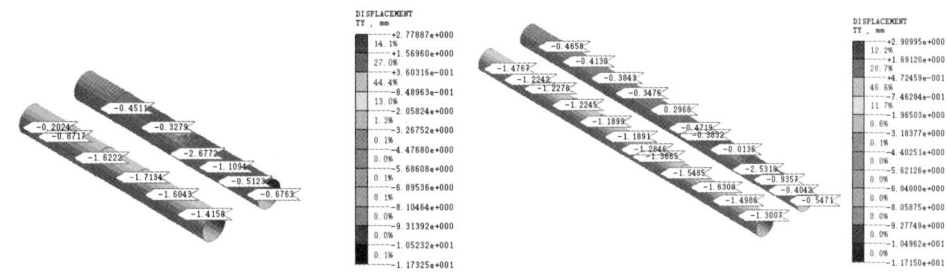

图 7.4.24　盾构掘进 50 m　　　　　　图 7.4.25　掘进完成

从上述计算结果云图可以看出，整个施工过程中，可以保证：施工产生的附加纵坡、横坡在 2‰（0.2%）以内；桥墩的最大沉降为 5.86 mm，发生在承台托换时；相邻桥墩的最大沉降差在 4 mm 以内。隧道管片的拱顶沉降为 5.12 mm，横向收敛为 2 mm。

故满足安全要求，改方案具有一定的可行性。

7.5 技术成果及应用

本次盾构穿越既有桥桩区间时，采用了桩基托换的方式，安全可靠地穿越了该区域，通过施工过程中的经验总结，得出以下结论：

（1）在遇到桥梁桩基倾入盾构区间的情况下，通过合理的设计方案，采用桩基托换施工是安全可行的。对比改线、新建桥梁等方案，桩基托换具有影响小、造价低等优点。

（2）桩基托换要点在于承台的顶升和连接。进行此工况时，应合理计算千斤顶的顶升力以及摆放位置，做好相应的应急预案，避免发生安全事故。

（3）连接时，应加强控制连接质量，避免荷载不能很好地转移到新建承台之上；在进行托换承台基坑施工时，应加强支护，避免开挖基坑，导致既有桥梁基础发生过大变形，影响安全适用。

经过方案设计、数值模拟、实际施工，得出了一系列关于桩基托换的经验数据，能够给相关区域的施工提供一定的参考借鉴。

第8章　钙质胶结软硬相间地段盾构掘进技术

8.1　工程背景

本标段魏庄西街站—紫荆山站盾构区间分布有不连续的钙质胶结层，质地坚硬，钻进困难，对刀具严重磨损，并且由于地层中存在高黏性土层，盾构掘进时容易在刀盘前部形成泥饼，严重影响掘进。针对这种软硬不均地层及复杂地质环境的盾构施工，为解决其掘进困难、效率低、成本高、掘进方向及地层变形不易控制等技术难题，需要研究盾构掘进模式、掘进参数及其相应的姿态控制技术、渣土改良技术以及地层变形控制技术。

本区间基本位于城市主干道（航海中路）路下，局部位于路侧，临近地面建筑物，周围环境较为复杂；航海中路为郑州市二环环路，双向8车道，交通繁忙，车流量大，区间下侧穿建筑物，线路出魏庄西街站后，沿航海东路向西敷设，途中右线隧道侧穿管城区粮食局（16层）、金锣湾项目在建基坑（隧道与地下室水平最小净距约1.6 m，竖向最小净距约0.8 m），在紫荆山路东侧进入紫荆山路站。

该段隧道总平面图如图8.1.1。周边环境风险源见图8.1.2。

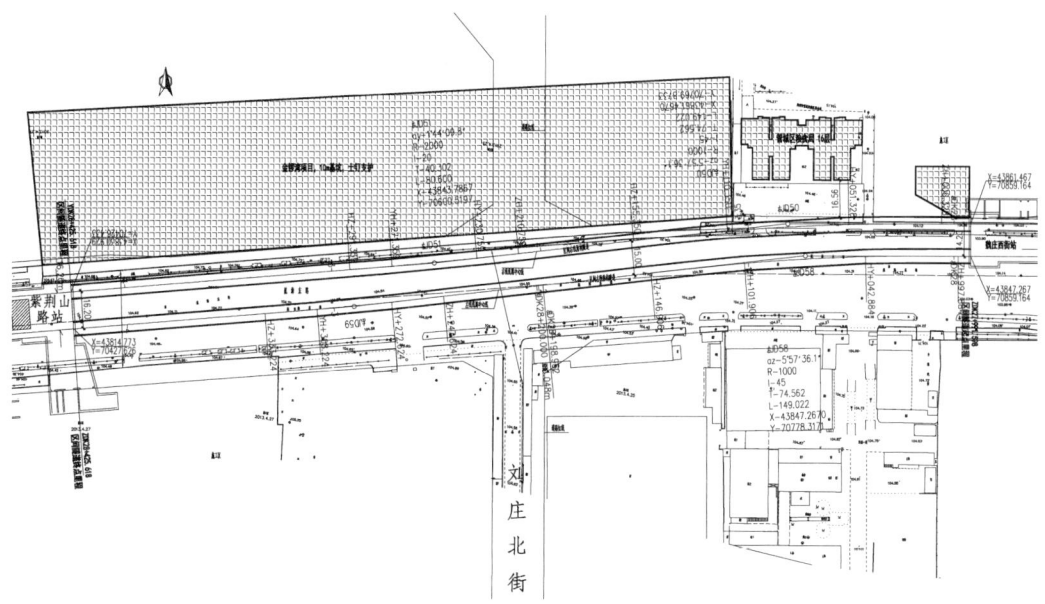

图8.1.1　魏庄西街站—紫荆山路站段隧道总平面图

图 8.1.2 周边环境风险源金锣湾在建项目

8.2 钙质胶结软硬相间地段对盾构掘进影响机理分析

不同于黏土、砂土及硬岩等连续的均一地层，上软下硬地层由于上下地层性质差异极大，为满足滚刀对硬岩的破碎，掘进时一般采用较大顶推力，极易造成上部软岩的超挖使地层变形过大，盾构掘进对上软（软岩）下硬（硬岩）地层扰动的特性和机理也完全不同。根据《岩土工程勘察规范》（GB50021—2001）中对岩石完整性系数 RQD 进行的定义，即 0.35～0.15 为破碎，0.35～0.55 为较破碎，0.55～0.75 为较完整，大于 0.75 为完整，以及对岩石的坚硬程度进行的分类见表 8.2.1 所示。

表 8.2.1 岩石坚硬程度分类

岩石坚硬程度	硬质岩		软质岩		极软岩
	坚硬岩	较硬岩	较软岩	软岩	
饱和单轴抗压强度	$fr>60$	$60 \geq fr>30$	$30 \geq fr>15$	$15 \geq fr>5$	$fr \leq 5$
举例	微风化花岗岩	微风化花岗岩、钙质砂岩	中—强风化坚硬岩或较硬岩微风化泥灰岩、砂质泥岩	强风化坚硬岩或较硬岩中—强风化较软岩、微风化泥岩、泥质砂岩	全风化岩

8.2.1 上软下硬地层滚刀破岩理论

盾构刀具是在工程挖掘过程中,对岩石进行破碎和剥离岩土的关键部件和消耗品。盘形滚刀是盾构机刀盘上所有挖掘刀具中的主要掘进承担者,它在施工中与岩石的表面直接接触,在摩擦力与压力的双重作用下,用刀口对岩石表面进行滚切。盘形滚刀在这种上软下硬复合地层的盾构掘进中广泛使用,其性能对盾构机的掘进速度及深度起着举足轻重的影响。

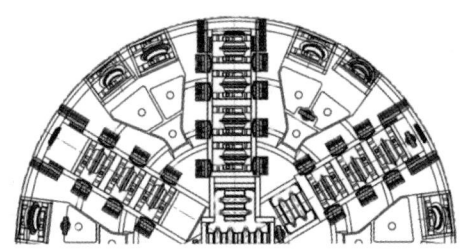 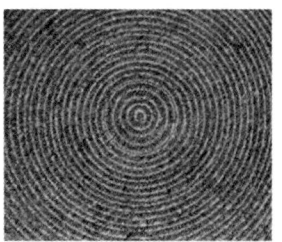

图 8.2.1　盾构刀盘　　　　　图 8.2.2　滚刀破岩轨迹

滚刀在上软下硬复合地层上作业时并非是简单地对岩石进行破裂和切割,而是借助盾构机对液压缸的推力,紧实地压在不断推进的掌子面上。一方面,在盾构机旋转装置的推动下,各个方向的滚刀围绕着刀盘的中心轴进行公转,使其能够压入岩石内部;另一方面,各个滚刀还绕着各自的刀轴中心进行自转,在掌子面上进行连续的滚压,岩体受到滚刀不断的挤压和剪切发生破碎,并在掌子面上形成一系列的同心圆沟槽。在目前的盾构滚刀破岩机理中,有三个比较常见的理论可以解释岩石的破碎,这三个破岩机理分别为:挤压破岩机理、剪切破岩机理及张拉破岩机理,具体内容如下。

1. 挤压破岩机理

盾构滚刀压入上软下硬复合岩层,上覆软岩层首先发生弹性变形,并且滚刀产生的能量传递至下伏硬岩层。当下伏硬岩层的硬度过大时,下伏硬岩将直接发生脆性变形破碎;当下伏硬岩层的硬度较小时,下伏硬岩将首先发生弹性变形。随着滚刀的压入,当盾构滚刀对岩层的压力大于岩石的最大抗压强度时,上覆软岩层发生塑性变形破坏,下伏硬岩层随滚刀的深入也随之破坏。滚刀的受力计算取决于岩石强度和滚刀尺寸。挤压破岩机理如图 8.2.3 所示。

2. 剪切破岩机理

该理论指出,盾构滚刀压入岩石后使岩石发生剪切变形破坏,在破岩剪切面上的破碎点服从莫尔-库仑准则,即其剪应力 τ 与正应力 σ 的比值达到最大值,岩层发生屈服破坏,并且屈服面的位置取决于岩石的破碎角 ϕ。在实际施工过程中,一般的测量仪器很难测出 ϕ 值,它只与上软下硬复合地层中岩石本身的物理力学性质及破岩剪切面的性质有关,与盾构滚刀推力和滚刀的形状无关。剪切破岩机理如图 8.2.4 所示,1 区为压碎区,2 区为剪切破坏区。

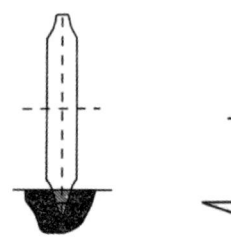 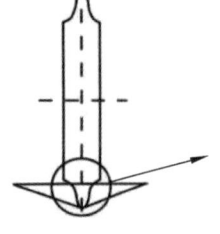 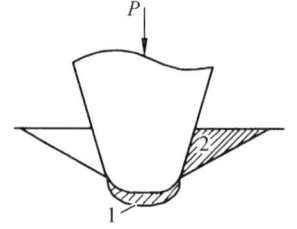

图 8.2.3 挤压破岩机理示意　　　　图 8.2.4 剪切破岩机理示意

3. 张拉破岩机理

基于格里菲斯的断裂强度准则，根据张拉破岩机理，上软下硬地层中的岩石受到盾构滚刀的破岩之后，首先发生裂缝闭合，随后岩层发生线弹性变形，裂纹随之扩展进而形成压碎区，最终岩石被压碎形成断裂体。上覆软岩层首先产生裂纹，并且裂纹以辐射状扩展，下伏硬岩层产生裂纹较晚，最终两岩层的侧面均会产生张拉破坏，且下伏硬岩层的张拉破坏程度小于上覆软岩层。该理论解释了密实核下裂纹的产生和扩展。相关机理如图 8.2.5 所示。

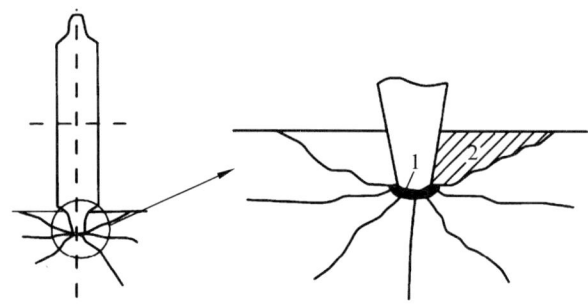

图 8.2.5　张拉破岩机理示意

基于这三种基本理论，目前通常采用共同破岩理论，即使用多个理论协同应用，分析岩体的破岩变化过程。

4. 滚刀破岩过程

在工程施工过程中，盾构滚刀的掘进机刀盘的中心轴线与开挖面尽量形成垂直的关系，盘形滚刀紧压着岩体表面并在推力和扭矩的作用下刀头旋转前进，当岩石的强度承受不住盘形滚刀所施加的推压力时，岩石表面开始产生裂纹，在盘形滚刀刀刃的持续作用下，初始的裂纹快速扩张，在岩石面形成压碎区和放射状裂纹。当滚刀作用在岩石上的压力进一步增大时，相邻滚刀间的岩石内裂纹延伸并相互贯通，得以形成岩石碎片而崩落，这代表盘形滚刀完成了一次破岩工作。

滚刀压痕试验表明，在盾构滚刀破坏上软下硬复合地层时，单把盘形滚刀破岩以荷载由小到大逐步增加的方式进行。滚刀侵入岩石并形成破碎岩块主要由以下几个阶段组成，如图 8.2.6 ~ 8.2.15 所示。

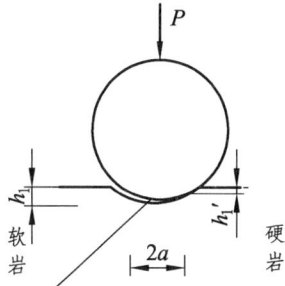

图 8.2.6 岩石弹塑性变形阶段

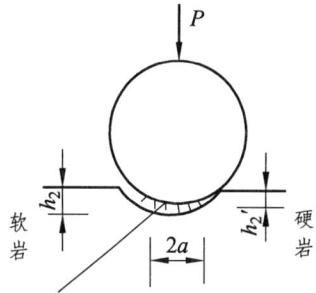

图 8.2.7 裂纹源出现阶段

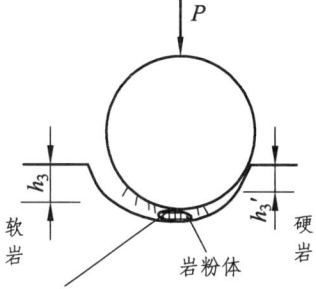

图 8.2.8 粉核形成阶段

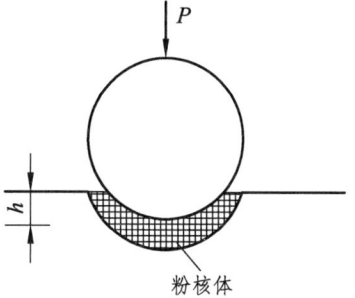

图 8.2.9 均质岩层粉核储能阶段

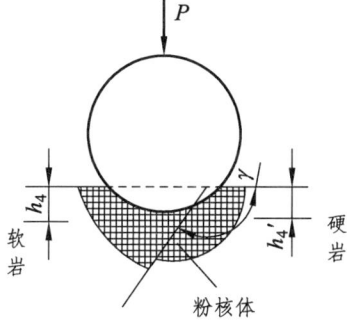

图 8.2.10 $\gamma<90°$ 粉核储能阶段

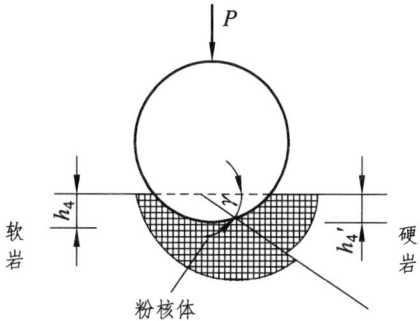

图 8.2.11 $\gamma>90°$ 粉核储能阶段

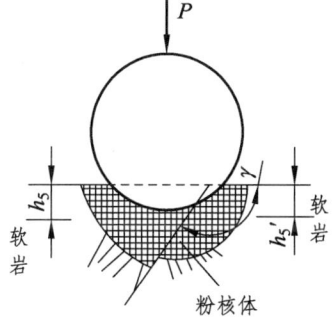

图 8.2.12 $\gamma<90°$ 径向裂纹和粉劈阶段

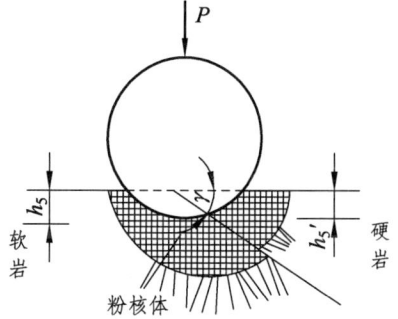

图 8.2.13 $\gamma>90°$ 径向裂纹和粉劈阶段

图 8.2.14 均质地层卸载阶段

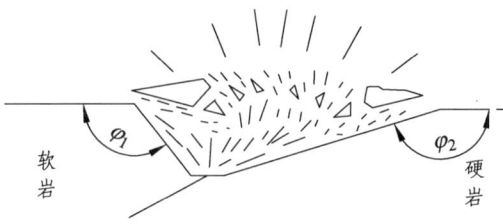

图 8.2.15 上软下硬地层卸载阶段

各阶段变形公式见表 8.2.2。

表 8.2.2 各阶段变形公式

阶 段		公 式	备 注
岩石弹塑性变形阶段		$W = \dfrac{P}{4}(h_1 + h_1')$	式中： W：外荷载做功（J）； P：圆形滚刀压入岩石的压力（N）； h_1：圆形滚刀压入上覆软岩层的初始贯入度（m）； h_1'：圆形滚刀压入下伏硬岩层的初始贯入度（m）
粉核形成阶段		$-\dfrac{\mu_1+\mu_2}{2}\sigma + \dfrac{\mu_2-\mu_1}{2}\sqrt{1+\left(\dfrac{\mu_2}{\mu_1+\mu_2}\right)^2} = c$	σ：岩体的垂直应力（MPa）； c：下伏硬岩的黏聚力（MPa）； μ_1：上覆软岩层的内摩擦系数； μ_2：下伏硬岩层的内摩擦系数
粉核储能阶段	软弱粉核	$\xi_1' = \left\{\dfrac{K_{p1}-1}{2K_{p1}}\left[1+\dfrac{\mu_1(K_{p1}-1)p\sin\gamma}{(\mu_1+\mu_2)\sigma_{c1}}\right]\right\}^{\frac{K_{p1}}{K_{p1}-1}}$	σ_c：岩石的单轴抗压强度（MPa）； K_p：岩石的碎胀系数； φ：岩石的摩擦角
	坚硬粉核	$\xi_2' = \left\{\dfrac{K_{p1}-1}{2K_{p2}}\left[1+\dfrac{\mu_2(K_{p2}-1)p\sin\gamma}{(\mu_1+\mu_2)\sigma_{c2}}\right]\right\}^{\frac{K_{p2}}{K_{p2}-1}}$	
卸荷阶段	坚硬漏斗坑	$V = (T - a\tan\varphi_1)\left(\dfrac{h_6}{h_6+h_6'}\right)^2 \dfrac{\mu_2}{2(\mu_1+\mu_2)}$	T：滚刀刀刃宽度（m）； h：圆形滚刀压入岩层的贯入度（m）； φ_1：上覆软岩破碎角
	软弱漏斗坑	$V = (T - a\tan\varphi_2)\left(\dfrac{h_6'}{h_6+h_6'}\right)^2 \cos\gamma \dfrac{\mu_2}{\mu_1+\mu_2}\sigma_{c2}$	

8.2.2 软岩地层盾构施工掘进

软岩的基本力学特性是孔隙率大、强度低且易崩解、透水性强、膨胀性显著，同时具有明显的时效特征，以上因素导致软岩岩体自稳能力较差。大多数软岩裂隙发育，内部孔隙繁多且相互连通，岩体强度低。当地下水系丰富时，在不连续面处会存在稳定的渗流，从而导致软岩浸水后体积显著增加，严重时产生解体，当岩体失水的同时可能会发生崩解现象。在软岩中开挖隧道后，岩体会产生持续变形，具有显著的时效特性。

当软岩地层以上的地层中黏性物质含量少、砂性物质含量多时，应选择复合式泥水平衡盾构机；当软岩地层以上的地层中黏性物质含量较多时，可选择复合式土压平衡盾构机。在软岩地层中，盾构刀盘主要采用由硬质合金制成的切刀来切削和剥离软岩岩体，而且应根据实际的地质情况，针对可能出现的部分硬岩提前配置适量滚刀或进行换刀作业。切刀刀刃切入软岩岩体后，刀刃前方岩体受压，接触区域产生较大应力，岩体发生变形，当岩体所受拉应力超过其强度时，岩体破碎从而离开母体。

盾构机在此地层中掘进刀盘易结"泥饼"，甚至出现"磕头"现象，在施工过程中应重点控制盾构掘进姿态。岩土体作为由固体、液体和气体组成的三相体系，具有显著的力学流变性，盾构开挖过程中易引起较大地层损失，从而导致地表产生沉降。特别是对于软岩地层，应高度重视地表沉降控制。

8.2.3 硬岩地层盾构施工掘进

根据岩石坚硬程度分类表，当岩石的天然抗压强度大于 60 MPa 时可归为坚硬岩。盾构掘进穿越硬岩地层时，宜选择复合式土压平衡盾构机，刀盘上应布置一定数量的破岩滚刀，根据其在刀盘上的位置通常包括中心滚刀、正面滚刀、边缘滚刀几种类型。刀盘在电机驱动下绕轴线转动，液压千斤顶所提供的顶推力通过刀盘直接传递给滚刀，滚刀在推进力的作用下与岩体接触、挤压。当滚刀与岩体之间的挤压力超过岩石的天然抗压强度时，岩石破碎导致岩体结构出现破坏，岩石最终被滚刀切割破碎后以岩渣的形态被螺旋出土器运输至隧道外。滚刀破岩过程通常分为挤压致裂、裂纹扩展及岩石破碎三个阶段。

盾构在硬岩中掘进，面临的最大问题是刀盘磨损严重，同时在硬岩地层中管片出现上浮现象，从而导致管片产生错台和裂缝。

1. 合理配置刀盘及刀具

刀具选择应以破岩能力强的滚刀为主，同时辅以适量的切刀、刮刀及超挖刀，刀具刚度与强度应符合掘进的要求。同时，刀具在刀盘中的布置情况应和实际工程地质相匹配。定期开仓检查刀具磨损情况，及时对受磨损的刀具进行更换。

2. 盾构掘进参数

盾构在硬岩地层中掘进，刀盘磨损严重，应合理选取掘进参数。刀盘转速、扭矩及推进力应相匹配，以高转速、低扭矩和适当的顶推力进行掘进施工。

3. 渣土改良

盾构掘进时，要不断向开挖面注入适量的渣土改良剂，选用泡沫作为改良剂不仅能润滑刀具，减少滚刀破岩时的阻力，同时可以降低渣土、刀具和刀盘的温度，在一定程度上减缓刀具的磨损。

4. 控制管片上浮

盾尾空隙的存在，导致管片与围岩之间存在一定的空隙，如果不能及时采取注浆措施回填空隙，管片在浆液的作用下会出现上浮现象。在硬岩地层的施工过程中，应选择初凝时间较短的同步注浆浆液，并及时进行二次补浆。同时，还可以在隧道底部堆放一定质量的重物，确保拼装完成的管片不上浮来减缓管片的上浮程度。

8.2.4 上软下硬地层盾构施工掘进

国内盾构施工一般以土压平衡盾构和泥水平衡盾构为主，在水量大的地层中使用泥水平衡盾构，可以减少喷涌现象，更占优势，而土压平衡盾构更适用于软硬不均地层的施工。复合式土压平衡盾构具有三种施工模式：土压平衡模式、半敞开模式和全敞开模式。这三种模式可以根据地层条件实时进行切换，具有良好的适应性。岩溶发育区遭遇"上软下硬地层"时，应选择泥水平衡盾构；但在花岗岩质的"上软下硬地层"中，宜选用土压平衡盾构。

在软硬互层中掘进，开挖下部硬岩时较困难，施工速度慢，需较大的土仓压力来维持开挖面的稳定，建议采用大功率的刀盘扭矩；采用由辐条和面板共同组成的辐板式复合刀盘结构，刀盘材料应具有较高的耐磨性能，开口率控制在28%～35%，提高渣土的排出率，并配有一定数量的改良剂注入口；刀具配置应以滚刀、切刀与刮刀合理搭配，并具有一定的破岩能力，适当减小滚刀间距，可进一步提高刀盘破岩能力。在施工过程中，应对刀具"勤检查""勤更换"，尤其要加强周边刀具的检查和更换。

当盾构在单一连续地层中掘进时，刀盘受力均匀，施工参数选取简便，盾构姿态容易调整。然而，当盾构机在复合地层中掘进，特别是在上软下硬地层中施工时，盾构姿态难以控制，容易产生"磕头"现象，盾构纠偏也更为困难，对已拼装完成的管片也会产生不利影响。

盾构在软硬互层中施工，为控制盾构机的顺利掘进可采取以下技术保障措施：
① 首先应根据岩土勘察报告探明地层分布情况，明确软硬互层的分布形态及范围；

② 根据软硬互层的实际分布情况，合理选择千斤顶的数量及分布形式，根据施工情况及时调整千斤顶压力；③ 及时对刀具进行检查更换，重视渣土的改良情况，确保渣土的顺利输出并建立土仓压力，及时对盾构姿态进行调整，保证隧道轴线满足设计要求。

8.3 钙质胶结软硬相间地段盾构掘进模式及参数研究

8.3.1 盾构机适应性

根据对地层的适应性，国内习惯上将用于"软土"地层的掘进机称为盾构，将用于岩石地层的称为 TBM。二者工作的环境也不同，TBM 是硬岩掘进机，一般用于山岭隧道或大型引水工程，盾构是"软土"类掘进机，主要用于城市地铁、及小型管道工程。

当地层条件复杂，遭遇软硬不均的情况，尤其是软土或软岩与硬岩交互的地层时，需要使用适应性更强的复合式盾构机。这类盾构机上既装配有能够切削软土的刮刀又装备有破岩能力的滚刀，因此能够适应软硬交互的复合地层。复合式盾构机选型主要根据地质特点（地层的渗透系数、岩土的颗粒含量）、周边环境沉降控制要求，来确定选用复合式泥水平衡盾构机还是复合式土压平衡盾构机。

当地层渗透系数大于 $10^{-4} \sim 10^{-5}$ m/s 时，宜选用复合式泥水平衡盾构机；而当岩土粉粒和颗粒的总量达到 30%~40% 以上时，通常选择土压平衡式盾构机。在花岗岩质地层进行地铁盾构隧道施工，宜选择复合式土压平衡盾构机；若盾构施工本身风险不大，但盾构施工引起的周边环境风险较大（如地面有地层加固条件、下穿铁路及商业区）时，宜选用泥水平衡盾构机。

8.3.2 盾构掘进模式选择

复合式土压平衡盾构机具有土压平衡式（EPB）、半敞开式（Semi-Open），敞开式（Open）三种掘进模式。

1. 土压平衡式（EPB）

盾构机掘进时，刀盘切削下来的渣土进入并充满土仓，搅拌臂对渣土进行强行搅拌，在盾构机推进油缸的作用下，通过隔板对渣土加压，从而产生泥土压，控制螺旋输送机排土速度，使刀盘切削下来的渣土量与螺旋输送机向外输送量相平衡，确保土仓内土体的压力与开挖面土体和地下水的压力保持平衡，防止开挖面坍塌，从而确保掌子面的稳定的一种盾构掘进模式。如图 8.3.1 所示。

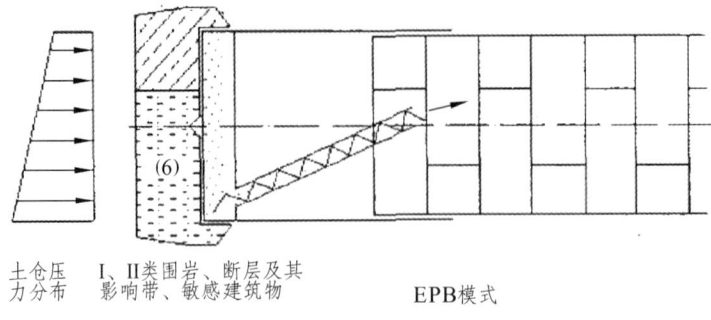

图 8.3.1　EPB 模式原理图

在砂层中施工时，刀盘切削下来的渣土塑性和不透水性很差，应向土仓内加入膨润土泥浆和泡沫剂等添加剂，对渣土进行改良，确保掌子面的稳定，渣土容易被螺旋输送机运送出去。

2. 半敞开式（Semi-Open）

当掌子面土体不具备完全自稳能力，或掌子面土体具备自稳能力，但在地下水的影响下，开挖面土体失去了自稳能力，需要在土仓内保持 1/2～2/3 渣土，然后向土仓内注入压缩空气，确保掌子面的稳定的一种盾构掘进模式。如图 8.3.2 所示。

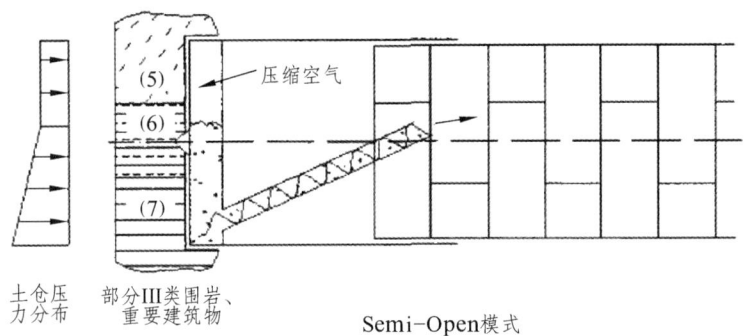

图 8.3.2　Semi-Open 模式原理图

3. 敞开式（Open）

当掌子面的土体具备完全自稳能力，盾构掘进时可将刀盘切削下来的土渣通过螺旋输送机全部输送出去，土仓内不需要保持泥土压力的一种盾构掘进模式。一般情况下，渣土填充土仓约 30%的空间。如图 8.3.3 所示。

盾构掘进时，应充分了解前方地层的地质情况，选择合适的掘进模式是非常重要的。上软下硬地层是一种特殊的地质，既具有硬岩的强度，又有软岩地层的不稳定性，土体经过加固后，围岩具有一定的自稳能力，但基岩裂隙水较丰富，为确保施工速度以及安全施工，盾构掘进时采用半敞开式掘进模式。

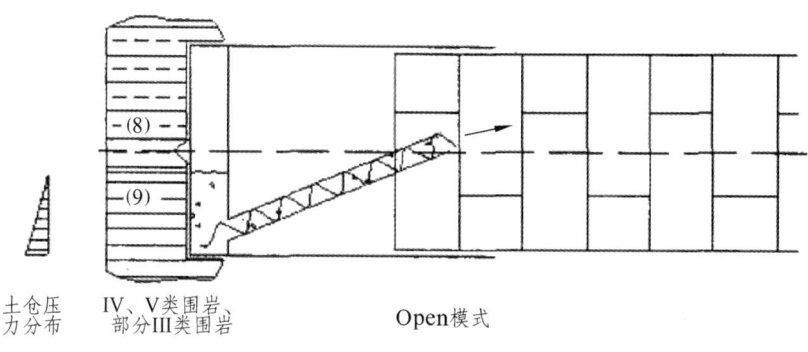

图 8.3.3　Open 模式原理图

8.3.3　掘进参数

1. 千斤顶推力

土压平衡盾构机掘进时，盾构机千斤顶推力就是掘进过程中遇到各项阻力的总和。为了研究方便，假定盾构机匀速掘进，土仓内的泥土均匀受压，盾构机的总推力公式为：

$$F = F_1 + F_2 + F_3 + F_4 + F_5 \tag{8.3.1}$$

式中　F——盾构机千斤顶总推力；

　　　F_1——盾壳与周围土体之间的摩擦力；

　　　F_2——盾构掘进时土体对刀盘的水平阻力；

　　　F_3——刀具切削土体的贯入阻力；

　　　F_4——盾尾与管片之间的摩阻力；

　　　F_5——台车的牵引阻力。

其中 F_1 和 F_2 起主要作用。根据本工程具体地质条件，结合以往的工程经验，盾构机的推力取值 9 000～11 000 kN。

2. 刀盘扭矩

盾构机刀盘的结构形式有辐条式和面板式两种基本类型，不同类型刀盘扭矩的计算理论也不相同。刀盘的设计扭矩还与地层条件、构造、直径等因素有关。本工程采用的是面板式刀盘，设计扭矩可由下式确定：

$$T = T_1 + T_2 + T_3 + T_4 + T_5 + T_6 + T_7 \tag{8.3.2}$$

式中　T——刀盘扭矩；

　　　T_1——刀具切削土体时的土层抗力扭矩；

　　　T_2——刀盘与正面、侧面土体的摩擦力扭矩；

　　　T_3——刀盘和搅拌叶片的搅拌扭矩；

　　　T_4——刀盘自重所产生的抵抗旋转的扭矩；

T_5——刀盘开口处切削渣土所需的扭矩;

T_6——刀盘转动时机械自身的摩擦阻力扭矩(轴承的摩阻力扭矩、减速装置的机械损失扭矩、刀盘密封的摩阻力扭矩);

T_7——刀盘背面与渣土的摩阻力扭矩。

刀盘的扭矩主要由 T_1、T_2、T_3 决定,一般情况下,其他部分可以不考虑。盾构机正常掘进时,刀盘所受到的扭矩小于额定最大扭矩;当大于额定最大扭矩时,刀盘将停止运转。本工程盾构在上软下硬地层中掘进时,刀盘工作扭矩取值 5 000 ~ 7 000 kN·m。

3. 土仓压力

盾构在上软下硬地层中掘进时,保持土仓压力与开挖面土压力和水压力的平衡是防止地表沉降过大、保证地表建筑物安全的一个重要因素。土仓压力应根据掘进过程中具体的工程地质条件、隧道埋置深度以及地表沉降的测量值进行及时调整,但必须以保证掌子面的稳定为先决条件。土仓压力可以通过保持盾构机的掘进速度和螺旋输送机出土量的协调来实现。

土仓压力的设定一般以刀盘中心处的水压力和土压力为准,采用经验公式计算:

$$s = k \cdot \gamma \cdot h \qquad (8.3.3)$$

式中 s——土仓压力;

k——土体侧向压力系数;

γ——土体容重(kN/m³),取 18 kN/m³;

h——刀盘中心至地表的土层厚度(m),取为 9.4 m。

盾构在穿越上软下硬地层时,为了避免产生过大的地表沉降,设定土仓压力为 0.1 MPa。施工过程中,可以根据具体的工程地质条件进行调整。

4. 掘进速度

盾构的掘进速度为刀盘的转速和刀盘每转的贯入度的乘积。掘进速度与盾构机推力、扭矩密切相关,当掘进速度变大时,贯入度随之增加,刀盘所受的推力和扭矩也随之增加。

在上软下硬地层中掘进,刀盘在软硬岩交界处,发生周期性碰撞,对刀具的损伤较大。为了延长刀盘刀具的使用寿命,保证施工顺利进行,使刀具受到的瞬时冲击荷载小于安全荷载 25 Tc,应严格控制盾构掘进速度,刀盘的转速控制为 1.5 ~ 2 r/min,刀具的贯入量控制为 4 ~ 6 mm/r。掘进速度为 6 ~ 12 mm/min。

5. 同步注浆压力和注浆量

盾构开挖引起的土层损失是引起地表沉降的主要原因。施工过程中,及时充分地向管片背后注浆,减小地层损失,是控制地表沉降的有效措施。同步注浆质量主要通过控制注浆压力和注浆量来实现的。

注浆压力：同步注浆过程中，注浆压力较小时，浆液不能很好地填充管片与围岩之间的环形空隙，也会造成地表变形增大；注浆压力过大时，浆液对围岩起到劈裂作用，会造成漏浆、跑浆，使地表隆起，管片衬砌变形或破损。为了保证同步注浆效果，根据以前的施工经验，注浆压力取值为：0.2~0.4 MPa。

注浆量：盾构施工引起的土体损失是通过同步注浆来平衡的，注浆量的确定以盾尾空隙体积为基础，同时考虑浆液的渗透和压密作用、超挖等因素。浆液的注入量计算公式：

$$Q = \lambda_p (D^2 - d^2) L / 4 \quad (8.3.4)$$

式中　λ_p——注浆率，取 1.5；
　　　D——盾构机切削外径，D=6.28 m；
　　　d——管片外径，d=6 m；
　　　L——管片的宽度，L=1.5 m。

工程中采用注浆量和注浆压力两个指标来控制同步注浆质量，即当注浆压力达到设定值，注浆量达到设计值的 85% 以上时，可认为达到了规定要求。

6. 螺旋输送机转速

土仓压力是通过盾构掘进速度和螺旋输送机出土速度保持协调来实现的。上软下硬地层中上部围岩稳定性较差，为了保证开挖面的稳定，防止上部围岩发生坍塌，需要保持较大的土仓压力，要求螺旋输送机出土量要小，根据工程经验，螺旋输送机转速控制在 3~8 r/min。

7. 区间掘进参数选取

（1）上部土仓压力：0.18 MPa。
（2）推进速度：30~40 mm/min。
（3）总推力：1 500~1 800 t。
（4）排土量管理，见表 8.3.1。

表 8.3.1　区间掘进参数

刀盘开挖直径/mm	环宽/m	理论排土量/m³	松散系数	千斤顶行程/mm	排土控制值/m³
6 460	1.5	49.14	1.3	480~502	64

当每环排土达到预警值，或者每斗土的千斤顶行程不在控制范围内时，盾构操作手必须上报，不得隐瞒，不得掘进，等待指令。

（5）刀盘转速：1.2~1.4 r/min。
（6）扭矩：3 000~3 500 kN·m。

（7）注浆压力：0.25～0.3 MPa。

（8）注浆量：5.04～7.75 m³。

（9）盾尾间隙：当推进完毕，单侧盾尾间隙达到 50 mm 时，采取合理点位进行管片拼装来调整该侧盾尾间隙，避免一侧盾尾间隙过小造成管片破损产生渗漏，避免另一侧盾构间隙过大造成漏浆现象。

（10）盾尾油脂量：较平时单环注入量每环增加 5～10 kg，避免一侧盾尾间隙过大时，浆液击穿尾刷造成漏浆现象。

8.4 渣土改良方案及试验研究

渣土改良使渣土具有良好的土压平衡效果，利于稳定开挖面，控制地面沉降，提高渣土的不透水性，使渣土具有较好的止水性，从而控制地下水流失。同时提高渣土的流动性，利于螺旋输送机排土，防止开挖的渣土黏结刀盘而产生泥饼，防止螺旋输送机排土时出现喷涌现象，降低刀盘扭矩和螺旋输送机扭矩，同时减少对刀盘和螺旋输送机的磨损，提高盾构机的掘进效率。

8.4.1 渣土改良方法

渣土改良就是通过盾构机配置渣土改良设备向刀盘面、土仓内或螺旋输送机内注入水、泡沫剂、膨润土、高分子聚合物等添加剂，利用刀盘的旋转搅拌、土仓搅拌装置搅拌或者螺旋输送机旋转搅拌使添加剂与土混合，使盾构机切下来的土具有良好的流塑性、合适的稠度、较低的透水性和较小的摩阻力。

8.4.2 渣土改良方案

在盾构机掘进时，向开挖面、土仓等处加注改良添加剂，其具体功能如下：① 对于富含水砂层，一方面止水，另一方面可以改善砂的和易性；② 在砂性土和砂砾土地层中，可以起到支撑作用而且可以改善土的流动性；③ 在黏性土层，一方面可以防止渣土附着刀盘和土仓室内壁，另一方面，由于改良剂中的微细气泡可以置换土颗粒中的孔隙水，因而可以达到止水效果。渣土改良剂的种类见表 8.4.1。

表 8.4.1 渣土改良剂的种类

种类	膨润土	泡沫剂	高分子聚合物	增黏剂
特性	pH 值：7.5～10.0 黏度：2～10 Pa·s	pH 值：7.3～8.0 黏度：0.003～0.2 Pa·s	pH 值：7.5～10.0 黏度：0.7～2.0 Pa·s	pH 值：7.5～10.0 黏度：0.5～15 Pa·s
适用范围	砂—砂（卵）砾石地层	黏土—砂（卵）砾石地层	固结黏土—砂砾石地层	粗土—粗砂地层
特征	制浆和输送设备需较大的空间	输送和使用便捷，消泡后渣土能恢复原来状态	在黏性软土层有时会因黏土变硬而出现堵塞	停止开挖时，有时会堵塞

结合郑州地铁区间实际地质情况，施工中拟采用膨润土浆液和泡沫剂配合试验进行渣土改良。

8.4.3 渣土改良配比

（1）膨润土溶液配制：

① 配制标准如表 8.4.2。

表 8.4.2 钠基膨润土原料配制标准

名　称	数量/kg
钠基膨润土（一级 200 目）	50
纯　碱	2
火　碱	1.5
纤维素	1.5

② 配比：膨润土∶水=1∶（5～8）（质量比），发酵膨化时间约 24 h。

（2）泡沫剂溶液配制：

① 泡沫剂种类繁多，主要分为普通型、发散型、聚合型。我标段主要采用普通型，采用康达克和明洁两种品牌。

② 配比：泡沫剂原液∶水=1∶（100～200）（质量比）。

（3）高分子聚合物配置：

① 主要采用巴斯夫、合东双品牌的高分子聚合物。

② 配比：高分子聚合物∶水=3∶800（质量比）。

通过加入泡沫进行渣土改良。掘进过程的典型特征：渣土流动性好，呈塑性状态，渣土上有明显的水的光泽，用手抓渣土时，能比较轻松地抓取；螺旋输送机出渣连续且在皮带机上铺展良好，没有产生泥饼及球状渣土；在渣土中，能明显地闻到渣土中有泡沫剂味；渣土的稠度一般为 25～40 mm。改良后渣土如图 8.4.1。

图 8.4.1 渣土改良后渣土照片

8.5 钙质胶结软硬相间地段盾构掘进对环境影响的数值模拟分析

8.5.1 模型建立

根据区间地质情况以及周边建筑物分布，建立如下三维数值模型，模型整体尺寸为 400 m×220 m×64 m，周边基坑深度 10 m，基坑内楼房为 33 层，基坑外楼房为 16 层。楼房及其地基均采用实体单元，地基深度取为 5 m 深；盾构隧道埋深 14 m，盾构中心间距 16.2 m，盾构机头采用厚度 0.14 m 的壳单元模拟，选用两循环长度作为盾构机头荷载分布位置，机头总质量 371 t；盾构推力采用面荷载模拟，在掌子面施加 333 712.9 Pa；壁后注浆和盾构管片均采用实体单元模拟，壁后注浆采用 0.14 m 等代层模拟，将盾构机前三循环的长度等代层设置为盾构机与围岩之间的壁后空隙；数值模拟开挖中，将掌子面前方 1 m 范围围岩进行渣土改良。

施工顺序为左线隧道先开挖，待左线隧道开挖贯通后再开挖右线隧道。其中盾构机、隧道管片、等代层均采用弹性模型，围岩采用弹塑性模型，本构用莫尔-库仑本构。模型如图 8.5.1、8.5.2 所示。

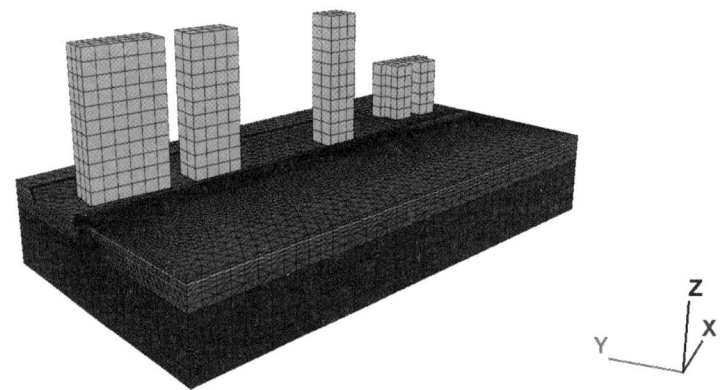

图 8.5.1 模型整体图

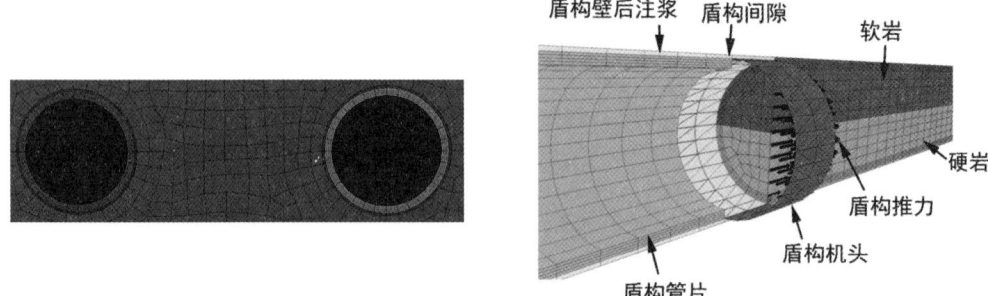

图 8.5.2 模型盾构隧道局部图

8.5.2 材料参数

根据现场勘查资料，选用以下相关参数，见表8.5.1。

表8.5.1 材料参数

材 料	密度/（kg/m³）	泊松比	黏聚力/kPa	内摩擦角/（°）	弹性模量/MPa
回填土	1 875	0.30	11	12.5	5.6
黏质粉土1	1 980	0.30	18	23.5	8
粉砂	2 000	0.29	1	15.0	22
黏质粉土2	1 910	0.30	21.3	24.9	10
盾构管片	2 500	0.20	—	—	35 500
壁后注浆	1 500	0.22	—	—	2 200
楼房	500	0.20	—	—	30 000
楼房地基	1 250	0.22	—	—	20 000

8.5.3 计算结果分析

1. 围岩变形受力分析

1）竖向位移分析

图8.5.3～图8.5.7给出了盾构隧道施工过程周围围岩竖向沉降变化值。从地表沉降值可以看出，在盾构隧道上方土体出现沉降，沉降随着埋深增加而增加，在隧道开挖完成时，盾构隧道顶部最大沉降60 mm左右，在地表引起的沉降最大值约25 mm，在基坑内部以及隧道周围一定范围土体出现隆起位移，在基坑内部最大隆起约8 mm，在盾构隧道右边地表隆起最大值约10 mm，周围建筑最大隆起5 mm。

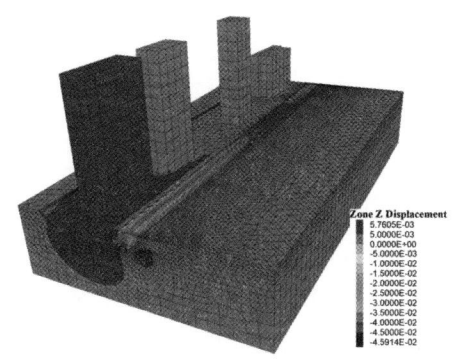

图8.5.3 左线隧道开挖至高层建筑之间时围岩竖向位移云图（单位：m）

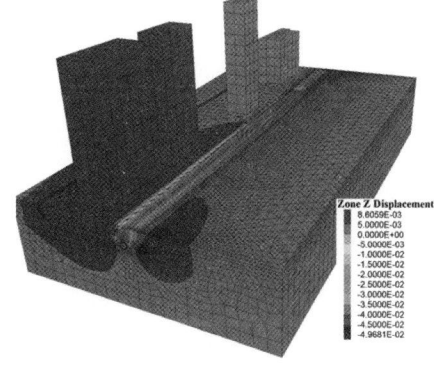

图8.5.4 左线隧道开挖至低层建筑时围岩竖向位移云图（单位：m）

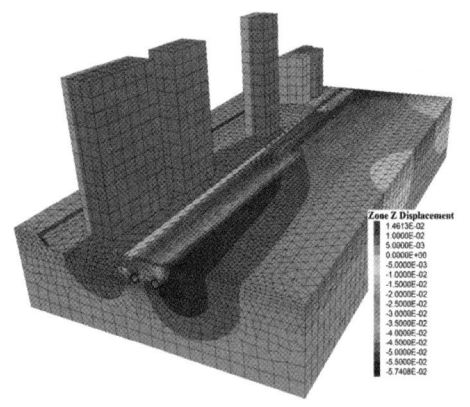
图 8.5.5　右线隧道开挖至高层建筑之间时围岩竖向位移云图（单位：m）

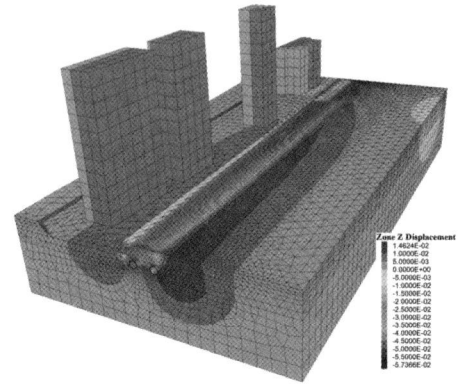
图 8.5.6　右线隧道开挖至低层建筑之间时围岩竖向位移云图（单位：m）

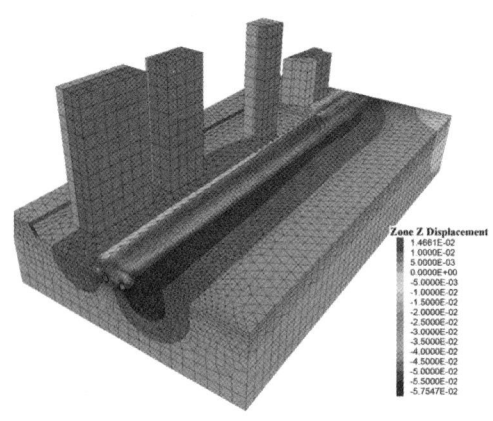
图 8.5.7　左右线隧道开挖完成围岩竖向位移云图（单位：m）

2）水平位移分析

图 8.5.8～图 8.5.12 给出了盾构隧道施工过程周围围岩水平位移变化值。从水平位移可以看出，在盾构隧道周围水平位移较大，水平位移方向均指向隧道内侧，隧道左侧最大水平位移约 60 mm，隧道右侧最大水平位移约 50 mm。地表最大水平位移约 15 mm，指向两隧道中轴线，基坑最大水平位移约 4 mm，指向隧道方向，建筑向隧道外侧水平位移 10 mm 左右。

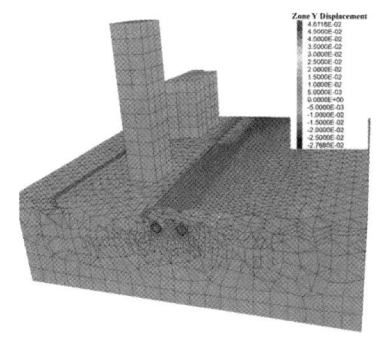
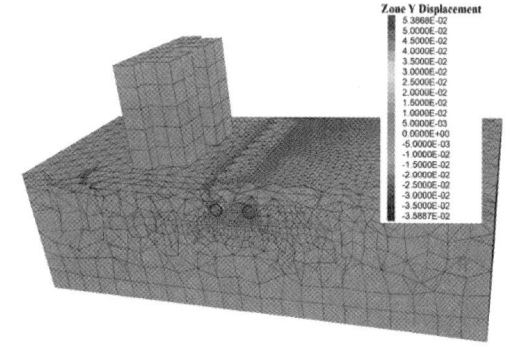

图 8.5.8　左线隧道开挖至高层建筑之间时围岩水平位移云图（单位：m）

图 8.5.9　左线隧道开挖至低层建筑时围岩水平位移云图（单位：m）

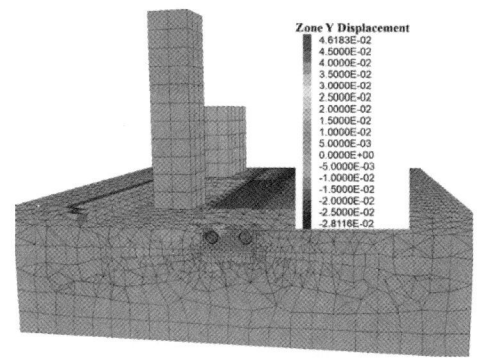

图 8.5.10　右线隧道开挖至高层建筑之间时围岩水平位移云图（单位：m）

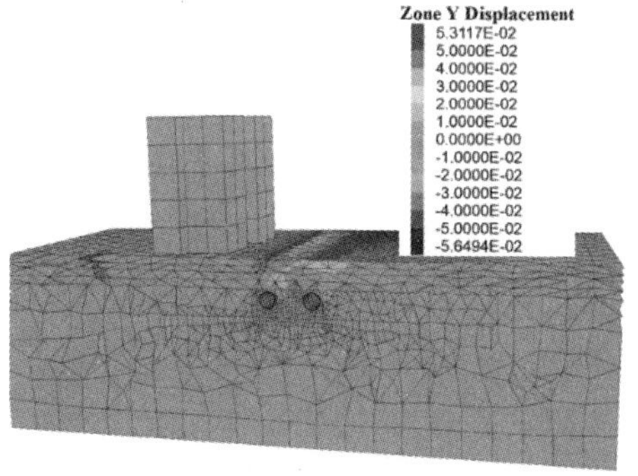

图 8.5.11　右线隧道开挖至低层建筑之间时围岩水平位移云图（单位：m）

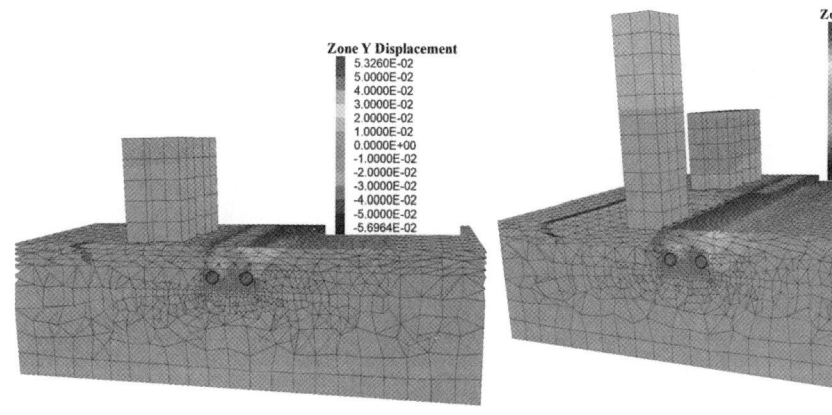

图 8.5.12　左右线隧道开挖完成围岩水平位移云图（单位：m）

3）塑性区分析

图 8.5.13～图 8.5.17 给出了盾构隧道施工过程周围围岩塑性区变化情况。从围岩塑性区变化可以看出，在软岩中盾构隧道左右 1 倍洞径范围出现受剪区域，在硬岩中，盾构隧道左右 2 m 范围出现受拉区域，隧道顶部和底部 1 m 范围内均出现受剪区域。

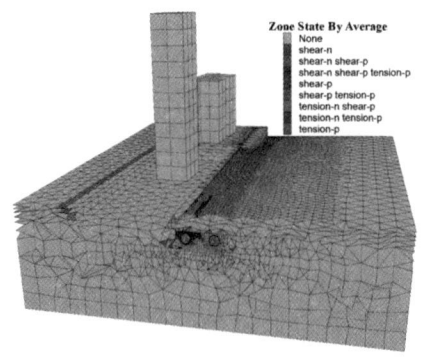

图 8.5.13　左线隧道开挖至高层建筑之间时围岩塑性区图

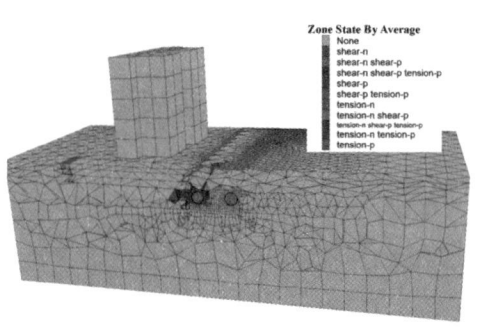

图 8.5.14　左线隧道开挖至低层建筑时围岩塑性区图

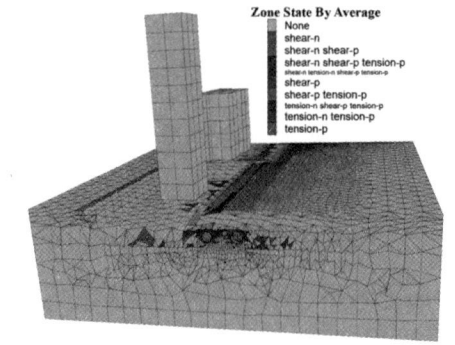

图 8.5.15　右线隧道开挖至高层建筑之间时围岩塑性区图

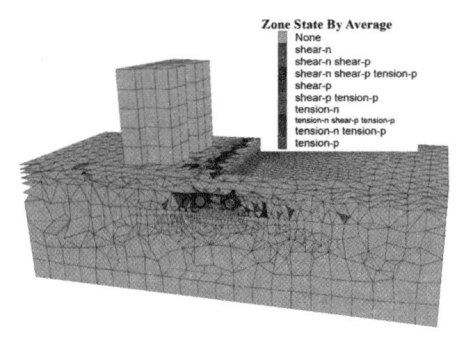

图 8.5.16　右线隧道开挖至低层建筑之间时围岩塑性区图

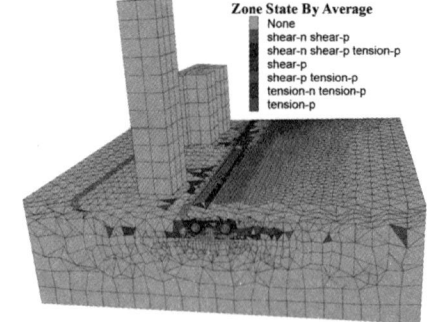

图 8.5.17　左右线隧道开挖完成围岩塑性区图

2. 盾构管片变形受力分析

1）位移分析

图 8.5.18 给出了盾构隧道施工过程管片竖向沉降变化值。从管片沉降值可以看出，盾构最大沉降 2 mm，出现在低层建筑附近隧道底部，在基坑附近的隧道拱顶有向上位移 1.8 mm。图 8.5.19 给出了盾构隧道施工过程管片水平位移变化值。从管片水平位移可以看出，盾构最大水平位移约为 2 mm。

图 8.5.18　左右线隧道开挖完成管片竖向位移云图（单位：m）　　图 8.5.19　左右线隧道开挖完成管片水平位移云图（单位：m）

2）盾构管片主应力分析

图 8.5.20、图 8.5.21 给出了盾构隧道施工过程管片主应力变化值。盾构开挖完成后最大主应力极值约为 1.8 MPa，小于 C50 砼抗拉设计强度值 2.07 MPa，最小主应力极值约为 −4.46 MPa，远小于轴心抗压强度 27.5 MPa。

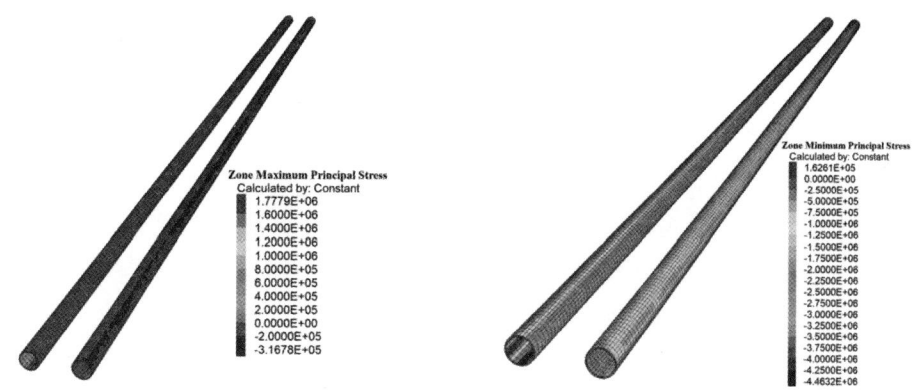

图 8.5.20　左右线隧道开挖完成管片最大主应力云图（单位：Pa）　　图 8.5.21　左右线隧道开挖完成管片最小主应力云图（单位：Pa）

8.6 钙质胶结软硬相间地段盾构掘进安全控制技术研究

盾构隧道在设计选线时，应尽量避开软硬不均地层，使隧道位于均质地层中，以减少盾构施工的风险。如果盾构隧道必须穿越软硬不均地层时，盾构施工前期施工单位应结合现有的水文地质资料，进行多次地质勘查补充工作，掌握详细的工程地质及水文地质情况；在条件允许的情况下，经常、有计划地进入土仓内了解工作面的地质条件。同时，考虑运用超前钻事先探明上软下硬地层的分层及软硬情况，为科学选择掘进参数、掘进模式以及制订合理的施工预案提供可靠的依据，减少施工的盲目性。

8.6.1 软弱地层加固技术

对于上软下硬地层的改良通常包括两种方式，第一是对软弱地层部分进行注浆加固，第二是对硬岩部分进行预破裂。对于软弱地层，可通过固结、挤压的手段，对其进行加固。一般有两种处理措施。

1. 提前在地面进行加固

当地面有条件时，盾构掘进通过上软下硬地层段前，可在地面提前对软弱地层进行加固处理，有多种加固方式，如注浆、搅拌桩、旋喷桩等。在地面进行加固的方法较灵活，但其缺点是：若不采取满堂布置的密排加固，而是间隔一定距离加固地层，由于掌子面地层不均匀，盾构掘进时加固桩可能会被推歪、折断，不但增加掘进的难度，而且影响地层的加固效果。因此，在过于软弱的地层中，采取地面加固的方式时不宜采用非满堂布置的水泥土桩加固。

2. 在隧道内进行加固

当地面有建筑物或受限于交通条件时，可在隧道内对软弱地层进行加固，多采取注浆的方式。考虑隧道埋深的影响，在地面或隧道内采用相同的注浆方法时，隧道内注浆比地面更便宜，而且考虑地面管线改迁、交通疏散等因素，在隧道内对软弱地层进行加固更经济；但其也有一定的缺点：隧道内的操作空间有限，导致其对地层进行加固的范围也有限；隧道线路方向上加固孔位的布置不灵活，需要考虑管片的吊装孔或预留孔，否则会使管片开孔过多而削弱管片强度；为防止管片破损、错台、上浮，注浆压力往往受限，导致加固的效果有限。

8.6.2 盾构掘进姿态控制技术

盾构机的自动导向系统对施工过程中的盾构机进行实时准确定位，并计算出盾构轴线与隧道设计轴线的偏差，及时指导操作人员纠偏盾构掘进姿态，确保隧道按照设计轴线顺利贯通。盾构在上软下硬地层中施工时，由于地层条件不均匀、隧道曲线和坡度的变化、导向系统的误差、人员的操作水平、管片的安装质量等多种因素影响，盾构掘进姿态很难精确控制，从而不能完全按照设计轴线前进。因此，必须采取综合措施，把误差控制在最小范围之内。

（1）采用自动导向系统和人工测量相结合的方法对盾构姿态监测，并进行多级复核，确保测量的准确性。人工测量主要使用经纬仪、水准仪等。

（2）分区操作推进油缸是控制盾构掘进姿态的主要方法，通过调整各区油缸的油压，及时纠偏盾构掘进姿态。盾构机左偏时，适当加大左侧油缸推力进行纠偏，反之亦然。盾构机"栽头"时，加大下侧的油缸推力，反之亦然。通过上述措施，把隧道轴线误差控制在±50 mm范围之内。

（3）在上软下硬地层中掘进时，为了使同一断面的掘进速度保持一致，应根据具体地质条件，适当加大下侧油缸的推力和速度。

（4）盾构机所受到的扭矩主要靠盾构周围土体的摩擦力矩来平衡。当刀盘只向一个方向持续旋转时，盾构机向刀盘旋转的方向不断滚动，过大的滚动会导致盾构轴线偏离设计轴线，造成较大的误差。掘进过程中，采用刀盘正反旋转的方法，纠正滚动偏差，把滚动偏差控制在3°范围内。

（5）管片拼装时，要确保成环管片环面的平整度，使成环管片的轴线与隧道轴线重合，以免影响盾构姿态。

另外，同步注浆的质量、盾构机自重以及掘进速度大小等因素，也是影响盾构姿态发生偏移的重要原因。当掘进方向发生较大偏移时，要遵循"长距离，缓纠偏"的原则，必要时可利用盾构机的超挖刀和中盾与尾盾的铰接油缸来纠正盾构姿态，避免纠偏过猛，引起盾构机蛇形前进，造成刀具磨损和管片拼装困难。

8.6.3 盾构施工配套控制技术

泡沫注入系统是将一定比例的泡沫剂和水的混合溶液与压缩空气一起送到起泡器中，在压缩空气的作用下，混合溶液体积膨胀形成泡沫，然后通过管道将泡沫注入到土体中，达到改良渣土目的的一种装置。泡沫剂主要是由水、活性剂、聚合物等组成，主要起到渗透、乳化、发泡等作用。盾构在上软下硬地层中施工，主要穿越砂层、砾砂层，局部存在砾质黏性土和全风化的花岗岩或中风化的花岗岩，刀盘切削后的土渣缺乏塑性和流动性，容易造成刀具磨损过快、刀盘扭矩过大、螺旋输送机排土不畅等问题。为了避免上述问题的发生，通过加注泡沫改良土体，确保施工顺利进行。泡沫剂的用量、膨胀率、泡沫注入率是泡沫系统最主要的三个参数。根据不同的土层，选择合理的参数，才能达到最好的效果。

泡沫的注入方式有自动、半自动和手动三种控制方式。为了避免泡沫注入量过多，导致浪费，工程中采用手动方式控制泡沫的注入量。泡沫的主要作用为：

（1）改善土体的塑性和流动性。有利于形成土塞效应，更好地控制土仓压力，避免"泥饼"、堵塞刀盘开口等问题的产生，有利于渣土的顺利排出。

（2）润滑和冷却作用。注入泡沫，可有效地降低刀盘与土体的摩擦力，减小刀具的磨损，延长了刀盘刀具的使用寿命。

（3）降低渣土的透水性。通过向土体中注入泡沫，可有效地降低土体的渗水性，避免盾构施工中"喷涌"的发生。

为了使盾构机顺利通过上软下硬层，还要注意以下事项：

（1）施工前，要充分了解盾构隧道通过的地质条件和周围建筑物的分布情况，并根据建筑物结构形式、重要程度和与隧道的相对位置布置沉降观测点，实时监测周围建筑的沉降情况，必要时采用有效的措施对建筑物进行保护。

（2）盾构隧道线路周围地下管线较多，根据设计院提供的管线调查报告，确定管线所在具体位置。盾构施工时，要设定合理的掘进参数，控制地面沉降，避免对管线造成影响。必要时，采取悬吊地下管线和加强监测的方法进行保护。

（3）要保证盾尾的密封性能，防止盾尾漏浆。如盾尾发生漏浆现象，通过密封油脂系统向漏浆部位及时压注油脂，防止由于漏浆引起同步注浆量不足，造成地层沉降过大。浆液进入盾尾硬化后，还会影响盾尾刷的性能。

（4）管片拼装前，对止水条、管片的完整度进行检查，如发生损坏要及时更换，以免影响管片的防水效果；管片拼装后，如果发现管片有渗漏水现象，要及时采用防水材料（环氧树脂材料、聚氨酯密封膏等）进行处理。

（5）盾构在掘进时，刀盘刀具和土体发生剧烈的挤压和摩擦，产生大量的热量，致使盾构机液压油温很快达到报警值，迫使盾构机停止掘进。因此，要确保冷却水系统正常工作，降低刀盘和隧道的温度，使施工能够顺利进行。

施工期间对工序不断进行细化、优化，对关键及特殊工序制定详细的施工方法、操作细则，推行现代管理方法，达到安全施工、文明施工、环保施工的目的。

8.7 技术成果及应用

本章对郑州市钙质胶结软硬相间地层盾构掘进机理进行了分析，对盾构掘进模式和参数进行了研究，提出了对于软硬岩盾构掘进围岩的改良参数，通过数值模拟研究了软硬相间地质盾构隧道对周围环境影响，提出了盾构安全掘进控制技术，得到以下结论：

（1）在软硬相间地层盾构需要对刀盘进行适应性改造，本章根据现场施工得到了适应钙质胶结软硬相间盾构隧道的刀盘参数，包括掘进速度、刀盘扭矩和转速等盾构掘进参数。

（2）本研究区段提出了钙质胶结软硬相间盾构前方围岩渣土改良方案，有效增加了盾构掘进效率。

（3）通过数值计算，研究了在钙质胶结软硬相间地层盾构施工对周围环境影响。

其中：盾构在穿越高层建筑基坑时，基坑内侧底部出现剪切破坏，导致盾构隧道水平位移过大；周边建筑沉降在安全范围内，盾构隧道受力同样处于安全状态；盾构隧道在软硬地层中掘进时，对围岩的竖向影响范围为 1 倍洞径，在水平方向硬岩产生的塑性区较大，在水平范围围岩塑性区扩展到了 4 倍洞径；数值计算结果显示在上软下硬地层掘进盾构管片受力处于安全状态，因此盾构施工重点控制过程为盾构掘进掌子面的稳定和盾构刀盘参数控制过程，现场结合监测数据实时反馈，进行参数调整，结合渣土改良保证盾构开挖的正常掘进。

本研究区段提出了钙质胶结软硬相间地层盾构施工掘进相关参数，同时研究了盾构隧道在临近基坑时对周围建筑安全性影响，其中渣土改良方案和盾构刀盘设计可为类似上软下硬地层盾构施工提供经验参考。

第 9 章 长距离穿越粉砂层盾构掘进技术

9.1 工程背景

9.1.1 工程概况

郑州东站—康宁路站区间线路从郑州东站南端向南引出,其后线路方向向西南偏转,左线和右线逐渐分开,自北向南依次下穿广场南路(约右 CK16+435~右 CK16+460),郑州东站广场南侧草地(约右 CK16+460~右 CK16+730)、商鼎路(约右 CK16+730~右 CK16+800),线路左右线分别沿商鼎路南侧的已有建筑物永和·宇宙星建筑外围东西两侧绕行(约右 CK16+800~右 CK16+940)。右线至榆林南路与心怡路交叉口开始沿心怡路主干道设置,线路方向为正南方向;左线以南偏西 59°方向下穿榆林南路和榆林南路南侧的施工工地(约左 CK16+915~左 CK17+100),其后线路方向逐渐向南偏转。至康宁路与心怡路交叉口,左右线并行,沿心怡路主干道设置,线路最终与康宁路站北端相接。本区间于右 CK16+757~右 CK16+782 之间下穿郑州东站火车站南站台公路高架桥,该段高架桥位于商鼎路上,与商鼎路上下平行设置,其桥基预计为桩基,按照业主及总体提供的带地形线路设计图,本区间线路沿该高架桥桥墩之间穿过,线路中心线与相邻桥墩外边线最近距离约为 6.5 m。

本段区间地表主要为路面、绿化用地,高架桥、在建建筑工地等。

本段区间底板埋深 16.2~30.3 m(与康宁路站衔接处埋深最小,约为 16.2 m;区间中部埋深最大,约为 30.3 m;与郑州东站衔接处埋深约为 17.8 m)。本区间设计概况表见表 9.1.1。

表 9.1.1 郑州东站—康宁路站区间主要设计参数

区间长度/m	设计里程右 CK		左右线间距/m	顶板埋深/m	底板埋深/m	施工方法
	起始里程	终点里程				
838.9	16+397.400	17+235.500	14~116	一般 10.2~24.3	一般 16.2~30.3	盾构

场地内下埋管线主要为给排水、污水、热水、通信、供电、热力、天然气管线等。

9.1.2 地层岩性与特殊地质

郑州东站—康宁路站区间自郑州东站火车站广场至康宁路与心怡路交叉口南侧,

现状地表主要为马路、绿化用地、立交桥、商业办公用楼及施工工地，地面高程为 86.26～88.68 m，地形总体较为平坦。郑州市区出露地层全部为第四系地层，自下更新统至全新统均有沉积，地层总厚度 50～200 m，自西南向东北由薄变厚，与下伏上第三系地层呈角度不整合接触。

本区间的地层岩性主要为：

场地 35 m 深度范围内地层主要为第四系全新统（Q_4）地层，0～17 m 主要地层为粉土（稍密—中密）、粉质黏土（软塑—可塑），夹有粉砂、细砂，17～35 m 主要地层为中密—密实粉砂和细砂。

场地 35～50 m 范围内主要为第四系上更新统（Q_3）粉质黏土（可塑—硬塑）、粉细砂（密实），以黄色、黄褐色为主，含少量钙核、铁质锈斑。

场地 50 m 以下揭露的地层主要为第四系中更新统（Q_2）粉质黏土（硬塑—坚硬）、黏质粉土（密实）和粉砂（密实）为主，颜色以棕红色、褐黄色为主，含少量钙核、铁锰质结合体等。

本场地勘察期间未发现对工程安全有影响的诸如岩溶、滑坡、崩塌、塌陷、采空区、地裂等不良地质作用。

受地下水开采的影响，郑州市区存在地下水降落漏斗，本场地会有一定量的区域地面沉降，但预计本段线路范围内地面沉降差较小，故对拟建工程影响不大。

根据初步及详细勘察成果，本工点的特殊岩土主要为人工填土层。人工填土层主要为素填土和杂填土，大部分稍压实—欠压实，颜色较杂。素填土主要为人工堆填的粉土、粉砂、碎石等，层厚 0.40～4.90 m，平均层厚 1.60 m；杂填土则含有砖块、砼块等建筑垃圾或生活垃圾，层厚 0.30～2.60 m，平均层厚 1.24 m。

根据区域地质资料及周边已有工程地质资料，本场地不存在湿陷性黄土等其他特殊岩土。

本场地勘探过程中未发现有害气体，但沿线通过地区有污水管线分布，填土中夹杂垃圾，污水聚集，另外②22 粉质黏土、②34 黏质粉土和②23 粉质黏土等地层含有有机质，可能形成有害气体。因此在施工过程中应加强对有害气体的监测及防护措施。

本区间地下水主要为第四系孔隙潜水，勘察期间测得第一层潜水稳定水位埋深为 10.2～12.5 m，高程为 74.11～77.92 m；勘察期间测得第二层潜水稳定水位埋深为 18.4～18.5 m，高程为 68.53～69.45 m。地下水水位埋深位于结构底板以上 3～10 m，对工程有一定影响。

本场地属于季节性冻土区，根据区域地质资料和《建筑地基基础设计规范》（GB50007—2011），郑州市季节性冻土深度小于 60 cm，一般为 20～30 cm，可不考虑其对地基基础设计、施工的影响。

9.1.3 土地分层详述

根据岩土的时代成因、地层岩性及工程特性,本场地勘探揭露深度范围内地层岩性主要为人工填土、粉土、粉质黏土、粉砂、细砂等,下面对场地地层分述说明如下。

1. 人工填土

第①层:素填土(Q_4^{ml})

黄褐色、褐黄色,稍湿,稍密,主要成分以粉土、细砂为主,含少量砖渣、灰渣。本层层厚 0.40~2.30 m,平均层厚 1.20 m,层底埋深 0.90~3.00 m,层底高程 84.78~86.79 m。

第①$_1$层:杂填土(Q_4^{ml})

杂色,成分杂乱,松散,主要由市政道路路面、耕土、回填土、垃圾和植物根系等组成,一般表层有厚 0.2~0.4 m 的水泥路面。本层层厚 0.30~2.60 m,平均层厚 1.28 m,层底埋深 0.30~2.60 m,层底高程 84.66~87.80 m。

2. 全新统冲洪积层

第②$_{22}$层:粉质黏土

灰褐色—灰黑色,可塑,含铁质锈斑、铁锰质斑点、蜗牛壳碎片,有机质含量较高(有机质含量 W_u=4.2),局部夹薄层淤泥质粉质黏土和黏质粉土。本层层厚 0.20~4.50 m,平均层厚 1.92 m,层底埋深 5.30~16.80 m,层底高程 70.61~82.69 m。

第②$_{32}$层:黏质粉土

黄褐色—褐黄色,稍湿—湿,稍密,含云母碎片和少量褐色黏土团块,偶见钙质结核,干强度低,韧性低。本层层厚 0.60~6.70 m,平均层厚 3.75 m,层底埋深 3.30~11.60 m,层底高程 74.73~83.99 m。

第②$_{32C}$层:粉砂

褐黄色—黄褐色,稍湿,稍密—中密,主要矿物,成分以石英、长石为主,含云母,偶见白色螺壳碎片和钙质结核,砂质不均,局部夹粉土薄层。本层层厚 0.80~4.70 m,平均层厚 2.46 m,层底埋深 3.90~6.50 m,层底高程 81.15~83.58 m。

第②$_{34}$层:黏质粉土

灰色,稍湿—湿,稍密—中密,含钙质条纹,偶见蜗牛壳碎片,土质不均,与②$_{22}$层粉质黏土互层,局部夹薄层粉砂。本层层厚 0.90~8.60 m,平均层厚 4.35 m,层底埋深 5.10~19.20 m,层底高程 68.50~81.85 m。

第②$_{34C}$层:粉砂

浅灰色—灰褐色,稍湿,稍密,主要矿物成分以石英、长石为主,含云母,偶见暗色黏土团块,砂质不均,夹粉土薄层。本层层厚 0.40~2.20 m,平均层厚 1.45 m,层底埋深 6.50~12.60 m,层底高程 75.20~81.20 m。

第②$_{35}$层：黏质粉土

黄褐色—褐黄色，稍湿—湿，中密，含少量云母碎片、螺壳碎片和铁锰质结核，含钙质结核，含量一般 3%~10%，粒径一般 3~5 mm，钙质结核有磨圆度，有铁质染色现象。本层层厚 0.30~3.30 m，平均层厚 1.51 m，层底埋深 14.00~18.00 m，层底高程 70.12~73.70 m。

第②$_{36C}$层：粉砂

褐黄色，湿—饱和，中密，成分以石英、长石为主，含少量云母碎片。本层层厚 2.40~5.40 m，平均层厚 3.90 m，层底埋深 18.70~22.70 m，层底高程 65.41~69.43 m。

第②$_{51}$层：细砂

浅灰色—黄褐色，饱和，中密—密实，矿物成分主要由石英、长石组成，含云母片、少量蜗牛壳碎片和钙质结核，局部夹薄层粉土和粉质黏土。本层层厚 1.20~12.00 m，平均层厚 5.79 m，层底埋深 22.90~29.80 m，层底高程 58.44~65.22 m。

第②$_{51C}$层：粉砂

黄褐色—褐黄色，饱和，中密—密实，颗粒成分由石英、长石、云母片等组成。本层层厚 0.80~11.20 m，平均层厚 4.74 m，层底埋深 16.80~26.50 m，层底高程 60.59~71.05 m。

第②$_{52}$层：细砂

褐黄色，饱和，中密—密实，矿物成分主要由石英、长石、云母片等组成，含少量蜗牛壳碎片和粒径 2~5 mm 的钙质结核。本层层厚 1.20~7.40 m，平均层厚 3.45 m，层底埋深 23.80~36.30 m，层底高程 52.38~62.46 m。

第②$_{52A}$层：黏质粉土

黄褐色—褐黄色，湿—很湿，中密—密实，含少量铁锰质斑点和钙质结核，偶见螺壳碎片和云母碎片，多铁质染色，局部黏粒含量较高，夹薄层粉质黏土。本层层厚 0.40~10.60 m，平均层厚 3.28 m，层底埋深 24.30~37.20 m，层底高程 49.99~63.25 m。

3. 上更新统冲积层

第③$_{23}$层：粉质黏土

黄褐色、褐黄色，硬塑，切面稍有光泽，含铁锰质结核和钙质结核等，局部夹薄层粉土，多铁质染色，有虫孔，孔壁多铁质浸染。钙质结核含量一般 5%~10%，最大含量超过 20%，粒径一般 5~20 mm，最大粒径大于 100 mm；局部分布有不连续的钙质胶结层，近似砂岩，灰白色，坚硬，岩芯呈块状或短柱状，钻进困难。本层层厚 0.70~9.50 m，平均层厚 5.32 m，层底埋深 35.00~42.60 m，层底高程 44.85~52.85 m。

第③$_{24}$层：粉质黏土

褐黄色、棕黄色，硬塑—坚硬，含铁锰质结核和钙质结核等，局部夹薄层粉土，切面光滑有光泽，多铁质染色现象，有虫孔，孔壁多铁质浸染。钙质结核含量一般 5%~10%，最大含量超过 20%，粒径一般 5~20 mm，最大粒径大于 100 mm；局部分布有不连续的钙质胶结层,近似砂岩,灰白色,坚硬,岩芯呈块状或短柱状,钻进困难。本层层厚 0.80~12.40 m,平均层厚 6.34 m,层底埋深 44.80~52.40 m,层底高程 33.93~43.68 m。

第③$_{24A}$层:黏质粉土

褐黄色、棕黄色,饱和,密实,土质不均,局部夹粉砂和粉质黏土薄层,有虫孔,孔壁多铁质浸染,含铁锰质结核和钙质结核,钙质结核含量一般 5%~10%,最大含量超过 20%,粒径一般 5~20 mm,最大粒径大于 100 mm;局部分布有不连续的钙质胶结层,近似砂岩,灰白色,坚硬,岩芯呈块状或短柱状,钻进困难。本层层厚 1.20~6.00 m,平均层厚 3.01 m,层底埋深 39.80~50.00 m,层底高程 36.86~47.58 m。

第③$_{51}$层:细砂

褐黄色,饱和,密实,成分由石英、长石、云母等组成。本层层厚 2.80~2.80 m,平均层厚 2.80 m,层底埋深 51.40~51.40 m,层底高程 36.01~36.01 m。

第③$_{52}$层:细砂

褐黄色,饱和,密实,成分由石英、长石、云母等组成。本层层厚 1.60~2.50 m,平均层厚 2.05 m,层底埋深 39.50~41.40 m,层底高程 46.25~47.36 m。

4. 中更新统冲积层

第④$_{21}$层:粉质黏土

褐红色、棕红色,硬塑,含铁锰结核,最大粒径大于 5 mm,节理发育,节理面光滑,多铁锰质染色现象,含钙质结核,一般粒径为 10~40 mm,最大粒径大于 5 cm,局部分布有不连续的钙质胶结层,近似砂岩,坚硬,岩芯呈块状或短柱状,钻进困难。本层仅局部揭穿,揭露层厚 1.30~10.40 m,平均层厚 5.08 m,层顶埋深 45.50~62.40 m,层顶高程 25.25~42.15 m。

第④$_{31}$层:黏质粉土

褐黄色—棕黄色,饱和,密实,无摇振反应,土质不均,夹粉质黏土薄层,夹铁锈斑纹和云母,节理发育,断面有铁锰质染色现象。本层仅局部揭穿,揭露层厚 0.60~8.00 m,平均层厚 3.04 m,层顶埋深 48.90~58.30 m,层顶高程 29.35~38.77 m。

第④$_{51}$层:粉砂

褐黄色,饱和,密实,主要矿物成分由石英、长石组成,含云母片。本层仅局部揭穿,揭露层厚 1.00~4.00 m,平均层厚 2.33 m,层顶埋深 45.90~55.90 m,层顶高程 31.75~41.00 m。

9.2 粉砂地层长距离盾构掘进风险分析

郑州东站—康宁路站盾构区间主要穿越在粉质黏土、粉土及砂土地层中,地下水类型主要为孔隙潜水,透水性强,富水性好。其中侧穿永和宇宙星和亚星广场售楼处为区间工程的重难点。

区间左、右线侧穿永和宇宙星，永和宇宙星为剪力墙结构，采用筏板与桩基础结合的复合基础，并设有 3 层地下室作为停车库。盾构与地下室水平距离最近处约 1.52 m。因此，郑—康区间侧穿永和宇宙星是本工程的重难点之一。如图 9.2.1、9.2.2 所示。

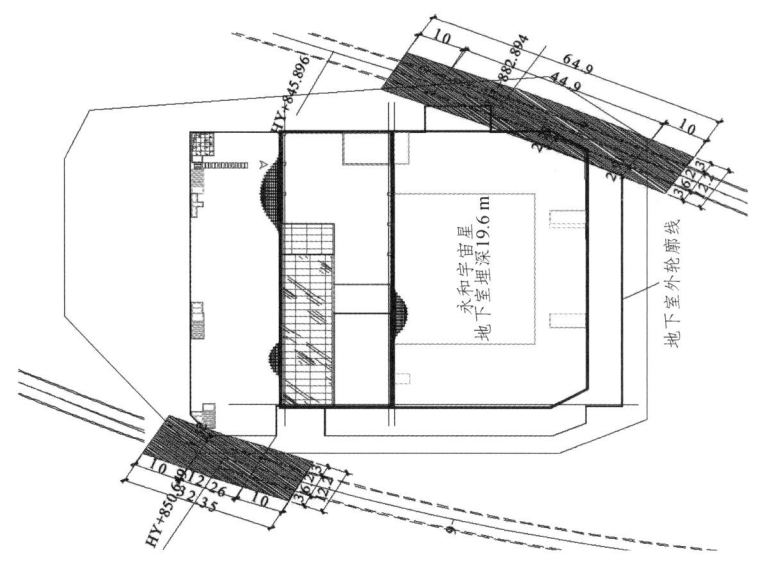

图 9.2.1　郑—康区区间隧道与永和宇宙星相互关系平面图

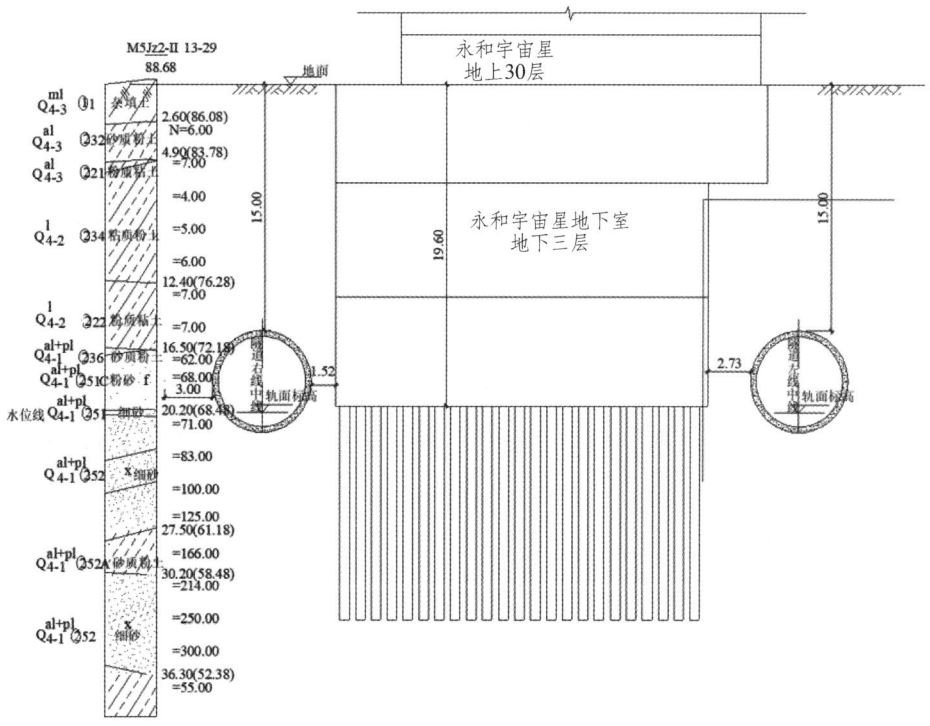

图 9.2.2　郑—康区间隧道与永和宇宙星相互关系竖向图

9.3 长距离穿越粉砂层盾构掘进对环境影响的数值模拟分析

9.3.1 软件及计算方法简介

基本解题步骤如下。

1. 离散化

将求解域离散为有限单元,根据基本场变量与坐标的关系而决定采用一维、二维和三维单元。一维单元用线段表示,二维单元可为三角形元或四边形元,三维单元常用四面体或六面体元。单元划分越密,计算精度越高,但计算工作量也越大。

2. 单元分析

根据弹性力学的基本方程和变分原理建立单元节点力和节点位移之间的关系,形成单元有限元方程。

1)确定插值函数(形函数)

有限单元法将整个求解域离散为一系列仅靠公共节点联接的单元,而每一单元本身却视为光滑的连续体。单元内任一点的场变量(如位移),可根据其在单元中的假定分布规律由本单元的节点值插值求得。

2)建立单元方程

当问题比较简单时,可以直接根据问题的物理概念建立单元方程。不过,在一般情况下,特别是二维和三维单元,直接法会显得过于繁杂而难以应用。为此,需要采用更为一般的数学方法,如变分法、加权余量法或虚功原理。

3. 计入边界条件,求解有限元方程

组集后的总体特征矩阵(或称为总刚度矩阵)是奇异的,必须计入边界条件才能求得唯一解。计入边界条件的方法有 3 种:① 直接代入法;② 对角线元素置 1 法;③ 对角元素乘大数法。

4. 后处理计算

根据解方程组求得的节点基本场变量(如位移等)计算其他相关量,如应变、应力等,视具体问题而定。

9.3.2 计算参数

根据地勘资料,工程施工区域均为第四系地层覆盖。地表多为第四系人工填筑(Q_4^{ml})杂填土覆盖,其下为第四系冲积(Q_4^{al})黏性土、卵砾石土夹粉细砂。地层采用实体单元,运用莫尔-库仑准则,计算参数如表 9.3.1 所示。

表 9.3.1　场地土物理力学参数取值

地　层	天然密度/（kN/m³）	压缩模量/MPa	泊松比	黏聚力/kPa	内摩擦角/（°）
杂填土	18	—	0.25	0	10
粉质黏土	18.7	9.5	0.25	10	22
粘质粉土	19.7	8.5	0.28	11	27.5
粉质黏土	19.3	5	0.26	22.5	9
细砂	20	18	0.20	—	—
粉砂	20	18	0.20	—	—
粘质粉土	20.2	10.5	0.28	15	21
楼房	5	30 000	0.20	—	—
地下室	25	25 000	0.20	—	—

9.3.3　模型建立

根据工程相对位置与实际需要，为确保三维模型有足够的计算精度并保证计算效率，最终三维模型尺寸选择沿区间隧道方向取 300 m，宽度方向取 300 m，垂直方向上从地面向下共 80 m。模型如图 9.3.1。

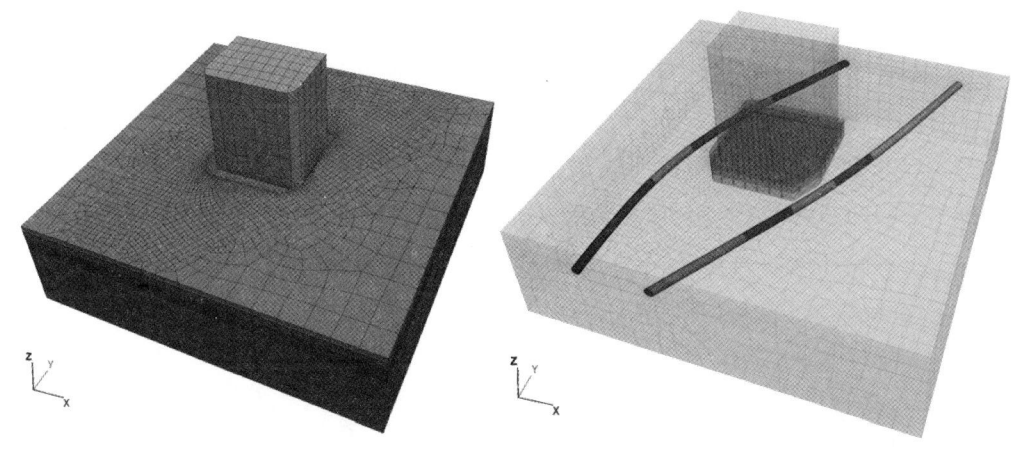

图 9.3.1　模型示意图

9.3.4　本构模型

1. 单元类型

计算时假定围岩为连续介质，土体结构采用实体单元模拟，管线衬砌结构、顶管井衬砌结构、隧道衬砌结构采用板单元模拟。

2. 边界条件

本计算在模型底部施加竖向固定约束，模型四周约束为各面的法向位移约束，地表为自由面。

3. 破坏准则

土体采用 Mohr-Coulomb 准则，管线结构和隧道结构考虑在弹性范围内工作，采用线弹性本构关系。

9.3.5　计算结果

1. 围岩变形受力分析

1）位移分析

图 9.3.2～图 9.3.6 给出了周围围岩位移累计变化值。从图中可以看出：地表沉降最大值 28 mm 左右，地表最大水平位移约 21 mm；隧道洞周变形较大，隧道洞顶累计沉降 120 mm 左右，拱底隆起约 80 mm。图 9.3.7、9.3.8 为地表位移云图。

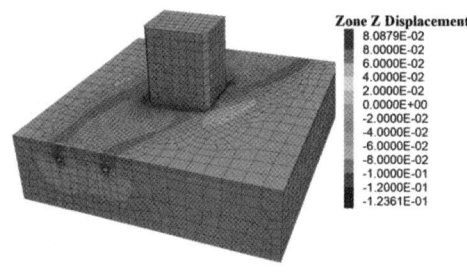

图 9.3.2　围岩结构整体竖向位移云图
（单位：m）

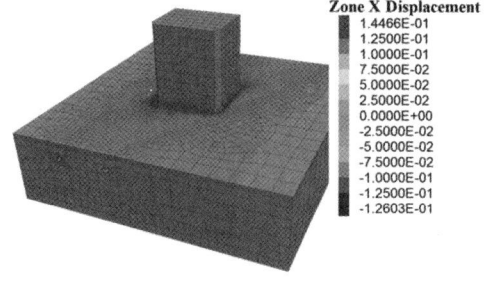

图 9.3.3　围岩结构整体水平位移云图
（单位：m）

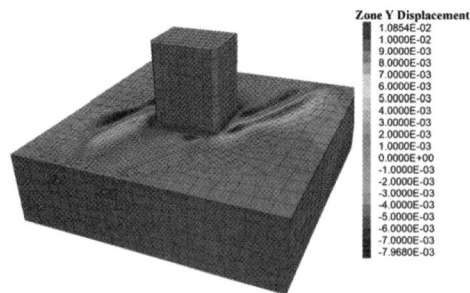

图 9.3.4　围岩结构整体纵向位移云图
（单位：m）

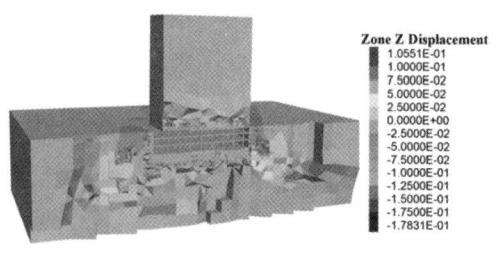

图 9.3.5　围岩结构剖面竖向位移云图
（单位：m）

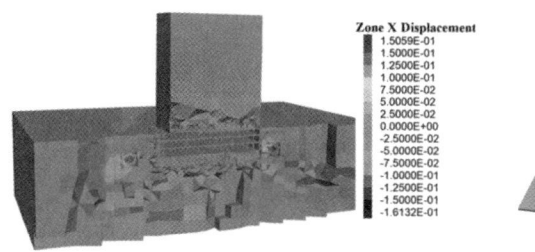

图 9.3.6　围岩结构剖面水平位移云图　　　图 9.3.7　地表沉降位移云图
（单位：m）　　　　　　　　　　　　　（单位：m）

图 9.3.8　地表水平位移云图
（单位：m）

2）塑性区分析

图 9.3.9、9.3.10 给出了盾构隧道周围围岩塑性区变化情况。从围岩塑性区变化可以看出，在隧道左右 5 倍洞径和洞顶均出现了塑性区，由于边界效应，在模型边界塑性区有扩大趋势。在围岩剖面塑性区中可以看出，盾构隧道开挖对洞顶和建筑物外侧约 5 倍洞径范围围岩影响较大，对建筑物底部围岩没有影响。

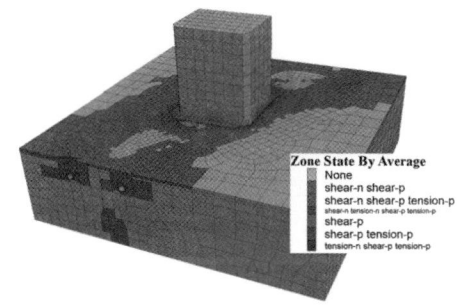 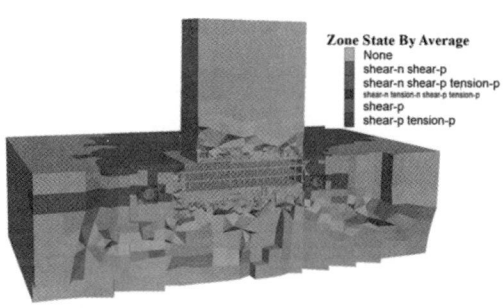

图 9.3.9　围岩整体塑性区图　　　　　　图 9.3.10　围岩剖面塑性区图

2. 盾构管片变形受力分析

1）位移分析

图 9.3.11、图 9.3.12 给出了盾构隧道管片位移变化值。从管片沉降值可以看出，盾构最大沉降约 1 mm，受底部围岩变形影响，底部隆起位移较大，管片内侧隆起约 2 mm。管片水平位移在计算中受外侧围岩影响，位移数值较大，在管片内侧水平位移约 1 mm。

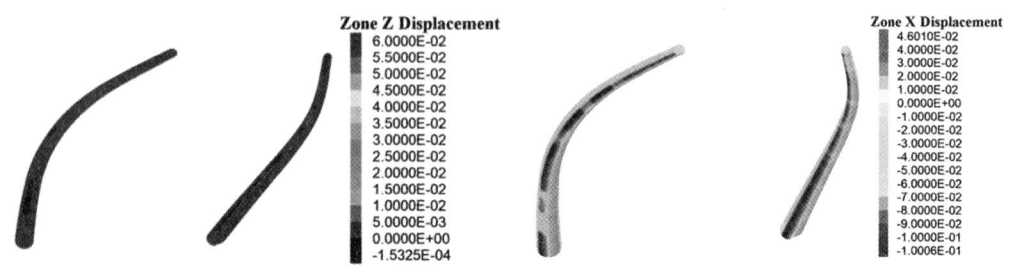

图 9.3.11　左右线隧道开挖完成管片　　　　图 9.3.12　左右线隧道开挖完成管片
　　　竖向位移云图（单位：m）　　　　　　　　　水平位移云图（单位：m）

2）盾构管片主应力分析

图 9.3.13、图 9.3.14 给出了盾构隧道管片主应力变化值。盾构开挖完成后最大主应力极值约为 0.7 MPa，小于 C50 砼抗拉设计强度值 2.07 MPa，最小主应力极值约为 −5.7 MPa，远小于轴心抗压强度 27.5 MPa。

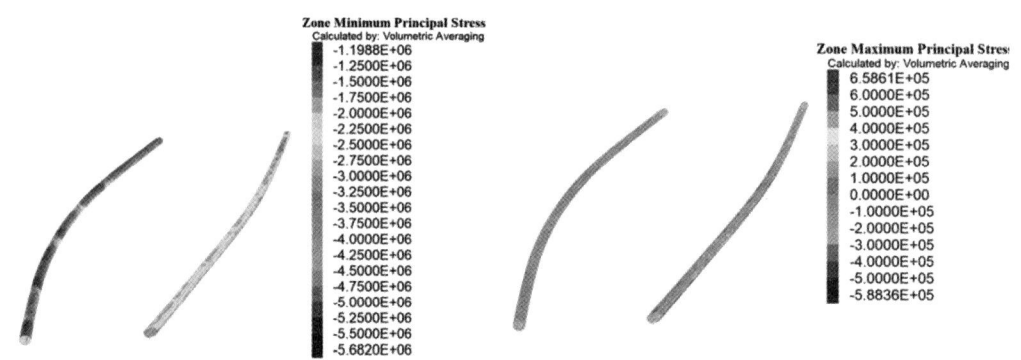

图 9.3.13　左右线隧道开挖完成管片　　　　图 9.3.14　左右线隧道开挖完成管片
　　　最大主应力云图（单位：Pa）　　　　　　　最小主应力云图（单位：Pa）

3. 建筑变形分析

图 9.3.15 ~ 图 9.3.17 给出了盾构隧道管片位移变化值。建筑物变形小于 1 mm，几乎不受盾构隧道开挖影响。

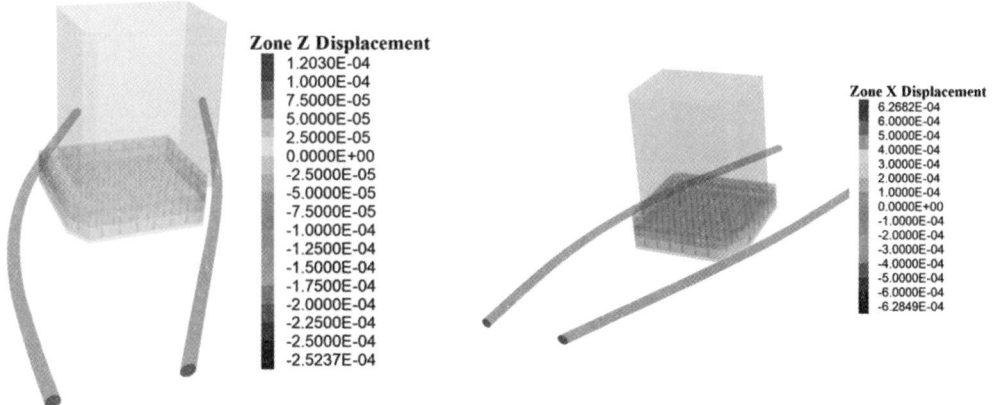

图 9.3.15　左右线隧道开挖完成管片
竖向位移云图（单位：m）

图 9.3.16　左右线隧道开挖完成管片
水平位移云图（单位：m）

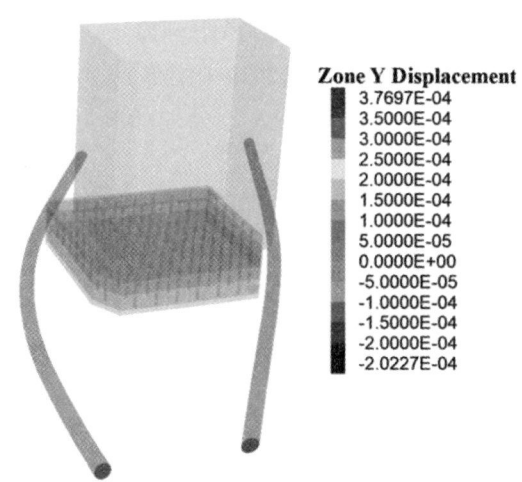

图 9.3.17　左右线隧道开挖完成管片水平位移云图（单位：m）

9.4　长距离穿越粉砂层盾构掘进模式及参数研究

1. 隧道内径

隧道内径的确定应在建筑限界的基础上，考虑施工误差、测量误差、隧道轴线拟合误差、不均匀沉降等因素，在隧道建筑限界以外周边预留 150 mm 的裕量。圆形隧道的建筑限界为 $D = 5\,200$ mm，考虑上述因素后圆形隧道净空内径为 $D = 5\,200+150 \times 2 = 5\,500$（mm）。

2. 衬砌厚度

对于外径 6 200 mm 的隧道，确定管片的厚度为 350 mm。

3. 盾构管片结构参数汇总

盾构管片结构参数见表 9.4.1。

表 9.4.1　盾构管片结构参数

管片内径	管片外径	管片厚度	管片分块	螺栓类型	环向螺栓	纵向螺栓	混凝土等级	抗渗等级	拼装方式
5 500 mm	6 200 mm	350 mm	6 块	弯螺栓	12 套	16 套	C50	P12	错缝拼装

1）几何参数

衬砌环外径 6 200 mm，内径 5 500 mm，管片宽度 1 500 mm，管片厚度 350 mm。

2）分块组合

衬砌环由 1 个封顶块（K 型）、2 个相邻块（B 型）、3 个标准块（A 型）组成，衬砌环分 6 块，即 3 块标准块（中心角 67.5°）、2 块相邻块（中心角 67.5°）、1 块封顶块（中心角 22.5°）。

为了满足曲线模拟和施工纠偏的需要，设计左、右转弯楔块，通过组合来拟合不同的曲线和直线。

3）接缝构造

管片断面采用平面式，环、纵接触面皆不设凹凸楔槽，仅在管片的环、纵缝接触面设一道弹性密封垫槽及嵌缝槽。

4）拼装方式

衬砌环采用错缝拼装。

管片拼装时应先就位底部管片，然后自上而下左右交叉安装，每环相邻管片应均布摆匀并控制环面平整度和缝口尺寸，最后插入封顶管片成环。封顶块拼装时先搭接 800 mm 径向推上，然后再纵向插入。

一般情况下，封顶块的位置偏离正上方 ± 22.5°，在曲线模拟和施工纠偏时封顶块可依据需要偏离正上方 ± 22.5°的整数倍角度，但不宜大于 ± 90°。

5）管片选型

（1）衬砌形式：单层装配式衬砌。

（2）管片形式：钢筋混凝土平板型管片。

（3）衬砌拼装方式：错缝拼装。

（4）衬砌环类型：通用楔形环管片。

（5）衬砌环分块：采用 6 块模式，即 3 块标准块，2 块邻接块，1 块封顶块。

(6)衬砌环宽度:环宽为 1 500 mm。

(7)管片接缝连接:弯螺栓连接。

(8)衬砌环楔形量确定。

为能同时适应曲线段以及施工纠偏等需要,衬砌按双面楔形衬砌环设计。考虑全线盾构管片的通用性,楔形量按全线允许最小曲线半径 350 m,采用通用楔形环连续纠偏设计,楔形量为 40 mm。不同的曲线段以经计算优选的最佳衬砌布置方案拟合(一般拟合误差小于 10 mm),以满足线路设计的需要,竖曲线采用贴片来拟合。

(9)环、纵缝构造:

纵环缝采用平板设计。外弧侧设框形弹性密封垫槽,内弧侧设嵌缝槽。如图 9.4.1。

环与环间以 16 根纵向螺栓相连,既能适应一定的纵向变形,又能将隧道纵向变形控制在防水要求的范围内。块与块间以 12 根环向螺栓紧密相连,能有效减少纵缝张开及结构变形。

环向螺栓、纵向螺栓均采用锌基铬酸盐涂层做防腐蚀处理。

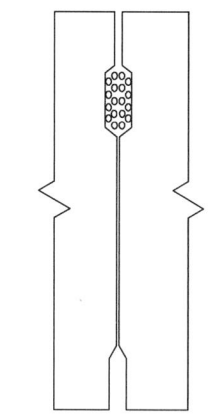

图 9.4.1 环纵缝构造图

(10)管片衬砌制作要求:

为保证装配式结构良好的受力性能,避免衬砌过大开裂和变形,保证结构的耐久性,衬砌制作和拼装必须达到下列要求,见表 9.4.2。

表 9.4.2 衬砌制造及拼装精度要求

项 目		允许偏差/mm
单块检验	管片宽度	±1
	管片弧、弦长	±1.0
	管片厚度	+3,-1.0
整环拼装检验	螺栓孔孔径、孔位	±1.0
	成环后内径	≤2.0
	成环后外径	+6,-2
	环向缝间隙	2
	纵向缝间隙	2

盾构机主要功能参数见表 9.4.3,对盾构机的要求见表 9.4.4。

表 9.4.3 盾构机主要功能参数列表

序号	项目	参数	单位	备注
1	开挖直径	Φ6 470	mm	
2	刀盘转速	0~3	r/min	
3	最大推进速度	80	Mm/min	
4	最大推力	3 400	t	
5	整机总长	9 060	mm	
6	适用管片	Φ6200/5500~1200/1500	mm	
7	整机功率	1 283	kW	
8	水平转弯半径	150	m	
9	纵向爬坡能力	±50‰		
10	刀盘开口率	32%		
11	盾体材质	Q345B		
12	泡沫口数量	4	个	
13	中心双联滚动	6	把	
14	单刃滚刀	31	把	
15	刀盘额定扭矩	5 500	kN·m	
16	刀盘脱困扭矩	6 900	kN·m	
17	超前注浆孔数量	4	个	
18	壳体润滑孔数量	6	个	
19	密封刷排数	3	道	
20	紧急气囊	1	个	
21	盾尾安装间隙	30	mm	
22	螺旋机最大通过粒径	Φ290×500		
23	最大出渣能力	335	m³/h	
24	最大扭矩	135	kN·m	
25	拼装机旋转角度	±200°		
26	皮带机输送能力	450	m³/h	
27	注浆能力	10×2	m³/h	
28	膨润土注入能力	20	m³/h	
29	泡沫注入能力	300	L/h	
30	盾尾油脂泵能力	8.25	L/min	
31	HBW油脂泵能力	3.7	L/min	
32	主驱动油脂泵能力	3.7	L/min	

表 9.4.4　本标段施工对盾构的要求

序号	项目	工程概况	CTE6440 型盾构机情况	结论
1	地层	粉土、粉质黏土、粉砂、细砂	淤泥质软土、粉砂、细砂、黏质粉土、粉土	适应
2	管片	内径：5.5 m 厚度：0.35 m 外径：6.2 m 宽度：1.5 m	内径：5.5 m 厚度：0.35 m 外径：6.2 m 宽度：1.5 m	适应
3	曲线半径	350 m	150 m	适应
4	坡度	27.3‰	50‰	适应
5	水位	上层滞水 6.2 m，孔隙潜水埋深 12.4~21.2 m	盾体防水，注浆防水防渗，盾尾刷防水	适应
6	地表沉降	−30~+10 mm	开挖仓土压平衡，注浆控制地表，二次注浆保护	适应
7	注浆	注浆压力设定为 0.3~0.5 MPa	2 台双活塞注浆泵（每台规格 10 m³/h），4 个注浆口	适应
8	管片防水		3 道盾尾油脂密封，同步注浆及二次注浆	适应
9	管片纠偏		仿形刀，盾尾间隙，盾构灵敏度 1.4，铰接	适应
10	土层改良		超前注浆孔地表维稳，泡沫剂开挖土改良	适应
11	涌水		土仓前闸门及螺旋机上下闸门双重防水	适应
12	隧道环境		排污水泵，通风除湿处理	适应
13	进度	240 m/月	最大推进速度 80 mm/min	适应
14	开挖面		面板辐条式土压平衡复合式盾构稳定开挖面	适应

长距离穿越粉砂层盾构掘进时，应特别注意以下要点：

（1）结合工程地质状况，加强盾构机的选型及盾构机的各部件配置，对盾构机机功率与刀盘的选择提出特别的要求。

（2）盾构掘进过程中，加强盾构机的检查与维修，确保盾构机的工作状态。

（3）加强对刀盘构造的选择，采用辅条式面板。

（4）合理进行地层掘进的土的改良，加入泡沫及膨润土进行塑流化改良。

（5）优化盾构推进参数。

首先对推进参数进行优化，并根据沉降监测数据及时反馈调整，以期获得满意的效果。

合理选择土压力。理论上讲，土压平衡盾构挤土会引起地面隆起和深层土体向远离隧道的方向移动。一方面地面隆起可以部分抵消后期沉降，另一方面，土体受到挤压后土体会变密实,在盾尾通过的瞬间,会减少隧道周围土体向空隙处的塌落,使同步注浆得以顺利进行,从而减小了土体损失的产生。据类似工程施工经验,为了增大开挖面支护压力,将土压力调大,使隆起控制在 3 mm 以内,但是实际效果并非如此:经沉降观测,切口处隆起约 3 mm,盾尾单日沉降约 6 mm,累计沉降一般为 10~12 mm。主要原因是土压力增大之后,对土体的扰动也相应增大,特别是对敏感性较强的淤泥质软土,要想控制沉降,必须尽可能减少对土体的扰动,否则不仅不能减小沉降,相反会增大。最后经分析:选定接近理论土压力条件下的沉降相对较小而且比较稳定。

适当降低推进速度。土压平衡盾构推进速度应与出土量、开挖面土压力值以及同步注浆相协调。原先的推进速度控制在 2.8~3.0 cm/min。进入软土地层后,我们将推进速度降低至 2.0 cm/min,其目的仍然是尽可能减少对土体的扰动,从而达到控制沉降的目的。对比不同推进速度下的沉降值,我们发现,适当降低推进速度有利于减小沉降。

(6)改善同步注浆浆液配比和控制注浆压力等。

同步注浆对于控制沉降具有十分重要和显著的作用。为了实现同步注浆的目的,注入浆液应迅速、充分充填盾尾空隙。为此,必须首先保证浆液满足下列要求:

①较好的充填性,能充分充填盾尾空隙,不流窜到空隙以外的区域和不漏失到掘削面及周围的土体中去。

② 应具有良好的和易性(流动性)。

③ 浆液的凝结时间可以控制,既不会太快造成注浆管堵塞,也不能太慢,以至无法约束管片的位移,甚至产生隧道在浆液中漂移的现象。

④ 具有一定的早期强度,其数值与原状土强度相当。

⑤ 浆液的凝结过程不会产生泌水现象,硬化后的体积收缩率小,渗透系数小。

⑥ 应有合适的稠度,不被泥水的地下水稀释。

⑦ 无公害,价格便宜。

上述要求中主要的是充填性、和易性及不向盾尾空隙之外区域流失的特性,只有满足这些特性,才能成功实现同步注浆的目的。

⑧ 适当增加同步注浆量。

盾构推进至软土地层后,为控制地面沉降,同步注浆量由原来约 3.5 m³/环,逐步增加到约 8 m³/环,充填系数达到 4.85。在调整好盾构推进参数之后,同步注浆量的大小就成了控制沉降的关键,即减少注浆量,沉降量明显增加。因此,可以说在自立性很差的淤泥软质土中,同步注浆量必须加大,施工验收规范中推荐的充填系数,在软土地层时不太适用,应根据地面建筑物的情况和对环境的要求,合理确定充填系数,以满足沉降要求。

⑨ 合理确定二次补注浆浆液配比、注浆压力等施工参数。

二次注浆是控制隧道后期沉降的主要办法。本工程前期二次注浆浆液采用的均为单液水泥浆,水灰比为 0.6,进入淤泥质软土地层后,鉴于区间土层的承载力较小（$f = 80$ kPa），触变性较大，单液水泥浆在高压力（$0.6 \sim 0.8$ MPa）作用下，易扰动土体，造成土体二次触变沉降。因此，改用双液浆进行压注，压力控制在 0.8 MPa 以内。

9.5 长距离穿越粉砂层盾构掘进安全控制技术研究

9.5.1 端头加固技术

盾构进出洞是盾构施工中的难点和关键，为防止出现盾构"下沉""抬头"等现象，保证盾构进出洞安全，对盾构端头一定范围内土体进行加固。

1）郑州东站南端头加固

郑州东站南端头隧道埋深约为 17.7 m。周边为已建成的郑州东站西广场，郑州东站南端头采用冷冻法加固方案。盾构开挖轮廓外 7 m 范围内土体确定为冷冻加固区。

2）康宁路站北端头加固

康宁路站北端头隧道埋深约为 10.0 m。周边无特殊控制性边界条件，结合郑州市轨道交通 1 号线一期工程的建设经验，康宁路站北端头推荐采用旋喷桩加固方案。加固前，应在加固区两侧各 1 m 处布置备用降水井，降水井深度达到加固区底部以下 5 m。盾构开挖轮廓外 7 m 范围内土体确定为旋喷桩强加固区。旋喷桩采用三重管旋喷工艺，现场进行桩的适应性试验，以确定在此类地层中的适应性。旋喷桩采用强度等级为 42.5 级的普通硅酸盐水泥，水灰比 $0.8 \sim 1.2$。为改善水泥浆液性能，根据水泥土特点通过室内配比试验或现场试验，加入适量的外加剂和掺和料。旋喷桩土体加固指标：强加固区地基加固强度 $q_u \geq 1.0$ MPa（28 d），渗透系数 $\leq 1 \times 10^{-7}$ cm/s。

9.5.2 针对郑—康区间侧穿永和宇宙星采取的解决措施

（1）盾构通过前应对永和宇宙星基础形式进行详细调查，如有出入及时与设计、监理及业主沟通，并根据永和宇宙星权属单位要求进行评估检测，明确沉降控制目标。

（2）盾构临近永和宇宙星施工期间应采取以下措施，确保永和宇宙星安全：

① 采取一切必要的技术措施，确保盾构在通过永和宇宙星过程中不停机或更换刀具。

② 控制好盾构推进速度，宜匀速通过；建立土压平衡，严格控制出土量，确保地层损失降至最小。

③ 施工中应注意对盾构机姿态进行控制，确保盾构按照设计线路推进，减少盾构的超挖和欠挖，以改善盾构前方土体的坍落和挤密现象。

④ 确保盾尾同步注浆，根据推进速度的快慢调整注浆量，做到注浆量与推进速度相适应。

⑤ 采取措施提高浆液的质量，保证浆液的和易性、流动性和初凝强度等，要求注浆后土体强度不小于 0.5 MPa。

⑥ 加强监控量测，如沉降（或隆起）值过大，应及时调整盾构参数，并在洞内打设径向注浆管，注浆对基础下土体进行加固。

（3）在永和宇宙星两侧临近盾构区间处采用袖阀管超前注浆，注浆范围如图9.5.1所示，浆液采用水泥浆。

（4）盾构侧穿永和宇宙星时应加强监控量测工作，发现问题及时解决，以确保其正常使用及施工安全。

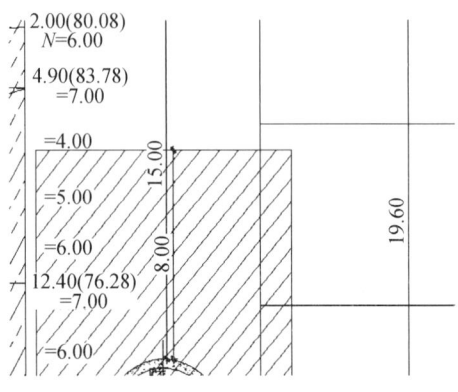

图 9.5.1　袖阀管超前注浆加固图

9.6　技术成果及应用

1. 材料选择

试验人员将膨润土性能指标提供给物资人员进行采购，经试验挑选出本项目所用的材料。

膨润土由于具有吸湿膨胀性、低渗性、高吸附性及良好的自封闭性能，国外从20世纪60年代就已经开始将膨润土用作防渗材料。土压平衡式盾构施工对加入的膨润土泥浆的一个基本要求就是它能够形成"滤饼"，可以形成于土粒内部和土粒之间，由胶结和固结的膨润土组成。这个"滤饼"可以演变为一个低渗透性的薄膜，从而可以将过量的地下水压力中的液体压力转化为土颗粒和土颗粒之间的有效应力，这对稳定地层防止推进中的地面塌陷至关重要。因此在盾构穿越重要建（构）筑物的过程中膨润土的作用就尤其重要了。

在盾构施工过程中，为了满足膨润土的使用，我们在地面上设一膨润土搅拌站，配有一台膨润土搅拌罐，容量为1900 L，一次搅拌1.5 m³。膨润土选用优质钠基膨润土，并对膨润土的质量严格控制。

膨润土型号：钠基；膨润土厂家：绵阳堃山。（采用膨润土与水质量比1∶8配置溶液静置8 h，溶液不出现分层离析状态。）样品土样取车站挖出同地质砂卵石土或泥岩。如图9.6.1、图9.6.2。

图 9.6.1　钠基膨润土样品　　　　　图 9.6.2　膨润土掺砂沉淀试验

土压平衡盾构机配备泡沫注入系统，泡沫发生器自动运行，通过专用管路分别将泡沫注入不同位置，一般以注入刀盘前部为主，另外也注入土仓或螺旋输送机内改良渣土，以增加渣土的流塑性及止水性。

泡沫剂型号：PF-1000；品牌：西策齐和。试验测得其固含量为 12.1%。如图 9.6.3、图 9.6.4。

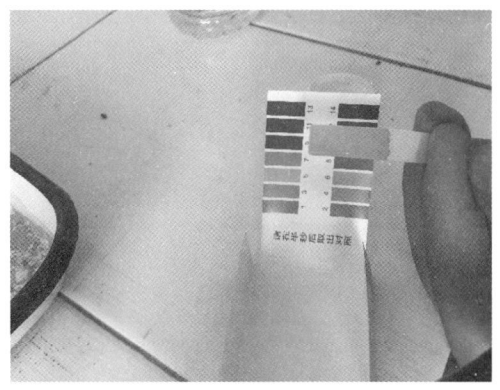

图 9.6.3　泡沫剂 pH 值测试　　　　　图 9.6.4　泡沫剂固含量检测

盾构渣土（砂层）改良剂为聚合物材料：盾构渣土（砂层）改良剂；型号：EPB DY2；品牌：大友品丰；建议掺量：1‰～5‰，测试掺量 3‰。如图 9.6.5、图 9.6.6。

2．试验步骤及方法

膨润土试验，分别按下面比例进行试验对比（质量比）：

①1∶5 膨润土溶液，泥浆比重为 1.32 g/cm³。

②1∶6 膨润土溶液，泥浆比重为 1.15 g/cm³。

③1∶7 膨润土溶液，泥浆比重为 1.03 g/cm³。

根据试验对比，①②号浆液的泥浆比重要求满足要求，③号浆液较稀，不能满足拌制效果。从经济性出发所以选定②1∶6 膨润土溶液进行本次渣土改良室内试验。

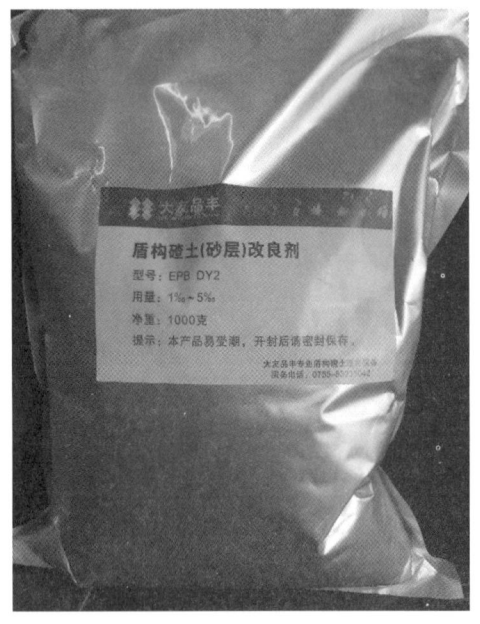 

图 9.6.5　盾构渣土（砂层）改良剂　　　　图 9.6.6　掺量 3‰样品

泡沫剂试验：泡沫剂按 3%配置泡沫剂溶液，泡沫剂溶液的发泡率为 10 倍。按发泡后体积比分别掺入 15%、20%、25%进行室内试验。

盾构渣土（砂层）改良剂：取 3‰盾构渣土（砂层）改良剂加入 1 000 mL 水，拌和均匀，放置 30 min 后，加入掺量为 1∶6（水∶膨润土）膨胀好的膨润土浆液，再加入掘进时取出的渣土样品进行室内试验。

按上述配比进行试验，发现这种流塑性胶状物黏度十分大，并且不容易被水稀释，具有很好的流塑性和止水性，如图 9.6.7 所示。

图 9.6.7　常温条件下高分子聚合物流塑性试验

3. 试验结果

膨润土改良前后及试验结果见图9.6.8、图9.6.9及表9.6.1。

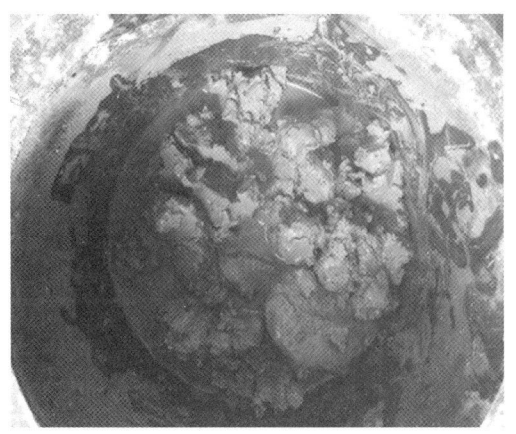

图9.6.8 改良前

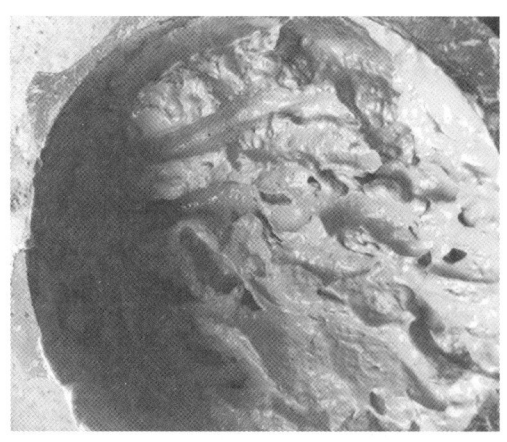

图9.6.9 改良后

表9.6.1 膨润土改良结果

序号	改良比例	适用地层	改良结果	效 果
1	100 kg : 40 kg	砂砾石地层	良好	施工中流塑性及止水性较差，出土困难（偏干或偏稀）
2	100 kg : 52 kg	砂砾石地层	良好	
3	100 kg : 60 kg	砂砾石地层	较差	

通过试验"膨润土+水"这种改良方式的效果仍然不理想，渣土流塑性及止水性均较差，容易出现出土困难或渣土偏干或偏稀等情况，且渣土改良效果不够稳定，应研究新的改良剂组合。

泡沫剂改良前后对比及试验结果见图9.6.10、图9.6.11及表9.6.2。

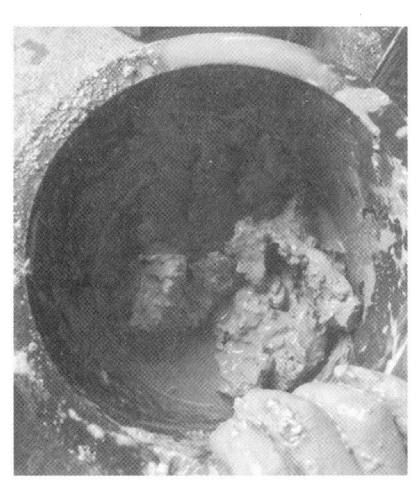

图9.6.10 泡沫剂掺量3%改良前后对比

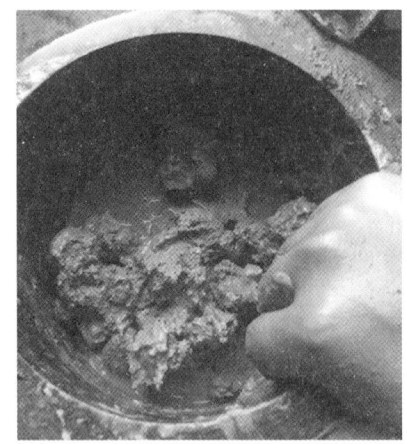 

图 9.6.11　泡沫剂掺量 5%改良前后对比

表 9.6.2　泡沫剂改良结果

序号	改良比例	适用地层	改良结果	效　果
1	1∶3%	砂砾石地层	良好	施工中砂卵石地层流塑性及止水性效果一般，泥岩地层改良效果很好，但改良效果不稳定
2	1∶5%	砂砾石地层	良好	

通过试掘进试验表明，"泡沫剂+水"这种改良方式的效果不是很理想，渣土流塑性及止水性较差，且渣土改良效果不够稳定，应研究新的改良剂组合。

聚合物[盾构渣土（砂层）改良剂+膨润土浆液]改良前后对比及试验结果见图 9.6.12 和表 9.6.3。

表 9.6.3　聚合物[盾构渣土（砂层）改良剂+膨润土浆液]改良结果

材料	A 液		B 液	
	膨润土	水	盾构渣土（砂层）改良剂	水
配比①	60 kg	100 L	3 kg	1 000 L
配比②	50 kg	100 L	3 kg	1 000 L

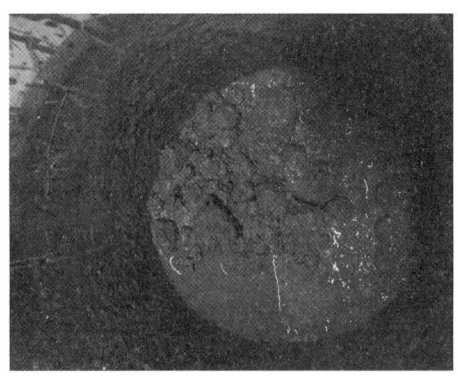 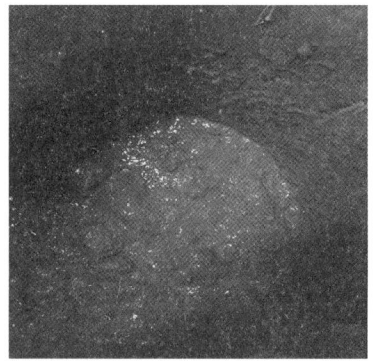

图 9.6.12　聚合物改良前后对比

通过室内试验，选定配比①，适合大量喷涌现象；少量喷涌时使用掺 3‰聚合物就能解决，改良前砂石分离对出土造成很大阻碍，改良后砂石都连在一起，渣土流塑性及止水性较好，且渣土改良效果稳定、渣土黏聚性和稠度好，适合砂卵石地层。

膨润土和泡沫剂+水混合改良试验结果见表 9.6.4。

表 9.6.4 膨润土和泡沫剂+水混合改良结果

序号	水：膨润土	泡沫剂掺量	坍落度/mm	黏稠度	效　果
1	100 kg：20 kg	3‰	200	偏稀	对施工中地面沉降有效控制，渣土改良效果一般
2	100 kg：40 kg	3‰	170	良好	
3	100 kg：60 kg	3‰	160	较差	

另外，根据提供的聚合物配置渣土改良配比，按 3‰的聚合物溶液掺量 10%，采用聚合物改良后的效果比膨润土改良效果好，改良后的渣土黏聚性和稠度好。如图 9.6.13。

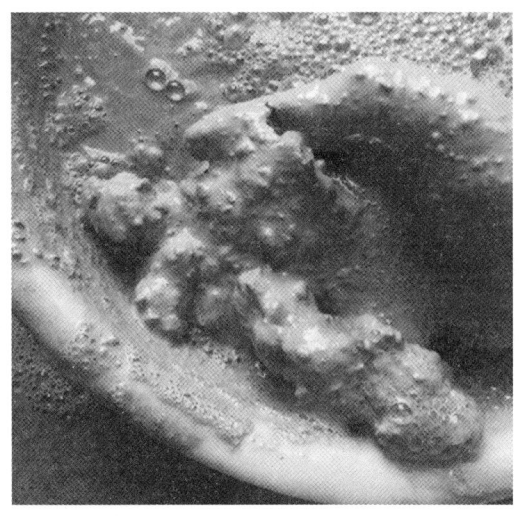

图 9.6.13　3‰泡沫溶液+（100 kg：20 kg）膨润土试验+水+土样

4. 试验总结及现场效果

（1）泥岩地层采用"泡沫剂+水"，根据地层选择改良比例：1：（3%～5%）。

（2）砂砾石地层采用"5：1（水：膨润土）的膨润土浆液+掺 3%～5%泡沫剂+少量水"进行改良。

（3）出现喷涌情况采用添加"盾构渣土（砂层）改良剂掺量 3‰"改良渣土。

（4）出现连续喷涌现象采用添加"1：0.6 的膨润土浆液+3‰聚合物"进行改良。

采用上述渣土改良措施后，地面沉降得到了有效控制，确保了盾构过建（构）筑物的安全。

渣土改良作为盾构施工中一个重要的环节，尤其对提高盾构掘进效率以及控制地面沉降有较大的影响，同时对地铁隧道的建设发展有着深远的影响。纵观目前国内各个地方盾构机的使用工况，不难发现土质改良技术应用的好坏，对降低工程造价提高工程施工进度都有着决定性的作用。

通过现场试验，膨润土溶液+盾构渣土（砂层）改良剂（聚合物溶液）对成都富水砂卵石地层的改良效果较好，并且能有效控制地面沉降，特别对盾构下穿建（构）筑物沉降控制非常有利，能确保建（构）筑物的安全，对成都富水砂卵石地层的掘进提供了一项新的渣土改良技术。现场试验图如图 9.6.14。

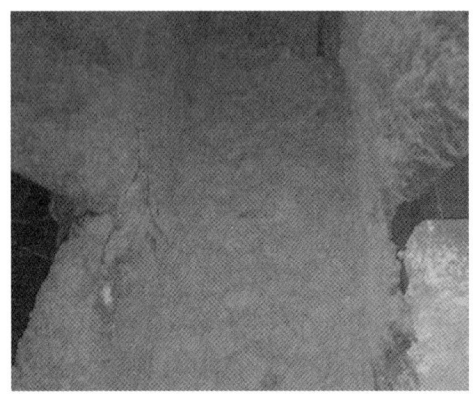 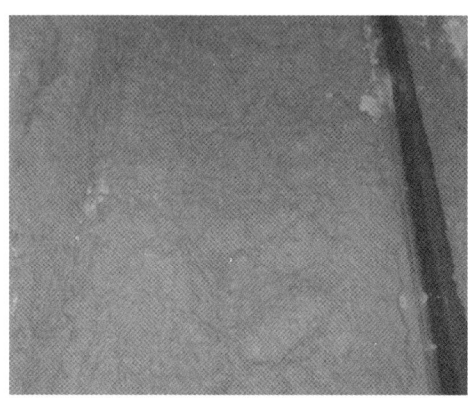

图 9.6.14　现场试验图

第 10 章　富水砂层盾构掘进技术

10.1　工程背景

10.1.1　农业东路—心怡路站

农—心区间出农业东路站后向东下穿熊耳河，沿着熊耳河路向东延伸，止于盛和街与陈庄街交叉口。其中农业东路站大里程端为区间盾构始发端，始发端车站为地下3层车站。始发端位于平安大道和农业路交叉口，距离熊耳河150 m。如图10.1.1所示。

图 10.1.1　农—心区间盾构始发端

加固端的土层自上而下地层依次为杂填土、黏质粉土、粉质黏土、细砂、细砂。区间含水层主要为黏质粉土、细砂及粉质黏土层，属弱—强透水层、弱—强富水层。钻芯取样图如图10.1.2。

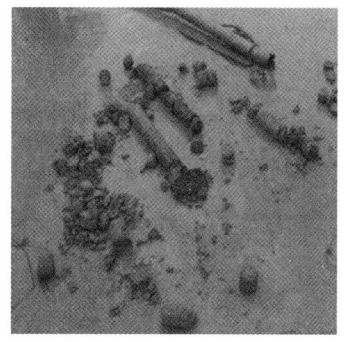

图 10.1.2　农—心区间盾构始发端钻芯取样图

盾构始发进洞端头原设计采用Φ800@600三重管高压旋喷桩加固处理，旋喷桩加固纵向长度8 m；加固范围为管片上方左右各3 m。桩长26.5 m，其中空桩14.5 m，实桩12 m。实体部分有4.9 m在粉质黏土中成桩，有7.1 m在细砂层中成桩。

该区间下穿建筑物平面图如图10.1.3所示。

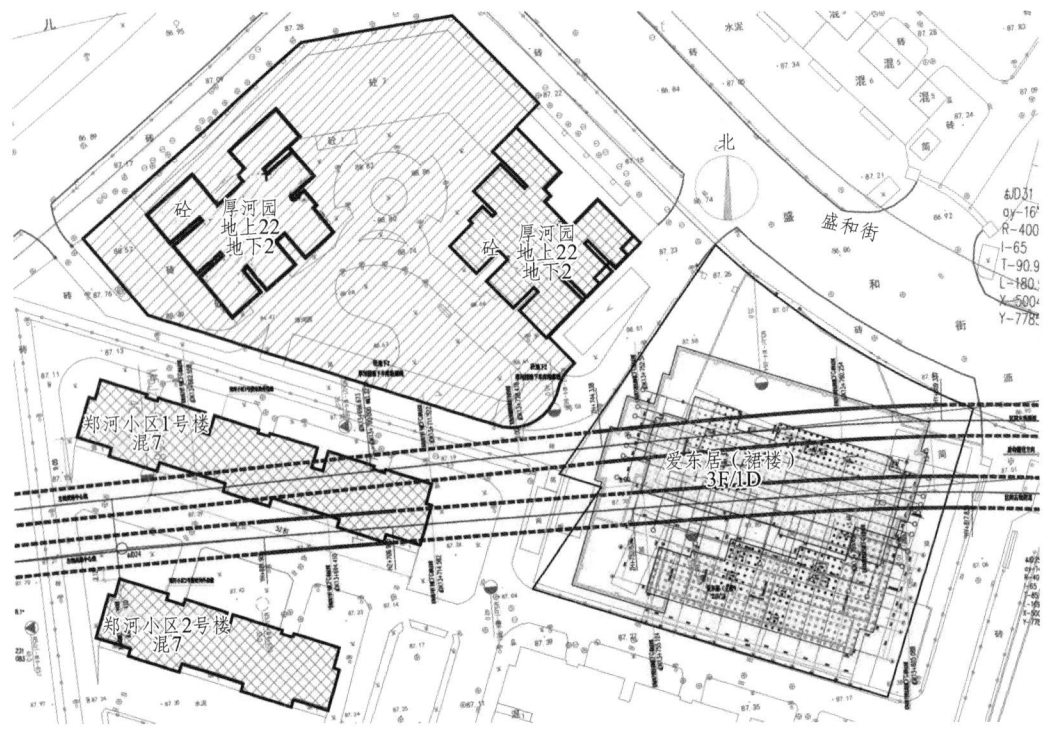

图10.1.3　农一心区间盾构下穿建筑物平面图

10.1.2　众意路站—CBD站

众意路站—CBD站区间自众意路站东端头始发，沿商务外环路向东敷设，至CBD站西端头井处接收。区间左线为左DK9+490.474~左DK10+449.979，长度为983.011 m（左DK10+323.506处长链23.506 m），右线为右DK9+490.474~右DK10+452.444，长度为968.361 m。区间沿线自南向北主要有绿地集团、第一国际、烟草大厦、农行郑东支行、金色的梦（城市雕塑）、如意湖、湿地公园等建筑物。

该区间平面图、周边环境及下穿建筑物平面图如图10.1.4~10.1.7所示。

砂层渗透系数比较大，加速了地下水的流动和渗透性。在高压水平喷射压力与正常渗透压力的耦合作用下，周边的细砂不断涌入桩孔内，造成断桩或者缩径等现象。

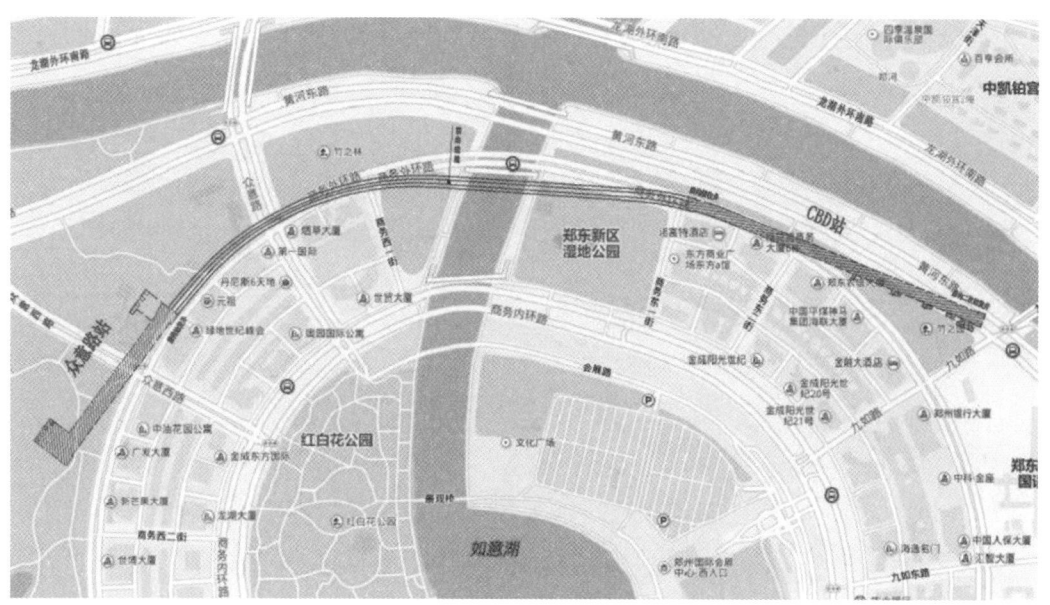

图 10.1.4 众—CBD 区间平面图

图 10.1.5 始发端头周边环境照片

图 10.1.6 到达端头周边环境照片

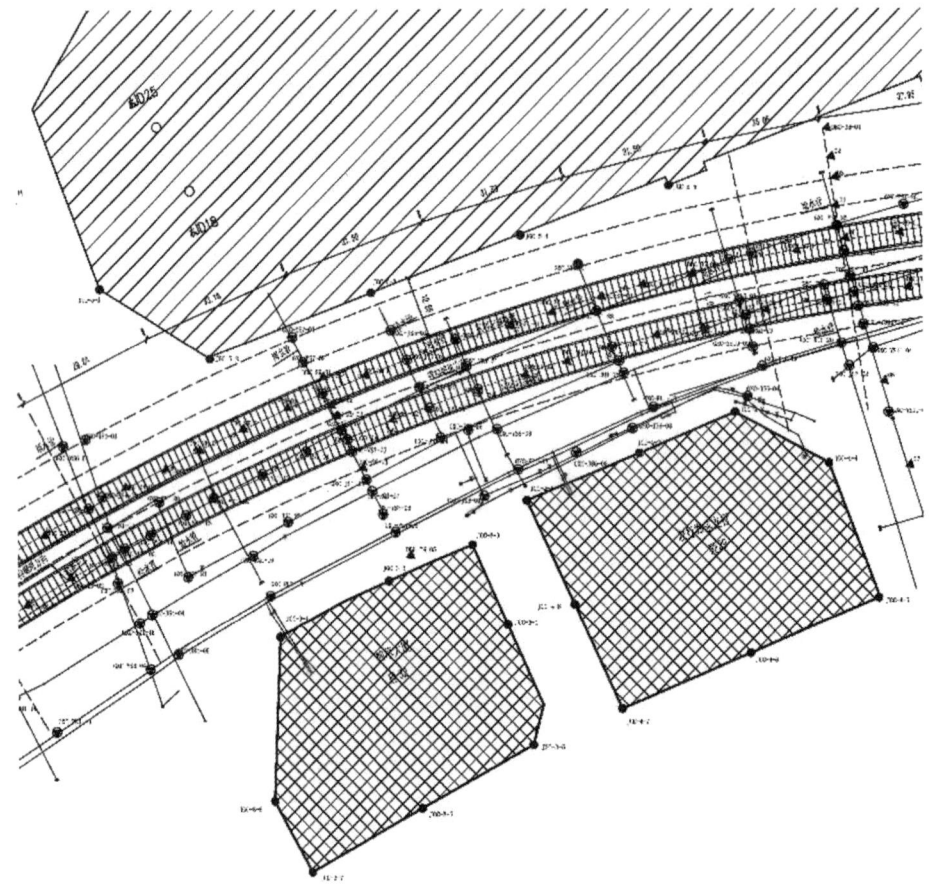

图 10.1.7　众—CBD 区间穿越砂层段地面建筑物相对位置平面图

10.2　富水砂层对盾构掘进影响机理分析

砂土地层中盾构施工时,由于其本身具有较强的流动性,加之天然砂土往往黏聚力较小,当盾构密封仓支护力不足时极易引发开挖面失稳事故。在富水砂层盾构掘进中难点:土仓压力很难形成,盾构掘进出渣困难,地面容易出现较大的沉降;盾构机形成的推力大,但掘进速度很缓慢;盾构刀具磨损较快。

由于在全断面砂层地层中大多的土粒是砂粒,而且是内聚力很小的颗粒,所以使得全断面砂层地层成为很不稳定的软弱地层。由于地层的反应很灵敏,当盾构机的刀盘在切割地层土体时,很容易造成坍塌,进而产生较大的围岩扰动,这样会使得地层原本的较稳定或者处于相对平和状态被打破,造成开挖面的失稳和地表的塌陷。同时,砂土具有流塑性差的性质,这也导致了刀盘对土体的切割效果差,也造成螺旋机运输土体的能力差,有时甚至无法排土。在全断面砂层地层中盾构施工时,很难形成土压平衡,容易发生开挖面土压力失控,造成喷涌以及冒顶等施工的问题,亦或者发生坍塌，进而造成出现大程度的地面沉降，对地面的既有建筑设施造成危害。

10.3 富水砂层盾构进出洞施工技术

10.3.1 农—心区间端头加固设计

农业东路站盾构出洞端头隧道底埋深约为 23.52 m（顶覆土 17.32 m），主要穿越地层为黏质粉土，为不透水层，细砂，为透水层。根据地质情况以及水文情况，农业东路站盾构出洞端头采用 $\phi 800@600$ 旋喷桩进行加固处理，第一排旋喷桩与端头围护结构搭接不小于 200 mm，加固纵向长度 8.0 m。加固范围为隧道上下左右各 3 m，高压旋喷桩排列套打，排列间距为（0.52×0.6）m，实桩长度 12.2 m。如图 10.3.1 所示。

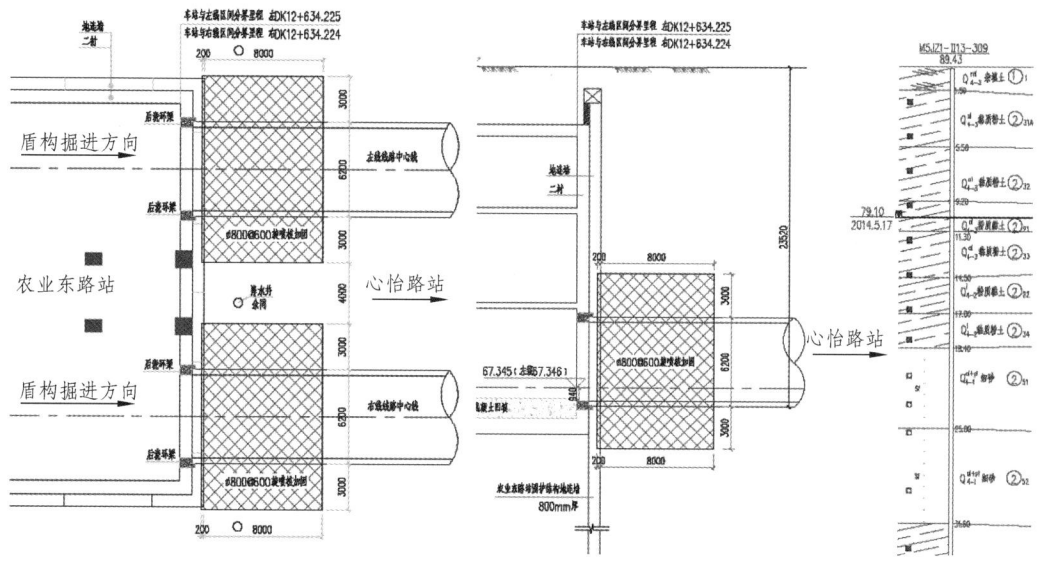

图 10.3.1　农业东路站盾构始发端头加固布置

心怡路站盾构进洞端头隧道底埋深约为 16.14 m（顶覆土 9.94 m），主要穿越地层为黏质粉土，为不（微）透水层，少量细砂，为透水层。根据地质情况以及水文情况，心怡路站盾构进洞端头采用 $\phi 800@600$ 旋喷桩进行加固处理，第一排旋喷桩与端头围护结构搭接不小于 200 mm，加固纵向长度 8.0 m。加固范围为隧道上下左右各 3 m，高压旋喷桩排列套打，排列间距为（0.52×0.6）m，实桩长度 12.2 m。如图 10.3.2 所示。

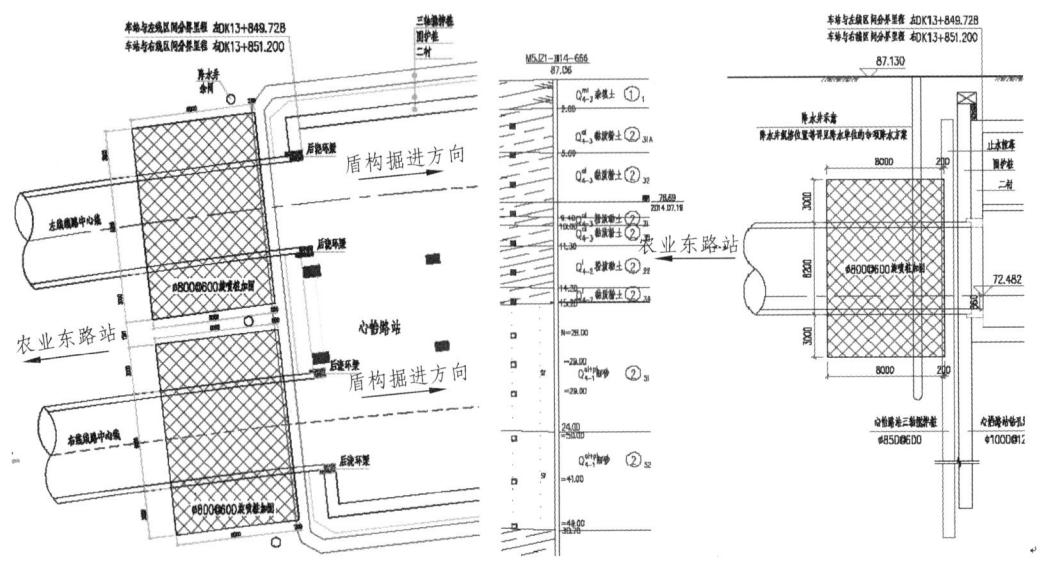

图 10.3.2　心怡路站盾构接收端头加固布置

三重管高压旋喷桩施工工艺如图 10.3.3 所示。

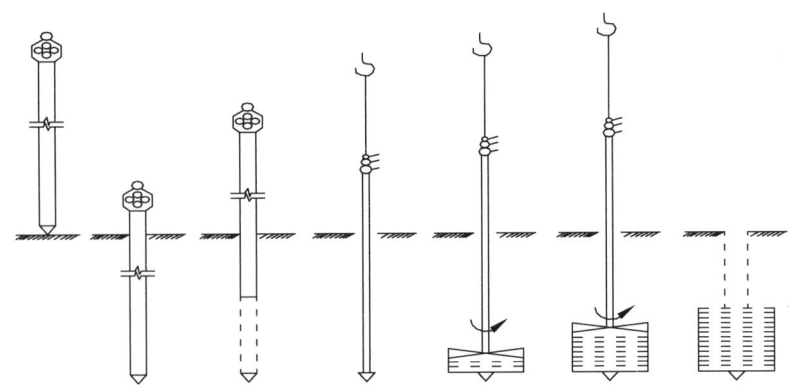

图 10.3.3　三重管高压旋喷桩施工工艺

注：（1）桩机就位；（2）钻机钻孔；（3）钻杆拔出；（4）插入喷射注浆管；（5）喷浆；（6）自动提升喷射注浆管；（7）拔出喷射注浆管，下部形成喷射桩加固体。

提升速度应控制在 10 cm/min 以内。压力控制：气压不小于 0.7 MPa，高压水压力应大于 25 MPa。喷射注浆施工的第一道工序将使用的钻机安置在设计的孔位上，使钻杆头对准孔位中心。同时保证钻孔达到设计要求的垂直度，钻机就位后，必须做水平校正，使其钻杆轴线垂直对准钻孔中心位置，喷射注浆管的允许倾斜不得大于 1.0%。钻孔的目的是将喷射注浆管插入预定的地层中，当遇到比较坚硬的地层时，采用地质钻机钻孔，钻孔的位置与设计位置不得大于 5.0 cm。插管是将喷射注浆管插入地层预定的深度，插管与钻孔两道工序合二为一，即钻孔完毕，插管作业同时完成。使用地质钻机钻孔完毕后，必须将岩芯管拔出，并换上喷射注浆管插入预定的深度。在插管的过程中,为防止泥砂堵塞喷嘴,可边射水、边插管,水压一般不超过 1 MPa。如压力过高,则易将孔壁射塌,造成堵孔。当喷射注浆管插入预定的深度后,由下而上进行喷射注浆。值班技术人员必须时刻注意检查浆液初凝时间、注浆流量、风量、压力、旋转提升速度等参数是否符合设计要求,并且随时做好记录,绘制作业过程曲线。当浆液初凝时间超过 20 h 时,应及时停止使用该水泥浆(正常水灰比 1∶1,初凝时间为 15 h 左右)。施工完毕,应把注浆管等机具设备冲洗干净,管内机内不得残存水泥浆,通常把浆液换成水,在地面上喷射,以便把泥浆泵、注浆管和软管内的浆液全部排出。

10.3.2 盾构始发施工技术

盾构始发流程详见图 10.3.4。

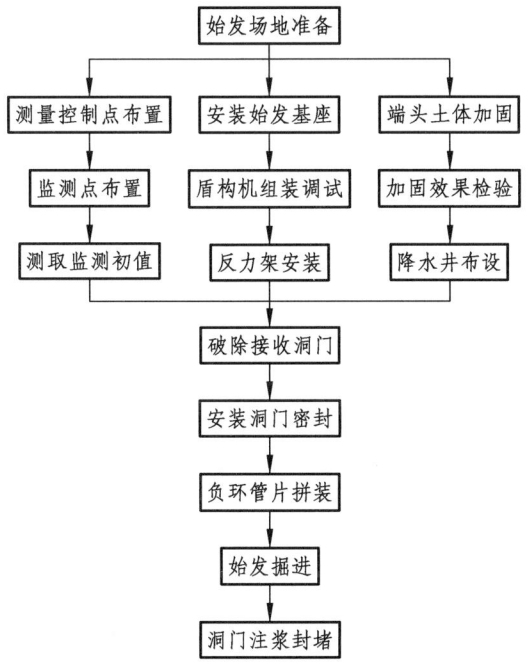

图 10.3.4 盾构始发流程图

1. 盾构始发现场平面布置

盾构始发前保证端头盾构井位置 100 m 主体结构施工完毕,支架模板等全部拆除完毕,施工场地地面设置两台 50 t 龙门吊,一台龙门吊负责临时出土口吊土,另一台龙门吊从始发井口吊管片以及其他小型材料。车站端头设置一座砂浆拌和站,根据现场场地合理规划高压配电房、机加工场区、管片场地、油脂场地、充电间位置、渣土坑位置、钢轨及走道板场地、砂石料仓位置等。将管片场、充电间、材料存放场等置于龙门吊工作范围内。如图 10.3.5。

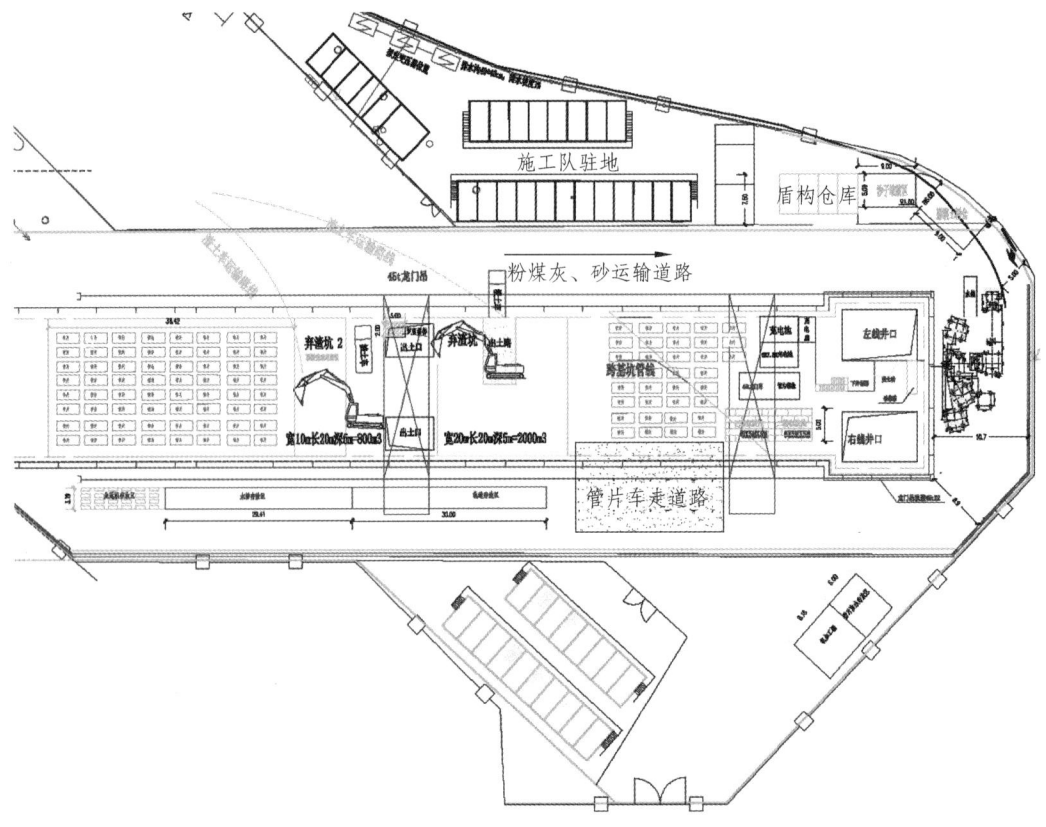

图 10.3.5　盾构始发场地布置图

2. 盾构基座安装及轨道铺设

1）始发基座安装

（1）始发基座设计制作

盾构中心线与始发井底板距离为 3 740 mm，即盾构中心线与始发托架底面为 3 740 mm。端头井底板长 13 500 mm，反力架厚度 800 mm，反力架至结构支撑面距离 1 600 mm，始发基座距隧道洞门预留可调距离为 600 mm，反力架与始发架之间 500 mm 可调位置，始发架的长度=13 500 – 1 600 – 800 – 600 – 500=10 000（mm）。盾体支撑采用 43 kg/m 重轨，重轨截面中心线过盾体中心，并且垂直于轨道支撑面。

始发基座长 10 m、宽 4 300 mm、高 964.4 mm，纵向分开两段，盾构中心线与始发基座底面距离为 3 470 mm。端头井底板长 13 500 mm，始发基座前端距隧道洞门距离为 500 mm，基座尾端距离横梁 3 000 mm、距离反力架端面 800 mm。始发基座图如图 10.3.6 所示。

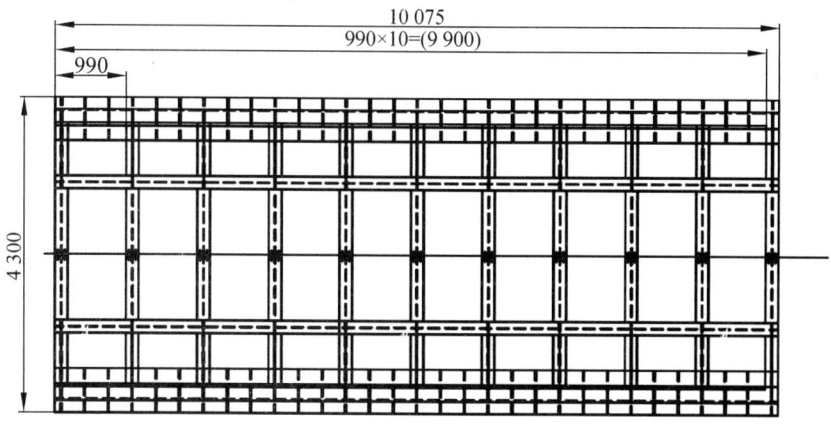

（a）始发基座平面图

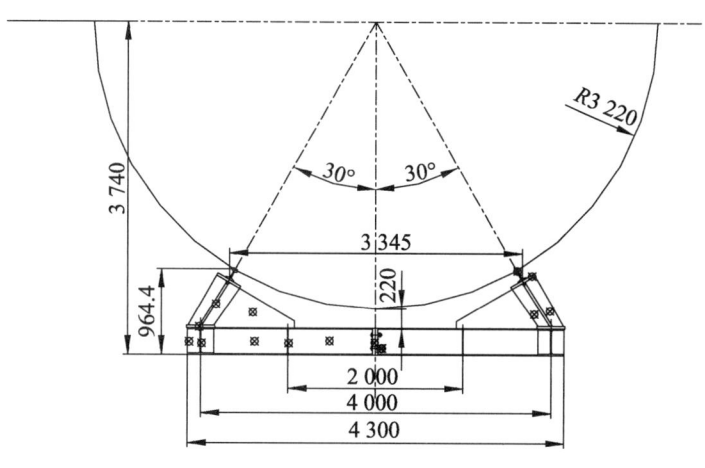

（b）始发基座剖面图

图 10.3.6　始发基座图

（2）始发基座安装

工艺流程：测量放线→工字钢铺设连接→基座下井→基座安装→位置粗调→复核测量→基座位置细调→测量再次复核→基座固定焊接→台车及盾体下井。如图 10.3.7 所示。

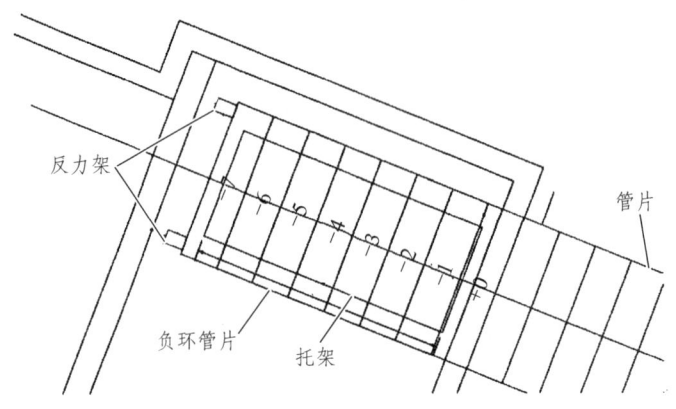

图 10.3.7 盾构始发示意图

为防止盾构机始发叩头，始发时为保证始发线型准确，实际始发前端刀盘中心标高不做调整，以设计为准，同时基座尾部降低 2 cm（根据实际洞门的测定情况调整），始发坡度由设计 2‰ 坡度变为 4‰ 坡度，保证抬头始发趋势。布置图如图 10.3.8。

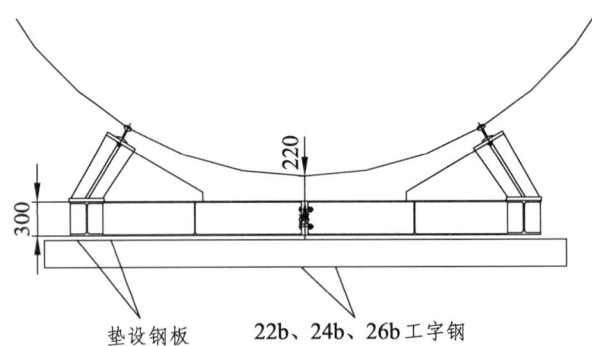

图 10.3.8 始发基座高程调整示意图（农业东路站左线为例）

2）站内轨道铺设位置

钢轨下采用 3.9 m 热轧槽钢切槽作为钢枕。槽钢钢枕间距 1 m 布设，钢轨与钢枕之间采用标准扣件进行固定；槽钢中心中心线要与隧道中心线重合。轨道铺设和道岔设计见图 10.3.9、10.3.10。

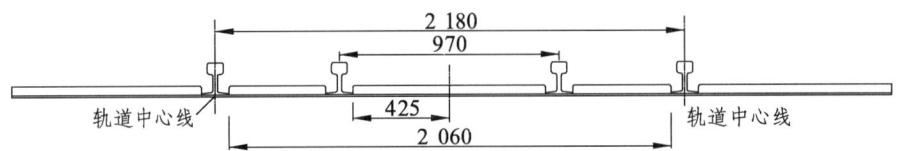

轨道铺设横面图（始发端）

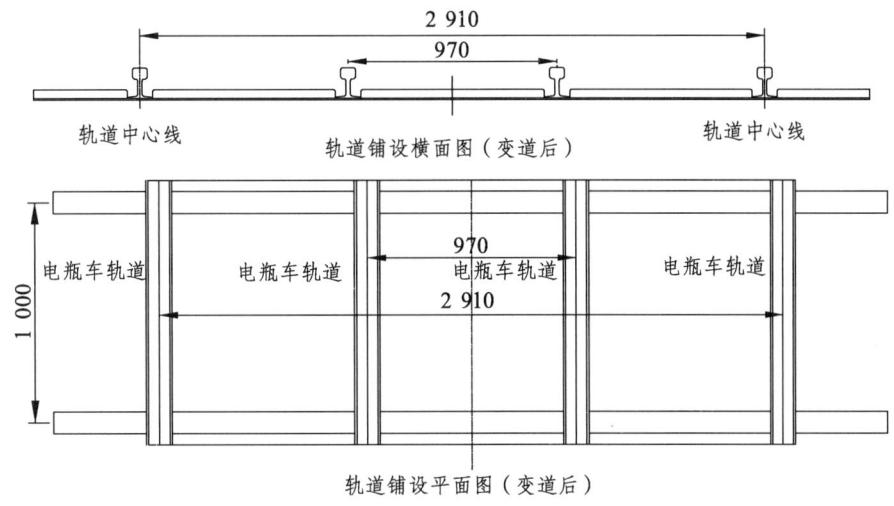

图 10.3.9 站内轨道铺设横断面图

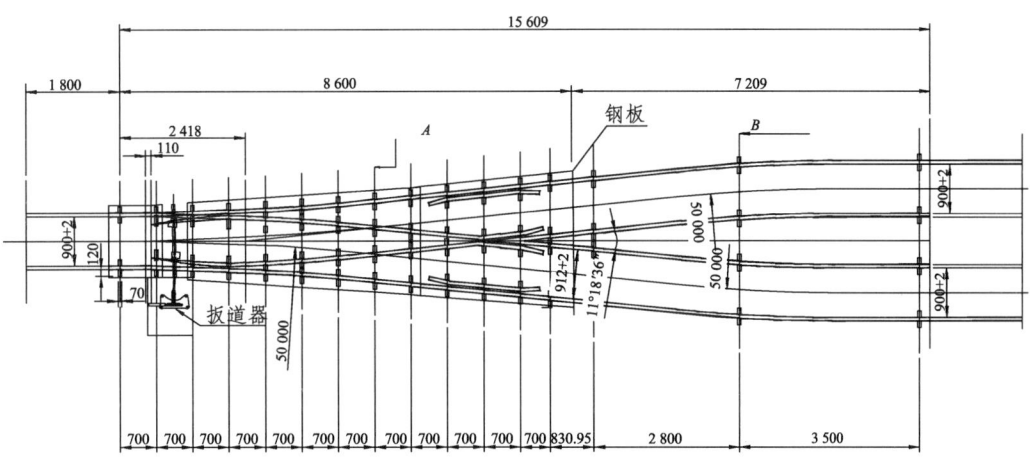

图 10.3.10 道岔设计图

3)隧道内轨道铺设

盾构隧道内台车轨道间距 2 180 mm（2 080 mm），轨面标高高于管片内缘最低点 439.4 mm，轨枕采用钢制牛腿与螺栓孔焊接牢固，间距依照螺栓孔布设；电瓶车轨道间距 970 mm，轨面标高高于管片内缘最低点 343.5 mm，轨枕采用 1 200 mm 长 16b 工字钢，纵向间距 1 m 切角布设。站内轨道与盾构隧道内轨道在端头井与结构之间横梁开始依照坡度平顺连接。如图 10.3.11 所示。

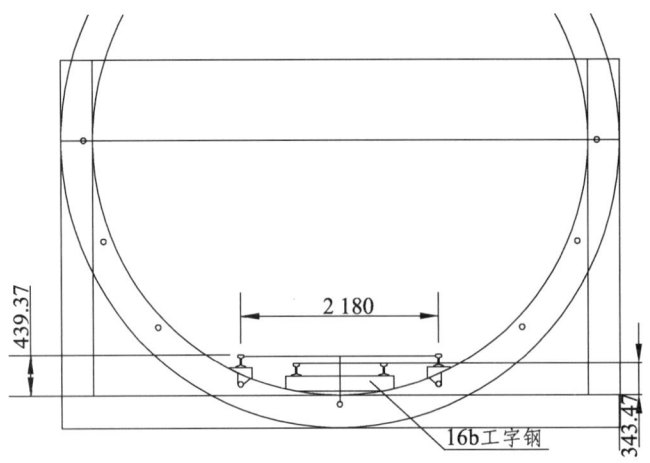

图 10.3.11　盾构隧道内轨道布设

3. 盾构下井组装

牵引机车下井→电池组下井安装→三列渣土车依次下井连接→砂浆车下井连接→两列管片车依次下井连接→调试运行。

4. 反力架安装

1）反力架设计

盾构始发反力架由两根立柱和两根横梁以及水平支撑组成。立柱与横梁采用高强螺栓连接，主梁及立柱采用 45b 工字钢+钢板组合，斜撑采用Φ508 mm 钢管，总质量 23.33 t（含斜撑），所有连接在设计时要求连接处强度不得低于母体强度，具体设计如图 10.3.12。

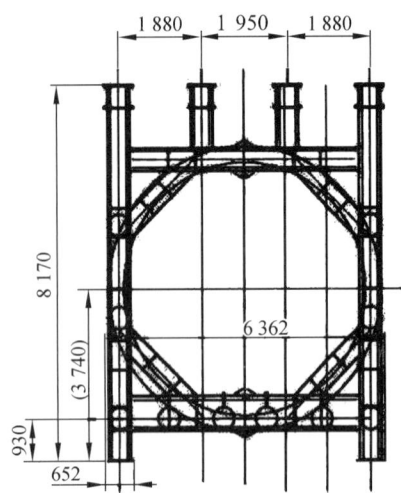 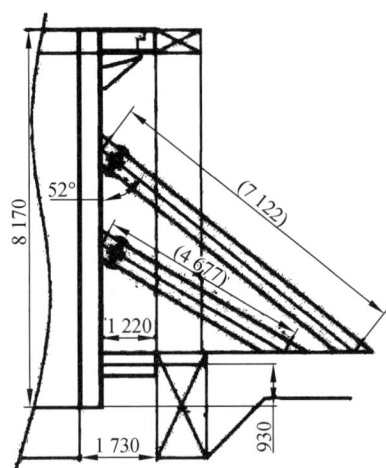

图 10.3.12　反力架横断面图及纵剖面图

2）反力架安装工艺

反力架安装流程如图10.3.13所示。

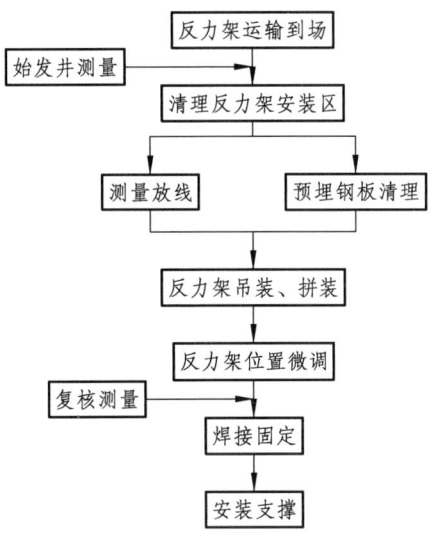

图10.3.13　反力架安装流程图

隧道洞门到结构支撑面共计13.5 m，始发基座的长度为10 m，反力架厚度800 mm。反力架撑在结构隔墙、负二层板端、底板横梁、地板上，内侧面通过3根（底面4根）1.6 m长Φ508 mm（t=30 mm）钢管撑在结构隔墙，外侧面采用两根斜撑撑在结构底板预埋钢板，顶面采用4根钢管撑撑在负二层板端；反力架后端面至结构底板横梁距离1.6 m，前端面至始发基座尾端0.6 m，始发基座与隧道洞门（侧墙）距离0.5 m。负环管片排布如图10.3.14。

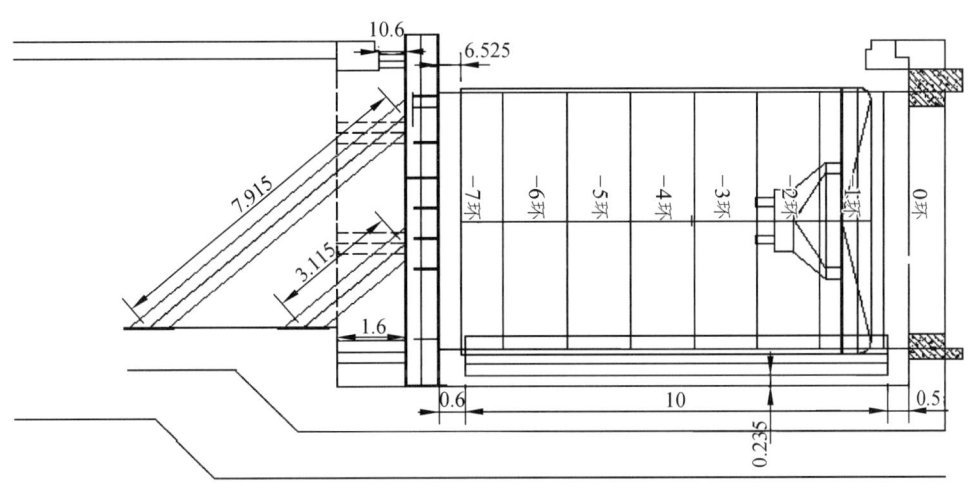

图10.3.14　负环管片排布图

5. 始发洞门凿除及止水帘布安装

1）洞门破除

洞门破除流程见图 10.3.15。

操作平台采用扣件支架搭设，搭设 3 排支架，步距 1 200 mm，横向间距 900 mm，纵向间距 900 mm、600 mm，内外排设置纵向剪刀撑，支架底部设置扫地杆，车站侧设置 3 道钢管斜撑，防止操作平台倾覆，支架上水平铺设竹跳板。操作平台支架布置图见图 10.3.16。

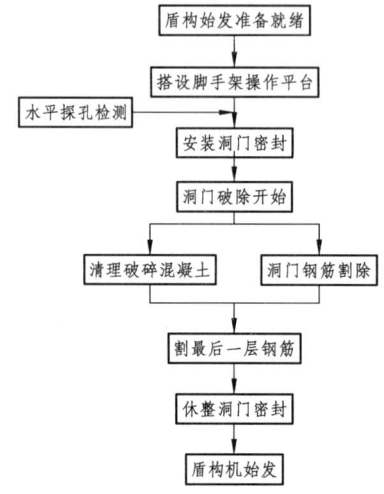

图 10.3.15　洞门破除流程图

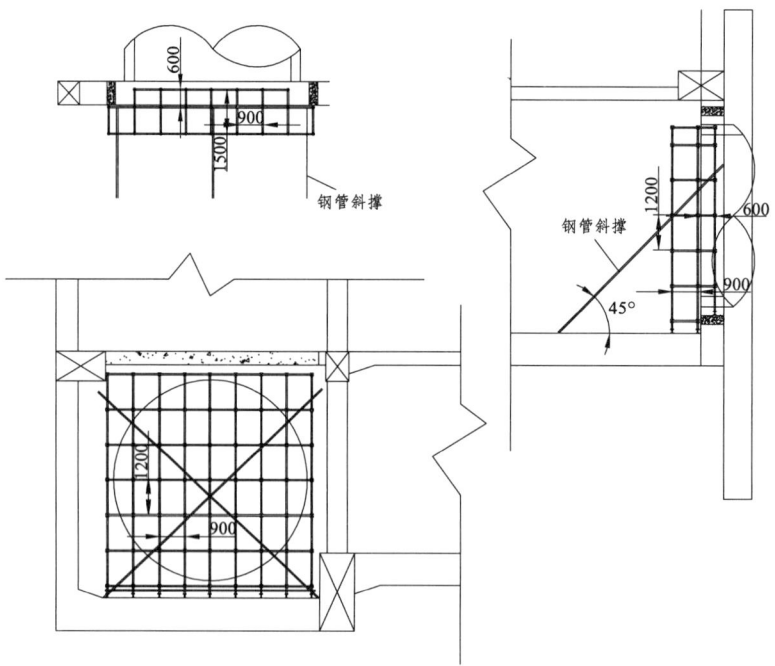

图 10.3.16　洞门破除操作平台布置图

2）洞口密封止水装置

洞口密封是为盾构在始发时防止壁后注浆砂浆外泄所用。洞口密封防水帘布的施工埋设过程中预埋件必须与车站结构钢筋连接在一起，盾构正式始发之前，应先清理完洞口的渣土，再完成洞口密封的安装。

3）洞门破除方法

洞门破除采用风镐并结合人工修凿的方法破除地下连续墙（钻孔桩）。

在进出洞防水装置完成后，破除影响盾构范围内钢筋混凝土，破除采用分层从里到外、从上到下的方式依次进行，按顺序破除混凝土及割除钢筋，并将破碎混凝土和钢筋吊出。完成最后一层混凝土破除后，要及时检查洞门破除的净空尺寸，修整洞门密封并确保没有钢筋、混凝土侵入设计轮廓范围。

6. 洞口始发导轨的安装

在围护结构破除后，盾构始发基座端部距离结构墙 400～500 mm，结构墙厚 700～800 mm，围护结构厚度 800～1 200 mm，总计距 1 900～2 500 mm。为保证盾构在始发时不致于因刀盘悬空而产生盾构"叩头"现象，需要在始发洞内安设洞口始发导轨。

7. 盾构油脂涂抹

为避免盾构机掘进过程中同步注浆浆液回流，需要在盾尾处经盾尾刷同步注入盾尾油脂。为保证盾尾密封良好，始发时需要在盾尾刷位置填塞手涂的盾尾油脂。如图10.3.17 所示。

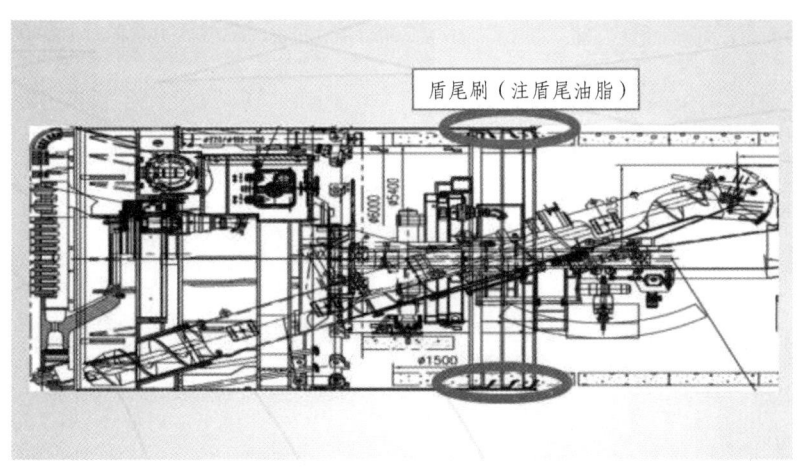

图 10.3.17 盾尾油脂涂抹位置图

8. 负环管片安装

本工程采用全环始发方式，均采用标准环混凝土管片，衬砌环的接缝连接采用弯螺栓连接，包括 16 个环缝连接螺栓（M30）和 12 个纵缝连接螺栓（M30）。

管片基本设计参数见表 10.3.1，负环管片拼装见图 10.3.18。

表 10.3.1 管片基本设计参数

项 目	特 征
衬砌环直径	外径 Φ6200 mm，内径 Φ5500 mm
衬砌环分块	6 块
衬砌厚度	350 mm
衬砌环宽	1 500 mm
衬砌环形式	通用楔形环
楔形量	40 mm
拼装方式	错缝拼装
接触面构造	管片环面拼装缝不设凹凸榫，纵缝接触面设凹凸榫
管片拼接形式	弯螺栓连接

图 10.3.18 负环管片拼装及钢丝绳紧固管片、支垫木楔

9. 洞门注浆封堵

1）同步注浆

在盾构始发掘进待盾尾通过防水帘布完全进入土体后立即开始进行同步注浆，同步注浆一般注单液浆。

2）双液注浆

待盾尾通过防水帘布完全进入土体后，并继续推进 2~3 环后，启动二次注浆系统向洞口密封处的环形间隙注双液浆，直至注浆压力达到 0.5 MPa。压力不宜太大，注入速度不宜太快，安排专人在洞门处观察，发现漏浆立即停止。停 5 min 后继续注入，如此反复几次，直到压力达到要求时完成。

10. 盾构始发推进

1）盾体防扭转装置

为防止刀盘切入土体力矩过大，导致盾体旋转，在盾体上焊接防扭转装置（200 mm×100 mm×10 mm 钢板，间距 1 500 mm）。其中 200 mm 的方向垂直于盾体方向焊接，防转装置应能承受盾构机的扭矩并能将扭矩传递给盾构基座。当盾构机推进至防转块距洞门密封 500 mm 左右时，必须割除防转块，并将割除面打磨光滑。如图 10.3.19。

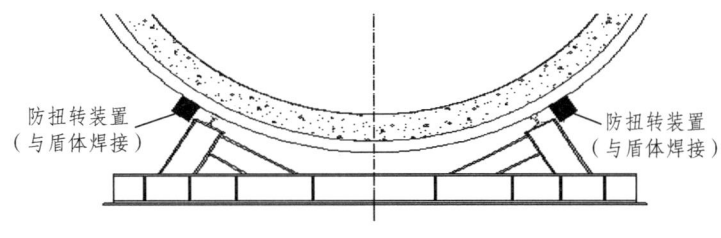

图 10.3.19　盾构始发防转楔块

2）盾构始发姿态测量

盾构机姿态初始测量包括测量水平偏差、俯仰度、扭转度。盾构机的水平偏差、俯仰度是用来判断盾构机在以后掘进过程中是否在隧道设计中线上前进，扭转度是用来判断盾构机是否在容许范围内发生扭转。

3）盾构始发掘进参数设置

（1）土压力的设定

在盾构始发时土体加固段初始应建立较低的土压，设定为 0.07～0.09 MPa，盾构刀盘离开加固区时应建立较高的土压并维持土压力稳定，保证始发井附近的地表沉降在要求范围内，其土压力设定为 0.13～0.19 MPa。土压力应根据实际掘进操作的具体情况进行细部调整。

（2）始发掘进推力的设定

盾构始发的推力主要由下述因素决定：盾构外周（盾壳外层板）和土体之间的摩擦阻力或黏附阻力、盾构正面阻力、管片和盾尾刷之间及盾构与始发基座轨道之间的摩擦阻力。由于反力架是按照 3 000 t 推力设计的，因此总推力严禁超过 2 500 t。

（3）刀盘扭矩

盾构的切削刀盘扭矩主要由土体的剪切阻力产生，其经验公式如下：

$$F_1 = \alpha D^3$$

由于盾构机穿越的地层主要为密实砂层，故 α 取 1.3，代入上式扭矩 $F_1 \approx 305$ t·m。施工时以此值为目标值控制刀盘切削。

（4）盾构千斤顶的推进速度及刀盘转速的设定

在本始发段中，隧道洞身范围内地层主要为粉质黏土、细砂，由于处于始发掘进阶段，推进速度初始设定 10~20 mm/min，初始设定刀盘转速应不大于 1.0r/min。

（5）出土量的设定

本工程使用的管片外径为 6 200 mm，环宽为 1 500 mm。刀盘的直径为 6 440 mm（6 480 mm），每环的出土量：

$$V = k\pi L(d/2)^2$$

式中：k 为可松性系数，取 1.1~1.3；d 为刀盘直径；L 为管片环宽。

根据施工经验，为保证土仓压力，出土时控制出土量为理论的 96%左右，计算出每环出土量为 51~62 m^3，在运输组织设计中，电瓶车组配置 4 列 18 m^3 容量的渣土车，总容量为 72 m^3。

（6）盾尾注浆压力、注浆量分析与取值

初始盾尾注浆压力设定为 0.25~0.35 MPa，盾尾同步注浆理论量为每环 3.57 m^3（4.18 m^3），根据施工经验注浆时每环应按 5.4~7.5 m^3 控制（150%~180%）。同时要求同步注浆速度必须与盾构推进速度一致。

（7）添加剂使用方案

在富水砂层掘进中，若只使用膨润土做渣土改良剂，会使土仓内水土比变大，加大喷涌风险；只使用高分子聚合物渣土改良效果也并不理想，高分子聚合物可以中和掉渣土中多余水分，但渣土易离析沉淀，渣土的可塑性始终不佳；在富水砂层中掘进，为达到理想的渣土改良效果，还需配合使用膨润土浆液同高分子聚合物。

（8）洞口密封处压浆

待盾尾通过防水帘布完全进入土体后，并继续推进 2~3 环后，启动二次注浆系统向洞口密封处的环形间隙注双液浆，直至注浆压力达到 0.5 MPa，压力不宜太大，注入速度不宜太快，安排专人在洞门处观察，发现漏浆立即停止，停 5 min 后继续注入，如此反复几次，直到压力达到要求时完成。

10.3.3 盾构接收施工技术

盾构接收工作流程如图 10.3.20 所示。

1. 盾构接收准备

盾构接收时需要完成接收车站接收井端头位置至少 20 m 结构施工，混凝土强度达到设计要求；结构严格按照设计图纸及规范施工，其标高、轴线、结构强度等各项技术参数均要满足盾构施工阶段受力要求。接收洞门探孔如图 10.3.21。

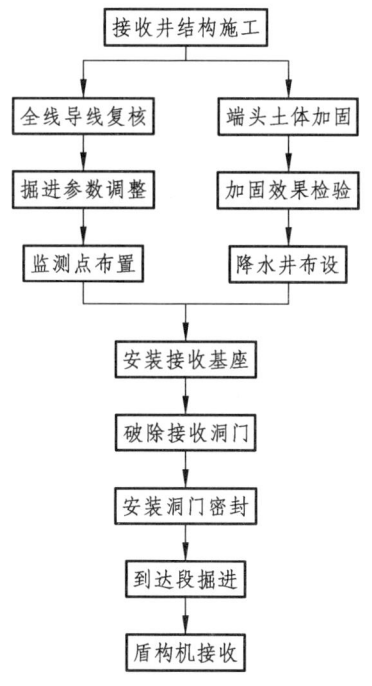

图 10.3.20 盾构接收工作流程

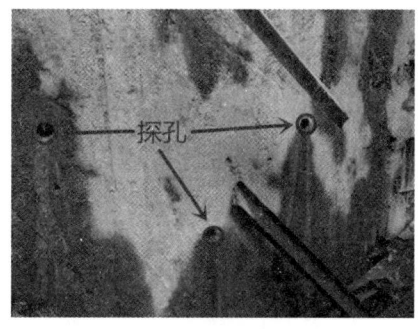

图 10.3.21 盾构接收洞门探孔

2. 盾构机接收流程

盾构机接收第一阶段：离进站洞口 30~8 m（加固区之前）。盾构机临近高压旋喷桩加固区，过渡段的掘进速度和土仓压力与平时基本一样，常规控制；掘进速度稍微减慢，由原来正常段的 30~50 mm/min 减至 20~30 mm/min；推力维持在不大于 14 000 kN；刀盘转速不大于 1.0 r/min；注浆压力控制在 0.25~0.35 MPa，注浆量 6~7 m^3/环。

盾构机接收第二阶段：离进站洞口围护结构里程 8~0.2 m。此阶段盾构机在高压旋喷桩加固区内推进，土仓压力保持在较常规稍小，待盾构机掘进临近洞门最后一环时，土压减至 0。将土仓排空，以尽量减少对洞口的影响，掘进速度控制在 5~15 mm/min，推力不大于 9 000 kN，刀盘转速不大于 1.0 r/min；姿态按照指令要求精确控制；当土仓压力降低排空土仓后停止同步注浆，避免浆液回流进入刀盘及土仓。

盾构机接收第三阶段：第二阶段完成至盾构机被推上基座 1.0 m。洞门钢筋混凝土围护结构清凿完成最后一层，并清除完洞门范围内的残渣及泥土后，修整洞门密封，盾构立即恢复推进并拼装管片。

盾构机接收第四阶段：继续拼装管片，盾构机完全推上基座。

3. 接收洞门密封止水

当盾构前体盾壳被推出洞门时，通过压板卡环上的钢丝绳调整折页压板使其尽量压紧帘布橡胶板，以防止洞门泥水及浆液流出。在管片脱出盾尾时再次拉紧钢丝绳，使压板能压紧橡胶帘布，让帘布一直发挥作用。其示意图如图 10.3.22 所示。

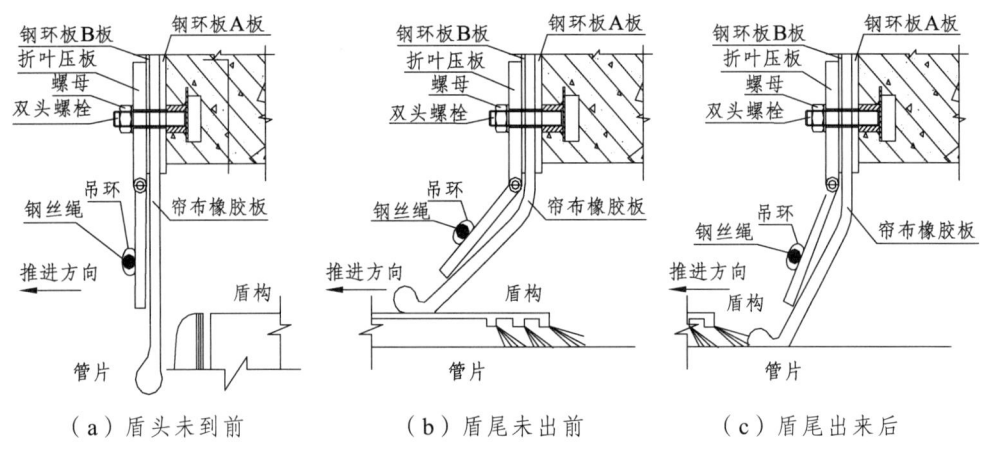

图 10.3.22 接收洞门密封止水图

4. 接收洞门注浆措施

盾构机盾尾全部脱离管片，对洞门、防水帘布、管片三者之间的建筑空间进行封堵注浆，以防止地面塌陷、洞门漏浆等不良情况的发生。洞门注浆采用双液浆进行封堵。双液浆凝结时间 1~2 min，注浆压力控制在 0.2~0.3 MPa，注浆过程中，注浆观察帘布是否漏浆，可根据实际情况降低压力。注浆配合比参照始发洞门注浆材料。

5. 盾构机接收管片拉结

根据管片吊装孔位置，共设置 6 道槽钢联系条，联系条上切割螺栓孔，采用螺栓与管片吊装孔锚固。接收管片拉紧布置如图 10.3.23 所示。

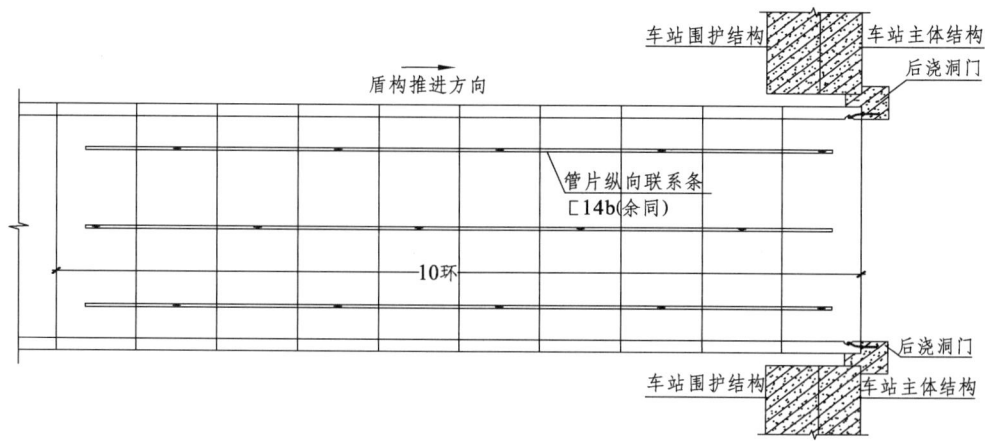

图10.3.23 盾构接收管片拉紧布置图

10.4 富水砂层盾构端头降水技术

为防止盾构始发和接收过程中洞门漏水、涌水,加固区施工完成后,端头设置降水井降水,保证盾构始发接收前,端头加固区水位降至隧道管片底以下1 m。

1. 降水井设计

根据端头地质情况结合现场实际情况,农业东路站东侧始发端头设置6口管井降水井,心怡路站西侧接收端头设置6口管井降水井,具体降水井平面布置图如图10.4.1、图10.4.2。

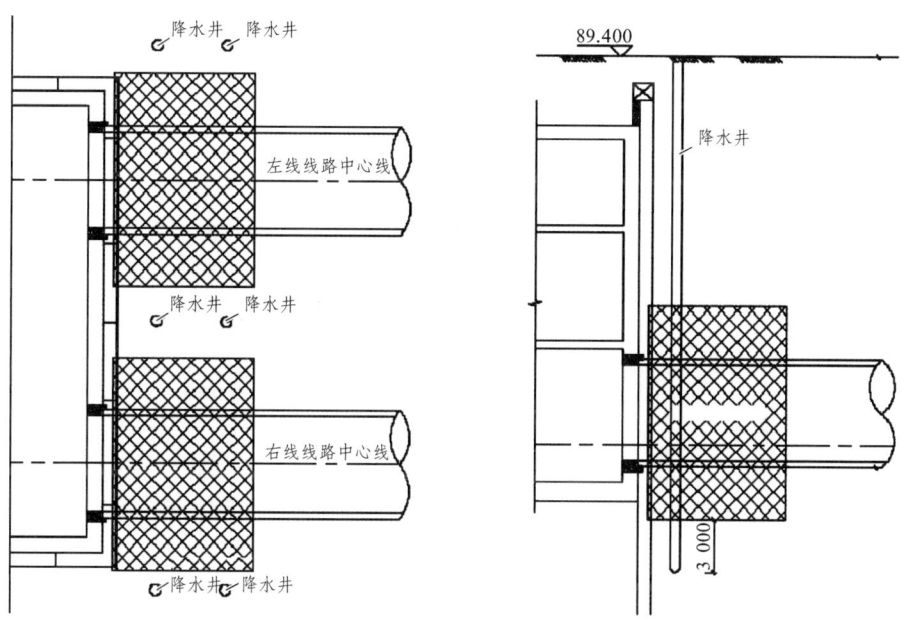

图10.4.1 农业东路站盾构始发端头降水井布置

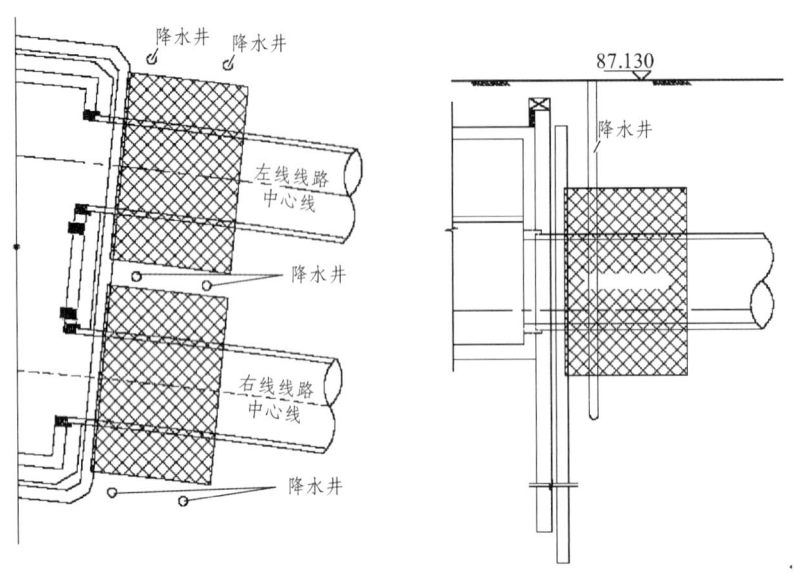

图 10.4.2 心怡路站盾构接收端头降水井布置

本工程端头加固区管井降水井，采用孔径为 600 mm，管径 250 mm，降水井深度根据加固范围确定，底标高低于加固范围 3 m，加固范围内设置滤管，井管全部采用钢质焊管，壁厚≥3 mm，上部井管管顶高出地面 0.3 m。滤管深度段环填石英圆砾，以形成良好的人工反滤层，其他部位环填黏土球以进行管外封孔，降水井结构详见图 10.4.3。

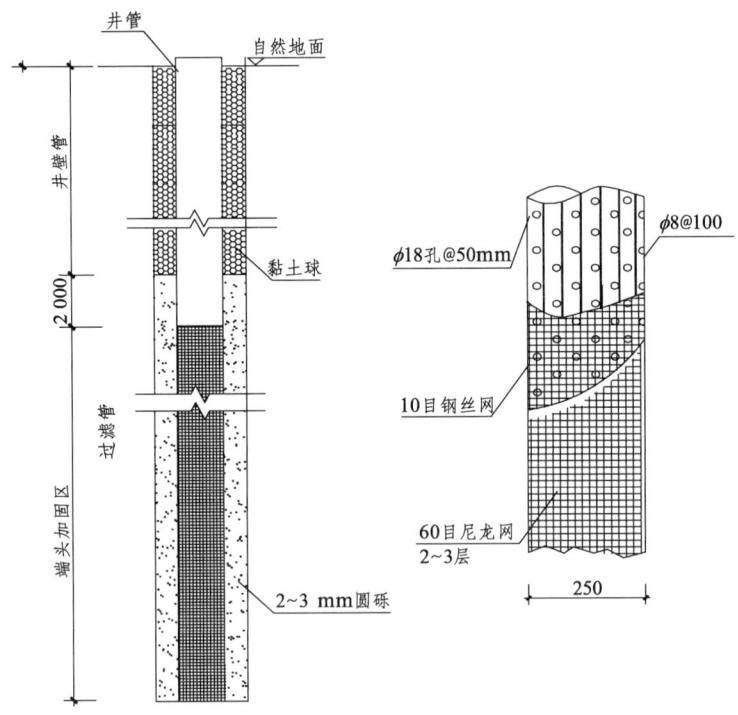

图 10.4.3 降水井结构大样图

2. 降水井施工工艺

1）成孔施工

本次成井施工主要以反循环钻机施工为主。为保证成井质量，施工中采用清水钻进，水压法护壁。成孔均采用一次成孔工艺，保证孔径≥600 mm。质量控制见表 10.4.1。

表 10.4.1 成孔质量控制表

项　目	允许误差范围
降水（观测）井（孔）径	±2 cm
降水（观测）井（孔）深	±20 cm
井管垂直度	<1%
下管时孔内泥浆比重	<1.05

2）下管投砾

降水井井管采用ϕ250 mm 钢质焊管，壁管厚度要求≥4 mm，过滤管厚度要求≥3 mm，井管下置过程中电焊连接。

3）洗井及抽水试验

洗井采用空气压缩机或用深井潜水泵法进行，深井潜水泵洗井时采用间断抽水法，直至水清砂净，并同步观测静止水位。

抽水试验：进行一次降深的稳定流抽水试验，水位稳定时间要求大于 4 h，单井出水量 10 m^3/h。

10.5 富水砂层盾构掘进注浆加固方法及控制参数研究

10.5.1 盾构始发端注浆加固

根据现场情况，原设计布置了 6 口降水井，抽水 1 个月后，左线洞门距离洞门底 1 m 处有泥水流出，降水井的水位始终在 22 m 左右。采用普通水泥浆进行水平注浆和垂直袖阀管注浆，先后注浆量达 200 t，更换功率大的 40 m^3/h 的水泵，水位下降趋势不明显。降水井布置如图 10.5.1 所示。

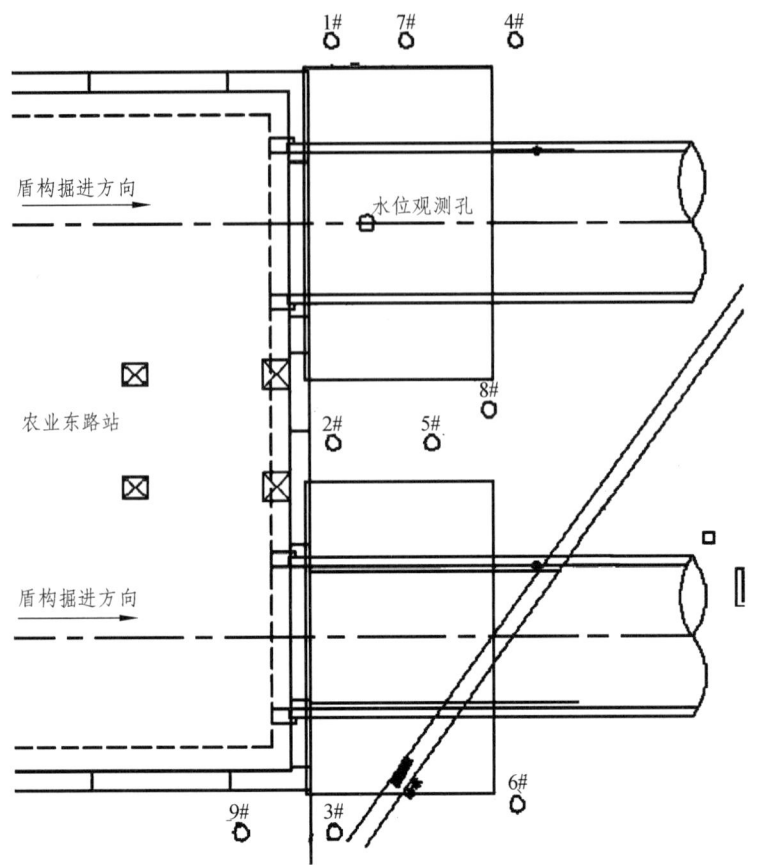

图 10.5.1 农—心区间盾构始发端降水井布置

1. 左线处理措施

增加 2 口降水井,将原来降水井 40 m³/h 水泵更换为 60~80 m³/h 水泵。再次降水 1 周后大部分降水井水位下降到 28 m 以下,静水位达到 22 m。掘进 12 环后进行同步注浆和二次注浆,同步注浆采用二重管钻机钻进至预定长度后,再用同步双液注浆机注浆加固。同步注浆浆液共有 3 种,即 A 液(水玻璃)、B 液(磷酸)、C 液(水泥浆)。A 液先后与 B 液、C 液混合,形成 A、C 液(水泥和水玻璃混合液)和 A、B 液(水玻璃和磷酸混合液),其原理先用 AB 液将土层颗粒中的水强迫排除(凝固时间一般 3~5 s,可以有效解决地下水流动、砂层等问题),再通过 AC 液使土层黏接力、内摩擦角增大,从而起到加固隔水的作用。加固参数:加固体长度 7 m;注浆孔直径 42 mm;注浆凝结时间 20~30 min;注浆压力 0.48 MPa;水灰浆的水灰比 0.7∶1;水泥浆与水玻璃体积比 1∶0.2。

2. 右线处理措施

左线盾构始发 30 环后,右线洞门进行全断面水平 WSS 注浆进行土体加固,钻孔间距

80 cm，钻孔长度 7 m，钻孔角度 10°～25°。洞门范围内共布置 45 个孔。如图 10.5.2 所示。

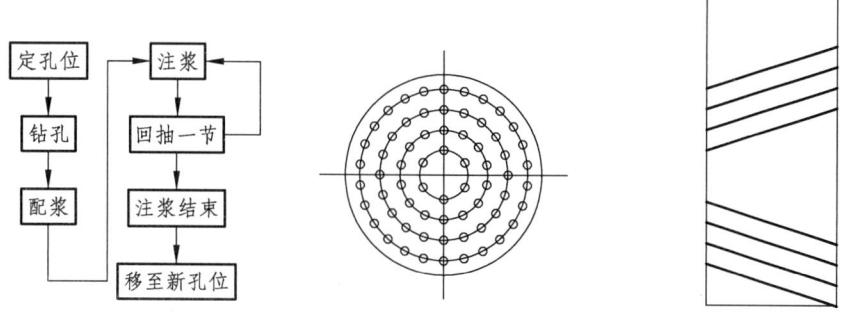

图 10.5.2　农—心区间盾构始发端右线 WWS 注浆

10.5.2　盾构衬砌背后注浆

盾构施工中，随着盾构的向前推进，当管片脱离盾尾后，在土体与管片之间会形成一道宽度为 240 mm/260 mm（区间隧道施工两台盾构机刀盘尺寸不一样）左右的环行空隙，采用注浆手段及时将盾尾建筑空隙加以充填。

1. 同步注浆

1）注浆材料

采用水泥砂浆作为同步注浆材料，该浆材具有结石率高、结石体强度高、耐久性好和能防止地下水浸析的特点。砂要求采用细度模量 1.6～2.2 的细砂，粒径为 0～4 mm；水泥采用普通 42.5 硅酸盐水泥，粉煤灰、膨润土不能有受潮、结块现象。

2）浆液配比及主要物理力学指标

同步注浆的主要指标：

（1）胶凝时间：4～5 h。

（2）浆液收缩值：大于 95%，即固结收缩率小于 5%。

（3）浆液稠度：8～12 cm。

（4）浆液比重：要求控制在 1.8 g/cm^3。

（5）浆液稳定性：倾析率小于 5%。

同步注浆材料配比见表 10.5.1。

表 10.5.1　同步注浆材料配比

1 m^3 浆液	水	膨润土	粉煤灰	砂	水泥
	350 kg	100 kg	400 kg	700 kg	150 kg

3）同步注浆主要技术参数

（1）注浆压力设定

同步注浆时要求在压入口的压力大于该点的静止水压及土压力之和。注浆压力过大，管片外的土层将会被浆液扰动而造成较大的后期地层沉降及隧道本身的沉降，并易造成跑浆。而注浆压力过小，浆液填充速度过慢，填充不充足，也会使地表变形增大。一般注浆压力为 0.2~0.3 MPa，通常取注入压力 = 地层阻力+（0.1~0.2）MPa。在最初的压力设定时，下部每孔的压力比上部每孔的压力略大 0.05~0.1 MPa。

（2）注浆量

根据刀盘开挖直径和管片外径，可以按下式计算出一环管片的注浆量。

$$V = \pi/4 \times K \times L \times (D_1^2 - D_2^2)$$

式中　V —— 单环注浆量（m^3）；
　　　K —— 扩大系数取 1.5~2；
　　　L —— 环宽（m）；
　　　D_1 —— 开挖直径（m）；
　　　D_2 —— 管片外径（m）。

代入相关数据，可得：

$$V = \pi/4 \times (1.5~2) \times 1.5 \times (6.44^2 - 6.2^2) = 5.36~7.14 \text{（m}^3/\text{环）}$$

根据上面经验公式计算，注浆量取环形间隙理论体积的 1.5~2 倍，则每环（1.5 m）注浆量 $Q = 5.36~7.14$ m^3。针对区间地质含砂地质取每环 6 m^3。推进过程中根据实际情况进行调整。

（3）注浆时间和速度

在不同的地层中根据需不同凝结时间的浆液及掘进速度来具体控制注浆时间的长短。通过控制同步注浆压力和注浆量双重标准来确定注浆时间。注浆量和注浆压力达到设定值后才停止注浆，否则仍需补浆。同步注浆速度与掘进速度匹配，按盾构完成一环掘进的时间内完成当环注浆量来确定其平均注浆速度。

（4）注浆结束标准及注浆效果检查

采用注浆压力和注浆量双指标控制标准，即当注浆压力达到设定值，注浆量达到设计值的 85% 以上时，即可认为达到了质量要求。

（5）注浆顺序

同步注浆通过盾尾注浆孔在盾构推进的同时压注，在每个注浆孔出口设置压力传感器，以便对各注浆孔的注浆压力和注浆量进行检测与控制，从而实现对管片背后的对称均匀压注。为防止注浆使管片受力不均产生偏压导致管片错位造成错台及破损，同步注浆时对称均匀地注入十分重要。补强注浆应先压注可能存在较大空隙的一侧。

4）同步注浆方法、工艺

浆液在地面由砂浆搅拌站进行拌和，通过滑道、管路流到储浆罐中，然后通过管道流入电瓶车上的储浆罐中，最后电瓶车拉着浆罐进洞，把浆液抽到一号台车的储浆罐中。同步注浆如图 10.5.3、图 10.5.4。

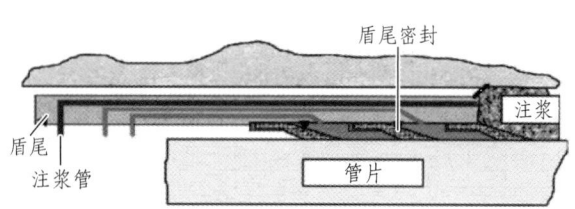

图 10.5.3 同步注浆示意图

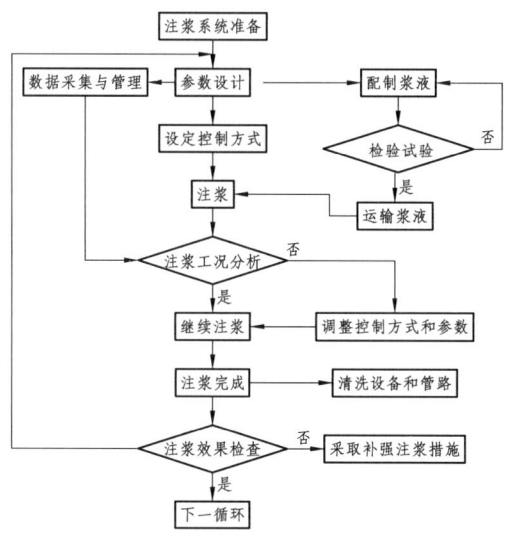

图 10.5.4 管片衬砌背后同步注浆工艺流程及管理程序

2. 二次注浆

在管片裂缝、接缝渗漏水、错台严重及地面沉降控制较高的地段,或在盾构施工对地表建筑物或管线影响较大地段,采用二次注浆来控制沉降。

1)二次注浆的注浆方式

根据地质情况,可注水泥浆液(水、水泥)对背衬进行填充,或水泥浆 + 水玻璃的双液浆,以缩短浆液的凝固时间,以便迅速封堵渗漏或填充地层空隙,控制地层沉降或渗漏。

2)注浆浆液的配比

二次注浆采用水泥浆以及水玻璃双液浆,二次注浆总的配比为(以下为参考值,具体根据地质情况由实验确定):

水泥浆:水:水泥 = 100 kg:150 kg

水玻璃双液浆:水泥浆水灰比 1:1.5,水泥浆和水玻璃比例 1:1,水玻璃的波美度°Bé=35~40,模数 M=2.8~3.1。双液浆的凝结时间控制在 1 到 3 min 的范围内,利于浆液扩散和施工操作,减少堵管情况的发生。

3）注浆参数

二次注浆的水泥浆注浆压力为 0.2~0.4 MPa，浆液流量为 10~15 L/min（由注浆泵的流量确定），使浆液能沿管片外壁较均匀地渗流，而不致劈裂土体，形成团状加固区，影响注浆效果；水玻璃双液浆注浆压力为 0.3~0.4 MPa。

二次注浆施工设备见表 10.5.2。

表 10.5.2　二次注浆施工设备

设　备	数　量
液压注浆机	1 台
砂浆搅拌罐	1 台
水玻璃储存桶	2 个
注浆管	若干

10.6　富水砂层盾构掘进安全控制方法及优化措施研究

10.6.1　模型建立

根据区间地质情况以及周边建筑物分布，建立如下农业东路—心怡路三维数值模型，模型整体尺寸为 260 m × 200 m × 70 m，周边基坑深度 6.6 m，基坑内楼房为 22 层，郑和小区楼房为 7 层；楼房及其地基均采用实体单元，地基深度取为 5 m 深；楼房底部设置桩基，采用梁单元模拟；盾构隧道埋深 13 m，盾构中心间距 16.2 m。众意路—CBD 三维数值模型整体尺寸为 500 m × 248 m × 80 m，周边建筑物分别为 32 层和 29 层，如意湖上设有公路桥梁，如意湖水深 3 m，围岩地下水深度 12 m；楼房及桥梁均采用实体单元，盾构隧道埋深 16 m，盾构端部一侧中心间距 16.2 m。盾构机头采用厚度 0.14 m 的壳单元模拟，选用两循环长度作为盾构机头荷载分布位置，机头总质量 371 t；盾构推力采用面荷载模拟，在掌子面施加 333 712.9 Pa；壁后注浆和盾构管片均采用实体单元模拟，壁后注浆采用 0.14 m 等代层模拟，将盾构机前三循环的长度等代层设置为盾构机与围岩之间的壁后空隙；数值模拟开挖中，将掌子面前方 1 m 范围围岩进行渣土改良。

施工顺序为左线隧道先开挖，待左线隧道开挖贯通后再开挖右线隧道。其中盾构机、隧道管片、等代层均采用弹性模型，围岩采用弹塑性模型，本构用莫尔-库仑本构。模型图如图 10.6.1、图 10.6.2 所示。

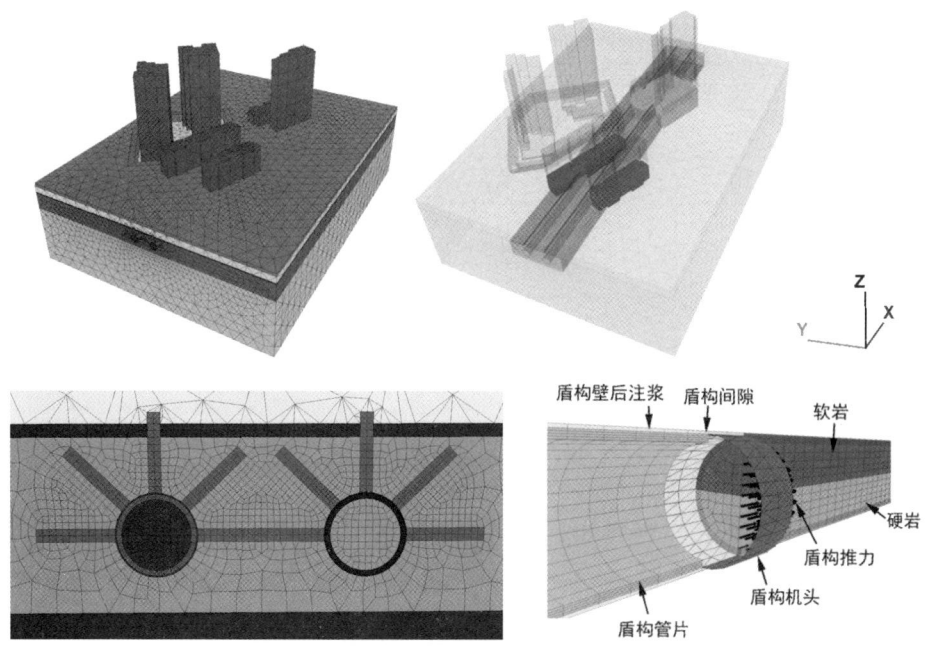

图 10.6.1　农业东路—心怡路模型图

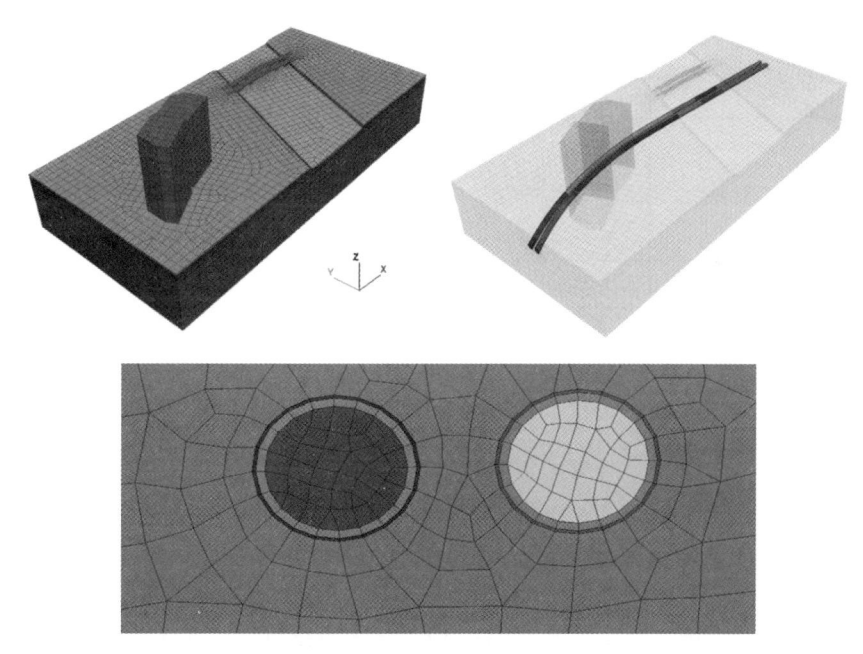

图 10.6.2　众意路—CBD 模型图

10.6.2　材料参数

根据现场勘查资料，选用以下相关参数，见表 10.6.1、表 10.6.2。

表 10.6.1 农业东路—心怡路材料参数

材料	密度/(kg/m³)	泊松比	黏聚力/kPa	内摩擦角/(°)	弹性模量/MPa
粉质黏土	1 980	0.29	18	20	6.1
黏质粉土	1 910	0.29	11.5	25.5	5
细砂	2 000	0.37	26	20	28
壁后注浆	1 500	0.20	—	—	—
盾构间隙	1 000	0.40	—	—	0.01
楼房	500	0.20	—	—	30 000
楼房地基	1 250	0.22	—	—	20 000
渣土改良	1 500	0.20	260	15	28

表 10.6.2 众意路—CBD 材料参数

材料	密度/(kg/m³)	含水率/%	黏聚力/kPa	泊松比	内摩擦角/(°)	弹性模量/MPa	孔隙率	渗透系数/(m/d)
黏质粉土	1 910	15.9	11.5	0.29	25.5	5	0.38	0.5
细砂	2 000	20	26	0.37	20	28	0.38	12
壁后注浆	1 500	—	—	0.20	—	—	0.22	8.64e-4
盾构间隙	1 000	—	—	0.40	—	0.01	—	12
渣土改良	1 500	—	260	0.20	15	28	0.22	8.64e-3
楼房	500	—	—	0.2	—	30 000	—	—

10.6.3 计算结果分析

1. 围岩变形受力分析

1）竖向位移分析

图 10.6.3～图 10.6.10 给出了盾构隧道施工过程周围围岩竖向沉降变化值。从地表沉降值可以看出，在盾构隧道上方土体出现沉降，沉降随着埋深增加而增加，在隧道开挖完成时，农业东路—心怡路盾构隧道顶部最大沉降 120 mm 左右，在地表引起的沉降最大值约 30 mm，在基坑内部以及隧道周围一定范围土体出现隆起位移，在基坑内部最大隆起约 30 mm，建筑物沉降最大 10 mm 左右；众意路—CBD 盾构隧道受地下水及如意湖影响，隧道向上受浮力影响，在如意湖隧道上方地表最大隆起值约 38 mm，周边建筑物沉降约 20 mm，隧道外围一定范围土体沉降约 8 mm。

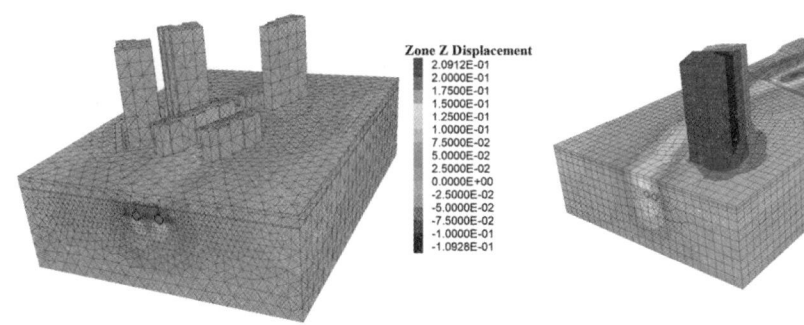
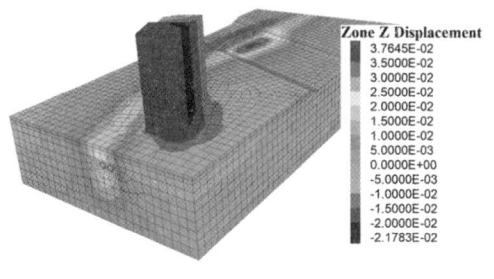

图 10.6.3　农业东路—心怡路围岩整体竖向位移云图（单位：m）

图 10.6.4　众意路—CBD围岩整体竖向位移云图（单位：m）

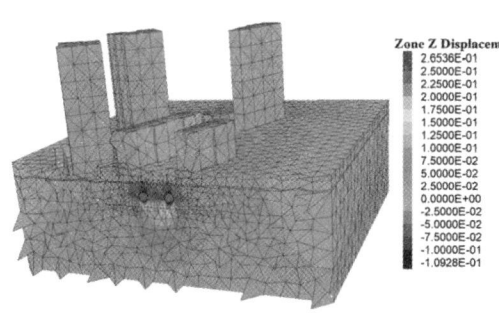
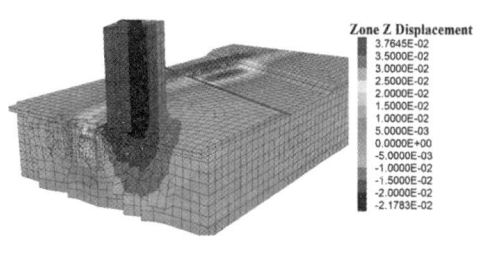

图 10.6.5　农业东路—心怡路郑和小区围岩横向剖面竖向位移云图（单位：m）

图 10.6.6　众意路—CBD围岩横向剖面竖向位移云图（单位：m）

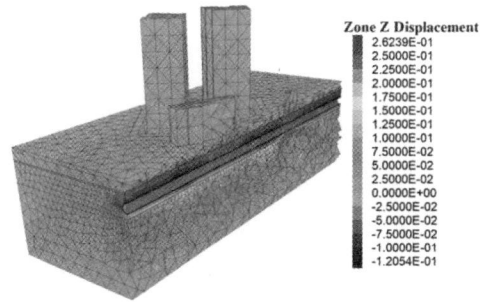

图 10.6.7　农业东路—心怡路围岩纵向剖面竖向位移云图（单位：m）

图 10.6.8　众意路—CBD围岩纵向剖面竖向位移云图（单位：m）

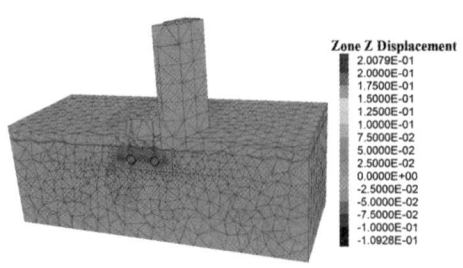
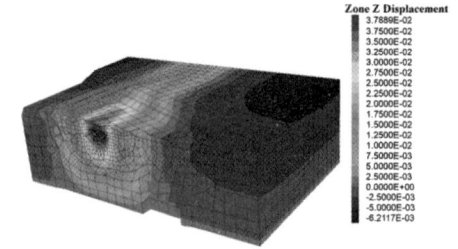

图 10.6.9　农业东路—心怡路爱东居围岩横向剖面竖向位移云图（单位：m）

图 10.6.10　众意路—CBD 围岩横向剖面竖向位移云图（单位：m）

2）水平位移分析

图 10.6.11 ~ 图 10.6.18 给出了盾构隧道施工过程周围围岩水平位移变化值。从水平位移可以看出，在盾构隧道周围水平位移较大，农业东路—心怡路水平位移方向均指向隧道内侧，隧道最大水平位移约 150 mm。地表最大水平位移约 30 mm，指向两隧道中轴线，基坑最大水平位移约 5 mm，指向隧道方向，建筑物最大水平位移约 30 mm；众意路—CBD 盾构隧道最大水平位移约 20 mm，位于高楼下方隧道，在河流下方隧道最大水平位移约 11 mm。

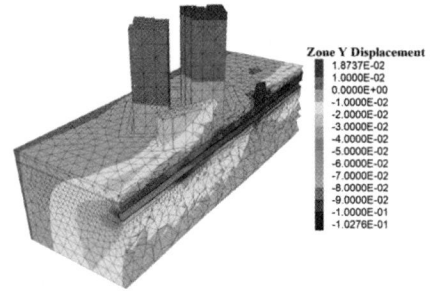
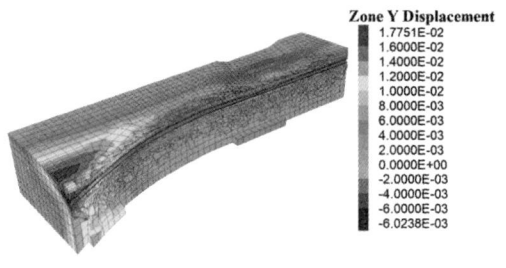

图 10.6.11　农业东路—心怡路围岩纵剖面水平位移云图（单位：m）

图 10.6.12　众意路—CBD 围岩纵剖面水平位移云图（单位：m）

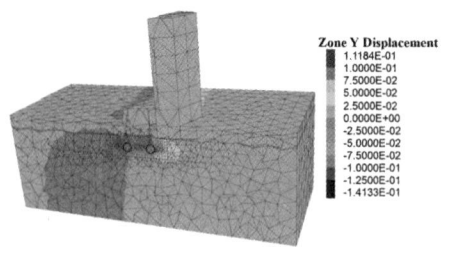
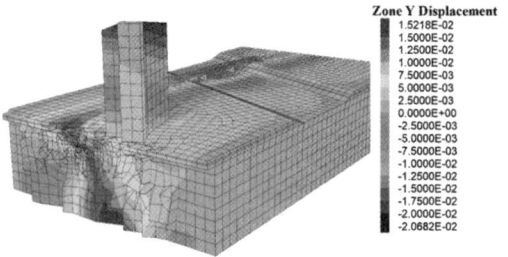

图 10.6.13　农业东路—心怡路爱东居围岩横剖面水平位移云图（单位：m）

图 10.6.14　众意路—CBD 围岩横剖面水平位移云图（单位：m）

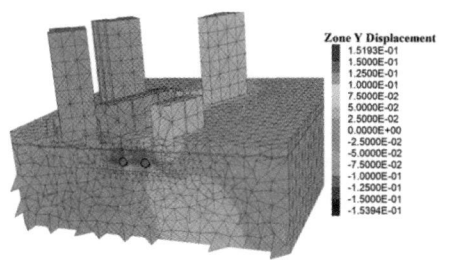

图 10.6.15　农业东路—心怡路郑和小区围岩横剖面水平位移云图（单位：m）

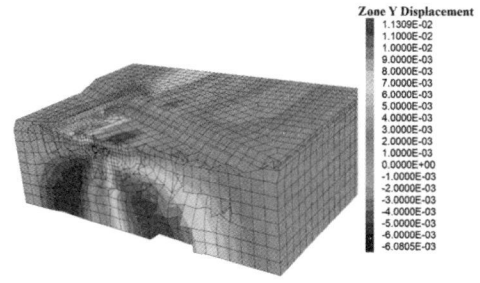

图 10.6.16　众意路—CBD围岩横剖面水平位移云图（单位：m）

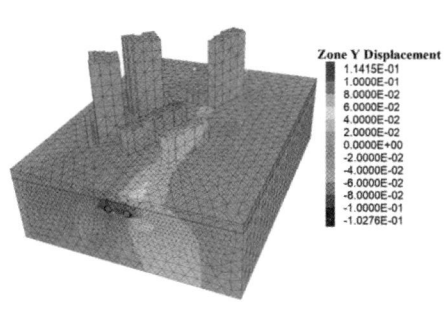

图 10.6.17　农业东路—心怡路围岩整体水平位移云图（单位：m）

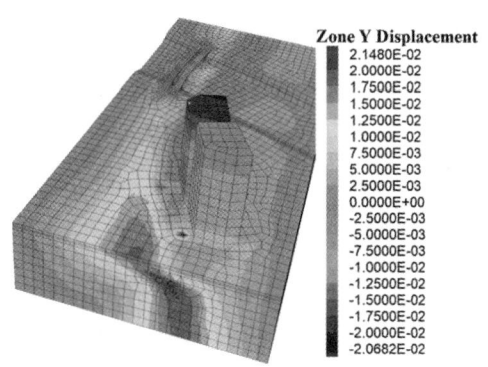

图 10.6.18　众意路—CBD围岩整体水平位移云图（单位：m）

3）塑性区分析

图 10.6.19～图 10.6.26 给出了盾构隧道施工过程周围围岩塑性区变化情况。从围岩塑性区变化可以看出，农业东路—心怡路在软岩中盾构隧道左右两倍洞径范围出现受剪区域，在硬岩中，隧道顶部和底部一倍洞径范围内均出现受剪区域，同时盾构穿越的地表均出现受剪破坏区域；在众意路—CBD段，由于隧道位于地下水位下方，隧道开挖引起周围地下水渗流，导致隧道周围围岩出现较大范围塑性区变化，在河流两侧及楼房下方受剪区域较大。

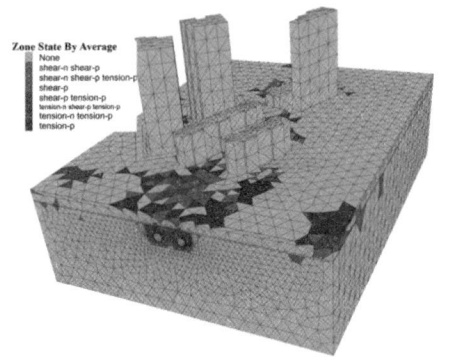

图 10.6.19　农业东路—心怡路围岩整体塑性区图

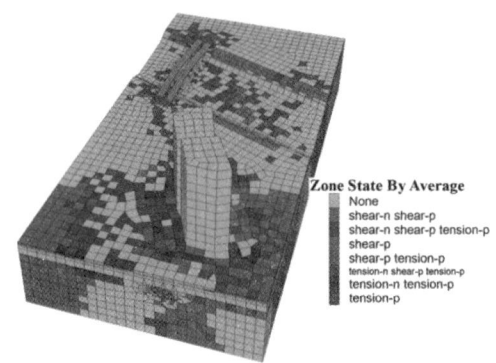

图 10.6.20　众意路—CBD 围岩整体塑性区图

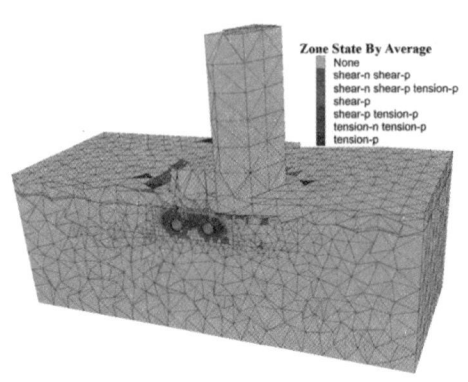

图 10.6.21　农业东路—心怡路爱东居围岩横剖面塑性区图

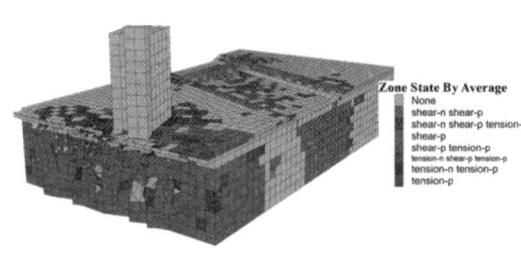

图 10.6.22　众意路—CBD 围岩横剖面塑性区图

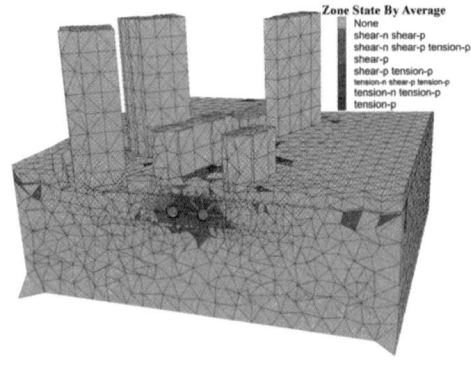

图 10.6.23　农业东路—心怡路郑和小区围岩横剖面塑性区图

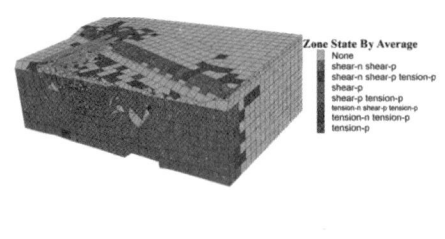

图 10.6.24　众意路—CBD 郑和小区围岩横剖面塑性区图

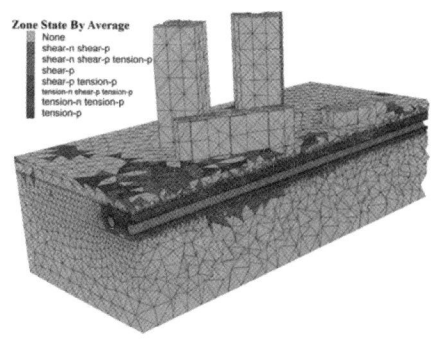
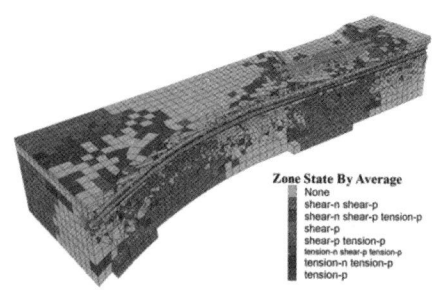

图 10.6.25　农业东路—心怡路围岩纵剖面塑性区图

图 10.6.26　众意路—CBD围岩纵剖面塑性区图

2. 盾构管片变形受力分析

1）竖向位移分析

图 10.6.27 给出了农业东路—心怡路盾构隧道施工过程管片竖向沉降变化值,从管片沉降值可以看出,盾构最大沉降 3 mm,位于建筑影响以外的隧道,在建筑影响区域内隧道拱底隆起位移约 8 mm;图 10.6.28 给出了众意路—CBD盾构隧道施工过程管片竖向沉降变化值,受地下水浮力影响,隧道向上位移最大位于河流下方,最大值约 38 mm。

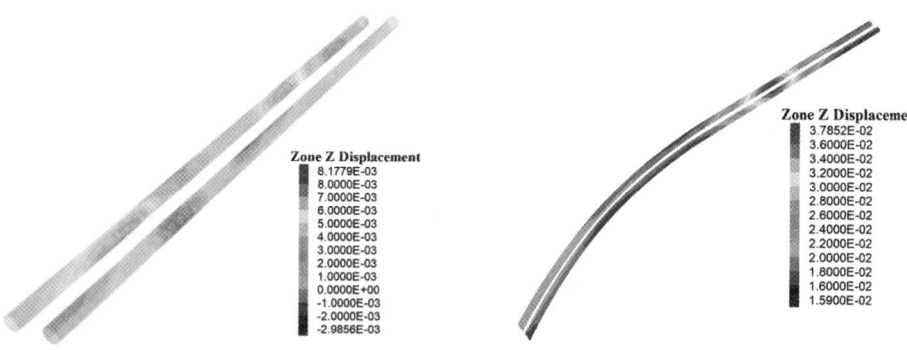

图 10.6.27　农业东路—心怡路左右线隧道开挖完成管片竖向位移云图（单位：m）

图 10.6.28　众意路—CBD左右线隧道开挖完成管片竖向位移云图（单位：m）

2）水平位移分析

图 10.6.29 给出了农业东路—心怡路盾构隧道施工过程管片水平位移变化值,从管片水平位移可以看出,盾构最大水平位移约为 7 mm,位于隧道边界,在靠近基坑附近隧道向基坑一侧变形 2 mm;图 10.6.30 给出了众意路—CBD盾构隧道施工过程管片水平位移变化值,在左侧由于边界效应,水平位移值约 17 mm,在中部区域隧道水平位移约 10 mm。

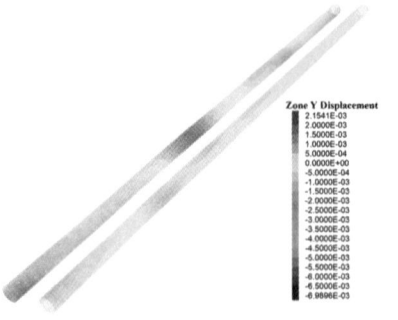
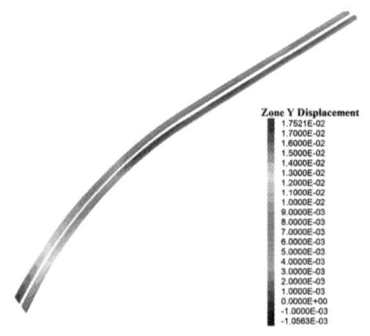

图 10.6.29　农业东路—心怡路左右线隧道开挖完成管片水平位移云图（单位：m）

图 10.6.30　众意路—CBD 左右线隧道开挖完成管片水平位移云图（单位：m）

3）盾构管片主应力分析

图 10.6.31~图 10.6.34 给出了盾构隧道施工过程管片主应力变化值。农业东路—心怡路盾构开挖完成后最大主应力极值约为 1.7 MPa，最小主应力极值约为 -5.5 MPa，众意路—CBD 盾构开挖完成后最大主应力极值约为 0.8 MPa，最小主应力极值约为 -5.9 MPa。两隧道盾构管片受力均小于 C50 砼抗拉设计强度值 2.07 MPa，远小于轴心抗压强度 27.5 MPa。

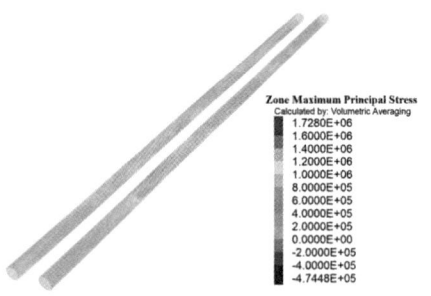
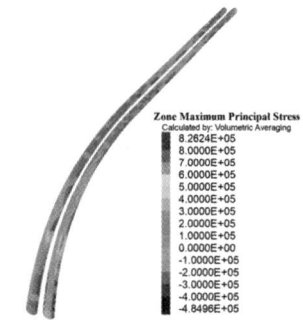

图 10.6.31　农业东路—心怡路隧道管片最大主应力云图（单位：Pa）

图 10.6.32　众意路—CBD 隧道开挖完成管片最大主应力云图（单位：Pa）

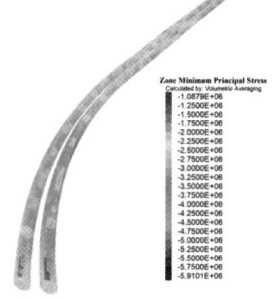

图 10.6.33　农业东路—心怡路左右线隧道管片最小主应力云图（单位：Pa）

图 10.6.34　众意路—CBD 隧道开挖完成管片最小主应力云图（单位：Pa）

10.7 技术成果及应用

本章对郑州市盾构隧道在富水砂层中掘进技术进行研究，分析了富水砂层中盾构掘进机理，总结了富水砂层盾构进出洞降水加固技术，最后运用数值计算研究了富水砂层盾构在注浆加固后下穿建筑物的安全性，得到以下结论：

（1）研究了适用于富水砂层盾构隧道进出洞始发接收技术，对盾构始发接收过程进出洞施工技术、结构防水止水措施做了总结，提出了适应富水砂层盾构端头的高压旋喷加固技术；结合现场富水砂层水流较大，研究得到采用地表增设降水井和盾构同步二次注混合浆液的动态降水防水技术可有效控制地下水渗流。

（2）富水砂层盾构掘进施工中，根据地质富水情况，总结了盾构掘进注浆加固方法及控制参数，研究了适用于富水砂层盾构掘进防水加固措施，得到 WWS 注浆结合地表降水井，有效减小了盾构周围地层水流渗透压力，其注浆工艺参数可为类似富水砂层盾构掘进提供参考。

（3）根据数值计算，农业东路—心怡路富水砂层盾构在采用注浆加固后下穿建筑物和基坑时，对周边建筑物及基坑影响减小，在开挖过程中盾构附近地层变形较大，说明注浆加固方案保证了建筑物安全性；在地下水位影响下的众意路—CBD 的盾构施工过程受地下水浮力影响，导致隧道附近底部 2 倍洞径范围和侧部 1 倍洞径范围出现隆起，在建筑物下方地层受建筑重力影响处于沉降变形，其中受如意湖影响隆起最为明显。研究区段农业东路—心怡路段盾构位于地下水位以上，众意路—CBD 段盾构位于地下水位以下，两者变形的差异性说明地下水对地层变形的影响较大，在地下水位以下富水砂层中可考虑抗浮措施，保证盾构隧道变形在控制范围内。

通过现场施工技术研究，结合数值计算，总结了一套适用于富水砂层盾构掘进施工技术，保证盾构隧道掘进以及周边建筑物安全，为类似富水砂层盾构施工提供技术保障和经验参考。

第 11 章　环线盾构施工技术展望

城市轨道交通在缓解城市交通压力、推动城市化进程、改善城市环境方面具有巨大的优势。近年来，随着大中城市的经济发展和人口数量的增加，城市空间资源不足的问题逐渐呈现，部分城市交通拥堵逐渐成为常态化问题。发展城市轨道交通这种大运量、快速的交通运输方式，对缓解城市交通拥堵具有十分重要的意义。

国内外设置轨道交通环线的城市轨道交通网络的总体布局方案大多为"环线+辐射线"。环线的设置可以减轻因换乘而引起的交通拥挤压力，并在一定程度上引导城市的发展。环线是城市轨道交通系统的一个重要组成部分。

截止到 2019 年，全世界已开通运营的环线一共有 41 条，分布在 32 个城市中。表 11.0.1 统计了世界部分典型城市轨道交通环线的长度。

表 11.0.1　世界典型城市轨道交通环线长度（不含在建）

城市线路	环线长度/km	城市线路	环线长度/km
郑州 5 号线	40.43	莫斯科 中央环线（14）	54.00
北京 10 号线	57.10	首尔 2 号线	48.80
重庆 环线	50.88	马德里 12 号线	40.50
成都 7 号线	38.61	柏林 S41/42 线	37.00
天津 5/6 号线	34.00	东京 山手线	34.50
上海 4 号线	33.60	东京 大江户线	28.00
北京 2 号线	23.10	巴黎 2/6 号线	26.00

近年来，越来越多的城市已经拥有或正在规划轨道交通环线，不同环线的运营长度存在较大差异，一方面受城市以及轨道交通系统自身规模的影响，另一方面也与建设时序和功能定位密切相关。在城市发展处于单中心的早期阶段建设的环线，其主要功能为支撑服务核心区客流需求，环线长度往往较短，如北京地铁 2 号线、莫斯科地铁 5 号线、伦敦地铁环线、巴黎地铁 2/6 号线等，均在 20 km 左右。后续开通环线或在网络中建设时序较后的线路，一般设置于城市次级圈层，串联城市各副中心区域，为中心城外围乘客提供快速的出行路径，这些线路的规模普遍较大。

总结分析国内外不同城市轨道交通环线的结构及实际发展情况发现，环线主要有以下三大功能。

1. 自身沿线客流输送功能

环线的功能首先是串联线路沿线的客流，实现客流在本线上的输送。与其他线路相比，此类客流的平均乘距往往较短。

2. 向心客流截流分流功能

在放射形的线网结构中，客流的主要流向是中心区。在放射形线网中添加环线后，环线与放射线相交处形成换乘点，原本经过市中心的过境客流可以绕过市中心利用环线完成出行，一定程度上疏解了进入城市中心区的客流，缓解了中心区的换乘压力。

3. 引导和服务城市向多中心发展

城市轨道交通的线网结构形态直接影响着城市空间布局的形成与发展。环线能有力地促进城市中心区外围一定范围内多个强可达性区域的形成，促进城市形态结构向多中心模式发展；而放射+环形的线网布局形式可以满足多中心模式下城市中心区与外围组团以及外围组团之间的联系。

随着盾构技术日趋完善，对中国盾构技术最新进展的分析，可以预见中国环线盾构技术将朝着以下几个方向发展。

1. 超大断面盾构工程

盾构断面将挑战更大的尺寸极限。中国幅员辽阔，大江大河纵横，随着经济的飞速发展，城市交通、轨道交通、铁路、综合管廊跨江越海的需求急剧增多，与此同时，城市里越来越难以找出适合建设桥梁的空间。铁路方面，随着行车速度越来越高，为减少占地，单洞双线大断面隧道成为发展方向；公路方面，随着公路等级越来越高，车流量越来越大，必然导致公路车道增多而隧道断面越来越大。在此形势下，跨江越海的大直径盾构隧道工程越来越多。目前世界上最大的盾构设备为德国海瑞克生产的直径 17.6 m 的泥水平衡盾构，用于香港屯门—赤鱲角海底公路隧道工程。隧道埋深方面，要求盾构能适应越来越大的埋深。由于上软下硬地层施工难度大，隧道线路最忌选在交界面处，应尽可能使盾构掘进断面位于全土层或全岩层中；其次覆土厚度太浅，往往影响地面交通，因此隧道选线具有埋深越来越大的发展趋势。穿江越海隧道越来越多，要求盾构密封性能挑战更高的水压极限；长距离隧道越来越多，要求盾构连续掘进长度越来越长；施工工期要求越来越紧，要求盾构掘进速度越来越快。

截至目前，我国已建和在建的超大断面城市隧道工程达 26 项，占全球的 62%，建设规模和发展速度引领世界，成绩显著。然而，在地下空间开发欣欣向荣的背景之下，隧道纵向不均匀变形引起的衬砌结构开裂和破坏、隧道渗水漏泥、内部结构纵向扭曲变形等现象频发，而目前针对超大断面盾构隧道纵向结构性状及设计模式方面的关键技术研究仍然较少。在未来更大更深更复杂的盾构隧道领域，引入大型模型试验、建立尺寸效应和隧道刚度有效率关系式、确定不同断面抗剪增大系数、精细化建模将会更加深入；在理论方面，盾构管片自身裂损机制及破坏性能、盾构管片横纵向刚度力学性能、盾构隧道结构受力分析方法、盾构管片连接设置力学性能等将有更大的突破。随着盾构隧道不断加大加深，盾构穿越的地层越来越多样化，周围地质更加复杂，对临近建筑物及附属设施的影响将有新的认识，未来环线盾构隧道力学性能理论将更加趋于完善，为极限盾构隧道的施工和运营提供最大的安全保障。

2. 盾构性能更优越

盾构适应性方面，要求盾构具有更高的地层适应性，在复杂地层中，盾构穿越地层既有岩石，又有软土和砂砾层，地层变化频繁，要求盾构设计特别是刀盘刀具必须能够适应各种不同地层。技术先进、质量可靠的长寿命盾构是保证工期的关键因素之一，也是盾构工程成功的关键因素，因此，要求盾构有更长的使用寿命。随着盾构施工水平的提高，劳动强度越来越低，操作人员的素质越来越高，要求盾构具有更复杂的功能、更简单的操作和更人性化的设计；随着隧道施工越来越注重安全和环保，则要求盾构具有更安全、更绿色环保的性能。

随着盾构适应性能要求的不断提高，对盾构机的技术不断更新，以适应更加复杂的不良地质。其中，盾构机的刀盘道具是其适应性能的重要组成部分。在未来研究中，刀盘形滚刀破岩机理和破岩力的预测模型都是建立在连续均质的岩石上，应对不均质、存在缝隙的岩石的破岩机理和破岩力进行进一步研究分析；复合地层中刀盘受力分析是建立在软硬分布均匀且分界线为水平线的复合地层模型上，有待进一步分析复合地层的实际情况，建立更准确的复合地层模型；刀盘受力分析计算同时考虑滚刀、切刀、刮刀的作用有待进一步加深，以适应更加复杂的周围环境；大部分研究滚刀磨损预测模型基于滚刀均匀磨损的前提建立，待进一步分析滚刀所受冲击载荷、滚刀断裂与滚刀偏磨的情况；盾构刀具布置优化待进一步结合刀盘结构、刀具布置半径和刀具布置极角等因素，形成完整的刀盘刀具适应性指南。随着计算机技术高速发展，离散元等精细化建模使探索刀盘适应性机制成为可能，未来刀盘设计和施工控制参数设置可根据精细化数值建模确定，可实现盾构掘进参数、岩土物理参数、地层特性的完美结合，将盾构和周围环境完全融合，实现完全的盾构自主适应性。

3. 智能化建造

中国盾构技术的愿景是实现数字化设计、模块化制造、智能化掘进、远程化管理，即：输入地质参数和隧道结构参数，就能设计出适应工程地质和水文地质的盾构；盾构的施工则实现无人化智能掘进，实现在办公室远程控制盾构操作，在办公室直接从计算机屏幕上获取远程施工的盾构施工图像和参数，并发出指令进行盾构的控制和操作；技术人员只需在办公室就能管理好分布在全世界所有的在用盾构。

近年来，人工智能相关技术迅猛发展，各行各业通过人工智能技术赋予了新的动力。然而作为我国主要的支撑行业之一的基建行业，和人工智能的结合将会更加紧密。通过目前的人工算法与盾构参数设置及预测相结合，形成了连接互联网集系统管理模块、算法模块、参数预测模块以及系统运维模块四大功能于一体的盾构机参数预测系统，随着算法的不断更新和扩展，如随机森林、多项式回归、BP神经网络，还有很多优秀的算法如支持向量机、朴素贝叶斯、卷积神经网络等将会更加深入在盾构施工中进行研究与探索。BIM技术的诞生为工程界带来了全新的活力与转型升级，解决了工程领域的诸多难题，借助BIM的可视化、可协调性、可模拟性、可优化性的特点，将BIM技术应用于环线盾构隧道的建设中，可有效提高盾构隧道的设计、施工以及后期维护的效率；在三维模式下进行复杂节点结构设计和各专业管线的协同设计，可以有效解决在二维设计中由于沟通交流不到位导致的错、漏、碰、缺等问题；对工程项目的整体和各部分进行三维模拟，能高效解决深层次的管线协调问题，使不可见的地下工程变为可视的三维立体模型。将BIM技术应用到综合管廊项目的建设中具有数据集成化优势、施工动态实时随地可视化远程监控、信息共享交流的优势。在BIM设计施工中融入大数据和数值计算实时动态调整盾构施工参数，控制周边建筑物变形和地表沉降，实现对盾构隧道智能施工将是未来地下工程的发展方向。

参考文献

[1] 李曙光,冯小玲,方理刚. 盾构法地铁隧道施工数值模拟[J]. 铁道标准设计,2009(3):86-87.

[2] 夏炜洋. 盾构法隧道施工期流固耦合问题研究[D]. 西南交通大学,2012.

[3] 陶龙光刘波丁城刚卓发成赵德刚. 盾构过地铁站施工对地表沉降影响的数值模拟[J]. 中国矿业大学学报,2003(3):27-31.

[4] 张远荣. 盾构过富水砂层对环境影响的分析研究[D]. 中国铁道科学研究院,2011.

[5] 沈建奇. 盾构掘进过程数值模拟方法研究及应用[D]. 上海交通大学,2009.

[6] 雷华阳,仇王维,吕乾乾,等. 盾构施工中注浆因素对地表沉降的影响研究[J]. 地下空间与工程学报,2015,11(5):1303-1309.

[7] 徐明,谢永宁. 盾构隧道开挖三维数值模拟方法研究[J]. 武汉理工大学学报,2012,34(2):65-68.

[8] 管维章. 盾构隧道施工对既有管线的影响研究[D]. 北京交通大学,2019.

[9] 彭坤,陶连金,高玉春,等. 盾构隧道下穿桥梁引起桩基变位的数值分析[J]. 地下空间与工程学报,2012,8(3):485-489.

[10] 吕玺琳,周运才,李冯缔. 粉砂地层盾构隧道开挖面稳定性离心试验及数值模拟[J]. 岩土力学,2016,37(11):3324-3328.

[11] 唐少帅,洪勇,李苍松,等. 考虑流固耦合的富水软土盾构施工地表沉降分析[J]. 青岛理工大学学报,2020,41(1):21-27.

[12] 唐少帅. 考虑流固耦合效应的滨海富水软土盾构双线隧道施工地表沉降分析[D]. 青岛理工大学,2019.

[13] 张社荣,田新星,王刚,等. 软土地区盾构法隧道施工三维数值模拟[J]. 地下空间与工程学报,2012,8(4):807-814.

[14] 胡敏. 砂卵石土物理力学特性及盾构施工响应的数值模拟研究[D]. 华南理工大学,2014.

[15] 沈一涛,王克忠,王玉培,等. 砂质粉土地层盾构开挖流-固耦合数值模拟研究[J]. 中国水运(下半月),2013,13(1):114-116.

[16] 王恒. 上软下硬复合地层盾构施工掘进参数研究[D]. 安徽建筑工业学院,2012.

[17] 张颖，许鹏，尹亮亮，等. 沈阳地铁盾构法施工的三维数值模拟研究[J]. 地质灾害与环境保护，2015，26（1）：108-112.

[18] 管会生. 土压平衡盾构机关键参数与力学行为的计算模型研究[D]. 西南交通大学，2008.

[19] 王俊. 土压平衡盾构掘进对上软下硬地层扰动研究[D]. 西南交通大学，2017.

[20] 任强. 北京地铁盾构施工风险评价与控制技术研究[D]. 中国地质大学，2010.

[21] 王金安，周家兴，李飞，等. 大直径水下盾构隧道开挖流固耦合效应研究[J]. 人民长江，2020，51（9）：175-182.

[22] 林宝龙，贾晓云. 盾构近距离穿越桥梁及河流的施工效应分析[J]. 路基工程，2010（5）：112-114.

[23] 薛立强. 盾构浅覆土长距离下穿河流施工技术研究[J]. 铁道建筑技术，2017（6）：100-102.

[24] 胡长明，张延杰，袁一力，等. 盾构隧道临近河流始发及过电塔掘进技术[J]. 长安大学学报（自然科学版），2017，37（6）：83-91.

[25] 刘先亮. 盾构隧道下穿河流对管片上浮及地层变形影响研究[D]. 浙江工业大学，2020.

[26] 陈孝琼. 盾构隧道下穿河流引起的地层变形规律研究[D]. 北京交通大学，2018.

[27] 杨国森. 盾构下穿河流施工中辅助加固措施与方法[J]. 工程建设与设计，2017（21）：206-208.

[28] 李自力，潘青，曹志勇，等. 盾构长距离下穿越河流数值模拟及施工参数优化设计研究[J]. 现代隧道技术，2020，57（S1）：442-449.

[29] 冯晓九，缪愔斓，魏浩，等. 富水粉砂地层盾构隧道穿越河流沉降控制[J]. 常州大学学报（自然科学版），2021，33（1）：77-84.

[30] 董赛帅. 南京地铁复合地层盾构穿越建筑物及河流关键参数研究[D]. 南京林业大学，2014.

[31] 王伟，辛振省，彭加强. 土压平衡式盾构下穿河流施工技术研究[J]. 铁道标准设计，2011（4）：92-94.

[32] 裴书锋. 下穿河流电力盾构隧道端头加固机理及施工参数优化[D]. 北京交通大学，2012.

[33] 梁孝，漆泰岳，陈鹏涛，等. 下穿河流盾构隧道的风险评价体系研究[J]. 铁道建筑，2020，60（8）：64-68.

[34] 贾剑青，闫博，肖春春，等. 下穿黄河隧道盾构施工风险分析与评估[J]. 地下空间与工程学报，2019，15（5）：1582-1590.

[35] 徐丰. 长春地铁二号线过伊通河段隧道稳定性分析[D]. 吉林建筑大学，2016.

[36] 白杨. 郑州地铁富水砂层盾构下穿河流的沉降分析与应对措施[J]. 国防交通工程与技术，2018，16（3）：63-65.

[37] 王树英，胡钦鑫，王海波，等. 盾构泡沫改良砂性渣土渗透性及其受流塑性和水压力影响特征研究[J]. 中国公路学报，2020，33（2）：94-102.

[38] 胡长明，张延杰，袁一力，等. 盾构隧道临近河流始发及过电塔掘进技术[J]. 长安大学学报（自然科学版），2017，37（6）：83-91.

[39] 王树英，刘朋飞，胡钦鑫，等. 盾构隧道渣土改良理论与技术研究综述[J]. 中国公路学报，2020，33（5）：8-34.

[40] 宁士亮. 富水砂层盾构渣土改良技术[J]. 铁道建筑技术，2014（3）：86-90.

[41] 邱龑，杨新安，唐卓华，等. 富水砂层土压平衡盾构施工渣土改良试验[J]. 同济大学学报（自然科学版），2015，43（11）：1703-1708.

[42] 叶新宇，王树英，阳军生，等. 泥质粉砂岩地层土压平衡盾构渣土改良技术[J]. 铁道科学与工程学报，2017，14（9）：1925-1933.

[43] 杜晓辉. 砂卵石地层盾构施工渣土改良试验和数值模拟分析[J]. 市政技术，2021，39（1）：62-65.

[44] 贺少辉，张淑朝，李承辉，等. 砂卵石地层高水压条件下盾构掘进喷涌控制研究[J]. 岩土工程学报，2017，39（9）：1583-1590.

[45] 莫振泽，王梦恕，罗跟东，等. 土压盾构在富水粉砂地层中浓泥渣土改良技术研究[J]. 隧道建设（中英文），2018，38（12）：2026-2031.

[46] 申兴柱，高锋，王帆，等. 土压平衡盾构穿越透水砾砂层渣土改良试验研究[J]. 铁道标准设计，2017，61（4）：121-125.

[47] 肖超，阳军生，王树英，等. 土压平衡盾构改良渣土力学行为及其地层响应特征[J]. 中南大学学报（自然科学版），2016，47（7）：2432-2440.

[48] 胡长明，崔耀，王雪艳，等. 土压平衡盾构施工穿越砂层渣土改良试验研究[J]. 西安建筑科技大学学报（自然科学版），2013，45（6）：761-766.

[49] 蔡辉. 土压平衡盾构在砂层中掘进的渣土改良技术[J]. 隧道建设，2015，35（9）：928-934.

[50] 王博，郭宏智，李金求，等. 郑州粉土粉砂层土压平衡盾构渣土改良研究[J]. 交通科学与工程，2019，35（3）：23-27.

[51] 郝彤，李鑫箫，冷发光，等. 郑州市地铁粉质黏土层中盾构渣土制备同步注浆材料特性[J]. 长安大学学报（自然科学版），2020，40（3）：53-62.

[52] 赵先鹏. 穿越上软下硬地层盾构隧道施工控制技术研究[D]. 西南交通大学，2012.

[53] 江帆. 盾构掘进对上软下硬土层引起的地表沉降及围岩稳定性影响分析[D]. 安徽建筑大学，2014.

[54] 曹利强. 盾构掘进影响下复合成层地层及环境的力学响应及其控制[D]. 北京交通大学，2020.

[55] 何祥凡. 盾构隧道穿越上软下硬地层扰动机理及应对措施研究[D]. 西南交通大学，2017.

[56] 杨书江. 盾构在硬岩及软硬不均地层施工技术研究[D]. 上海交通大学，2006.
[57] 孙永刚. 广州地铁三号线客村～大塘盾构区间盾构机掘进技术研究[D]. 西南交通大学，2003.
[58] 白中仁. 广州地铁三号线客大盾构区间盾构机选型技术[D]. 西南交通大学，2003.
[59] 张初初. 软硬不均地层盾构施工引起的地表沉降变化规律研究[D]. 西安科技大学，2020.
[60] 李思南. 软硬交互地层下EPB盾构机刀盘结构优化设计[D]. 山东建筑大学，2020.
[61] 孙红宇. 上软下硬地层结合面盾构滚刀破岩机理研究[D]. 中国矿业大学，2019.
[62] 包建新. 上软下硬地层土压平衡盾构掘进技术研究[D]. 西南交通大学，2019.
[63] 聂耐. 上软下硬复合地层盾构施工地表沉降控制研究[D]. 中国矿业大学，2019.
[64] 李晓升. 土压平衡盾构在广州复合地层中的施工技术研究[D]. 西南交通大学建筑与土木工程，2009.
[65] 王为乐. 长沙地铁复合地层盾构选型与掘进参数研究[D]. 中南大学，2012.
[66] 何况. 地铁施工中既有建筑物锚索处理技术研究[D]. 河南工业大学，2017.
[67] 刘广仁，常喜平，寇宝庆，等. 盾构法施工中砂层进洞段降水设计与施工[J]. 石油工程建设，2012，38（1）：36-38.
[68] 张远荣. 盾构过富水砂层对环境影响的分析研究[D]. 中国铁道科学研究院，2011.
[69] 王晶. 复杂环境条件下富水砂地层盾构施工控制技术研究[D]. 西安建筑科技大学，2018.
[70] 罗晶. 富水砂层地铁车站施工期动态降水技术研究[D]. 中南大学，2012.
[71] 张亚彬. 富水砂层盾构隧道变形监测与控制研究[D]. 郑州大学，2017.
[72] 郭鹏展. 富水砂层盾构隧道下穿既有铁路施工技术和端头加固研究[D]. 长安大学，2019.
[73] 吴迪. 富水砂层土压平衡盾构掘进施工引起的地表沉降分析[D]. 沈阳建筑大学，2011.
[74] 王怀志. 富水砂层土压平衡盾构施工关键技术研究[D]. 华南理工大学，2012.
[75] 潘勇. 富水砂层土压平衡盾构施工关键技术研究[J]. 建筑工程技术与设计，2019（1）：158.
[76] 黄哲峰. 富水砂层中地铁联络通道冻结法施工数值模拟[D]. 南昌大学，2019.
[77] 夏洪波. 富水砂卵石地层长时间降水段大直径盾构施工技术[J]. 国防交通工程与技术，2020，18（01）：61-64.
[78] 张世荣. 富水圆砾地层无柱大跨地铁车站结构方案优化与耐久性研究[D]. 西安建筑科技大学，2018.

[79] 徐良英. 杭州市庆春路过江隧道工作井承压水处理及盾构进出洞施工技术研究[D]. 同济大学，2008.

[80] 沈一涛. 基于流固耦合的穿越大堤盾构隧道施工稳定性研究[D]. 浙江工业大学，2013.

[81] 夏庆春. 金府站地铁深基坑降水支护应力渗流耦合演化机理[J]. 甘肃科技，2020，36（1）：106-108.

[82] 高升. 兰州地铁车站基坑围护选型及基坑地下水处理措施研究[D]. 兰州理工大学，2019.

[83] 李恒. 临江超深基坑降水开挖对近接隧道影响分析研究[D]. 东南大学，2019.

[84] 王霆. 南京长江漫滩区基坑开挖与降水对既有地铁隧道影响的数值分析[J]. 都市快轨交通，2016，29（3）：81-86.

[85] 王术明，刘林胜，雷刚. 青岛富水砂层隧道工程难点与关键技术研究[J]. 施工技术，2016，45（S1）：451-455.

[86] 张雪红. 软弱富水地层地铁深基坑稳定性研究[D]. 石家庄铁道大学，2013.

[87] 周杰. 软土地区基坑开挖对邻近地铁影响分析及防治措施[D]. 清华大学，2017.

[88] 林煌超，谢建斌，陈彦昇，等. 深厚圆砾土层深基坑截水帷幕深度对紧邻地铁隧道变形研究[J]. 石家庄铁道大学学报（自然科学版），2018，31（4）：10-18.

[89] 陈路海. 水下盾构隧道流-固耦合理论及其渗流规律研究[D]. 太原理工大学，2019.

[90] 刘辉. 长距离富水砂层土压盾构引起的地表沉降研究[D]. 北京交通大学，2010.

[91] 杨志新. 长距离富水砂层土压平衡盾构施工土体扰动研究[D]. 北京交通大学，2010.

[92] ZHANG Z, ZHANG K, DONG W, et al. Study of Rock-Cutting Process by Disc Cutters in Mixed Ground based on Three-dimensional Particle Flow Model[J]. ROCK MECHANICS AND ROCK ENGINEERING，2020，53（8）：3485-3506.

[93] 江华. 北京典型砂卵石地层土压平衡盾构适应性研究[D]. 中国矿业大学，2012.

[94] 黄丙庆. 盾构机刀盘设计参数的适应性研究[D]. 天津大学，2009.

[95] 徐前卫. 盾构施工参数的地层适应性模型试验及其理论研究[D]. 同济大学，2006.

[96] 田青青. 辐条式刀盘地质适应性的数值分析[D]. 天津大学，2010.

[97] 郭朝. 复合地层$\phi 7 \mathrm{~m}$盾构的刀盘适应性及施工引起地层变形规律分析[D]. 北京交通大学，2014.

[98] 陈必光，郭小红，陈卫忠. 复合地层条件下水下盾构隧道衬砌结构受力特征研究[J]. 隧道建设，2015（S2）：26-31.

[99] 李俊逸. 复合地层土压平衡盾构隧道掘进参数与安全控制技术研究[D]. 西南交通大学，2015.

[100] 朱述敏. 复合型土压平衡盾构机刀盘设计与应用[D]. 南京理工大学，2015.

[101] 田新宇. 黄土地区富水砂层盾构下穿高铁环境微扰动施工技术研究[D]. 西安建筑科技大学，2020.

[102] 胡竟. 基于 CFD 数值模拟的盾构刀盘设计分析[D]. 天津大学，2012.

[103] 贾善坡，陈卫忠，于洪丹，等. 泥岩大变形隧道盾构施工法的围岩稳定性分析[J]. 岩石力学与工程学报，2007（S2）：3897-3903.

[104] 许丽群. 软硬交互地层盾构刀盘结构设计及开口特征研究[D]. 北京交通大学，2020.

[105] 贾善坡，陈卫忠，于洪丹，等. 渗流-应力耦合作用下深埋黏土岩隧道盾构施工特性及其动态行为研究[J]. 岩石力学与工程学报，2012，31（S1）：2681-2691.

[106] 黄赵美. 盾构下穿连镇铁路路基沉降及控制措施研究[D]. 安徽建筑大学，2020.

[107] 杨兵明. 宁波软土地层盾构隧道下穿铁路施工引起地层变形规律及控制技术研究[D]. 北京交通大学，2016.

[108] 付振江. 饱和砂土中盾构掘进施工引起的地表变形规律研究[D]. 郑州大学，2018.

[109] 龚珍. 地铁隧道施工对邻近建筑物的风险评估与控制研究[D]. 西安工业大学，2019.

[110] 潘格林. 粉质黏土弱湿陷性地层大坡度盾构隧道施工稳定性分析[D]. 山东科技大学，2019.

[111] 桂祥. 勘探阶段煤系地层测井资料的工程地质信息解译[D]. 安徽理工大学，2017.

[112] 徐英晋. 同步注浆条件下盾构施工引起的隧道和地表沉降及其控制研究[D]. 北京交通大学，2019.

[113] 郭林芳. 郑州地区地铁隧道横向变形注浆加固模型构建及现场试验研究[D]. 华北水利水电大学，2019.

[114] 陈贝贝. 郑州地铁 3 号线交叉叠加盾构隧道施工方案研究[D]. 北京交通大学，2019.

[115] 李亚利. 郑州地铁 3 号线联络通道冻结法施工温度控制的理论研究[D]. 北京交通大学道路与铁道工程，2020.

[116] 刘少楠. 郑州地铁 5 号线盾构施工对地表民用建筑沉降影响研究[D]. 河南工业大学，2016.

[117] 刘少楠. 郑州地铁 5 号线盾构施工对地表民用建筑沉降影响研究[D]. 河南工业大学，2016.

[118] 郭孝坤. 郑州地铁盾构下穿施工对既有建筑桩基承载力的影响研究[D]. 郑州大学，2015.

[119] 郭晓帅. 郑州地铁浅埋暗挖通道的地面变形规律研究[D]. 郑州大学，2017.

[120] 郭正鹏. 郑州地铁隧道开挖对近邻复合桩基影响效应数值分析[D]. 郑州大学，2013.

[121] 宋梦. 郑州某地铁车站深基坑数值模拟及现场实测分析[D]. 西安建筑科技大学，2012.

[122] 司增国. 盾构下穿既有建筑物沉降变形分析与控制技术研究[D]. 安徽理工大学，2019.

[123] 刘云壮. 地铁盾构下穿施工对既有建筑物沉降影响研究[D]. 大连海事大学，2019.

[124] 张剑涛，姚爱军，胡愈，等. 地铁盾构隧道下穿覆土中雨污管线穿越角度影响分析[J]. 中国科技论文在线精品论文，2016，9（14）：1454-1468.

[125] 陈鑫城，张亮. 城市地铁下穿既有建筑物施工关键技术研究[J].工程技术研究，2017（7）：44-45.

[126] 彭彤. 盾构隧道下穿铁路路基沉降规律及控制标准研究[D].华东交通大学，2019.

[127] 张会远.城市地铁下穿既有建筑物施工关键技术[J].湖南交通科技，2015，41（2）：151-154.

[128] 王栓.盾构施工顺序对邻近群桩基础的影响分析[J].南京工程学院学报（自然科学版），2019，17（2）：12-17.

[129] 王磊.浅谈盾构下穿建筑物掘进参数控制[J].价值工程，2016，35（8）：107-110.

[130] 吴全立，王梦恕，朱磊，等. 盾构近始发端头下穿既有地铁线路的综合施工技术研究[J]. 现代隧道技术，2016，53（4）：134-142.

[131] 吴全立. 始发/到达段盾构近距离穿越工程施工安全风险控制技术研究[D]. 北京交通大学，2019.

[132] 赵艳峰. 盾构施工过程中棚户区综合变形监测分析及其稳定性研究[D]. 浙江工业大学，2017.

[133] 秦学波. 郑州地铁盾构下穿建筑物风险控制措施研究[D]. 郑州大学，2018.

[134] 逢铁铮. 大断面城市隧道穿越复杂建筑物群的安全性控制研究[D]. 北京交通大学，2015.

[135] 吴海梁，张知青，陈春娇. 国内外城市轨道交通环线的类型与特点分析[J]. 城市轨道交通，2021（10）：36-39.

[136] 王智. 城市轨道交通环线设置研究[D]. 西安：长安大学，2020. DOI:10.26976/d.cnki.gchau.2020.001276.